제2차 一大幹 九正脈 단독종주기 • 제5권

한남금북정맥, 한남정맥, 한북정맥 편

제2차 一大幹 九正脈 단독종주기 · 제5권
한남금북정맥, 한남정맥, 한북정맥 편

초판1쇄 발행 2025년 2월 25일

지은이 진상귀
펴낸이 이길안
펴낸곳 세종출판사

주소 부산광역시 중구 흑교로 71번길 12 (보수동2가)
전화 463-5898, 253-2213~5
팩스 248-4880
전자우편 sjpl5898@daum.net
출판등록 제02-01-96

ISBN 979-11-5979-748-4 03980

정가 20,000원

이 책은 저작권법에 따라 보호받는 저작물이므로 무단전재와
무단복제를 금지하며, 이 책 내용의 전부 또는 일부 내용을 재사용하려면
사전에 저작권자와 세종출판사의 동의를 받아야 합니다.
* 잘못된 책은 교환해 드립니다.

제2차 一大幹 九正脈 단독종주기 · 제5권

한남금북정맥, 한남정맥, 한북정맥 편 편

부산 山사람 진상귀

세종출판사

| 저자의 말 |

산경표(山徑表)는 우리나라 산줄기와 산의 위치를 일목요연하게 표로 나타낸 지리서다. 산경표(山徑表)는 白頭山에서 시작하여 1개의 大幹 1개의 正幹 13개의 正脈 으로 산줄기를 분류하였다.

白頭大幹은 白頭山 부터 頭輪山 마대산 월웅산 白巖山 金剛山(이상은 北韓에 있는 산)이다. 남한에는 雪嶽山 五臺山 頭陀山 太白山 小白山 俗離山 德裕山 智異山 天王峯까지 이어지는 大動脈으로 國土를 南北으로 終端하는 산줄기다.

正幹으로는 長白正幹, 十三正脈 中 淸北正脈 淸南正脈 海西正脈 臨津北禮成南正脈 이상은 北韓 에 속해있는 山脈이다.

南韓에는 漢北正脈 漢南正脈 漢南錦北正脈 錦北正脈 錦南正脈 錦湖南正脈 湖南正脈 洛東正脈 洛南正脈 등이 있다.

山脈 체계의 특징을 몇 가지로 정리해 보면 다음과 같다.

먼저 大幹과 正幹을 제외하면 대부분 河川의 水界를 기준으로 산줄기를 나눈 점이다. 자연적으로 구분된 水界 또는 河川의 地域을 격리시키는 역할을 하는 반면에 동시에 지역을 연계시켜주는 通路의 구실을 하는 양 측면이 있음을 지적하고 있다.

水界가 기준이 되었다는 것은 산줄기만으로 分離시켜 고찰했다기 보다 河川을 중심으로 하여 하나의 생활권과 지역권을 형성하고 있었던 인문적인 측면까지 고려했던 결과라 생각된다. 이는 전통적인 자연과 인간을 분리시키지 않고 유기적인 통합체로 보는 사고와도 결부시키고 있다.

오늘날 교육되고 있는 산맥 분류 체계는 일본인 지질학자가 지질구조를 바탕으로 파악한 것이라는 점과 대비시켜 보면 그 특징과 차이가 분명하게 드러난다. 지형을 볼때 그 땅위에 살고 있는 인간을 배제하고 땅속의 구조와 지모를 중심으로 차이의 결과는 땅을 바라보는 사고와 형성에 지대한 영향을 줄 것이다. 산과 맥은 산과 산을 연결하여 이에 의해 나누어진 지역들의 범위와 사방의 境界를 河川 중심으로 파악한 것이다.

특히 산의 맥과 산줄기를 알기 쉽게 정리하고 산으로 둘러싸인 지역적 범위를 포착하여 자연적 지형에 의한 지역권을 구분하여 산줄기의 체계를 이룩하였다.

전국의 산세 또 하천의 흐름 그 자락에 자리잡고 있는 군현에 관한 정확 하고 풍부한 문헌, 지도상의 정보 실체적인 경험 없이는 이루기 어려운 성과로 생각된다.

제2차 白頭大幹 출간 (1편)
제2차 錦湖南正脈, 湖南正脈, 출간 (2편)

제2차 錦南正脈 洛南正脈 錦江岐脈 출간 (3편)

제2차 洛東正脈 錦北正脈 출간(4편)

제2차 漢南錦北正脈 漢南正脈 漢北正脈 (5편)

제2차 一大幹 九正脈을 五券으로 나누어 出刊 한다.

제 2 차 한남금북정맥

한남금북정맥은 백두대간 속리산 천왕봉에서 분기되어 남한강과 금강을 분류하며 남쪽으로 갈목재를 지나면서 서쪽으로 말티재에서 북쪽으로 백석리 구티재를 지나면서 서쪽으로 구룡산을 지나고 북쪽으로 또는 북서쪽으로 안성에 칠장산에서 서쪽으로 금북정맥 북서쪽으로 한남정맥으로 분기된다.

주요 산으로 속리산 천왕봉에서 시작 고도가 낮아지면서 서원봉 545m 부터 500m 전후로 이어지며 말티재 탁주봉 550m 시루산 483.8m 구봉산 515.9m 구룡산 548m를 지나 팔봉지맥 분기봉 525m에서 북쪽으로 방향을 바꿔 왼쪽은 보은군을 벗어나 청주시 상당구로 오른쪽은 보은군으로 경계를 지나며 국사봉 589m를 지나 521봉을 지나며 오른쪽도 보은군을 벗어나 좌쪽 우쪽 모두 청주시 상당구로 이어지며 선두산 527.2m 선도산 545.8m 것대산 484m 상당산성 얼음골산 491.5m를 지나며 왼쪽은 청주시 상당구를 벗어나 청주시 청원구로 이어지며 구녀산 484m을 지나 457봉을 지나면서 왼쪽은 청주시 청원구를 벗어나 증평군 증평읍으로 들어서며 분젓치 방고개로 이어지며 좌구산 657m은 한남금북정맥에서 제일 높은 산이고 새작골산 612m에 들어서며 청주시를 벗어나 과산군으로 들어서며 칠보산 552m 쪽지봉 597m 보광산 529.5m 백마산 379.2봉 갈림길을 지나며 왼쪽은 음성군 땅에 들어서며 보천고개를 지나 378.5m 오대산 갈림길을 지나며 오른쪽 왼쪽 모두 음성군 땅으로 들어서며 보덕산(큰산) 509m 보현산476.1m 소속리산 431.5m를 지나면 음성군 금양읍으로 내려서며 금양읍을 통과하며 야산과 도로를 따르며 음선군 삼성면 대아리 까지 야산과 주로 도로를 따르며 갈미봉 207m 마이산 473.5m를 지나면서 오른쪽은 경기도 안성시와 경계를 따르며 황색골산 351.8m 칠장산 분기봉에서 한남금북정맥 끝을 맺는다.

제 2 차 한남정맥

　한남정맥(漢南正脈)은 백두대간의 속리산에서 시작된 한남금북정맥(漢南錦北正脈)이 안성 칠장산(七長山)에서 한남정맥·금북정맥으로 갈라져 한남정맥은 북서쪽으로 김포 문수산(文殊山)에 이르는 산줄기의 옛 이름이다.
　≪산경표≫에서 규정한 1대간(大幹) 1정간(正幹) 13정맥(正

脈)중의 하나로, 한강줄기의 남쪽에 있는 분수령이라 하여 한남정맥이라 부르며 경기도의 한강 본류와 남한강의 남쪽유역의 분수령으로 해발 500m 미만의 산줄기로 김포 문수산까지 이어진다. 최근에는 경인아라뱃길에 의해 산줄기의 일부가 잘려나갔다. 우리조상들이 인식하였던 산줄기 체계는 하나의 대간(大幹)과 하나의 정간(正幹), 그리고 이로부터 가지 친 13개의 정맥(正脈)으로 이루어졌다.

『산경표(山經表)』에 근거를 둔 이들 산줄기의 특징은 모두 강을 기준으로 한 분수 산맥으로 그 이름도 대부분 강 이름에서 비롯되었다. 이 산줄기는 이름 그대로 경기도의 한강 본류와 남한강의 남쪽유역의 분수령으로 해발 500m 미만의 낮은 등성이의 연결로서 때로는 300m 에서 100m 미만까지의 등로로 서쪽에 위치한 안성, 평택, 오산, 수원, 안산, 시흥 인천 등 아산만을 중심으로 한 해안 평야와의 경계를 이룬 산줄기이다. 이산줄기를 중심으로 서쪽 해안 지방과 내륙의 한강 유역권의 생활문화 발달은 예로부터 현격한 차이점이 있으며, 같은 경기지방이면서도 국지적 기상 변화 등 생활양식과 함께 언어의 차이까지 보이고 있다. 현대 지도에서의 산이름으로 찾아보면 칠장산, 광해봉, 도덕산(道德山), 국사봉(國師峰), 상봉, 달기봉, 구봉산(九峰山), 문수봉, 무너미고개, 함박산(咸朴山), 학고개, 부아산(負兒山), 석성산(石城山), 소실봉, 형제봉(兄弟峯), 광교산(光敎

山), 백운산(白雲山), 수리산(修理山), 수암산, 성주산(聖住山), 철마산(鐵馬山), 계양산(桂陽山), 가현산(歌絃山), 필봉산(筆峰山), 학운산(鶴雲山), 것고개, 문수산(文殊山) 등이다.

제 2 차 한북정맥

한북정맥은 백두대간의 북한땅 추가령에서 시작하여 백암산을 거쳐 남한땅 적근산 대성산을 지나 수피령에서 남한땅 한북정맥이 시작된다. 조선시대 우리 조상들이 인식했던 산줄기 체계는 하나의 대간(大幹)하나의 정간(正幹) 그리고 이로부터 가지를 친 13개 정맥(正脈)으로 이루어져 있다. 산경표(山經表),에 근거를 둔 이들 산줄기의 특징은 모두 강을 기준으로 한 산맥으로 그 이름도 대부분 강 이름에서 비롯된다.

한북정맥 산줄기는 동쪽으로 회양, 화천, 가평, 남양주, 서쪽으로 평강, 철원, 포천, 양주 등의 경계를 이루고 동쪽은 한강유역이고 서쪽은 임진강 우역이다. 산경표(山經表) 분수령(分水嶺)에 북한의 추가령, 백암산, 양쌍령 남한의 적근산 대성산을 거쳐 수피령(740m)을 시작으로 복주산(1152m) 광덕산(1046m) 백운산(9907m) 국망봉(1168m) 강씨봉(840m) 청계산(849m) 운악산(936m) 수원산(709m)를 지나며 고도가 낮아지며 국사봉(547m) 죽엽산(622m) 한강봉(489m) 도봉산(721m)을 넘어 상장봉(534m) 노고산(487m)을 지나며 고도가 낮아져 고양 시가지를 지나 파주시 장명산에서 끝을 맺는다.

현재 국토 분단 때문에 북한구간은 물론 남한땅 적근산 대성산에 이르는 남한구간도 군부대로 통제되어 있다.

한북정맥 시작 지점은 철원군과 화천군 경계인 수피령에서 출발해 파주시 장명산까지 이른다. 한북정맥은 백두대간 분기점에서 한강 물줄기의 북쪽에 있는 분수령이라 하여 한북정맥이라 부르며 한강 수계와 임진강 수계를 가름한다. 한북정맥은 백두대간처럼 남과 북으로 분단되어 있어서 남한땅 시발점은 철원군과 화천군 경계에 있는 수피령에서 시작하여 파주시 장명산에서 마무리 한다.

| 차례 |

저자의 말 • 5

제2차 한남금북정맥 • 15

제2차 한남금북정맥 단독종주 1구간	25
제2차 한남금북정맥 단독종주 2구간	42
제2차 한남금북정맥 단독종주 3구간	56
제2차 한남금북정맥 단독종주 4구간	72
제2차 한남금북정맥 단독종주 5구간	100
제2차 한남금북정맥 단독종주 6구간	125
제2차 한남금북정맥 단독종주 7구간	147
제2차 한남금북정맥 단독종주 8구간	164

한남금북정맥 마치며 • 185

제2차 한남정맥 • 189

제2차 한남정맥 단독종주 1구간	198
제2차 한남정맥 단독종주 2구간	217
제2차 한남정맥 단독종주 3구간	233
제2차 한남정맥 단독종주 4구간	258
제2차 한남정맥 단독종주 5구간	281

제2차 한남정맥 단독종주 6구간	300
제2차 한남정맥 단독종주 7 구간	317
제2차 한남정맥 단독종주 8구간	339
제2차 한남정맥 단독종주 9구간	353

한남정맥을 마치고 • 368

제2차 한북정맥 • 373

제2차 한북정맥 단독종주 1구간	380
제2차 한북정맥 단독종주 2구간	393
제2차 한북정맥 단독종주 3구간	406
제2차 한북정맥 단독종주 4구간	417
제2차 한북정맥 단독종주 5구간	431
제2차 한북정맥 단독종주 6구간	442
제2차 한북정맥 단독종주 7구간	451
제2차 한북정맥 단독종주 8구간	471
제2차 한북정맥 단독정맥 9구간	482
제2차 한북정맥 단독종주 10구간	495
제2차 한북정맥 단독종주 11구간	508

제2차 백두대간 9정맥을 마치며 • 533

01
제2차 한남금북정맥

漢南錦北正脈 - 속리산의 천왕봉(天王峯 1058m)

　백두대간의 중간에 위치하며, 이곳 천왕봉 정상의 백두대간에서 한강과 금강의 수계를 나누는 한남금북정맥이 분기하고 있어, 이곳에 빗방울이 떨어지면 동쪽은 낙동강으로, 남쪽은 금강으로, 북쪽은 한강으로 흘러가는 곳으로 삼파수를 이루며 남한지역의 젖줄을 이루는 시발점이기도 하다.

　속리산의 최고봉인 상봉의 본래 이름은 삼경표에 천왕봉(天王峯)으로 되어 있었는데 천왕봉이 천황봉으로 바뀌어 불리게 된 것은 한일합방 직후 1914년부터 1918년까지 조선총독부 임시 토지조사국에서 일제강점기에 천황봉(天皇峯)으로 개명하여 이때부터 천황봉(天皇峰)으로 부르다가 2008년 1월 9일 국토지리원에서 천왕봉으로 계정하여 1918년 일제강점기에 천왕봉을 천황봉으로 개정 후 90년 만에 다시 천왕봉으로 바꿔 놓았다.

　우리나라 전국의 지리를 상세히 조사하면서 '근세한국 오만분의 일 지형도'에 속리산의 상봉을 '天王峯'으로 표기한 이후부터의 일이다.

　우리 국민으로 하여금 산이름과 봉이름 등을 접 하면서 일본 천황을 인식하게 한 저의가 깔려있는 의도적 개칭이다. 그 당시 우리나라의 산이름 중 고유의 산이름, 봉이름을 천황산·천황봉으로 개칭하여 표기한 것이 상당수가 되는데, 그 중 대표적인 것을 몇 개 들어보면 다음과 같다.

① 울산의 천황산 (1,189m/원래 재약산)
② 함양군 괘관산의 상봉인 천황봉 (1,288m/원래 천왕봉)
③ 남원시 천황산. 일명 천황봉 (910m/원래 만행산. 속칭 보현산)
④ 진안군 구봉산의 상봉 천황봉 (995m /원래 천왕봉)
⑤ 전남 영암군 월출산의 상봉 천황봉 (809m/원래 천성봉)

속리산은 충북 보은군과 경북 상주군 화북면에 걸쳐있고, 우리나라 대사찰 가운데 하나인 법주사를 품고 있는 속리산은 정상인 천왕봉(1,058m), 비로봉(1,032m), 문장대 (1,033m), 관음봉(982m), 입석대 등 아홉개의 봉우리로 이루어진 능선이 장쾌하며 봉우리가 아홉개 있는 산이라고 해서 신라시대 이전에는 구봉산 이라고도 불렀으며, 통일신라시대부터 속리산이라 부르게 되었고, '동국여지승람'에 따르면, 속리산은 12종산 중 하나라 한다. 다른 이름으로는 미지산(彌智山) · 구봉산(九峯山) · 형제산(兄弟山) · 소금강산(小金剛山) · 자하산(紫霞山) 등의 이름을 갖고 있다.

속리산(俗離山)의 유래

통일신라 선덕여왕 5년(784년)에 고승 진표(眞表) 율사(律師)가 이곳에 이르렀을 때, 밭갈던 소들이 모두 무릎을 꿇었다고 하며, 이를 본 농부들이 고승 대덕의 법력에 놀라서 진표 율사를 따라 속세를 버리고 입산수도하게 되었는데, 이로부터 '속리'라는 이름이 유래 되었다고 한다.

• 속리산 8봉(峯)

속리산은 최고봉인 천왕봉(天王峯)을 중심으로 비로봉(毘盧峰), 길상봉(吉祥峯), 문수봉(文殊峯), 보현봉(普賢峯), 관음봉(觀音峯), 묘봉(妙峯), 수정봉(水晶峯)

• 속리산 8대(臺)

문장대(文藏臺), 입석대(立石臺), 경업대(慶業臺), 배석대(拜石臺), 학소대(鶴巢臺), 신선대(神仙臺), 봉황대(鳳凰臺), 산호대(珊瑚臺)

• 속리산 8석문(石門)

내석문(內石門), 외석문(外石門), 상환석문(上換石門), 상고석문(上高石門), 상고외석문(上高外石門), 비로석문(毘盧石門),

금강석문(金剛石門), 추래석문(秋來石門)을 일컫는다.

석문(石門)은 동천의 문으로 동천이 석제(石堤)와 석문(石門), 석담(石潭), 석천(石泉), 석폭(石瀑), 석대(石臺)가 있는 신선이 사는 곳이란 의미와 하늘로 통한다는 뜻이다.

도화리는 원래 봄철에 복숭아꽃이 만발하여 임경업 장군이 무예를 닦고 속리산으로 돌아가다가 도화동이라 불러 도화동으로 불렀다고 하며, 마을의 지형이 복숭아 같다하여 도화동(桃花洞)이라 불렀다고도 한다.

한남금북정맥(漢南錦北正脈)은 백두대간의 속리산 천왕봉에서 시작된 정맥으로 안성 칠장산(七長山)에서 끝을 맺고 한남정맥 이어주어 서북쪽으로 김포 문수산(文殊山)과 금북정맥 으로 서남쪽으로 태안반도 안흥까지 이르게 하는 산줄기의 옛 이름이다.

산경표에서 규정한 1대간 1정간 13정맥중의 하나로, 해발 1058m 천왕봉에서 시작해 600m~400m의 산들로 연결 되었으나 때로는 100m의 낮은 구릉으로 이어지기도 한 이 산줄기는 동쪽으로는 괴산·음성·충주 등 중원의 남한강지역과 서쪽으로 이어지는 보은·청주·증평·진천 등 금강 북부지역의 생활문화권을 영유하였다. 삼국시대에는 고구려와 백제의 접경지역이기도 하였지만 현재는 중부지방과 호남지방의 자연스러운 한 경계를 이루고 있다.

한남금북정맥을 이루는 산세는 속리산 천왕봉에서 서북쪽으로 치달으며 말티재, 구치(九峙), 시루산, 구봉산(九峰山), 국사봉(國師峰), 선두산(先頭山), 선도산(先到山), 상봉산 상당산성(上黨山城), 좌구산(坐龜山), 칠보산(七寶山), 보광산(普光山), 행태고개, 보현산(普賢山), 소속리산(小俗離山), 마이산(馬耳山), 차현(車峴), 황색골산, 걸미고개, 안성 칠장산(七長山)으로 이어지고 있다.

속리산의 천황봉(天王峰)에서 서북으로 뻗어 충북의 북부 내륙을 동서로 가르며 경기 안성군 칠장산(七長山)에 이르는 산줄기의 옛이름. 한반도 13정맥의 하나로, 종착지의 칠장산(七長山)에서는 다시 서북쪽으로 김포 문수산(文殊山)까지의 한남정맥(漢南正脈)으로 이어지고, 남서쪽으로는 태안반도(泰安半島)에 있는 안흥(安興)까지의 금북정맥(錦北正脈)으로 이어진다. 이 산줄기의 산들은 백두대간(白頭大幹)의 天王峯에서 갈라져 말태재, 구치(九峙), 시루산, 구봉산(九峰山), 국사봉(國師峰), 선두산(先頭山), 선도산(先到山), 상봉재, 상당산성(上黨山城), 좌구산(坐龜山), 칠보산, 보광산(普光山), 행태고개, 보현산(普賢山), 소속리산(小俗離山), 마이산(馬耳山), 차현(車峴), 황색골산, 걸미고개, 칠장산 등으로 이어진다.

구간	출발지	도착지	거리	시간
제1구간	속리산천왕봉	말티재	17.8km	11시간 17분
제2구간	말티재	작은구치재	14.6km	6시간 50분
제3구간	작은구치재	추정재	24.9km	12시간 57분
제4구간	추정재	이티재	27.4km	12시간 34분
제5구간	이티재	모래재	21.8km	10시간 8분
제6구간	모래재	구래고개	21.8km	10시간 25분
제7구간	구래고개	쌍봉초교	26.8km	12시간 1분
제8구간	쌍봉초교	걸미고개	23.4km	10시간 9분
제8-1구간	걸미고개	칠장산분기점	3.4km	2시간 4분

제2차 한남금북정맥	산명.고개명	높이	주소
한남금북정맥 1구간	속리산	1058 m	충북 보은군 속리산면 사내리 산 1-1
한남금북정맥 1구간	갈목재	2차선도로	충북 보은군 속리산면 갈목리 산 9-8
한남금북정맥 1구간	말티재	터널	충북 보은군 속리산면 갈목리 산 19-6
한남금북정맥 2구간	수철령	산길고개	충북 보은군 속리산면 복암리 163-1
한남금북정맥 2구간	광대수산	600 m	충북 보은군 속리산면 백석리 산 24
한남금북정맥 2구간	백석고개	2차선도로	충북 보은군 속리산면 백석리 315-1
한남금북정맥 2구간	구티재	280 m	충북 보은군 속리산면 탁주리 산 14-2
한남금북정맥 2구간	탁주봉	550.2 m	충북 보은군 산외면 길탕리 산 1-1
한남금북정맥 2구간	구티봉	456.7 m	충북 보은군 산외면 길탕리 산 5-1
한남금북정맥 2구간	작은구티재	2차선도로	충북 보은군 산외면 길탕리 산 6-1
한남금북정맥 3구간	시루산	483.8 m	충북 보은군 내북면 적음리 산 58-1
한남금북정맥 3구간	구봉산	515.9 m	충북 보은군 내북면 이원리 산 33-1
한남금북정맥 3구간	벼재고개	2차선도로	충북 보은군 내북면 성태리 산 30-2
한남금북정맥 3구간	대안리고개	2차선도로	충북 보은군 내북면 대안리 304-3

제2차 한남금북정맥	산명.고개명	높이	주소
한남금북정맥 3구간	쌍암재	2차선도로	충북 보은군 내북면 법주리 340-2
한남금북정맥 3구간	국사봉	589-1 m	충북 보은군 내북면 도원리 산 13
한남금북정맥 3구간	추정재	4차선도로	청주시 상당구 낭성면 추정리 산 52-8
한남금북정맥 4구간	대항산	483.2 m	충북 청주시 상당구 낭성면 호정리 산 49
한남금북정맥 4구간	산정말고개	새태터널	충북 청주시 상당구 낭성면 추정리 634-5
한남금북정맥 4구간	선두산	526.5 m	충북 청주시 상당구 월오동 산 47-1
한남금북정맥 4구간	선도산	547.2 m	충북 청주시 상당구 월오동 산 47-1
한남금북정맥 4구간	토목고개	포장길	충북 청주시 상당구 월오동 69
한남금북정맥 4구간	것대산	484 m	충북 청주시 상당구 용정동 산 107-2
한남금북정맥 4구간	상봉재	포장길	충북 청주시 상당구 산성동 산 45-1
한남금북정맥 4구간	산성고개	구름다리	충북 청주시 상당구 산성동 산 36-14
한남금북정맥 4구간	상당산성	서.남암문	충북 청주시 상당구 명암동 산 1
한남금북정맥 4구간	상당산	491.2 m	충북 청주시 상당구 산성동 산 28-1
한남금북정맥 4구간	산당산성	북암문	충북 청주시 상당구 낭성면 삼산리 산 82
한남금북정맥 4구간	새터고개	산판길	충북 청주시 청원구 내수읍 비상리 산 52
한남금북정맥 4구간	이티봉	487.2 m	충북 청주시 청원구 내수읍 저곡리 산 20-2
한남금북정맥 4구간	이티고개	해발360m	충북 청주시 상당구 미원면 대신리 산 23-8
한남금북정맥 5구간	구녀산	499 m	충북 청주시 청원구 내수읍 우산리 산48-1
한남금북정맥 5구간	분젓치	생태터널	충북 증평군 증평읍 율리 산 69-13
한남금북정맥 5구간	방고개	천문대	충북 증평군 증평읍 율리 산 61-1
한남금북정맥 5구간	좌구산	567.7 m	충북 청주시 상당구 미원면 대덕리 산 48
한남금북정맥 5구간	새작골산	612. m	충북 괴산군 청안면 문당리 산 137-1
한남금북정맥 5구간	질마재	2차선도로	충북 괴산군 청안면 문당리 산 137-7
한남금북정맥 5구간	칠보재	산판길	충북 괴산군 청안면 효근리 산 51-30
한남금북정맥 5구간	칠보산	552 m	충북 괴산군 청안면 문당리 산 45-1
한남금북정맥 5구간	쪽지봉	596.6 m	충북 괴산군 사리면 수암리 산 80-1

제2차 한남금북정맥	산명.고개명	높 이	주소
한남금북정맥 5구간	모래재	2차선도로	충북 괴산군 사리면 수암리 산 49
한남금북정맥 6구간	보광산	529.5 m	충북 괴산군 소수면 소암리 산 100-3
한남금북정맥 6구간	보천고개	2차선도로	충북 괴산군 소수면 옥현리 427-3
한남금북정맥 6구간	가정재	포장길	충북 음성군 원남면 주봉리 산 4-8
한남금북정맥 6구간	행치고개	국도굴다리	충북 음성군 원남면 상당리 612-42
한남금북정맥 6구간	보덕산(큰산)	509.9 m	충북 음성군 원남면 보룡리 17-6
한남금북정맥 6구간	삼실고개	2차선도로	충북 음성군 원남면 하당리 588-2
한남금북정맥 6구간	돌고지재	도로삼거리	충북 음성군 음성읍 초천리 산 71-1
한남금북정맥 6구간	본티고개	산판길	충북 음성군 음성읍 초천리 산 70-2
한남금북정맥 6구간	구래고개	2차선도로	충북 음성군 음성읍 초천리 849-1
한남금북정맥 7구간	보현산	476.1 m	충북 음성군 음성읍 소여리 산 173-2
한남금북정맥 7구간	감우재	산판길	충북 음성군 음성읍 감우리 산 28-3
한남금북정맥 7구간	백야고개	산판길	충북 음성군 금왕읍 백야리 127-1
한남금북정맥 7구간	소속리산	431.6 m	충북 음성군 금왕읍 봉곡리 1-31
한남금북정맥 7구간	꽃임이재	산판길	충북 음성군 금왕읍 백야리 127-1
한남금북정맥 7구간	고속도로	굴다리	충북 음성군 금왕읍 용계리 산 12-3
한남금북정맥 7구간	21번 국도	2차선도로	충북 음성군 금왕읍 용계리 산 29-14
한남금북정맥 7구간	일양약품	정문앞	충북 음성군 금왕읍 대금로 1291
한남금북정맥 7구간	내송교차로	사거리	충북 음성군 금왕읍 내송리 280-1
한남금북정맥 7구간	쌍봉2리	버스정류장	충북 음성군 금왕읍 쌍봉리 500-4
한남금북정맥 8구간	쌍봉초등학교	학교후문	충북 음성군 금왕읍 금일로371번길 58-17
한남금북정맥 8구간	서창고개	329번국도	충북 음성군 금왕읍 내곡리 311-18
한남금북정맥 8구간	서낭당고개	지방도로	충북 음성군 금왕읍 사창리 472
한남금북정맥 8구간	형제고개	329번국도	충북 음성군 삼성면 대정리 762-1
한남금북정맥 8구간	두실고개	대덕사거리	충북 음성군 삼성면 덕정리 산 2-7
한남금북정맥 8구간	구기리고개	포장길	충북 음성군 삼성면 덕정리 195-16

제2차 한남금북정맥	산명.고개명	높 이	주소
한남금북정맥 8구간	덕호삼거리	2차선도로	충북 음성군 삼성면 대야리 447
한남금북정맥 8구간	갈미봉	207 m	충북 음성군 삼성면 대야리 산 57-1
한남금북정맥 8구간	마이산 산성	473.5 m	충북 음성군 삼성면 양덕리 산 30-1
한남금북정맥 8구간	차현고개	고속도로	경기 안성시 일죽면 화봉리 산 57-1
한남금북정맥 8구간	황색골산	351.3 m	충북 음성군 삼성면 대사리 산 51-1
한남금북정맥 8구간	삼박골산	306.5 m	경기 안성시 죽산면 용설리 산 70
한남금북정맥 8구간	17번국도	가드라인	경기 안성시 죽산면 용설리 산 155-4
한남금북정맥 8구간	바카푸니산	332.9 m	경기 안성시 죽산면 용설리 산 183
한남금북정맥 8구간	걸마고개	국도삼거리	경기 안성시 죽산면 당목리 985-4
한남금북정맥 8구간	안성 골푸장	주차장	경기도 안성시 죽산면 걸미로 487
한남금북정맥 8구간	좌벼울고개	고갯길	경기 안성시 죽산면 칠장리 산 69
한남금북정맥 8구간	제비월산	294.5 m	경기 안성시 죽산면 칠장리 산 77
한남금북정맥 8구간	칠장산분기봉	492.1 m	경기 안성시 죽산면 장계리 산 95-1

제2차 한남금북정맥 단독종주 1구간

도 화 리 : 충청북도 보은군 속리산면 도화리 225번지
천 왕 봉 : 충청북도 보은군 속리산면 사내리 산 1-1번지
말 티 재 : 충청북도 보은군 속리산면 갈목리 산 19-6번지
도상거리 : 도화리 총거리 17.8km 말티재 천왕봉 14km 말티재
소요시간 : 도화리 11시간 7분 말티재
소요시간 : 도화리 9시간 55분 말티재
운동시간 : 도화리 8시간 05분 말티재

도화리 표지석 입구 출발 6시 36분 ~ 백두대간 형제봉 갈림길 8시 07분
~ 속리산 천왕봉에 도착 8시 34분 ~ 천왕봉 출발 9시 15분 ~
807봉 9시 52분 ~ 안부사거리 10시 20분 ~ 620봉 10시 32분 ~
667.3봉삼각점 11시 18분 ~ 635봉 11시 32분 ~
안부사거리 12시 21분 ~ 561봉. 13시 03분 ~ 철탑봉 13시 14분 ~
불목이재 13시 25분 ~ 487봉 구헬기장 13시 36분 ~
580봉 14시 17분 ~ 585봉 14시 44분 ~ 갈목재 15시 05분 ~
한양조씨묘 15시 15분 ~ 능선갈림길 15시 38분 ~
서원봉정상 15시 45분 ~ 화엄니재 16시 04분 ~
450봉 16시 25분 ~ 545봉 안내판 17시 03분 ~
535철탑봉 17시 16분 ~ 2595 안내판 17시 22분 ~
2599 안내판 17시 33분 ~ 말치고개 도착 17시 43분 ~

　　제2차로 백두대간 호남, 금남정맥, 금남정맥, 호남정맥, 낙남정맥, 낙동정맥에 이어 한남금북정맥 단독종주에 들어간다. 세월은 무심히도 지나간다. 산행을 시작한지 근 40여년이 지났지만 나이는 숫자에 불가하다는 말처럼 70대중반을 넘어 80이 가까운 나이인데도 산행을 한다는 게 얼마나 다행한 일인지~!
　　2002년 1월 11일 백두가간 1차 종주 산행을 시작으로 1대간 9정맥을 마치고 2011년 70세 나이로 2차 백두대간을 5월14일

강원도 고성군 진부령 출발해 남진으로 12월11일 지리산 천왕봉까지 완주하고, 2012년 10월 5~7일, 2차 금호남정맥을 3일간 완주, 2012년 10월 28일~12월 2일까지 금남정맥을 7차에 완주하고, 2013년 9월 28일 제2차 호남정맥에 들어가 2014년 5월 14일 호남정맥을 마치고, 2015년 5월 5일 제2차 낙남정맥을 시작하여 8월 7일 마치고, 2016년 3월 5일 제2차 낙동정맥을 시작하여 7월 2일 마치고, 2017년도는 허리시술로 일년을 쉬고, 2018년 4월 8일 한남금북정맥에 들어간다.

2018년 4월 8일 맑음

제2차 한남금북정맥 종주차 7일 출발해 속리산 법주사 터미널에 도착 숙소(모텔)에서 자고 8일 아침 일찍 일어나 털보식당에서 송이 해장국으로 아침식사를 하고 택시로 (15,000) 도화리에 도착하니 6시 30분이다. (택시기사한테 부탁해 사진을 찍었는데 사진이 없음) 사진한판 찍고 산행 준비를 하고 6시 37분 산행에 들어간다. 초입은 도화리 표지석 앞에서 오른쪽 임도로 들어선다. 왼쪽길은 천왕사가는 길이다. 오늘 종주 산행은 말치 고개까지로 일찍 하산하여 부산에 내려가야 한다. 오랜만에 종주 산행이라 안전 산행을 기원하고 漢南錦北正脈 첫 출발을 내딛는다.

왼쪽에 천왕사를 카메라에 담고 잠시 후 돌 징검다리를 건너 임도를 따라 마을을 왼쪽에 두고 오르며 임도를 따라가다 도깨비 미화로 유명한 대갈 조자용 선생님 추모비를 오른쪽 건너편에 확인하고 오르는데 오른쪽 개울 건너편에서 금새 쫒아올 것 같이 개 여러 마리가 짖어댄다.

멀리 天王峯과 왼쪽 漢南錦北正脈을 바라보며 대목재를 올려다보며 현위치 속리 (04-01) 도화리 0.5km 천왕봉 22km 팻말을 6시 52분 지나면서 적극적인 산길로 들어선다. 6시 59분 나무다리를 건너고 이정표에 도화리 1.1km 천왕봉 1.6km를 지나 가파른 오르막을 오르면서 방향표시 팻말을 지나 7시 10분 묘를 지나간다. 묘를 지나고 5분 후 이정표 도화리 1.6km 천왕봉 1.1km를 지나고 오르막을 오르며 3분후 옛 집터를 지나 너덜길을 오르며 현위치 속리 (0.4-0.4) 도화리 1.9km 천왕봉 0.7km 팻말을 지나면서 계속해서 너덜길을 가며 천왕봉 능선을 올려다보니 나무에 때 아닌 설화(雪華, 눈꽃)가 하얗게 보인다. 너덜길을 지나 가파른 오르막을 오르며 조릿대 길을 따라올라 백두대간 형제봉 갈림길 대목 고개에 올라서니 8시 7분이다.

대목고대는 백두대간 속리산구간 천왕봉에서 형제봉으로 이어지는 길이며 상주시 상오리와 경계를 이루며 백두대간길을 따라 천왕봉으로 오른다. 탐방 안내도에 천왕봉 정상 600m이다. 잠시 숨을 돌리고 수면을 보충하고 능선길을 따라 오르며

15분 후 밧줄을 잡고 오르고 탐방로 출입금지 입간판에 올라서니 8시 31분이다.

이곳이 漢南錦北正脈 分岐點 이다. 이곳이 수분지점(水分地點)으로 동남쪽으로는 洛東江, 西南쪽으로 錦江. 北쪽으로 漢江 물줄기가 나뉘는 곳이다.

속리산의 천왕봉(天王峰)에서 서북으로 뻗어 忠北의 北部 內陸을 東西로 가르며 京畿道 南쪽 安城郡 칠장산(七長山)에 이르는 산줄기의 옛 이름. 한반도 13正脈의 하나로, 종착지의 七長山 에서는 다시 서북쪽으로 김포 문수산(文殊山)까지의 한남정맥(漢南正脈)으로 이어지고, 남서쪽으로는 서운산, 태조산, 오봉산, 백월산에서 북쪽으로 기수를 틀어 오서산 홍동산, 덕숭산, 가야산, 일락산, 백화산을 거치고 지령산 태안반도에 있는 안흥만까지의 금북정맥으로 이어진다.

이 산줄기의 산들은 백두대간(白頭大幹)의 속리산 천왕봉에서 갈라져 한남금북정맥으로 갈목재, 말태재, 구치(九峙), 시루산, 구봉산(九峰山), 국사봉(國師峰), 선두산(先頭山), 선도산(先到山), 상봉재, 상당산성(上黨山城), 좌구산(坐龜山), 칠보산(七寶山), 보광산(普光山), 행태고개, 보현산(普賢山), 소속리산(小俗離山), 마이산(馬耳山), 차현(車峴), 황색골산, 걸미고개, 칠장산 등으로 이어진다.

　천왕봉 정상은 이곳에서 오른쪽으로 3분정도 오르면 정상이다. 탐방 출입금지 안내판 뒤로 정맥길을 확인하고 天王峯 頂上에 올라서니 8시 34분이다.

【좌표 N 36 " 32' 25.1" E 127" 52" 22.3"】

속리산(俗離山)의 유래

　통일신라 선덕여왕 5년(784년)에 고승진표(眞表) 율사(律師)가 이곳에 이르렀을 때, 밭 갈던 소들이 모두 무릎을 꿇었다고 하며, 이를 본 농부들이 고승 대덕의 법력에 놀라서 진표 율사를 따라 속세를 버리고 입산수도하게 되었는데, 이로부터 '속리'라는 이름이 유래 되었다고 한다.

　속리산 천왕봉은 2002년 7월 1차 때는 표지석이 천황봉(天皇

峰)으로 되어 있던게 2008년 1월 천왕봉으로 바꿔놓았다. 정상석 앞에서 과일과 술을 부어놓고 한남금북정맥 칠장산 한남정맥 문수산까지 안전산행 무사산행을 기원하고 사진 몇장 찍고 있는데. 법주사에서 등산객들이 여러명 올라온다. 젊은이들께 부탁해 사진몇장 찍어둔다. 속리산 天王峯 頂上에는 전망이 너무 좋아 북으로 비로봉 신선대 청법대 문수봉 문장대가 줄지어 보이고 문장대 왼쪽(서쪽)으로 관음봉 묘봉 능선이 줄지어 보이고 동남쪽으로 백두대간 형제봉 멀리 봉화산 능선이 줄지어 보이고 남쪽으로 구병산이 지근에 보인다. 남서쪽으로 속리산 법주사가 내려다보이고 漢南錦北正脈 능선도 가름해본다.

오늘은 날씨가 넘 좋아 사방을 관망해 본다. 등산객들과 잠시 인사를 나누고 9시 15분 출발한다. 이제부터 漢南錦北正脈 첫발을 내딛는다. 마루금은 白頭大幹길 을 따라 형제봉 (남쪽)쪽으로 조금 내려오면 출입금지 입간판 뒤 쪽으로 들어간다. 이곳부터 갈목재 화엄이재 까지 속리산 국립공원에 속해있어 통행에 금지되어 있다. 정맥 종주자 외에는 산행하는 사람이 없어 등산로가 잘 되어있지 않다. 조금 내려가면 암능 사이길을 통과해 잠시 내려 약간에 오르막을 올라 923봉을 지나면서 왼쪽 사면길로 곳곳에 조리대 길을 내려 왼쪽에 화소대를 감상하며 807봉에 올라서니 9시 52분이다.

【좌표 N 36" 32" 04.7" E 121" 51"57.0"】

807봉을 지나면서 오른쪽으로 마사길 내리막이 미끄러질라 조심조심 내려온다. 혼자 산행 하면서 가장 중요한게 안전산행 이다. 100% 安全山行을 해야 한다. 665봉에 잠시 올라섰다. 내리막을 내려 안부를 지나 가파른 오르막을 한동안 올라 620봉에 올라서니 10시 20분이다.

【좌표 N 36"31"52.3" E 127" 51" 26.3"】

　620봉에 올라서니 687봉 왼쪽으로 635봉이 별 오르내림 없이 보이고 낙엽이 수북이 쌓인 길을 오르내리며 왼쪽으로 방향을 틀어 687봉 635봉에서 오른쪽으로 우클릭 잠시 내려섰다. 능선길로 이어지며 약간에 오르막을 올라 자그마한 삼각점이 길가에 있는 곳을 11시 18분 지나 약간 오르막을 올라서니 638봉이다. 우클릭으로 내리막을 한동안 내려 안부에 내려서 12시 21분, 시장기가 들어 점심을 먹고 갈증도 면하고 12시 43분 출발해 다시 오르막을 올라 작은 봉들을 오르락내리락하며 잘나있는 능선 길을 좌로 우로 들락거리며 561봉을 지나고 574봉 무인카메라 탑봉에 올라서니 오후 1시 11분이다.

【좌표 N 36" 30" 20.0 E 127" 50" 45.8"】

　잠시 허리쉼을 하고 오른쪽으로 내려서 안부에서 앞에 봉으로 오르지 않고 왼쪽으로 비탈길로 한동안 내려 묵은 묘를 지나 철망을 오른쪽에 두고 왼쪽길을 따라가 불목이 재에 도착하니 1시 25분이다. 오른쪽 공사장에 트랙터 지게차가 한 대씩 있고 사람도 없어 보이며 별 볼일 없는 공사장인 것 같다.

　이 고개는 불목이 에서 삼가로 통한 옛 고개로 지금은 왕래가 거의 없는 편이다. 불목재를 지나 487봉을 오후 1시 30분 지나 6분후 구 헬기장을 지나 무명봉에서 오른쪽 능선으로 이리저리 오르막을 한동안 올라 580봉에 올라서니 2시 17분이다. 580봉에서 좌클리하여 안부에 내려섰다. 다시 가파른 오르막을 오르는데 보통이 아니다. 가파른 오르막을 숨을 몰아쉬며 올라 585에 올라서니 2시 44분이다.

　이제 앞에 서원봉이 건너다보인다. 이제 내려만 가면 갈목재다. 능선길을 내려가다 잡풀이 수북한 김해김씨 묘를 지나고 좌쪽으로 내리막을 한동안 내려가 갈목재에 내려서니 3시 5분이다. 오늘 산행은 생각보다 늦은 편이다. 오늘 아침은 별 이상이 없었는데 내려오는데 탄력이 붙지 않아 쉬엄쉬엄 오다보니 생각 외로 늦은 편이다.

【좌표 N 36" 29" 24.7" E 127" 49" 27.2"】

　갈목재는 내속리면 갈목리에서 삼가리를 넘는 505번 지방도로 인데 2005년 4월 5일 1차때는 차가 고개로 올라 왔었는데 언젠가 터널이 뚫려 지금은 차량이 올라오지 못하게 막아놓아 정맥 종주자 외에는 지나가는 사람이 없어 완전 폐쇄된 길이다. 우리가 살아가면서 느끼는 게 옛것은 사라져 없어지고 새로운 것들이 생겨난다. 우리나라 1대간 9정맥 중에서 20년 전에는 차가 다닐 수 있는 고개는 휴게소도 있고 주차장도 있어 지나가는 차량들이 많아 종주 산행하다 내려오면 쉬어갈수도 있고 했었는데 요즘은 곳곳에 터널이 생기면서 고개 주차장이나 휴게소가 거의 폐쇄 되어가고 있다. 이곳 갈목재도 머지않아 험한 산길이 될 것 같다. 마루금은 세면길을 따라 오른쪽(갈목리)으로 가다 철망 끝을 지나 왼쪽에 표지기가 많이 걸려있는 곳으로 올라간다.

　3시 10분 산길로 들어서 오르막을 올라 5분후 잘 정돈된 한양조씨 묘 3기에 올라선다. 한양조씨 묘를 지나면서 가파른 오르막을 숨을 몰아쉬며 능선 분기점에 올라서니 3시 28분이다. 남으로 오르던 마루금은 오른쪽(서쪽)으로 방향을 틀어 느짓한 능선길로 진행한다. 능선길을 가며 간간이 진달래꽃을 감상하며 좌로 우로 능선을 오르내리며 선원봉 정상에 올라서니 3시 42

분이다.

【좌표 N 36" 23" 10.8" E 127" 29" 20.0"】

　　왼쪽 아래로 505번 지방도로에 차가는 것이 보이고 서원리 사회복지 연수센터 건물이 보인다. 건너편으로 구병산이 보이고 남쪽 멀리 장안면 일대가 보이며 북쪽으로 속리산 천왕봉 일대와 지나온 능선 마루금을 가름해 본다. 서원봉 545.7m 정상에는 나무판자에 서원봉 546m 표지판이 걸려있고 별 볼게 없다. 잠시 쉬면서 물 한 모금 마시고 사진도 찍고 3시 45분 출발해 잘나있는 능선길을 오르내리며 회엄재 까지는 편한길로 이어진다. 앞에 가야할 450봉 545봉 531봉을 건너다보며 느즛한 내리막을 한동안 내려 순천김씨 묘를 지나 내려서면 회엄이재다.

【좌표 N 36" 27" 23.2" E 127" 48" 46.2"】

　　회엄이재는 갈목리에서 서원리를 넘는 옛길 고개로 돌무덤(서낭당)이 있고 코팅지에 (한남금북정맥 회엄이재 415m 반바지)가 나무에 걸려 있다. 4시 4분 회엄이재를 지나 오르막을 오르며 유인 경주이씨 묘를 지나는데 묘 봉분에 멧돼지 소행인지 구멍이 뚤려 있다. 묘를 지나 능선길 오르막을 올라 450봉에 올라서니 4시 25분이다. 잠시 허리쉼을 하고 안부에 내려서니 오른쪽에는 깔끔히 나무치기를 해놓고 아래로 산판길이 보인다. 안부를 지나 오르막을 오르는데 보통 힘든게 아니다.

　가파른 오르막을 한동안 올라서보니 545봉은 한참을 가야한다. 잠시 허리쉼을 하고 숨을 돌리고 올라가는데 느짓한 오름길을 한동안 올라 545봉에 올라서니 5시 3분이다.

【 좌표 N 36" 29" 11.6" E 127" 47" 44.1" 】

　정상에는 쉬어갈수 있는 벤치가 한 개 있고 안내판 이정표에 숲속에 휴양림 0.8Km 40분 정상 0.2km 20분으로 되어 있다. 545봉은 능선 분기점으로 서쪽으로 오던 마루금은 이곳에서 부터 오른쪽 북쪽으로 향한다. 잠시 숨을 돌리고 가야할 능선을 가름해 본다. 앞에 철탑봉과 말티재 터널이 보이며 가야할 마루금을 관망해 본다. 450봉을 지나 약간에 내리막을 내려 잠시 오르막을 오르니 철탑봉이다. 철탑봉에 올라서니 5시 16분이다. 무선중계국 시설물 철조망에는 리본이 주렁주렁 매달려 있고 전망이 좋아 사방을 가름해 본다. 오른쪽 능선아래 건설중인 속리산 숲 체험 휴양마을이 내려다보인다. 앞으로 말티재 부근에 속리산 휴양림 관광지가 될 모양이다. 이제는 앞에 보이는 531봉만 지나면 내리막길이다. 능선길을 가며 531봉에 올라서니 5시 22분이다.

【 좌표 N 36" 29' 25.3" E 127" 47' 31.2" 】

531봉은 전망이 좋아 1차때 치과의사 김원장이 감탄한 곳이다. 이곳은 안내판이 있으며 마루금은 갈림길에서 오른쪽으로 말티재를 바라보며 내려간다. 가파른 내리막을 내려가 안내 간판을 지나 잘 정돈된 묘를 5시 34분 지나고 조금 내려오다 오른쪽으로 돌계단 내리막을 내려와 마지막 종착지인 말티재에 내려서니 5시 43분이다.

【 좌표 N 36" 29' 46.6" E 127" 47'36.1" 】

말티재는 보은에서 속리산 법주사로 넘는 37번 지방도로이며 역사가 깊은 고개다. 2005년 4월 1차 때는 쉬어갈 수 있는 공간이 있고 1966년 세운 도로 준공 기념비와 천하대장군 천하여장군이 있었는데 지금은 도로 준공비만 한쪽에 있고 고개 전체가 옛날 것은 없어지고 새로 지하통로가 생기고 회전교차로 넓은 주차장등 말할 수 없게 변해있다. (아래사진은 2005

년도 1차때 찍은 사진이며 말티재 준공 공적비 내용이다)

말티재는 고개 표지석이 있고 돌로 만든 天下大將軍과 地下女將軍이 있으며 유래 표지석에는 이렇게 새겨져 있었다.

말티재의 유래

고개 이름은 말재요 처음 넘은이는 누구였던가 다만 여기 생각나는 사람 임란때 의신대사가 인도에서 돌아와 황로새 등에 불경을 실고 속리산으로 들어가 법주사를 세울 적에 헐떡이며 이재를 넘어가던 모습이 눈에 보인다. 다시 그 뒤에 고구려 태조가 여기 이길에 넓은 돌들을 깔았다 하니 길의 형국은 아마 그것이 처음 이었을 지도 모른다. 그러나 길이 험하고 가파르기 때문에 언제나 모두들 긴 탄식을 거듭하더니 천년이 지난 뒤 一九二三년에 이르러 우마차가 다닐 수 있는 새길을 열었고 一九三五년엔 자동차 길을 닦았으나 그마저 불편을 느끼지 않을 수 없었다. 그리하여 마침내 一九六六年 六월에 정부의 예산아래 군민들이 동원되고 우리 국군과 미군의 장비 지원을 얻어 여기 폭넓고 평탄한 큰길을 닦아내니 이로부터는 수많은 사람과 수레들이 웃으며 넘어가고 넘어오리라!

아~고마워라 쉽게 넘는 새길이여
아~미더워라 편히 가는 큰길이여

一九六六년 十一월 一일

이상은글 이상복 글씨 충청북도 지사 김호명 지음

말티재에는 유래도 많고 전해오는 말도 많다.

報恩 誕生 600周年 記念碑

우리 보은군(報恩郡)은 삼한(三韓)시대 마한(馬韓)에, 삼국형성기(三國形成期)에는 백제(百濟)가 서북부를 신라(新羅)

는 동북부를 점유(占有)하였으나 신라 지증왕때(서기502년) 삼년산군(三年山群)으로 경덕왕때(서기742년) 삼년군(三年郡)으로 고려(高麗) 태조때(서기940년) 보령으로 불리어 오다 조선제 3대 태종이 왕자의 난(亂)을 일으켜 왕이 되었으나 자책에 시달리다 심신(心身)을 다스리고자 속리산 법주사에 와서 마음의 안정을 찾고 돌아가는 길에 (서기1416년) 이곳 地名을 보은(報恩)이라 고칠 것과 현감(縣監)을 두도록 명(命)하였다. 이로부터 7년 후 경상도 상주목(尙州牧)에서 충청도(忠淸道)로 편입(編入)되었으며 고종 32년(서기1895년) 보은군으로 개칭(改稱)되었다. 또한 백제시대 미곡(未谷) 신라 경덕왕때 매곡(昧谷) 고려태조때 회인(懷仁) 조선 태종 13년(서기1413년) 회인현(懷仁縣)으로 현감이 있었으나 고종 32년 (서기1895년) 회인군(懷仁郡)이 된 후 일제(日帝)강점기(强占期)인 서기1914년 보은군에 합병(合倂)되었다. 오늘 우리 보은군민들은 '은혜를 갚는 땅' 보은지명 탄생(報恩地名誕生) 600주년을 맞이하여 한국 공공자치연구원의 지방자치 경쟁력 지수(klci) 변동평가에서 우리 보은군이 2015년말 520.98점으로 전국 기초 지방 자치단체 226개 시 군 구 중에 7위 전국 82개 군 중에 2위 된 것을 자축(自祝)하면서 400년 후 보은탄생 1천년이 되는 서기 2416년에 타임캡슐을 개봉(開封)할때 대한민국에서 가장 발전한 지자체(地自體)로 행복(幸福)하게 되기를 기원(祈願)한다.

2016년 10월 14일

보은군수 정상혁(鄭相赫)

　말티재는 2004년도 일차 종주때와 13년이 지난 지금과는 너무나도 많이 변해있다. 이로서 한남금북정맥 첫구간 윗대목리에서 출발해 천왕봉에 올라 첫발을 내딛고 시작이 반이라고 시작을 했으니 무사히 마칠 것을 마음속으로 다짐하고 오늘 첫구간을 말티고개에서 마무리한다. 말티고개는 버스가 없어 지나가는 차를 얻어 타고 보은에 와서 목욕을 하고 버스로 대전에서 열차로 부산에 오니 11시 반이다. 집에 오니 집사람 고생했다고 경려 해준다.

제2차 한남금북정맥 단독종주 2구간

말 티 재 : 충청북도 보은군 장산면 장재리 말티재
작은구치재 : 충청북도 보은군 산외면 구티리 작은 구티재
도 상 거 리 : 말티재 14.6 km, 작은 구티재
소 요 시 간 : 말티재 6시간 46분, 작은 구티재
운 동 시 간 : 말티재 5시간 26분, 작은 구티재
휴 식 시 간 : 말티재 1시간 20분, 작은 구티재

말티재 출발 8시 12분 ~ 580봉 8시 36분 ~ 작은말티재 8시 43분 ~
592봉 9시 8분 도착 9시 30분 출발 ~ 세목이재 9시 45분 ~
591봉 9시 58분 도착 10시 9분 출발 ~ 576봉 10시 20분 ~
586봉 10시 34분 ~ 구룡치 10시 49분 ~ 수철령 11시 13분 ~
535.9봉 11시 20분 ~ 인동장씨묘 11시 31분 ~ 530봉 11시 38분 ~
광대수산 600봉 11시 56분 ~ 소축사 12시32분 ~
백석리고개 12시 39분~ 422봉 12시 55분 ~ 355봉 13시 16분 ~
구티재 13시 34분 14시 6분 출발 ~ 505봉 14시 11분 ~
탁주봉 갈림길 14시 25분 ~ 작은구치재 14시 58분

말티재 백두대간 속리산 관문

대한 8경의 하나로 1970년 3월 24일 국립공원으로 지정된 속리산 길목 해발 430m에 열두굽이 말티재가 있다. 정상(頂上)은 한남금북정맥(漢南錦北正脈)으로 고개마루 동쪽은 남한강 서쪽은 금강 수계(水系)를 가르는 분수령(分水嶺)이다. 남쪽 능선(稜線)은 갈목재를 거쳐 천완봉에서 백두대간과 만나고 북쪽 능선은 국사봉을 거쳐 미원고개를 지나 청주상당산성으로 이어진다. 이곳 말티재는 신라24대 진흥황 14년(서기 554년)의신조사가 인도를 다녀오는 길에 법주사를 창건하려고 흰노새 등에 불경(佛經)을 싣고 넘어간 이래1464년 동안 수많은 사람들이 부처님의 자비를 깨우치러 이 고개를 넘어 법주사로 갔으니 여기에 얼마나 많은 사연(事緣)과 애환(哀歡)이 서려 있을까? 해공왕때 진표율사는 금동 미륵불을 세우려고, 고려태조 왕건은 고개길에 얇은돌(薄石)을 깔고, 공민왕은 안동에서 황건적의 난(亂)을 피한 후 나라의 융성을 기원하려고, 조선태조 이성계는 왕이 되기 전 100일 기도하러 이고개를 넘어 법주사로 갔다.

3대 태종은 즉위 16년 심신을 다스리려고, 7대 세조는 즉위 10년 훈민정음 주역 신미대사를 만나려고, 15대 선조때 임진왜란 당시 승병(僧兵)들이 법주사로 집결하러 갈때도, 인조 4년 사명대사가 임진왜란때 불에 탄 법주사를 재건하려고, 구한말(舊韓末)당백전에 쓰려고, 법주사 금동 미륵불을 훼철(毁徹) 하러 가던 사람들도, 1960년 집권한 박정희 대통령 부부도 연말마다 이 고개를 넘었다. 옛날 말티재 길은 한두사람이 오가던 오솔길이었으나 법주사가 세워지고 난후 통행자가 늘어나 그 행렬이 꼬리에 꼬리를 물었다. 일본 강점기 (强占期)1924년 충북지사 박중양이 신작로(新作路)를 냈고 1935년 도로확장이 되었으나 현재 상·하행 각각 1차선 도로는 1966년 6월 김효영 충북지사가 당시 지역 국회 육인수 의원(영부인 육영수오빠)의 도움으로 국군과 미군(美軍)의 장비 지원, 보은군민들의 노력동원으로 확 포장이 되었다.

속리산 일대는 국립공원 사찰림 문화재 보호구역 백두대간 규제 등으로 보은군이 개발부지 확보에 어려움이 있었으나 2011년 6월부터 산세(山勢)가 아름답고 울창한 숲이 있는 말티재 남쪽 국유림 95ha 북쪽 도유림 83ha등 178ha를 군내(郡內)산간오지 군유림 7필지 399 ha와 교환 1914년 2월 27일 보은군 소유로 등기이전 하였다. 한편 종곡 터널을 지나면서 좌.우 사유지253ha를 감정평가액 41억 8천만원에 매입 2015년 4월 20일 보은군 소유로 이전함으로써 431 ha의 개발 부지를 확보한 것은 보은군 역사에 남을 쾌거였다. 또한 보은군은 2016년 12월 27일 국토부의 중판지구 100ha 개발승인을 받았고 도로개설 주차장 사업비 92억원 확보와 해림 소림사등 각종 사업유치로 속리산 관광의 새로운 활로를 열게 되었다. 특히 말티재 생태축 복원은 국비 도비 등 58억원 예산으로 2016년 6월 21일 착공 1층 79m 터널 2층 59m 아치형 공간 (전시실, 강의실, 휴게시설) 속리산 방향 1층 상단에 삼년산성과 전국최초의 경관조명 보은대교가 있으며 복원된 능선에는 천왕봉 문장대 모형을 만들어 탐방객들의 전망을 즐기는 쉼터로 속리산 관광의 새로운 명소 백두대간 속리산 관문을 오늘 준공하게 되었다.

2017년 10월 13일 보은군수 정상혁

부군수(전) 이경래, 부군수(현) 임성빈, 산림녹지과장 송석복
담당계장 강재구, 주무관 이미정, 시행사 보은군 산림조합

2018월 4월 15일 맑음

오늘은 한남금북정맥 2구간 2번째 가는 날이다.

어제(14일) 익산향우회 야유회로 차 시간이 늦어 저녁차로 못 가고 아침 5시 ktx로 출발 대전에서 6시40분 버스로 (6,000) 보은에서 택시로 (11,000원) 말티재에 도착하니 8시7분이다. 오늘 산행은 월래 계획은 대안리 고개까지였는데 아침 늦게 출발해 가는데까지 가보기로 하고 우선 기사에게 부탁해 사진한판 찍고 말티재 경관을 관람하고 8시12분 산행에 들어간다. 말티재는 여러가지 내력이 많으며 앞으로 보은군에서 속리산 관문으로 이 일대를 관광지로 개발하고 있다. 초입은 주차장 뒤로 조금가면 왼쪽으로 표지기가 걸려있다.

  왼쪽으로 올라가 능선에 올라서면서 능선을 치고 올라간다. 가파른 오르막을 10여분 오르면 암능구간이다. 잠시 암능을 지나 가파른 오르막을 올라 580봉에 올라서니 8시30분이다. 마루금은 왼쪽으로 능선길을 가며 검정비닐 철망 울타리를 따라간다. 마루금은 왼쪽은 보은군 장안면 오른쪽은 보은군 속리산면 경계를 가며 기록에 의하면 이곳부터 오른쪽 일대를 보은군 개발 구역으로 지정된 곳이다.

  여기서부터 591봉까지다. 마루금은 능선 내리막을 잠시 내려가다 다시 느짓한 오르막을 오르다 524봉은 오르지 않고 왼쪽 사면길로 가다 능선에 들어서 내리막을 내리며 전주이씨 묘를 지나며 계속해서 오른쪽 검정비닐 철망 울타리를 따라 작은 구치재에 내려서니 8시43분이다. 옛날 1차때는 우마차가 다니는 소로였는데 지금은 차량이 다닐 수 있게 포장을 하고 있다. 마루금은 검정비닐 철망 울타리를 따라 오르막을 올라간다. 능선 오르막을 한동안 올라 592봉에 오르기 직전 누군가 왼쪽으로 리본을 걸어놓아 사면길로 가다 잘나있는 능선길을 가다보니 이상해 지도를 보니 오봉산 쪽으로 가고 있는 것을 확인하고 다시 빽으로 592봉에 올라서니 9시28분이다. 이곳은 능선 분기봉으로 왼쪽은 보은군 장안면을 벗어나 보은읍과 속리산면을 경계로 이어진다.

잠시 허리쉼을 하고 가파른 내림길을 검정비닐 울타리를 따라 내려오는데 가랑잎이 말목까지 빠지며 왼쪽아래 나무사이로 종곡터널 입구가 보이는 능선길을 한동안 가다 525봉을 넘어 새목이재를 9시45분 지나며 능선 오르막을 오르다 가파른 오르막을 숨을 몰아쉬며 올라 591봉에 올라서니 9시 58분이다. 아침일찍 집에서 아침을 먹고 와 시장기가 들어 간식으로 김밥과 빵으로 시장기를 면하고 10시9분 출발한다. 580봉에서 부터 따르던 검정비닐 철망길이 591봉까지 따르다 이곳에서 부터 철망은 오른쪽으로 가고 마루금은 철조망을 버리고 능선으로 이어진다. 가파른 내리막을 4분 동안 내리고 다시 가파른 오르막을 올라 10분후 576봉에서 다시 내리막 5분후 안부 다시 가파른 오르막을 올라 586봉에 올라서니 10시34분이다.

586봉을 지나 내리막을 내리는데 가랑잎이 장단지 아래까지 빠지며 4분간 지나 능선길을 가면서 왼쪽 아래 나무사이로 보은 동곡저수지와 오른쪽은 중판리가 내려다 보이며 560봉을 10시43분 지나고 내리막을 내려 구룡치에 내려서니 10시49분이다. 구룡치는 하판리에서 종곡리를 넘는 옛길이며 지금은 통행이 없는 옛고개. 구룡치에는 비닐코팅지에 (한남금북정맥 구룡치 485m 반바지)가 나무에 걸려있고 왼쪽으로 편한 능선을 가며 약간에 오르막을 오르며 505봉은 오르지 않고 오른쪽으로 사면길을 가다 오르막을 한동안 올라 554봉에 올라서니 11시 10분이다. 마루금은 왼쪽으로 급경사 내리막을 내려 수철령에 내려서니 11시13분이다. 수철령은 하판리 무소목에서 동곡 저수지 쪽으로 넘는 옛 고갯길이며 옛날에는 많은 사람이 넘었던 고개이며 지금도 옛고개가 또렷하게 나타나고 오래된 나무 한 그루가 있다.

수철령을 지나 오르막을 한동안 올라 능선 분기봉 535,9봉을 11시23분 지나 오른쪽으로 방향을 틀어 마루금은 이어진다. 언뜻 보기에는 왼쪽능선 같은데 마루금은 오른쪽으로 이어지며 왼쪽은 보은읍을 벗어나 산외면과 속리산면을 경계로 이어지며 내리막을 한동안 내려 잘 정돈된 인동장씨 묘를 11시 31분 지나 안부에 내려섰다. 3분후 오르막을 오르며 530봉은 오른쪽에 두고 왼쪽 비탈길로 가다 안부에 내려섰다. 다시 오르막을 한동안 올라 묘가 있는 600봉에 올라서니 11시 56분이다.

530봉을 지나면서 왼쪽에 백석리 일대가 보이며 가야할 백석고개 422봉 구티재 탁주봉을 가름하며 600봉에 올라서 잠시 쉬며 마루금을 가름해 본다. 600봉에서 북으로 오던 마루금은 왼쪽(서쪽)으로 급경사로 내려간다. 가파른 급경사를 미끄러질라 조심조심 내려오며 오른쪽은 벌목을 해놓아 장구봉 쪽으로 속리산 전 능선이 눈에 들어와 카메라를 당겨 사진몇장 찍어본다. 오른쪽 일대는 벌목으로 가야할 백석리 일대를 가름하면서 내려와 능선 분기봉 (작은봉)에서 직진길은 나무를 배어 많은 나무로 길을 막아놓아 오른쪽 능선으로 조금 내려가니 고령박씨 묘와 추모비가 있다. 이곳에서 가름해보니 잘못 온 것을 확인하고 다시 올라가 가로막은 나무를 해치고 넘어 내려오니 길이 있다. 내리막을 한동안 내려 임도에 내려서니 리본이 많이 걸려있다. 오른쪽으로 조금 내려와 길이 없어 왼쪽으로 길을 따라가니 논뚝이 나온다. 다락 논둑을 지나 임도를 따라 내려오니 포장도로가 나온다. 포장도로를 따라 오른쪽으로 내려오다 축사 정문을 12시35분 지나 계속해서 포장도로를 따라 내려오다 삼거리에서 왼쪽 창고건물 쪽으로 방향을 틀어 포장길 을 따라 백석리 고개에 도착하니 12시39분이다.

백석리고개는 2차선 포장도로이며 양쪽 가로수로 벚꽃이 만발해있다. 이곳은 도로를 경계로 산외면 백석리와 탁주리 경계다. 마루금은 왼쪽 아담한 목조주택 옆을 지나 포장농로를 따라가는데 개떼들이 요란이 짖어 댄다. 포장임도를 따라가다 오른쪽에 고성이씨 가족묘를 지나 왼쪽 능선으로 들어선다. 숲속길로 들어서 잘 정돈된 고령박씨 묘를 12시 49분 지나고 오르막 능선을 오르며 암능구간을 지나 가파른 오르막을 한동안 올라 455봉에 올라서니 12시 55분이다.

마루금은 왼쪽으로 (10시 방향) 능선을 가다 내리막을 내려가다 리본이 많이 걸린 곳에서 12시 59분 오른쪽으로 비탈길로 이어지며 능선 분기점에서 왼쪽으로 마루금이 이어지며 밀양박씨

쌍분묘를 1시 6분 지나 안부에 내려섰다. 355봉에 올라서니 1시 16분이다. 작은봉을 오르락내리락 두개봉을 지나 송전 안테나가 있는 철탑봉에 올라서니 1시 31분이다. 마루금은 철탑봉에서 오른쪽으로 내려서 구티재에 내려서니 1시 34분이다. 구티재에는 사각 돌탑에 구티 유래비가 있으며 돌탑위에 거북이가 올려져 있다.

구티(龜峙) 고개의 유래

이 고개는 보은에서 서북쪽으로 12km 지점에 위치하고 있으며 구티리와 탁주리의 경계를 이루고 있다. 지명의 유래는 산의 모양이 거북이와 같다고 해서 구티(龜峙)또는 거북티 라고 하였으며 또한 고개가 아홉구비(九峙)라고 해서 이렇게 불리게 되었다고도 한다. 당초 아홉구비이던 이고개는 2001년도 봉계-장갑간 확 포장공사를 하면서 현재는 네구비를 이루고 있으며 옛길은 등산로로 이용되고 있다. 속리산 천황봉(天皇峯)에서 서북쪽으로 뻗어 충북의 북부 내륙을 동서로 가로지르며 경기 안성군 칠장산(七長山)에 이르는 한남금북정맥(漢南錦北正脈)의 통과지점으로 동남쪽으로 말티재 천황봉으로 이어지며 서북으로 탁주봉과 시루산으로 이어진다.

위치 : 보은군 산외면 구티리 해발300M

2003년 5월 20일
보 은 군 수

구티재는 575번 지방도로가 산외면 소재지에서 탁주리를 넘는 고개로 2차선 포장도로이며 해발 280m 로 37번 국도와 연결되고 상주군 화북면과도 연결된다. 구치리 유래비에서 사진을 찍고 돌로 만든 쉼터에서 점심을 먹고 2시 6분에 출발한다. 마루금은 고개 이정표 쪽에서 올라가며 조금 오르면 (3분후) 잘 정돈된 교하노씨(交河盧氏)묘를 지나고 가파른 오르막을 한동안 올라가다 왼쪽으로 비탈길로 가다 탁주봉 갈림길을 지나 능선에 올라서니 2시 25분이다.

이곳 능선은 탁주봉에서 내려오는 길을 만나는 지점이다. 탁주봉을 올라갔다 오려면 선답자에 말로 40여분 걸린다고 한다. 탁주봉 갔다 오는 것은 접고 왼쪽으로 잘나있는 편한길을 가며 잠시 내려섰다. 다시 오르막을 올라 구치봉 정상에 올라서니 2시 36분이다. 정상에는 자그마한 삼각점과 표시판이 있으며 구치봉 456.7m 서래아라고 쓰인 코팅지가 나무에 걸려 있고 가야할 465봉 492봉이 건너다보이고 지나온 능선을 가늠해 본다. 마루금은 오른쪽(북서쪽)으로 잠시 편한길 능선을 내려가다 오르막을 올라 435봉에 올라서니 2시 46분이다. 마루금은 왼쪽(서쪽)으로 급경사 마사길 내리막을 미끄러질라 조심조심 내려와 평산신씨 묘를 지나며 오른쪽으로 배수로를 따라 내려와 작은 구치재에 내려오니 2시 55분이다.

작은 구티재는 산외면 소재지에서 산대리를 넘는 8번 지방도

로 이며 2차선 포장도로다. 오늘 2차구간은 대안리 고개까지 갈 계획이었는데 아침에 늦게 출발하였고 마치고 부산에 내려가려면 시간이 없어 이르지만 이곳에서 마무리하고 잠시 쉬고 있는데 마침 승용차 한대가 지나가 산외면 소재지까지 부탁하니 흔쾌히 들어줘 산외면 소재지에 내려와서 보은읍행 시내버스로 보은 버스터미널에 와서 바로 대전행 버스로 대전에서 열차로

부산에 도착하니 9시경이다.

 이번정맥은 당일산행으로 아침에 출발해 저녁 일찍 와 집사람 오늘도 수고했다며 격려해주고 좋아한다. 대중교통으로 옛날 같으면 엄두도 못 냈을 텐데 지금은 교통이 편리해 당일 코스로도 무방하다.

제2차 한남금북정맥 단독종주 3구간

작은구티재 : 충청북도 보은군 산외면 구티리 작은구티재
추 정 재 : 충북 청주시 상당구 낭성면 추정리 추정재
도 상 거 리 : 작은구티재 24.9km, 추정재
소 요 시 간 : 작은구티재 11시간 55분, 추정재
운 동 시 간 : 작은구티재 10시간 50분, 추정재
휴 식 시 간 : 작은구티재 1시간 5분, 추정재

작은구치재 출발 5시 45분 ~ 465봉 6시 14분 ~ 472봉 6시 25분 ~
390봉 7시 14분 ~ 안부경주김씨묘 7시 40분 ~ 414봉 7시 53분 ~
335봉 8시 18분 ~ 중치재 8시 20분 ~ 돌탑봉 8시 37분 ~
시루봉 8시 55분 ~ 산불초 9시 38분 ~ 구봉산 9시 58분 ~
작도랑이재 10시 17분 ~ 벼재고개 10시 59분 ~ 424봉 11시 20분 ~
대안리고개 11시 32분 ~ 490봉 12시 46분 ~ 금적지맥분기봉 13시17분 ~
쌍암재 13시 33분 ~ 새터고개 13시 56분 ~ 602.1봉 15시 42분 ~
실티재 16시 38분 ~ 구봉산 17시 32분 ~ 추정재 18시 40분 ~

이번 구간은 거리가 멀기 때문에 4월 21일 오후 4시에 집을 나서 5시 10분 ktx로 대전에 도착 바로 보은행 버스로 보은에 도착하니 8시 5분이다. 저녁식사는 버스터미널 부근 먹자골목 한우 해장국집에서 (6,000원) 저녁을 먹고 내일아침 먹을 국밥

 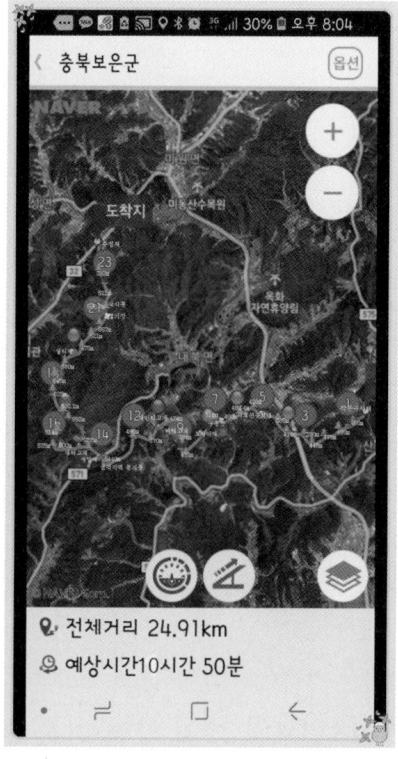

을 포장해가지고 숙소에 와서 내일 일을 생각해서 일찍 잠자리에 들어간다. 보은군은 황토 대추가 유명하며 매년 황토대추 축제가 열리고 속리산 속리축제 그리고 전국민 소싸움 대회가 매년 10월 보은읍 보청천 둔지에서 전국에서 내로라는 싸움소들이 전국 소싸움 대회에서 8강에 올랐던 싸움소들만 출전해 관광객에게 볼거리를 제공하고 있다. 보은군은 작은 도시지만 인심 좋기로 이름나 있으며 속리산 법주사로 들리는 관광객 등산객들이 많이 찾는다.

2018년 4월 22일 약간 비온 후 맑음

오늘 일기예보에 맑은 후 오후 늦게 비가 온다는 예보다. 아침에 일어나니 날씨는 맑으며 비 올 날씨 같지 않아 어제 포장해 온 해장국을 주인집에서 빌려온 가스레인지에 국을 데워 아침을 먹고 터미널 앞 택시승강장에 오니 택시가 있어 타고 보니 지난번(4월15일) 말티재에 타고 갔던 개인택시 기사 김복규 씨다. (010-5486-****), 보은택시(043-544-5885) 지난번은 말티재에서 출발해 작은 구티재에서 마무리 하여 오늘은 지난번 마무리한 작은 구티재로 가는데 요금은 말티재나 같고 거리도 비숫하다. (요금 12,000원) 오늘은 거리가 멀기 때문에 아침일찍 나서 산외면 소재지를 지나 작은 구치제에 도착하니 5시 40분 이다. 기사한테 부탁해 사진한판 찍고 산행 준비를 하고 5시 45분 산행에 들어간다.

　마루금은 산외면 소재지 구치리에서 산대리를 넘는 2차선 도로 좌측 (서쪽)에서 능선으로 오르며 초입은 평탄한 오르막을 오르다 묵은묘를 지나고 우클릭을 하면서 가파른 오르막을 한동안 올라 작은봉에 올라서 능선길을 가다 좌클릭 으로 오르막을 올라 465봉에 올라서니 6시 14분이다. 정상 바로아래 올라오는데 동쪽에서 햇살이 나무 사이로 떠오른다. 카메라에 담아둔다. 465봉에서 오른쪽으로 약간에 내리막을 내려 편안한 능선길을 오르내리며 작은봉을 넘고 불에 탄 능선을 가며 지나온 능선을 가름하며 492봉에 올라서니 6시 38분이다.

좌표【 N 36" 33" 07.8" E 127" 43" 13.0" 】

　언제인가 불에 탄 490봉은 나무가 없어 전망이 아주 좋아 속리산 문장대 천왕봉 일대와 오른쪽으로 구병산과 보은 읍내가 내려다보이고 지나온 능선 광대수산이 우뚝 솟아 있고 지나온 능선을 가름해 본다. 마루금은 오른쪽으로 우클릭 내리막을 내려 잘나있는 능선을 오르내리며 475봉에 올라서 6시 49분이다. 정상을 지나고 마루금은 왼쪽(서남쪽)으로 능선 내리막을 내리며 능선 오르내림을 가다 445봉에 올라서니 6시 55분이다. 마루금은 오른쪽 (북서쪽)으로 우클릭 하며 왼쪽은 산외면을 벗어나 내북면과 산외면을 경계로 내리막을 내리며 왼쪽 (내북면쪽)에 잘자란 잣나무 숲을 보며 내려가 안부에 내려서니 왼쪽에 임도가 나온다. 임도를 따라가도 되는 것 같은데 390봉을 향해 오르막을 오른다. 가파른 오르막을 숨을 몰아쉬며 올라 390봉에 올라서니 7시 14분이다.

좌표 【 N 36° 33" 00.2" E 127° 42" 30.8" 】

390봉은 올라오는데 가파르기 때문에 힘들여 올라온다. 정상에 올라 허리쉼을 하고 물 한모금 마시고 왼쪽으로 조금 내려가니 다시 임도를 만난다. 임도는 고개에 넓은 공터가 있으며 마루금은 임도를 건너 작은봉에 올라 오른쪽으로 잠시 내려가 다시 임도를 만나고 마루금은 임도를 건너 내려선다. 이곳도 작은 봉을 넘지 않고 더러는 임도를 따르는 사람도 있다. 임도를 건너 내리막을 한동안 내려와 안부에 내려서니 7시 34분이다. 안부를 지나 능선을 가며 오른쪽에 19번 국도 터널 입구가 보이며 중치리 마을도 내려다보인다. 2005년 1차 때는 터널이 없었는데~오른쪽에 차가는 소리를 들으며 작은 능선을 넘는데 모아산악회 문총무 전화가 온다. 오늘 모아산악회는 강진 덕용산 정기산행이다. 나는 정맥종주때문에 참석을 못했는데 예약한 박문표씨가 안보인다는 전화다. 박문표씨에게 전화를 걸어보니 차에 타고 있다고 한다.

잘 다녀오라고 인사를 하고 내려서니 경주김씨묘(惠民院主事慶州金公諱基玧之墓)가 있다. 묘를 지나 능선을 가는데 멧돼지가 지나간 흔적이 있다. 능선 오르막을 오르며 무명봉은 왼쪽에 두고 오른쪽 사면길로 올라 잠시 후 능선에 올라서 오르막을 오르는데 곳곳에 멧돼지 흔적을 보며 올라서 414봉에 올라서니 7시 56분이다. 정상에 올라서니 청주한씨 묘가 있다. 묘를 지나 잘나있는 능선을 가며 3분후 강릉최씨 묘를 지나고 능선 내리막을 가며 청주한씨묘(비석이 작음)를 지나 오른쪽에 벌목지를 지나며 중치리 마을을 내려다보며 385봉에 올라섰다 내리막을 내려 중티재에 내려서니 8시 20분이다. 중티재는 산외면 중치

리에서 내북면 두평리를 넘는 옛길 고개로 이곳에서 종주자들이 마무리하고 중치리로 내려가는 길목이라 길이 잘나있다. 중티재를 지나 잘나있는 편한길 오르막을 10분 올라가니 양쪽에 동자가 있고 시루가 엎어있는 기도처이다.

 2005년 5월 1일 1차 때도 이곳을 지날 때 이 제단이 있었는데 13년 만인데 옛날 그대로다. 이곳 제단에 시루를 엎어놓고 기도를 올려 이산이 시루산이라 부른 모양이다. 시루제단을 지나면 암능이 나오고 가파른 암능을 올라가니 돌탑봉이다. 430봉은 돌탑이 있고 누군가 표지석에『시루산 안임 돌탑봉』이라 매직으로 써놓은 표지석이 있고 커다란 돌탑이 있다. 8시 37분

좌표【 N 36" 33" 36.3" E 127" 41" 15.3" 】

 시루산 정상은 왼쪽(서남쪽)으로 한참 가야한다. 돌탑봉을 지나면서 오른쪽도 산외면을 벗어나 좌우로 내북면을 밟으며 길이 이어진다. 돌탑봉을 지나면서 느짓한 능선을 오르내리며 잘 나있는 편한길로 한동안 가며 오르막을 올라 시루산 정상에 올라서니 8시 55분이다.

좌표【 N 36" 33" 25.6" E 127" 40" 57.1" 】

 시루산 정상에는 삼각점이 있고『한남금북정맥 시루산 484m 반바지』라 코팅지가 나무에 걸려있고『시루산 483.8m 서래아 8.733 山峰』도 나무에 걸려있다. 시루봉에서 구봉산이 건너다 보이며 마루금은 오른쪽으로 급경사 내리막을 내려간다. 시루

산 정상에서 내려가며 왼쪽에는 폐광터로 절벽이다.

잠시 내리막을 내리고 오르막을 오르는데 이구간은 야간 산행에는 왼쪽이 절벽이라 위험한 곳이다. 안부에 내려섰다. 오르막을 올라 작은봉을 넘어 잘나있는 능선길을 올라 480봉을 9시 16분 지나고 능선 오르막을 오르내리며 철쭉 능선을 가며 사진도 찍고 산불 감시탑 초소봉에 올라서니 9시 36분이다. 산불 감시탑봉에서 구봉산 정상은 건너편 봉이고 초소 봉은 전망이 좋아 지나온 능선과 멀리 속리산 전경과 구병산과 사방이 확트여 가야할 국사봉 능선을 가름해 본다. 일기예보에 오후 6시 경에 비가 온다고 했는데 가랑비가 내린다. 철탑 초소아래 철기둥에 『한남금북정맥 구봉산 516m 반바지』가 철탑 아래에 걸려있다. 아마도 반바지는 국봉산이 조금 벗어나 있는데 바로 온 것 같다. 잠시 초소 밑에서 간식을 먹고 배낭 카바도 꺼내 비 준비를 하고 사방을 배경으로 사진도 찍고 9시 54분 출발한다. 마루금은 직진으로 잠시 내려가다 오른쪽으로 내려가고 구봉산 정상은 50여m 앞에 있다. 구봉산 정상은 정맥에서 약간 벗어나 있지만 그리 멀지 않아 정상에 올라간다. 구봉산 정상에는 서래야가 걸어놓은『구봉산 515.9m 서래야 5.732 山峰이 나무에 걸려있다.

구봉산 정상에서 사진한판 찍고 10시 2분 오던 길로 되돌아와 왼쪽으로 가파른 내리막을 미끄러질라 조심조심 한동안 내려와 능선길을 가며 작은봉을 넘고 도랑이 재에 내려오니 10시

16분이다. 도랑이재를 지나 오르막을 올라 4분후 작은봉을 넘고 능선 내리막길에 진사 은진송씨 묘를 지나고 오른쪽 벌목지를 지나며 능선을 오르내리며 작은봉을 넘고 384봉에 올라서니 10시 37분이다. 정상에는 유인 인동장씨 묘가 있고 오른쪽은 벌목 지대고 마루금은 오른쪽으로 경사진 내리막을 내려 안부에서 왼쪽으로 내려가 수로를 따라 공사중인 철탑에 내려와 임도를 따라 공장 건물을 향해 가다 공장 정문 조금 못가서 2차선인 벼재고개에 내려서니 10시 59분이다.

좌표【 N 36" 33" 07,5" E 127" 39" 36.4" 】

벼재고개는 바깥대안 삼거리에서 성치리를 넘는 고개로 2차선 포장도로 이며 오른쪽은 공장 건물이 있다. 마루금은 도로를 건너 능선으로 들어서 경주이씨 가족묘를 지나는데 우이(비옷)입은 노인이 묘를 둘러보며 비가 오는데 산행을 한다며 격려 해준다. 묘를 지나고 능선 오르막을 오르며 왼쪽 밭을 지나며 급경사를 한동안 올라 424봉 직전 능선에서 좌측으로 사면 길로 가다 424봉은 오르지 않고 왼쪽으로 내려가 줄묘 5기를 지나고 내리막을 한동안 내려 대안리 고개에 내려서니 11시 32분이다.

좌표【N 36" 33" 18.1" E 127" 38" 09.4" 】

대안리 고개는 아곡리에서 대안리을 넘는 고개로 19번 국도 2차선 포장도로다. 1차 때는 부산 낙동산악회에서 이곳이 3구간 마무리 구간이다. 오늘 구간은 추정재까지다. 마루금은 삼거리 대안1길 안내판 아래 교통신호등에서 시작된다. 초입은 느짓한 오르막 능선을 오르며 왼쪽에 바깥 대안리 삼거리가 내려다 보이며 지나온 구봉산도 나무사이로 보인다.

잘나있는 편한 오르막을 오르며 묘를 지나고 370봉은 쉽게 오르고 370봉에서 마루금은 오른쪽으로 이어진다. 11시 40분 370봉을 지나 오른쪽(북서쪽)으로 내리막을 내려 4분후 안부를 지나고 능선 오르막을 오르며 시장기가 들어 자리를 펴고 점심을 먹고 12시 18분 출발해 가파른 오르막을 오르며 암능길을 조심조심 올라 능선에 올라서 왼쪽(남서쪽)으로 방향을 틀어 조금 오르니 490봉이다.

좌표【 N 36" 33" 07.9" E 127" 39" 42.7" 】

490봉에는 반공호가 1차 때(2005년 5월 1일) 있던 게 지금도 변하지 않고 있다. 10년이면 강산도 변한다 했는데 이곳은 변한 게 없고 종주자들이 항상 기억할 수 있는 표시물이다. 490봉에서 급경사 내리막을 잠시 내려 능선길을 가며 10분후 작은봉을 넘어 안부에 내려서니 12시 55분이다. 오르막을 올라 작은봉을 2개 넘고 능선 오르막을 오르며 구룡산 갈림길(금적지맥분기점) 440봉에 올라서니 1시 17분이다. 이곳에서 금적지맥은 직진으로 구룡산으로 오르막길이고 마루금은 오른쪽 쌍암제로 내려선다.

금적지맥은 구룡산(549m), 노성산(572m), 국사봉(551m), 거망산(494m), 덕대산(575m), 금적산(652m), 하마산(350m), 국사봉(475m)에서 금강으로 사라진다. 구룡산은 정맥에서 비껴 있어 오르지 않고 마루금을 따라 오른쪽으로 내려간다. 1시 22분 출발해 경사길 내리막을 내려 5분 후 검정 비닐 울타리를 지나 내려서면 소나무 조림지를 지나고 임도를 따르다 밭길을 벗어나 쌍암재에 내려서니 1시 33분이다.

좌표【 N 36" 32" 54.2" E 127" 37" 47.4" 】

쌍암재는 회인면에서 내북면을 넘는 고개로 2차선 지방 도로이다. 마루금은 도로를 건너 임도를 따라가니 왼쪽에 공장인가 창고같은 건물을 새로 짓고 있다. 길이 잘 안보여 컨테이너 박스옆을 지나 묘뒤로 올라서니 길이 보인다. 잠시 내리막을 약간 내려 밀양박씨 묘를 지나 낮은 능선길을 잡풀을 헤치며 가다 산판길을 따라 내려가니 농로 포장길이 나온다. 포장길을 따라가다 능선으로 올라서 355봉에 올라서니 1시 51분이다. 왼쪽에 가족묘가 줄지어 있고 묘뒤 능선에 토지지신(土地之神)비석이 있고 조금 내려가면 산판길을 따르다 포장길인 새터고개에 내려서니 1시 56분이다. 포장길 왼쪽에는 아담하게 잘 지은 집들이 몇채 있고 마당에 승용차도 있다. 포장길을 지나 언덕 숲길로 들어서 가파른 오르막을 한동안 올라 500봉에 올라서니 2시 25분이다. 500봉은 전망이 좋아 지나온 산들이 줄지어 보인다.

마루금은 오른쪽으로 잠시 내렸다 갈림길에서 직진으로 오르막을 올라 팔봉지맥(525m)에 올라서니 2시 34분이다.

좌표【 N 36" 33" 04.9" E 127" 36" 43.6" 】

525봉 정상에는 준희가 걸어놓은 팔봉지맥 분기점 표지가 걸려있고 누가 세워놓은 것인지 알 수 없는 백두대간 단군지맥 비석이 있고 뒷면에 천부경(天符經)이 새겨져 있다.

〈천부경 81자 바라밀〉 天符經 八十一字 一始無始一析三極
無盡本 天一地一二人一三 一積十鉅 无(無)궤化三 天二三
地二三人二三大三合六生七八九運三四成環五七 一妙衍 萬
往萬來 用變不動本本心本太.

≪천부경≫은 고대사 연구의 뿌리이자 출발점이다. 박용숙 선생에 따르면 ≪천부경≫은 금성과 지동설을 믿는 사람들이 천문학의 이치를 적어둔 경전이다. 즉, 불교와 기독교가 생기기 이전 지구자전 공전을 믿는, 천문학이 아주 발달된 문명이었다. 천문학과 달력은 그들의 농경사회를 유지하는 데 필수적인 도구이자 이데올로기였다. 그들은 태양 주위를 도는 지구와 금성 궤도의 상호작용으로 낮밤의 길이와 사계절의 변화가 생긴다고 믿었다. 천문학자들은 정치와 제사를 관장했고 하늘의 별자리를 관찰하여 <천상분야열차지도>라는 아주 상세한 천체지도를 남겼다. 박용숙 선생은 ≪천부경≫이 <천상분야열차

지도>를 숫자로 암호화하여 나타낸 것이라고 주장한다.

≪천부경≫에 나오는 숫자는 셈수가 아니라, 고대 천문학의 상징을 나타내는 비밀문자들이라는 것이다. 박용숙 선생에 따르면 이런 개념을 가지고≪천부경≫을 해석해야 제대로 내용을 파악할 수 있다. 그러면 ≪천부경≫은 "새해는 새벽별이 해와 달과 나란히 뜨는 춘분점에서 시작"되며, "끝나는 것(일년)이 뒤집혀 다시 이어진다." 로 끝을 맺는 아주 과학적인 천문학 현상을 풀이한 책이다.

525봉에서 팔봉지맥은 왼쪽으로 피반령에 내려서 고도를 낮춰 봉화봉(221m) 용덕산(241m) 발봉산(297m)은 적산(206m) 망덕산(76m) 출동산(149m)에서 금강으로 꼬리를 내리고 한남금북정맥은 오른쪽(북쪽)으로 602,1봉 살티재 국사봉으로 이어진다. 팔봉지맥을 지나면서 왼쪽은 보은군을 벗어나 청주시 상당구 가덕면을 경개로 보은군 내북면을 오른쪽에 두고 북진으로 이어진다. 마루금은 오른쪽으로 조금 내려오면 올라올때 갈라진 사면길과 만나고 오르막을 올라 514봉을 지나고 내리막을 내려 안부에 내려서니 2시 43분이다. 안부를 지나 가파른 오르막을 한동안 오르며 녹슨 철사줄을 따라 오르막을 올라 593봉에 올라서니 3시 7분이다. 593은 매워진 반공호 같은 게 있고 쉬어갈만한 장소가 있으며 능선 분기봉 이다.

좌표【 N 36" 33" 33.3" E 127" 37" 59.9" 】

잠시쉬면서 간식으로 배를 채우고 3시 32분 출발한다. 마루금은 왼쪽으로 편한 능선길로 이어지며 삼각점이 있는 602.1봉에 올라서니 3시 42분이다. 602.1봉은 건설부에서 1979년 만든 자그마한 삼각점이 있고 볼게 아무것도 없고 가야할 능선만 보일뿐이다. 602.1봉에서 사진한판 찍고 출발해 능선을 오르내리며 왼쪽에 큰 소나무가 자라는 능선을 가며 오래된 쌍분묘를 지나고 4시 9분 525봉을 지나고 오른쪽으로 오르내림을 반복하며 545봉을 지나고 암능 능선을 올라서며 580봉에 올라서니 4시 22분이다. 580봉을 지나면서 왼쪽은 청주시 상당구 가덕면을 벗어나 청주시 상당구 낭성면을 경계로 이어진다. 이제 건너편 국사봉을 넘어야 하는데 겨울 같으면 어렵지만 요즘은 해가 길어 아직은 해가 많이 남았지만 해전에 갈려면 바삐 서둘러야 한다. 가파른 내리막을 내려 살티재에 내려서니 4시 38분이다. 살티재는 보은군 내북면 화전리에서 낭성면 금거리를 넘는 고개로 돌탑 성황당이 있다.

살티재에서 마루금은 오른쪽(동쪽)으로 오르막이 시작되며 오르막을 한동안 올라 475봉에 올라서니 5시다. 575봉에서 마루금은 왼쪽(북쪽)으로 잘나있는 등로를 오르내리며 521봉을 5시 17분 지나며 능선 오르막을 오르며 암능을 지나고 헬기장에 올라서니 5시 29분이다. 헬기장에는 바람개비 두개가 휘날리고 있고 전망이 좋아 사방을 관망해본다. 국사봉 정상은 왼쪽

100m 전방에 있다. 헬기장을 지나 국사봉 정상에 올라서니 5시 32분이다.

좌표【 N 36° 35' 22.8" E 127° 37' 55.8" 】

　국사봉 정상은 숲에 가려 전망은 없고 삼각점이 있고 (한남금북정맥 586.7m 준희)가 있고 나무 목판에 (國師峰 587.6m)가 나무에 걸려있다. 국사봉 정상에서 동쪽으로 도원리와 화전리로 내려서는 길이 보이는데, 정상 아래는 길이 뚜렷하지 않다. 국사봉에서 직진으로 내리막 능선을 내리며 4분 후 오른쪽으로 우틀하며 내리막을 내려 안부에 내려섰다. 오르막을 올라 521봉에서 왼쪽으로 좌클릭 하며 내리막을 내리며 이곳부터는 오른쪽도 보은군을 벗어나 왼쪽 오른쪽 모두 청주시 상당구로 들어서며 잘나있는 능선을 오르내리며 왼쪽아래 32번 국도에서 간혹 차가는 소리를 들으며 능선을 오르락내리락 392봉을 6시 19분 지나고 내리막을 내리며 오른쪽으로 한동안 내려 포장임도에 내려서니 6시 32분이다. 산행입구에 리본이 많이 걸려있고, 임도길을 따라 오면 왼쪽에 잘 지은 2층 벽돌집 철 대문앞을 지나 포장길을 따라 32번 국도에 도착하니 6시 37분이다. 32번 국도 건널목을 건너 sk주요소 옆길을 지나며 옛날 석공장은 지금은 없어지고 칼국수 식당으로 변해있다. 주유소 뒤로 나가면 32번 국도 옛길(구길)에 지금도 버스는 이길로 다니며 관정 2리 (먹구미) 버스정류장이 있고 초입은 왼쪽 (청주쪽)으로 100여미터 가면 등산로입구에 리본이 많이 걸려있다. 초입을 확인하고 오늘 산행을 6시 40분 마무리 한다.

좌표【 N 35" 36" 40.5" E 127" 37" 47.2" 】

산행을 마치고 오늘 이곳에서 자고 내일까지 하려고 생각하고 2005년 1차 때도 이곳에서 자고 간곳이라 미원쪽 1.5km 지점에 식당도 있고 숙소(모텔)가 몇 개 있어 내려가다 비가 내려 내일 비가 많이 온다는 일기예보가 있어 머구미 버스정류장에 와있으니 청주 가는 버스가 온다. 미원 청주간 시내버스로 청주 남부 터미널에서 시외버스로 대전에서 kx로 부산에 오니 10시 50분 집에 오니 11시 30분이다. 추정재에서 6시 40분 마쳤다고 전화 왔는데 집사람 빨리 왔다고 격려해준다.

제2차 한남금북정맥 단독종주 4구간

추 정 재 : 충청북도 청주시 상당구 낭성면 추정리 추정재
이 티 재 : 충청북도 청주시 상당구 미원면 대신리 이티재
도상거리 : 추정재 26.6km 이티재
운동거리 : 추정재 27.4km 이티재
소요시간 : 추정재 12시간 34분. 이티재
운동시간 : 추정재 11시간 34분. 이티재
휴식시간 : 추정재 1시간. 이티재

추정재 출발 5시 33분 ~ 대항산 6시 24분 ~ 산정말고개 6시 50분 ~
임도삼거리 7시 9분 ~ 485봉 7시 24분 ~ 임도 7시 58분 ~
선두산 527m 8시 29분 ~ 491.5m 안건이고개 8시 48분 ~
성무봉갈림길 9시 34분 ~ 선두산 547m 9시43분 ~ 선도산 10시 4분 ~
현암삼거리 10시 50분 ~ 터널입구 11시 12분 ~ 은행장묘 11시 17분 ~
목련공원묘지 11시 33분 ~ 403.6봉 11시 52분 ~ 포장도로 11시 57분 ~
것대산 485m 12시 1분 ~ 것대산점 심 후 출발 12시 27분 ~
봉화대 12시 41분 ~ 쌍봉재 12시 48분 ~ 산성고개구름다라 1시 2분 ~
산당산성서남암문 1시 18분 ~ 산당산성서문 1시 33분 ~
상당산정상 2시 1분 ~ 상당산 출발 2시 8분 ~ 동암문 2시 11분 ~
상당산휴양림갈림길 2시 39분 ~ 오케이농장갈림길 3시 41분 ~
인경산 갈림길 500m 4시 33분 ~ 임도 느티나무 납골묘 4시 58분 ~
安定羅氏납골묘출발 5시 11분 ~ 이티봉 486.8m 5시 38분 ~
이티재도착 6시 4분 ~

　이번구간도 3구간보다 조금 멀다. 지난주(4월 29일)에는 등산연맹 정기산행 때문에 종주를 못하고 5월 6일은 비가 많이 와서 7일 산행하려고 준비를 하고 6일 오후 4시차로 대전에서 버스로 청주 남부터미널에서 보은 가는 시외버스로 미원면 소재지에 도착(차비2,800원) 숙소를 정하고 개인택시에게 내일아침 일찍 추정재까지 간다고 부탁해 놓고 마트에서 내일 먹을 것을 준비하고 식당에서 저녁을 먹는데 충청도 인심은 지금도 예전과 변한 게 없이 친절하다.

청주시 상당구 미원면은 청원시에서 가장 후진 곳이다. 면소재지라야 아직까지 낙후된 지역이다. 식당에서 저녁을 먹고 숙소에서 잠을 자고 7일 아침 출발한다. 추정재는 미원면에서 청주시쪽으로 있고 청주에서는 추정재를 지나야 미원면 이다. 면소재지라야 식당은 여러 개 있으나 숙소라야 모텔은 한 개밖에 없다.

2018년 5월 7일 오전에 흐리며 약간 비온후 오후 맑음

오늘 종주산행은 한남금북정맥 4구간 추정재에서 이티재까지 가야하기에 어제 미원에 와서 자고 아침 일찍 택시(011-481-

****)로 (5,000원) 추정재에 도착하니 5시 28분이다. 택시기사 한테 부탁해 사진한판 찍고 산행준비를 하고 5시 33분 산행에 들어간다. 오늘 청주지방 날씨는 흐린 후 맑은 날씨라 했는데 구름이 많고 비가 올 것 같은 날씨다. 어젯밤까지 비가 내려 길이 안좋다. 마루금은 구(舊) 도로에서 리본이 많이 달려있어 초입 찾기는 쉽다. 선답자 더러는 마을길로 가다 철망문을 통과한다고 되어있는데 이곳이 능선으로 바로 오르는 길이다. 초입은 표지기가 많이 걸려있는 언덕을 올라간다.

첫 번부터 비온후라 언덕 오르막길이 미끄러워 간신히 올라 능선에 올라서니 길이 잘나 있다. 잘나있는 길을 가며 작은봉을 넘어 5시 41분 마을에서 올라오는 길과 만난다. 길은 선두산 등산로가 잘나 있으며 편한 능선 오르막길이다. 오르막을 오르며 10분후 395봉을 지나며 마루금은 왼쪽으로 좌틀하여 편한 능선을 오르내리며 410봉에 올라서니 6시다. 410봉을 지나면서 잠시 내리막을 내려 안부를 지나고 오른쪽으로 우틀하며 갈림길을 지나간다. 날씨는 변덕스러워 구름이 많고 이슬비가 내리기 시작한다. 삼거리에서 잘못 왼쪽길로 내려서기 쉬우나 오른쪽으로 오르막을 올라 잠시 후 432봉을 6시 17분 넘으며 오른쪽 아래 골프장을 내려다보며 능선 오르막을 올라 대항산 정상에 올라서니 6시 24분이다.

좌표【 N 36" 36" 35.97" E 127" 36" 37.94"】

오늘은 날씨가 흐려 먼곳은 가름하기가 어렵고 왼쪽 건너편에 지난번 지나온 국사봉만 희미하게 보인다. 대항산 483.1m 정상에는 미원 436 삼각점이 있고 반바지가 부착해 놓은 한남금북정맥 대항산 483m 코팅 표지가 있고 날씨가 흐려 전망은 잘 보이지 않고 서쪽으로 오던 마루금은 왼쪽 (좌클릭 남쪽)으로 내려가며 잘나있는 편한 능선길을 내려가 7분후 쌍분묘를 지나고 오른쪽 (서쪽)으로 가다 산정말 남산 등산길 이정표를 6시 36분 지나고 6시 43분 372봉을 넘으며 오른쪽 전하울 마을과 왼쪽에 산정말 마을 축사를 내려다보며 오른쪽 장려삼밭 철망을 따라가다 비포장 임도에 내려서니 6시 46분이다. 비포장 임도를 가는데 비가 온 후라 차가 지나간 흔적이 있어 길이 질퍽질퍽 빠져가며 가다 왼쪽에 납골묘를 지나 오른쪽으로 가다 산정말 고개 삼거리에 도착하니 6시 50분이다.

 산정말 고개에서 오른쪽은 전하울 마을이고 왼쪽은 산정말로 내려가며 마루금은 직진으로 임도를 벗어나 통나무 계단으로 올라선다. 산정말 고개를 지나며 왼쪽은 노가지나무 조림지를 오르며 420봉 정상에는 쉬어갈수 있는 스텐 벤치가 두 개 있고 넓은 공터가 있으며 마루금은 오른쪽(북쪽)으로 우클릭 능선을 내려와 산정말 삼거리 이정표를 7시 9분 지나간다. 이정표에 왼쪽은 남산 등산길 오른쪽은 전하울이며 산정말은 지나온 길로 표시 되어있다. 이정표를 지나 이곳도 통나무 계단을 올라서 능선길 오르막을 가다 능선 분기점 삼거리에 올라서니 7시 24분이다. 삼거리 이정표에 오던 쪽은 ←전하울 가는 쪽은 →남산 등산길 2.1km 왼쪽은 ↖ 한계리다.

이정표를 지나 올라서면 485봉이다. 정상 길가에는 스테인리스 벤치가 두개 있으며 왼쪽으로 약간에 내리막을 내리다 오르막을 올라서 오른쪽으로 능선을 가며 (김해김씨 고명 곡산 연공 문흠)묘를 지나 임도에 올라서니 7시 58분이다. 이정표에 왼쪽은 한계리←선두산은↑ 직진 오른쪽은→낭상 이다. 산판길 임도를 지나면서 가파른 오르막이 시작되며 오늘 오던 중 가장 가파른 길이다. 가파른 오르막을 숨을 몰아쉬며 오르는데 비온 후라 길이 미끄러워 오르기가 여간 힘든 게 아니다. 가파른 오르막을 20여분 올라 525봉에 올라서니 8시 22분이다. 525봉은 표지기만 주렁주렁 매달려 있고 다른게 없다. 가파른 오르막을 힘들어 올라오니 숨이 차 잠시 허리쉼을 하고 갈증도 면하고 오른쪽으로 능선길을 올라 7분후 선두산 정상에 올라선다.

좌표【 N 36" 36" 52.39" E 127" 34" 33.84" 】

선두산은 가덕면 한계리와 낭성면 지산리와 이목리에 걸쳐 있는 산으로 정상에는 미원 311 삼각점이 있으며 선두산 526.5m 청주 중앙로타리클럽 정상표지판이 있으며 한남금북정맥 526.5m 준희 표지판이 걸려있고 전망이 좋아 앞으로 가야할 선도산이 건너다보이고 멀리 상당산 구녀산 좌구산 능선이 줄지

어 보이고 오른쪽에 지산리 마을이 내려다보인다. 마루금은 북쪽으로 이어지며 오른쪽 벌목지를 내려가는데 흙길이 비온후라 질퍽거려 내려가는데 조심조심 내려간다. 벌목지를 내려서 능선길을 가다 파묘를 지나고 무너진 돌무덤이 있는 안건이고개에 내려서니 8시 48분이다. 안건이 고개는 낭성면 지산리에서 가덕면 한계리를 넘는 옛 고갯길 이며 무너진 서낭당 흔적이 있으며 「한남금북정맥 안건이고개 345m 반바지」코팅지가 나무에 걸려있다. 안건이 고개를 지나면서 가파른 오르막이 시작되며 더러는 나무사이로 한계 저수지도 내려다보며 441봉 오르는데도 보통이 아니다. 오늘 산길은 비온후라 가파른 길은 미끄럽고 질퍽거려 산행하기 여간 어려운 게 아니다.

　가파른 오르막을 힘들여 올라 441봉에 올라서니 9시 13분이다. 441봉을 지나면서 편한 오르막 능선길을 한동안 올라 525봉 성무봉 분기봉에 올라서니 9시 34분이다. 이정표에 미테재 성무봉 3.5km 선도산 0.5km 선두산 방향 표시가 있으며 마루금은 오른쪽으로 편한능선 오름길을 올라 선도산 정상에 올라서니 9시 34분이다.

좌표【 N 36" 37" 50.14" E 127" 33" 23.64" 】

　선도산은 상당구 월오동과 낭성면 지산리에 걸쳐있는 547.2m 산으로 정상에는 무인감시카메라가 설치되어 있고 자그마한 검정 오석 표지석이 있으며 『선도산 547.2m 청주 중앙로타리 클럽』에서 철망에 걸어놓은 표지판이 있다.

[선도산]

충청북도 청주시 상당구 월오동 서원말 동쪽에 위치하면서 충청북도 청원군 가덕면과 경계를 이루는 「고도 547m」산이다. 상당산성의 상령산 줄기가 남으로 이어져 내려오다 솟은 산이다. 『신증동국여지승람』에 선도산 이름이 기록되어 있고 『여지도서』에는 관아의 동쪽 20리에 있다. 「청산, 원동산에서 뻗어 나와 산령산의 으뜸이 되는 줄기가 된다.」라는 기록이 있다. 『대동여지도』에는 인근의 낙가산 적현과 함께 선도산이 표시되어 있고 『조선지리 자료』에는 청주군 낭성면에 위치하는 산으로 수록되어 있다. 선도산의 "선도"는 우뚝 서있는 큰 바위를 뜻하는 "선돌"에서 비롯되었다고 한다.

철망 주변에는 각종 리본이 많이 걸려있어 나도 하나 걸어 놓는다. 위 표시에는 선도산은 예날 선조들이 「상당산성의 상령산 줄기가 남으로 이어져 내려오다 솟은 산이다」라고 되어 있는데 선도산은 속리산 에서 뻗어 말티재, 구티재, 사루산, 구봉산, 쌍암재, 국사봉을 거쳐 추정재에서 대항산, 선두산, 선도산으로 구녀산 좌구산 보광산 안성에 칠장산에서 한남정맥과 금북정맥이 갈라저 한남정맥은 서북으로 문수산까지 이어지고 금북정맥은 서쪽으로 안흥만에서 멈춘다. 오늘 아침에 일찍 일어나 출발하는 바람에 아침식사를 라면으로 먹고나와 시장기가 들어 간식을 먹고 10시 4분 출발한다.

마루금은 오른쪽으로 내려가다 왼쪽으로 안부를 지나 오르막을 올라 묘 있는 500봉에 올라서니 10시 22분이다. 북쪽으로 오던 마루금은 오른쪽으로 내리막을 내려오다 다시 442봉을 지나면서 왼쪽(북쪽)으로 잘나있는 편한 내리막을 내려 왼쪽 농장 파란 울타리를 지나 512번 지방도에 내려서 도로를 따라 현암 묵밥집을 지나 현암 삼거리에 도착하니 10시 45분이다.

좌표【 N 36" 38" 41.12" E 127" 33" 37.52" 】

현암 삼거리는 청주시 상당구에서 낭성면 미원면 보은과 속리산을 연결하는 512번 지방 도로이고 삼거리에서 좌측은 목련공원묘지와 월오동으로 내려간다. 마루금은 청주시 쪽으로 도로를 따르다 짐승통로 터널 앞 철망끝에서 철망을 넘는데 이길 말고는 길이 없는가 하고 집에 와서 2005년 6월 5일 이곳을 지날때는 도로 확장이 안되었을 때 기록을 보니 아래와 같이 기록되어 있다.

【삼거리에서 리본을 따라 언덕을 올라서니 길이 희미하여 가시넝쿨과 잡목을 해치며 조금 가니 512번 지방 도로로 다시 내려선다. 도로를 따라와도 되기에 길이 희미한 것 같다. 도로를 따라 조금 가다 오른쪽 능선으로 올라서 철탑을 지나 왼쪽으로 내려오니 다시 512번 지방도로에 내려선다. 도로를 건너 절개지를 올라서 작은 봉을 넘으니 임도가 나오며 오른쪽 아래로 512번 도로가 내려다보인다. 능선을 올라가는데 근래에

쓴 묘(銀行長 城州 李公 奎植 之墓)가 잘 정돈되어 있으며 정맥길을 가로막아 묘를 비껴 작은 봉을 넘으니 목련원 공원묘지가 나온다.】

지금은 도로 확장 공사 후 길이 애매하다. 철망을 간신히 넘어 터널 갓길 계단을 올라오는데도 바람이라도 세게 불면 위엄한 곳이다. 계단길을 조심조심 올라 터널 위에서 오른쪽에 철탑이 있고 왼쪽으로 희미한 길을 찾아 능선을 넘으니 은행장【銀行長星州李公奎植之墓】묘가 나온다. 묘에 와서 보니 이곳까지는 도로에서 임도로 올라오는 길이 있으며 길 입구에는 철망문이 보인다. 다음 종주하시는 분들께서는 터널 오는 도중 오른쪽 능선으로 올라서면 철탑봉에서 왼쪽으로 내려서면 터널위로 내려서고 능선을 지나면 은행장 묘가 나오는데 길이 희미하니 도로를 따라 터널을 지나고 바로 은행장묘로 올라오는 임도를 따라오면 가장 쉽고 안전한 길이니 참고 하시기 바랍니다.

마루금은 은행장 묘를 지나 오르막을 오르는데 희미한 길을 10여분 올라가면 능선 삼거리 이정표가 나온다. 이정표목에 한남금북정맥 선도산 3.1km 것대산 1.5km이며 마루금은 오른쪽 능선으로 조금가다 왼쪽으로 급경사 내리막을 내려가면 왼쪽에 목련공원묘지 위 능선이 나온다. 공원묘원 위 능선을 따라가며 파묘를 지나고 묘원을 벗어나 오르막을 오르며 왼쪽 벌목지를 올라가는데 배터리 부족 신호가 온다. 충전기를 꺼내 폰에 연결하고 오르막을 올라 403.6봉에 올라서니 11시 52분이다. 삼각점(미원443)이 있는 403.6봉에서 묘뒤로 내려서면 토목고개 포장도로다. 이정표에 선도산 3.5km 것대산 봉수대 1.2km이다. 마루금은 계단을 오르면 통신시설 철탑이 나오며 가파른 오르막이 시작되며 오르막을 숨을 몰아쉬며 올라 무명봉에 올라서니 12시 8분이며 숨을 가다듬고 느짓한 오르막을 올라 것대산 정상에 올라서니 12시 17분이다. 정상에는 팔각정이 있으며 행글라이더 활공장 넓은 공터 한쪽에 자그마한 표지석이 있고 청주 시내가 한눈에 들어온다.

좌표【 N 36" 38" 43.30" E 127" 32" 15.21" 】

것대산은 청주 근교 산이라 등산객이 몇명 있으며 정자에서 점심을 먹고 있다. 나도 정상석을 배경으로 사진을 찍고 정자에서 점심을 먹고 12시 37분 출발한다. 마루금은 오른쪽으로 내리막을 내리는데 요즘 국립공원이나 등산객이 많이 다니는 곳에 야자매트 길이 유행이라 이곳도 야자매트를 깔아놓아 내려가기가 수월하다. 내리막을 내려 화장실 건물을 지나 봉수지(봉화대)에 올라서니 12시 41분이다.

것대산 봉수지

이곳은 고려와 조선시대에 봉화를 올렸던 것대산(巨叱大山)봉수지로서 낮에는 연기를 올리고 밤에는 횃불을 올려 지방의 소식을 중앙에 알리는 통신 시설이었다. 평상시는 1홰, 적군이 나타나면 2홰, 국경에 접근하면 3홰, 국경을 침범하면 4홰, 전투가 벌어지면 5홰를 올렸는데 이 것대산 봉수는 전국의 5개 봉수노선 가운데 경남 남해에서 출발하여 서울 남산에 이르는 두 번째 노선에 속하였으며 문의 소이산 봉수에서 신호를 받아 진천 소을산 봉수로 전달하였다. 1894년에 봉수제도가 폐지된 후 방치되어 없어졌던 굴뚝과 방호벽을 2009년에 복원 하였다. 봉수대는 다섯 개가 있으며 둘레는 성벽으로 둘러있다. (옮긴글)

봉수대를 지나 내리막길을 내리며 상봉재까지 길이 좋아 편한 내림 길이며 삼봉재에 내려서니 12시 48분이다. 상봉재는 미원이나 낭성에서 소모리꾼 이나 장을 보러 청주로 오가던 옛길의 고개로 것대고개 또는 상봉고개 라고 하며 상당구 산성동 것대에서 것대산을 끼고 명암동으로 넘어가는 고개다. 아래는 중봉으로 명암지위에 해당되며 그위가 상봉에 해당된다. 상봉재를 지나면 것대골이 나오고 산성고개와 만나 청원군 낭성면 현암리와 연결된다. 상봉지명은 그 주변에서 가장 높은 산봉우리의 산 이라는 뜻으로 전국의 곳곳에 산이나 고개에 많이 쓰인다. 명암동에는 "상봉" 아래에 있는 산을 가리키는 "중봉"이 있다. 또한 금강과 한강의 물줄기를 가르는 漢南錦北正脈이 지나가는 곳이기도 하다.

상봉재에 얽힌 전설

청주 영기로 적을 두고 있던 김해월은 영장 남정년의 주선으로 비장 홍림의 애첩이 되었다. 그 당시 청주 병영 군관으로 있던 홍림은 팔십노모를 모시고 있었으나 슬하에 혈육이 없어 손을 보기위해 해월이를 첩으로 맞아들여 남문밖에서 살림을 하고 있던 중 마침내 잉태를 하여 해월이가 해산하기만을 기다리고 있었다. 그러던 중 영조4년(1728년) 이인좌 등이 모반하여 청주성을 기습하기에 이르렀다. 그때 홍림이 장검을 꺼내들고 나가려 하자 후일을 도모하라고 만류하였으나 홍림은 팔십노모와 유복자를 부탁하고 나가 전사한다. 해월은 다음날 남편 홍림의 시체를 거두어 우암산 기슬에 묻고 장례를 치렀다. 해월의 아이가 자라 세 살 되던 해 "동자가 열살을 못 넘기고 수액에 의해 요절하리라"는 시주스님의 말을 전해 들었다. 당황한 해월이 시주스님에게 해결방법을 증용하자 스님은 "저 아이를 보국사 주지스님 해원에게 위탁하여 열흘에 한번씩 성황당 고개에서 기다렸다가 만나야 하며 절대 성황당을 한발짝이라도 넘어서는 안될 것이다." 고 금기를 알려주었다. 아이가 7세 되던 해 해월은 "절대 성황당 고개를 넘지 말라"는 스님의 말을 잠시 잊고 아이를 빨리 보고 싶은 마음에 성황당 고개를 넘고 말았다. 아이역시 해월의 모습이 보이자 쉴 새 없이 달리다가 그만 연못에 빠져 숨을 거두었다. 결국 해월이 남편의 유지를 지키지 못한 죄책감으로 자결하고 말았다는 모자 상봉의 애틋한 전설이 있다.

상봉재 이정목에 낙가산 2.4km, 상당산성 1.1km, 것대마을 1.5km, 옹달샘 0.7km이며 고개에서 나무계단을 올라서 능선길로 이어진다. 잘나있는 길를 따라 2 분가면 삼거리다. 왼쪽길은 우암 어린이 회관 가는 길이고 마루금은 오른쪽 길이다. 능선길을 가며 오른쪽 묘군을 밧줄로 막아놓은 길을 따라가며 잘라있는 능선길을 지나 산성고개 구름다리를 1시 7분 지나간다. 2005년 6월 5일 이곳에서 5차 마무리한 구간이고 산성고개 입간판만 있던 것으로 기억되며 그때 사진을 올린다. 산성고개 구름다리를 건너 한남금북정맥 커다란 표지목을 지나 잘나있는 길을 따라 오르다 7분후 쉼터(벤치 있는 곳)를 지나 임도같이 넓은 길을 따라 약간에 오르막을 오리락내리락 좌우로 들락거리며

산당산성(서남 암문) 앞에 도착하니 1시 18분이다.

상당산성 서남암문(上黨山城 西南 暗門)

암문이란 몰래 드나드는 작은 사잇문 이다. 성벽의 바깥 산 아래서 드나드는 모습을 잘 볼 수 없는 곳에 만든다. 이곳으로 아군이 사람과 가축 및 식량 등을 들여오거나 적군 몰래 아군을 내보내 성밖과의 연락을 하거나 적이 뒤쪽으로 출동하기 위해 나가는 용도로 만들었다. 암문의 응급적인 방어력을 높여 위급하다고 판단되면 곧장 폐쇄할 수 있도록 문의 안쪽에 흙더미와 돌을 쌓아두기도 하였다. 상당산성에는 동북암문과 서남암문의 두 암문이 있다. 서남암문은 혹은 남화문(南和門)이라 불렀다. 남쪽으로 뻗은 산줄기를 타고 약 1.7km 남쪽의 것대산 봉수대와 연결되는 위치이며 남문밖에 모든 적군의 후

방으로 나가 포위 하거나 산성 남쪽으로 통하는 교통로 주변을 관찰하기 위해 통행이 가능한 곳에 자리 하였다. 암문의 규모는 너비 166cm 높이 172cm 이고 구조로 보아 문짝을 달고 빗장을 질러 문을 달도록 되어있다.

이곳에는 북한 무장간첩 김동식 공작장비 비밀 매설장소가 있다. 북한 직파간첩이 지하당 건설 및 요인 암살등 대남공작 목적으로 사용하기 위해 권총, 실탄, 무전기, 난수표등 공작장비 25종 80점을 매설한 장소로 검거간첩 김동식에 의해 확인 발굴 되었다. 김동식은 북한에서 간첩교육을 받고 1990년 5월 제주도 해안으로 1차 침투. 이곳에서 발굴한 공작장비를 활용하여 국내 거물간첩 이선실(북한권력 서열 19위)을 대동하고 북한으로 복귀한 후 1995년 9월 2차 침투. 운동권 인사 포섭활동을 시도하다 그해 10월 24일 충남 부여에서 총격전(경찰 2명 사망)끝에 체포된 인물이다. 2015년 12월 청주시는 시민들과 청소년들이 북한 대남공작 현장을 직접 체험함으로써 안보의식 함양에 도움이 되도록 새로이 단장하였다. 상당산성 치성은 성벽의 바깥으로 성벽의 일부를 빗대어 내밀게 쌓은 것이 치성이다. 적군이 성벽아래에 바싹 붙으면 성벽위에서 고개를 내밀고 공격하기 어려움으로 현안(縣眼; 성벽 바닥 가장자리에 구멍을 낸 것)을 만들거나 비스듬히 볼 수 있게 치성을 만들어 옆에서 공격할 수 있어야 했다. 치성의 치는 꿩을 의미하는데 꿩이 제 몸을 숨기고 밖을 잘 엿본다는 뜻에서 이런 명칭이 생겼다고 한다. 치성은 전술상 평지 성문의 좌 우 혹은 성벽이 곧게 뻗은 부분이 주로 설치되었다.

상당산성에는 남쪽 성벽이 곧게 축조 되었으므로 그 양쪽끝 능선 위에서 성벽이 들어가는 위치가 되는 남문 동측과 서남 암문 동측에 하나씩의 치성을 만들어 방어력을 높였다. 또 남쪽 성벽의 계곡방향 경사면에 치성을 두어 성벽이 비탈을 지나는 구조적 약점을 튼튼히 보강하고 동시에 남쪽 성벽의 방어력을 높였다. 성벽의 굴곡을 이룬 서쪽 북쪽 동쪽 성벽에는 계속하여 굴곡이 이루며 굽이 돌아가기 때문에 따로 치성을 설치하지 않았다.

산당산성 서남암문으로 들어가니 벤치에 많은 등산객이 쉬고 있다. 마루금은 산성길을 따라가며 청주시내를 바라보며 한동안가다 모퉁이를 돌아가니 얼음골산 빼지가 들어오고 왼쪽 나무계단으로 많은 사람이 올라온다. 마루금은 오른쪽 능선으로 올라 450봉을 넘어야 하나 등산객을 따라 성길로 가며 얼음골산을 지나며 왼쪽은 청주시 상당구를 벗어나 청주시 청원구로 들어서며 모퉁이 길을 돌아 내려가니 서암문이 보이고 서암문에는 많은 사람들이 웅성대고 있다. 1시 33분 서암문에 도착해 등산객한테 부탁해 사진 한판 찍어둔다.

산당산성 서문 미호문(山黨山城 西門(弭虎門)

서문은 조선후기에 대대적으로 고쳐 쌓으면서 새로 만들어졌다. 전해오는 이야기에 따르면 땅 모양이 호랑이가 뛰기 전

움츠린 모양으로 호랑이가 떠나면 땅 기운이 다하므로 호랑이의 목에 해당하는 곳에 성문을 새우고 미호문(弭虎門)이라 하였다. 이는 서문의 위치가 산성을 기준으로 우백호(右白虎)에 해당하기 때문으로 여겨진다. 상당산성에는 동문·서문·남문·의 성문이 있고 동북과 서남에 각각 암문(暗門)이 있다. 서문은 동문과 마찬가지로 아래위 2개의 무사석(武砂石)위에 장대석을 올려 만든 평문 구조로 되었다.

서문은 3곳의 성문 가운데 가장 특이한 평면을 가지고 있는데 성밖으로 좌우에 성벽을 돌출시켜 방어에 유리하도록 옹벽(擁壁)을 만들고 문 안에서 왼쪽으로 휘어 돌아 문루(門樓)에 오르게 하였다. 이는 흔히 암문에서 볼 수 있는 형식으로 서문에 이를 응용하여 비용을 줄이고 전술 효과를 높인 것으로 보인다. 문루는 1978년 복원 후 지반이 침하되어 변형이 일어나 2015년 해체후 원형 복원 하였다. 사용된 수막새 문양과 벽돌은 1995년 서장대 발굴 조사 중 나온 조선후기 양식을 따랐다. 미호문에서 바깥으로 38m 떨어진 곳에 옛 서문 자리가 남아 있다. 문길의 길이는 590cm 이고 축벽은 대부분 유실 되었다. 옛 서문 유구는 발굴조사 자료를 토대로 2003년도에 정비하였다. 상당산성은 1970년 10월 1일 사적 212호로 지정된 포곡식 석축 산성이다. 서문(弭虎門) 문루. 여담 및 육축구간의 면석. 선단석이 기울어져 문화제 전문가 자문 고증을 거쳐 성벽 및 자연석 미석 미장하부 1단 등을 2014년 10월부터 2015년 6월까지 전면 해체 보수하였다. 서문을 지나 성길을 따라 가다 오른쪽으로 능선을 넘어 내려가니 북쪽 수구다.

상당산성 북쪽수구(上黨山 城北水口)

성안으로 물을 끌어들이거나 내보내는 시설을 수문(水門)이라 하고 규모가 작은 것을 수구(水口)라 한다. 산당산성에는 물을 내보내기 위한 배수(排水)장치로 남문과 동문 사이에 수문이 설치되어 많은 성안의 물을 내보냈으나 수문으로 몰려들지 않는 곳의 물을 내보내기 위해 서쪽 성벽 두곳과 북쪽 성벽에 한곳의 수구를 만들었다. 북쪽 성벽의 수구는 북쪽 성벽이 작은 계곡물을 모아 내보낼 위치에 성벽 중간을 통과하는 모양으로 만들었다 성벽 안쪽으로 모여든 물이 모아져 나가는 물길을 만들고 물이 성벽 바깥으로 나가는 배수로는 성벽 속으로 도랑을 낸 것이다. 바깥에서 보면 수구는 정면이 내모골이며 성벽 중간에 있다. 바깥의 낙수면 아래. 즉 성벽 바깥은 돌 다짐위에 기단석을 두고 약 28cm 안쪽으로 들여서 성벽을 5층 약 120cm 높이까지 축조 하였다 수구 바닥에는 너비 80cm 두께 16cm의 넓은 판석을 깔았다. 그 위에 너비 32cm 공간을 두고 높이 34cm 크기로 수구를 둔 위쪽에 너비 75cm, 두께 18cm의 뚜껑을 얹었으며 그 위로는 다시 성벽을 쌓았다 수구의 안쪽은 길이 200cm 너비 34cm 높이 35cm 크기의 배수로 이다. 배수로 바닥역시 판석을 깔고 옆면은 좌우 한층씩 석벽을 두고 위에 뚜껑돌을 얹어 밖으로 약 15도의 경사를 이룬다 이 배수구에 이어지는 안쪽에 너비 250cm 길이 210cm 크기의 타원형 석축이 있어서 이곳에 모인 물이 나가도록 되어 있었다.

마루금은 수구안내판을 지나며 오른쪽 능선으로 가파른 오르막을 한동안 올라 상당산 정상에 올라서니 2시 2분이다.

좌표【 N 36" 40" 6.28" E 127" 32" 35.3" 】

상당산 정상은 청색 포장으로 덮어 놓았고 가운데 정상석에 상당산 491.5m 2005년 6월 23일 세워진 게 있으며 삼각점이 있고 포장을 덮어 놓은지 오래되었는데 아직도 무엇을 만들려는지 공사를 않고 있어 이곳을 찾는 사람은 정맥 종주자들만 인증샷을 하고 지나간다. 상당산 정상에서 사진한판 찍고 왼쪽으로 조금 내려 성길을 따라 오른쪽으로 내려오면 동북암문이다. 동북암문 이정표에 서문(미호문) 1.5km, 동문 0.6km, 이티재 6.8km 이다.

[상당산성 동북 암문 (上黨山城東北暗門)]

　암문은 작게 만든 사잇문으로 적군에게 그 위치가 잘 드러나지 않는 곳에 설치하는 것이다. 상당산성에는 남문과 동문 및 서문의 세문이 있고 서남암문과 동북암문이 있다. 상당산성의 북쪽 성벽에는 성문이 없고 동쪽 성벽에는 수문과 동문이 비교적 낮은 위치에 있다. 성의 안쪽과 바깥으로 통하는 능선이 남쪽으로 이어진 곳에 서남암문이 있듯이 동북쪽의 능선으로 이어진 위치에 동북암문을 만들었다. 이 암문은 동북 방향의 산줄기를 따라 드나드는 곳일 뿐만 아니라 동문밖 골짜기로 모여드는 적군의 뒤로 나가서 애워 쌀 수 있는 전략적 위치에 마련하였다. 규모는 정면의 너비 137cm 높이 162cm 이고 안쪽에서 문짝을 달고 빗장을 질러 막는 구조다. 특히 이 암문의 안쪽 옆면에 새겨진 명문에는 암문을 만든 책임자 등의 이름이 새겨져 있는데 그 가운데는 1728년(영조4)의 무신란(戊申亂) (이인좌의 난)때 성문을 열고 반란군에 가담했던 인물이 있어 사실을 증명하는 자료로서 가치도 있다.

　현재시간은 2시 10분이고 마루금은 동북암문으로 내려서 암문을 통과해 왼쪽으로 성벽길을 따라 가면 이정표가 나온다. 마루금은 상당산성 자연휴양림쪽 오른쪽 능선길로 내려선다. 잠시 쉬며 갈증을 면하고 2시 20분 출발해 잘나있는 편한 능선길을 좌우로 오르락내리락 청주 동부 소방소에서 새운『국가지정번호 라 0392 바 5236 산역 위치번호 0-1 산성고개 - 이티재』이정목을 2시 27분 지나고 6분후 쉼터(벤치 1개 있음)를 지나 2분 후 밧줄을 잡고 약간 오르막을 올라 산성-이티재간 이정목 02번을 지나고 잠시 내려 안부를 지나 오르막을 올라 능선을 가며 휴양림 갈림기에 도착하니 2시 39분이다.

마루금은 삼거리에서 상당산성 휴양림은 직진이고 마루금은 오른쪽으로 내려가다 2분후 (산불조심 등산로 안내판 이티재 8km 5시간 소요 산성-이티재)안내간판에서 왼쪽으로 내리막 능선을 내려가 잘나있는 편한길 능선을 오르락내리락 좌우로 들락거리며 2시 50분 이정목 04번을 지나고 1분후 돌무덤 흔적이 있는 안부에 내려섰다. 능선 오르막을 오르며 오른쪽에 자작나무 조림밭을 지나고 이정목 05번을 3시 3분 지나고 오르막을 올라 415봉에 올라서니 3시 4분이다. 잠시 쉬면서 간식을 먹고 쉬고 있는데 젊은이 한사람이 반대 방향에서 올라오며 인사를 하고 젊은이는 상당산성으로 내려가고 3시 25분 출발해 조금 내려가니 파란 물통 있고 자그마한 현수막에 오토바이 출입금지가 있고 소나무에 전기박스가 있는 곳을 지나 잘나있는 길을 오르락내리락 이정목 06번을 3시 38분 지나고 3분 후 오가네 농장 500m 안내 표지판을 지나 안부에 내려섰다. 오르막을 오르고 475봉에 올라서니 3시 57분이다. 475봉은 리본이 여러 개 걸려있고 쉬어갈수 있는 장소가 있어 잠시 쉬며 간식을 먹는데 젊은이 한사람이 반대편에서 오며 반갑다는 인사를 하고 지나간다.

　잠시 간식을 먹고 내리막을 내려가는데 벌목지 임도를 내려섰다. 안부를 지나고 임도를 따르다 가파른 오르막을 오르고 내리며 안부를 지나고 이정목 08번이 있는 475봉에 올라서니 4시 18분이다. 지나온 475봉과 이번 475봉이 비슷해 혼동된다. 마루금은 오른쪽으로 내려가 둔병이재에 내려섰다. 자그마한 등산로 안내판을 지나고 가파른 오르막을 올라 리틀봉, 인경산, 갈림길에 올라서니 4시 43분이다. 갈림길에서 500m 봉은 직진이고 마루금은 왼쪽으로 내려가며 잘나있는 소나무 능선길을 오르락내리락 편한 능선길을 오르내리다 430봉을 4시 51분 지나며 가파른 내리막을 내려가며 건너편 이티봉과 안정라씨 납

골묘를 건너다보며 급경사를 내려와 고목 느티나무 정자가 있는 임도에 내려서니 4시 59분이다. 표지석에 이 임도는 청원군 북일면과 미원면 대신리를 넘는 고개길이라 되어있고 커다란 느티나무(정자)가 있고 安定羅氏 납골당(崇祖堂)이 있다.

느티나무는 옛날 그대로 이나 안정라씨 납골묘는 1차 때는 일년도 안되어 세묘역이 정돈 상태였는데 13년 만에 와보니 주위가 꽃밭이고 자손들이 찾아와 쉴 수 있는 곳도 있고 길도 잘 정돈되어 있다. 이제 이티봉만 넘으면 오늘 산행은 마무리다. 쉼터에서 쉬면서 마지막 간식을 먹고 신발도 벗어 통풍도 하고 5시 11분 출발해 벌목지 오르막을 올라 6분후 395봉에 올라서 오른쪽으로 잠시 내렸다 안정라씨 묘를 내려다보며 430봉을 건너다보며 숲길로 들어서 가파른 오르막을 숨을 몰아쉬며 오르며 이제는 이곳만 올라가면 마지막으로 생각하니 힘들어도 거뜬히 올라 7분후 편한 능선 오르막을 오르며 세면으로 만든 반공호를 5시 36분 지나고 2분 후 이티봉 정상에 올라서니 5시 38분이다.

좌표【 N 36" 41" 45.02" E 127" 35" 45.89" 】

이티봉은 숲에 가려 전망은 보이지 않으며 (미원 410) 삼각점이 있고 반바지가 걸어놓은 한남금북정맥 이티봉 487m 표찰이 있다 이제 내려가면 이티재다 숨을 돌리고 사진도 찍고 쉬엄쉬엄 내려간다. 마루금은 오른쪽으로 숲길을 내려가며 가파른 내리막을 내려가 5시 50분 쉼터가(벤치)있는 곳에서 오른쪽으로 경사면을 내려와 4분후 왼쪽으로 잘나있는 길을 내려와 이티재에 내려오니 6시 4분이다. 이티재는 미원에서 증평을 넘는 고개로 휴게소에 이티봉 약수가 있다.

좌표【 N 36" 41" 52.31" E 127" 36" 19.74" 】

이티재는 청주시 내수읍 초정리와 미원면 대신리를 이어주는 해발 360m의 나지막한 고개다. 옛날에는 이 고개를 넘을 때 이틀에 걸쳐서 넘는다고 '이틀재'라고 불렀던 것이 '이티'로 변음되었다고 전해질 정도로 고갯길의 경사가 심하고 험난하다. 그런데 그 이름이 영화의 외계인 ET와 소리가 같아서 고유의 우리말이라기보다는 왠지 영어에서 온 외래어인 것처럼 이국적인 느낌을 준다. 이티재에는 커다란 표지석에 이티성 영토 이천십삼년 이라 되에 있어 지역이름 같은데 지역이 아니고 식당이름이다. 청주시 미원면 미원초정로 위치, 백숙, 닭도리탕, 곤드레정식, 청국장, 돈가스, 메뉴 안내, '힐링 자연밥상'을 표방하고 있는 이티성 영토의 대표 메뉴는 곤드레밥과 연잎 오리백숙이다. 연잎에 싸여진 토종닭에 각종 보약 재료가 올라간 연잎 오리백숙은 비주얼부터 손님들을 압도하며, 메뉴 하나만 시켜도 4~5인이 먹을 수 있는 푸짐한 양을 자랑한다. 이티성 영토의 김성환 대표는 "연잎은 피를 맑게 하여 혈액순환, 어지럼증, 피부미용에 좋으며 몸속의 니코틴을 배출하는 효능도 있어 흡연자에게 도움을 준다"고 설명한다.

이티성 영토를 방문한 손님들과 등산객들은 "깔끔하고 정갈한 밑반찬과 음식 맛이 인상적"이라고 입을 모은다. 음식의 간이 적당해 남녀노소 누구나 편하게 즐길 수 있다는 얘기. 곤드레밥, 연잎밥, 연잎 오리탕 등 어른들이 좋아하는 메뉴 외에도 훈제 오리고기와 돼지고기로 구성된 참숯 훈제 바비큐 정식은 아이들 입맛에도 잘 맞는다. 청주시 상당구 대표 맛집 '이티성 영토'는 청주시 상당구 미원면 미원초정로에 위치해 있으며, 전화(043-296-0801)로 사전 예약시 대기시간 없이 백숙요리를 즐길 수 있다. 넓은 주차공간과 룸이 마련돼 있어 단체 모임을 하기에도 적합하다. 영업시간은 오전 10시부터 오후 9시까지 이며, 1,3번째 주 월요일은 휴무다.

　산행을 마치고 조금 있으니 지나가는 차가 있어 물어보니 증평 간다며 오성가려면 증평에서 기차로 오성 가는 게 빠르다며 증평역까지 태워줘 고맙다는 인사를 하고 오성 가는 기차가 바로 있어 오성에서 ktx로 집에 오니 11시다. 다음부터는 대전권을 벗어나 오성역에서 기차를 이용하면 된다.

제2차 한남금북정맥 단독종주 5구간

이 티 재 : 충청북도 청주시 상당구 미원면 대신리 이티재
모 래 재 : 충청북도 괴산군 사리면 수암리 모래재
도상거리 : 이티재 21.8km 모래재
소요시간 : 이티재 10시간 6분, 모래재
운동시간 : 이티재 9시간 20분, 모래재
휴식시간 : 이티재 46분, 모래재

이티재출발 5시 40분 ~ 운동시설이정표 5시 48분 ~ 사각정자 6시 06분 ~ 구녀산정상 6시 09분 ~ 구녀산 출발 6시 14분 ~ 운동시설 6시 24분 ~ 초정삼거리 6시 26분 ~ 쉼터 벤치 있는 곳 6시 28분 ~ 425봉 6시 38분 ~ 분치재 좌구정도착 6시 48분 ~ 분치재 출발 6시 52분 ~ 방고개 2.5km지점 6시 57분 ~ 430봉 7시 05분 ~ 방고개 1.8km지점 7시 17분 ~ 방고개 1.4km지점 7시 28분 ~ 휴양림삼거리 7시 31분 ~ 543봉 7시 35분 ~ 방고개천문대 0.54m 7시 48분, 방고개 8시 01분 ~ 방고개 출발 8시 11분 ~ 538봉 8시 31분 ~ 삼거리 8시 46분 ~ 돌탑봉 9시 07분 ~ 좌구산도착 9시 14분 ~ 좌구산 출발 9시 33분 ~ 588봉 9시 58분 ~ 새작골산 612m 10시 19분 ~ 새작골봉천삼거리 10시 28분 ~ 질마재 10시 50분 ~ 평해화씨묘 11시 16분 ~ 410봉 11시 29분 ~ 안부 11시 40분 ~ 415.2봉 11시 56분 ~ 칠보치도착 12시 09분 ~ 칠보치 출발 12시 28분 ~ 405.6m봉 12시 46분 ~ 삼거리 1시 18분 ~ 칠보산 도착 1시 23분 ~ 청암마을 삼거리 1시 31분 ~ 더덕재 1시 40분 ~ 쪽지봉갈림길 2시 04분 ~ 쪽지봉 도착 2시 06분 ~ 쪽지봉 출발 2시 13분 ~ 오른쪽 목장 2시 25분 ~ 465봉 2시 34분 ~ 무명봉 2시 37분 ~ 파란색철망 2시 53분 ~ 송치재 3시 01분 ~ 390봉 3시 12분 ~ 344봉 3시 25분 ~ 보광산농원 3시 37분 ~ 모래재 도착 3시 46분

 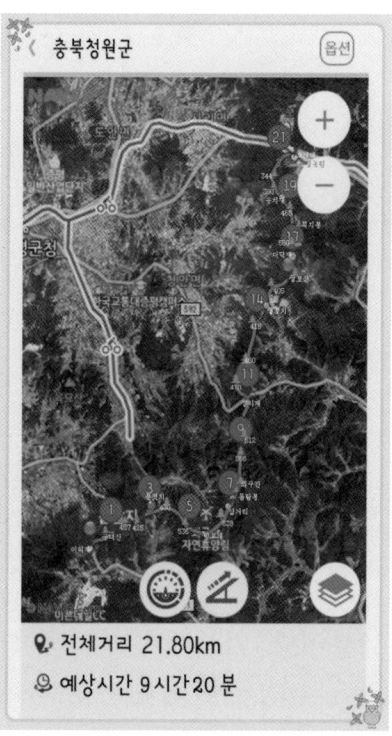

2018년 5월 13일 흐리고 약간 이슬비 안개 많고 비온 후 오후에 개임

부산에서 저녁 8시 ktx로 오성역에 도착 오성역에서 11시 완행열차로 증평역에 도착하니 11시 20분이다. 몽 모텔 숙소에 들어가 12시가 다되어 잠자리에 들어간다. 늦은 시간이라 자는둥 마는둥 아침 4시에 일어나 샤워를 하고 준비해간 곰국으로 아침을 먹고 택시를 불러 5시 15분 출발해 이티재에 도착하니 5시

35분이다. 기사에게 부탁해 산진을 찍고 산행준비를 하고 5시 40분 산행에 들어간다. 일기예보에 새벽 3시에 갠다고 했는데 아직도 찌푸린 날씨에 운무가 가득하며 비가 올 기분이다. 식당 마당 주차장은 넓은 광장 같은데 아침 일찍이라 오가는 사람도 없이 한산하다 택시기사! 혼자 흐린 날씨에 산행 한다며 격려해준다. 내가 생각해도 궂은날 산행하기가 좋지 않은데 오전부터 갠다기에 나서기는 하지만 하늘에 맡길 뿐 다른 방법이 없다. 초입은 식당 뒤로 올라가 등산로를 따라가면 체육시설이 있는 곳에 구녀산 가는길 이정표가 있다. 5시 48분 이정표를 지나 잘 나있는 등산로를 따라 편한길 오르막을 좌우로 체육시설이 있고 사각 정자에 올라서니 6시 6분이다. 사각정자를 지나 3분후

구녀산 정상에 올라선다.

좌표 【 N 36" 42" 7.42" E 127" 36" 57.22" 】

 구녀산(九女山)은 남한강의 줄기 좌구산(座龜山, 675m)에서 남서쪽으로 북일면 우산리 및 미원면 대신리의 경계를 이루는 지역으로 삼국시대 신라와 백제가 치열한 전투를 벌였던 곳에 구녀성이 자리하고 있으며, 구녀성의 축정시기는 신라시대로 추정되며 특히 이곳은 민간 신앙의 집산지로 출생과 무병을 기원하는 서낭지가 여러곳에 산재하고 있으며, 오랜기간 신성시되던 곳으로 노송과 원시림이 천연상태로 보존되고 있다. 산의 내부는 성터로써 우물과 수원지의 흔적이 남아 놀이와 휴식에 적합한 공간을 형성하고 있으며, 서북쪽 미호평야와 청주의 상당산성을 바라볼 수 있는 좋은 전망을 가지고 있다.

구녀성 다른 표기 : 언어 구라산성(謳羅山城) : 건립시기 삼국시대 소재지 충청북도 청주시 상당구 미원면, 충청북도 청주시 청원구 내수읍 충청북도 청주시 상당구 미원면과 청원구 내수읍 사이에 있는 삼국시대의 산성으로 둘레 약 860m. 일명 구녀성(九女城)이라 한다. 현재 문지(門址)·수구문·우물·건물지 등이 남아있다. 이 산성은 구녀산(九女山, 497m)의 정상부와 동남쪽으로 낮아지면서 형성된 작은 계곡의 중턱을 에워싸는 데, 보은·미원을 거쳐 진천 방면으로 통하는 중요한 고갯마루에 위치하고 있다. 성벽은 자연석 또는 활석을 이용하여 내외협축(內外夾築: 중간에 흙이나 돌을 넣고, 안팎에서 돌 등을 쌓은 것)을 하였으나 붕괴가 심하고, 서쪽벽의 일부는 높이 5m 이상 남은 곳이 있어서 축성방법을 알 수 있다. 골짜기에 수구(水口)가 있고 그 동쪽에 남문터가 남아있다. 성내에 구려사(句麗寺)라는 사찰과 석탑이 있었다고 하나, 지금은 평탄한 건물터와 우물만이 있다. 성의명칭으로 보아 고구려가 남하했던 6세기경의 축성으로 보려는 견해가 있고, 삼국시대의 고을터라는 기록이 있으나 자세한 상황은 알 수 없다.

이 산성의 북쪽 아래에는 유명한 초정약수(椒井藥水)가 있으며 인근의 북이면 토성리와 부연리에 걸쳐 낭비성(娘臂城)과 노고성(老姑城)등이 있다. 이 산성에는 아홉명의 여자와 관계된 축성 설화가 전해오고 있으며 성내에 이들의 것이라고 전하는 무덤이 남아 있다.

구녀성(九女城)의 유래

구녀성의 축성시기는 신라시대로 추정되며 석축형태로 다음과 같은 유래가 전해진다. 이곳 산정에 아들 하나와 아홉딸을 가진 홀어머니가 있었다. 이들 남매는 모두가 장사였는데 항상 불화가 잦아 마침내는 생사를 건 내기를 하게 되었다. 내기인즉 딸 아홉은 산꼭대기에 성을 쌓는 일이고 그 사이 아들은 나막신을 신고 한양을 다녀오는 것이었다. 내기를 시작한지 5일이 되던 날 어머니가 상황을 살펴보니 성은 거의 마무리가 다 되어 가는데 한양간 아들은 돌아올 줄 몰랐다. 이에 내기에 지게 되면 아들이 죽게 될 것을 생각하고 어머니는 가마솥에 팥죽을 끓여 딸들을 불러 모아 팥죽을 먹으며 천천히 해도 되리라 했다. 뜨거운 팥죽을 식혀 먹고 있는 동안 아들은 부릎튼 다리를 이끌고 피를 흘리며 돌아왔다. 그리하여 내기에 진 아홉 딸은 성위로 올라가 몸을 던져 죽고 부질없는 불화로 아홉 누이를 잃게 된 동생은 그 길로 집을 나가 돌아올 줄 몰랐다. 어머니는 남편의 무덤 앞에 아홉 딸의 무덤을 만들어 놓고 여생을 보내다 숨을 거두었다. 이때 당시 죽은 아홉 딸과 부모의 묘는 이 성안에 2줄로 배열된 11기의 묘라고 전해진다.

오늘은 운무가 가득차 멀리는 관망할 수 없고 정상석은 돌무덤에 바짝 있어 사진 찍기가 별로다. 돌무덤을 다른 곳으로 옮겼으면 하는 생각이 든다. 잠시 사진한판 찍고 6시 14분 출발해 능선 내리막을 내려가며 오른쪽은 벌목지라 전망이 좋은데 멀리는 보이지 않고 약간에 오르막을 올라 457봉에 올라서니 6시 24분이다. 457봉 정상은 쉬어갈수 있는 벤치 1개와 운동기구가 있고 전망은 좋으며 이곳부터 왼쪽은 청주시 청원구를 벗어나 증평군으로 들어서며 오른쪽으로 능선 내리막을 잠시 내려 2분 후 초정고개 삼거리에 내려서니 이정표가 있으며 이정표에 구녀산(이티봉) 0.7km 좌구정 1.4km 초정고개 2.8km의 이정목을 지나면서 오른쪽으로 가파른 내리막 능선을 내려 안부를 지나고 편한 오르막을 오르며 오른쪽 제실골 저수지를 내려다 보며 오르막을 올라 425봉을 6시 38분 지나며 왼쪽으로 방향을 틀어 내리막 능선을 내려가며 잘자란 소나무를 감상하며 삼기 저수지 삼거리 이정표(좌구정 0.2km 삼보산방면 5.18km 삼기저수지 1.16km)를 지나 내리막을 내려 분젓치 좌구정에 내려서니 6시 49분이다.

좌표【 N 36" 42" 26.33" E 127" 37" 46.74" 】

분젓치는 청원군 미원면 종암리 분티마을에서 증평읍 율리 밤티 마을을 넘는 고개로 2005년 6월 1차 때는 비포장도로가 공사중이라 차가 올라오지 못했었는데 이제는 2차선 도로가 확장되었고 좌구정 정자가 세워져 많은 사람들의 쉼터로 변해 있다. 1차 때는 등산로도 정맥 종주자 들만 다닌 곳인데 지금은 이 티재 구녀산 방고개 좌구산 까지 길이 잘나있어 많은 사람들이 왕래한다. 정자에 올라서면 삼기 저수지가 내려다보이고 전망이 좋아 고개를 넘는 길손들이 쉬어가는 곳으로 이름이 나있다. 마루금은 분티마을 쪽으로 도로를 따라가다 오른쪽 인삼밭 끝에서 왼쪽 능선으로 올라선다.

　산행 입구에 이정표가 있으며 이정표에 방고개(座龜山 天文臺) 2.8km 한남금북정맥 좌구산(座龜山) 4 km이고 이정표 표시대로 오르막을 오르며 조금 올라가면 좌구산(座龜山) 천문대(天文臺) 2.7km 이정목을 지나 왼쪽은 옛날 벌목지인지 전망이 확트여 삼기 저수지 일대가 내려다보이고 증평 읍내가 시야에

들어온다.

　오르막을 오르며 두 번째 이정목 좌구정(座龜亭) 0.2km 방고개 천문대 2.5km 이정목을 6시 57분 지나 잘나있는 능선을 오르며 3분 후 가파른 오르막을 한동안 올라 이정목(좌구정 0.42km 방고개(天文臺) 2.3km를 지나 430봉에 올라서니 7시 05분이다. 430봉을 넘어 오른쪽으로 잘나있는 능선을 가며 잠시 안부에 내려섰다. 가파른 오르막을 오르며 이정표(좌구정 0.9km 방고개 천문대 1.8km)를 지나고 3분후 무명봉을 넘어 잠시 내려섰다. 가파른 오르막을 올라 벤치(쉼터)가 있고 이정목에 올라서니 7시 28분이다. 이정목에 좌구정 1.3km 방고개 1.4km 를 지나고 3분후 휴양림 삼거리를 지나간다.

　이정표에 밤고개 0.87km 좌구정 1.76km 휴양림 0.7km이며 오르막을 올라 이정목(좌구정↔방고개)이 있는 536봉에 올라서니 7시 35분이다. 마루금은 오른쪽으로 내려가 안부에서 잠시 오르막을 올라 벤치가 있고 이정목(좌구정↔방고개)이 있는 봉에서 가파른 내리막을 4분쯤 내려가면 왼쪽길에 위험 출입금지 간판이 있고 길을 가로막아 놓은 곳을 지나 능선 내리막을 내려가면 삼거리 이정표가 나온다. 이정표에 직진은 화원리 마루금은 왼쪽으로 사면길(비탈길)이며 좌구정 2.26km 방고개 좌구산 천문대 0.54km 이다. 왼쪽 사면길로 가다보면 위에서 통행금지 간판이 아래도 있다.

이곳에서 오른쪽으로 밧줄을 잡아가며 경사길을 한동안 내려 잘나있는 능선길을 내려와 넓은 공터에 전망대와 넓은 통나무 평상이 두개 있고 나무 긴의자가 4개 있는 곳으로 보아 이곳부터는 좌구산 휴양림에 속해 있는지 길도 잘나있다. 넓은길 내리막을 내리며 돌탑을 지나고 삼거리 이정표를 지나면 통나무 움막이 나온다. 이곳부터 느림보 유아규칙 쉼터 안내판이 여러개 있으며 놀이 시설이 있다. 어린이 쉼터를 지나 내려서면 정자가 있고 왼쪽에 넓은 주차장이 있는 방고개다.

좌표【 N 36" 42" 7.26" E 127" 39" 0.53" 】

방고개에 도착하니 8시다. 방고개는 증평읍 윤리에서 미원면 운용리를 넘는 고개로 座龜山 天文臺가 있으며 왼쪽 아래에 座

龜山 休陽林이 유명하다. 1차때 기록을 보면 이도로가 포장도로 이며 휴양림과 천문대는 없었는데 천문대 연역을 보니 2014년에 건립된 것으로 되어 있다.

　기록에 의하면 座龜山 天文臺에는 국내에서 가장 큰 356mm 굴절 망원경이 설치되어 다른 망원경으로 볼 수 없는 천체들의 모습을 생생하게 볼 수 있습니다. 수용인원 : 40~60명.

　※관람료는 별도이며 숙박비 및 식비는 미포함(캠프 참가비는 면제 및 할인되지 않음) 쉬는 날 : 월요일(월요일이 법정공휴일인 경우 다음날 휴관), 1월 1일, 설/추석 연휴, 이용 시간 : 하절기(4월~10월) 14:00～22:00 동절기(11월~3월) 13:00～21:00

　※입장은 21:30분까지 해당 데이터는 과거 데이터 기준으로 작성 되었으니, 약간의 변경이 있을 수 있음을 알려 드립니다. 또한 현지 상황에 따라 달라질 수 있다는 점 유의바랍니다. 자세한 정보는 검색창에 증평 좌구산 천문대 이라고 검색을 해보시거나, 해당 홈페이지를 방문하시거나 전화연결을 통해 알아보시길 바랍니다.

　좌구산 천문대에는 "10m 대형 관측돔에 국내 최대 356mm 굴절 망원경이 설치되어 있습니다. 한계등급이 약 14등급으로 우리 눈보다 10,000배 정도 많은 천체를 700배 확대하여 볼 수 있어, 기존의 반사 망원경으로 볼수 없었던 선명한 천체의 모습을 감상하게 됩니다. 길이 5m의 망원경과 관측돔이 컴

퓨터에 의해 전자동제어 시스템으로 작동하여 밤과 낮에 관계없이 원하는 천체를 관측할 수 있습니다. 1층과 2층에 VR 체험, UFO 영상, 인공위성 및 로켓 시뮬레이션, H-R도 체험, 테슬라코일, 중력렌즈 체험, 스윙바이 체험, 우주인 포토존 등 천문우주학에 대한 설명이 이해하기 쉽게 전시되어 있으며 청정에너지를 활용하여 태양계를 알아보는 3D영상체험이 마련되어 있습니다." 한남금북정맥(속리산 천왕봉~안성 칠정산)과, 청주, 증평, 청원 일대의 최고봉인 좌구산(座龜山)(657m)에 위치하고 있습니다. 좌구산은 거북이가 앉아 남쪽을 보고 있는 형상 때문에 붙여진 이름이며, 주변에 큰 도시가 없어 맑고 깨끗한 밤하늘을 간직하고 있습니다. 또한 좌구산에 자연 휴양림이 조성되어 있어 숙박을 하며 신비로운 우주의 모습을 감상할 수 있습니다. [옮겨 온 글]

좌구산 천문대 표지석 앞에서 사진도 찍고 쉬면서 갈증도 면하고 10여분 쉬고 8시 11분 산행에 들어간다. 산행 들머리는 이정표 옆 나무계단을 올라간다. 이정표에 별무리 하우스 0.5km 관리사무실 1km 미원 9km 좌구정 2.8km 좌구산 2.7km이며 나무 계단을 올라서면 상상화에 얼킨 전설 간판을 지나 쉼터 소나무 숲을 지나 왼쪽에 천문대 건물을 지나면서 오르막을 오르며 제1쉼터 0.8km 이정표를 지나며 나무계단을 따라 오르막을 오르고 국가 지점번호 라-바 1389 5633 좌구산 1지점 표지판을 8시 22분 지나 오르막을 한동안 올라 538봉 제1쉼터에 올라서니

8시 30분이다. 제1쉼터에는 쉬어갈수 있는 벤치가 있고 국가지점번호 라-바 1399 5659 이정표 좌구산 1.26km 방고개 0.98km 주차장 1.1km 이며 주차장은 왼쪽으로 내려가는 길에 밧줄을 설치해 놓고 좌구산의 노송 소나무가 있다.

좌구산의 노송(소나무)

잎이 2개씩 속생하며 적송. 육송. 솔나무라고도 하며 전국 능선부 양지의 건조한 토량에서도 잘 자라며 우리나라의 대표적 향토 수종으로 건축, 조경재로 이용된다. 우리나라 산천 노송이 많은 곳에서 한결같이 같은 v자 모양의 소나무에 난 상처는 일제 말기에 자원이 부족한 일본군이 한국인을 강제로 동원 에너지원인 연료로 사용하기 위하여 송진을 채취한 흔적으로서 반세기가 넘게 지나도록 슬픈 근 현대사의 한 단면을 간직한 채 여전히 뿌리를 박고 긴 생명력을 이어가고 있다. 바로 이 노송들이 1940년대 일제 전쟁말기 소나무 껍질을 'v'자로 벗긴 뒤 줄기에서 흘러나오는 송진을 채취했던 소나무들로 일제는 비행기 연료 등으로 사용하기 위에 마을주민들을 동원 송진채취에 혈안이 됐으며 심지어 소나무 뿌리까지 캐내 삶은 뒤 송탄유 까지 짜낸 것으로 전해지고 있다.

오늘은 아침부터 운무가 끼어 어디를 가나 전망을 볼 수 없다. 이곳 제일 쉼터도 전망이 좋은 곳인데 운무 때문에 아무것도 보지 못하고 출발해 잠시 내리막을 내려 국가지점번호 라-바 1404

5667 좌구산 2지점을 지나 안부에 내려섰다. 오르막을 오르며 바위를 칼로 자른 듯한 충절바위를 8시 39분 지나간다.

충절바위

밤티골(증평읍 율리)에 살았던 백곡(栢谷)김 득신(金得臣)은 임진왜란 진주대첩 김시민 장군의 손자로서 백이전을 11만 3000번이나 읽을 정도로 어렸을 때부터 독서광이었다. 1604년 (선조37년)에 태어난 김득신은 어려서 천연두를 앓아 머리가 아둔하고 몸이 허약해서 좌구산에 올라 심신수련을 했다. 김득신은 좌구산에 오를 때마다 칼로 커다란 바위를 내리치면서 다짐을 했다. "내 비록 지금은 아둔하지만 과거에 급제하여 반드시 나라에 쓰임을 받으리라." 하루도 빠짐없이 나라와 백성을 위해 충절을 다짐하던 김득신의 칼날에 드디어 바위가 둘로 갈라졌다. 김득신의 수만 번의 다짐과 쉼 없는 노력은 마침내 환갑이 다된 59세(1662년 현종 3년) 증광시 병과에 급제하여 대기만성형의 표본이며 조선 중기의 대 문인으로 이름을 남겼다 이후로 사람들은 두 쪽으로 갈라진 바위를 보고 '나라와 백성을 위하는 김득신의 충성심의 표상'이라며 충절 바위라고 불렀으며 그의 묘는 좌구산 기슭 율리 밤티마을 뒷산에 있다.

충절바위를 지나 밧줄을 따라 오르막을 오르며 밤고개↔좌구산정상 이정목을 지나 올라가면 국가지점번호 라-바 1425 5668 좌구산 3지점을 8시 43분 지나고 능선 오르막을 올라 제 2 쉼터에 올라서니 8시 46분이다. 제 2쉼터 이정표에 밤고개 1.2km 座龜山頂上 0.7km 주차장 1.44km 이고 국가지점번호 라-바 1424 5704 가 있고 벤치(긴의자)가 두개 있으며 자그마한 돌무덤이 있다. 삼거리를 지나 3분후 쉼터(긴의자 2개 있음)을 지나 안부에 내려섰다. 가파른 오르막을 밧줄을 잡아가며 올라 국가지점번호 라-바 1431 5718 좌구산 4지점을 지나고 능선 오르막을 오르며 삼거리에서 직진으로 급경사 오르막을 올라 돌탑봉에 올라서니 9시 7분이다. 돌탑봉 에는 국가지점번호 1444 5744 좌구산 5지점이 있고 이곳도 전망이 좋으나 운무에 가려 앞에 좌구산 정상도 안보인다. 마루금은 왼쪽으로 약간에 내리막을 내리다 오르막 능선을 오르며 바람소리길 삼거리를 9시 9분 지나간다. 삼거리 이정표에 (바람소리길 0.93km 좌구산 천문대 2.60km 좌구산 정상 0.10km)이며 바람소리길에 등산로가 경사가 심하고 노변 및 계단이 미끄러워 사고의 위험이 있으니 주의하라는 입간판이 있다. 입간판을 지나고 오르막을 오르며 칼춤바위를 지나 올라가면 좌구산 정상이다.

『칼춤바위』칼춤은 '건무, 검무기, 황창랑무' 라고 부릅니다. 그 옛날 사냥이나 전쟁을 목적으로 추는 무기 무용에서 시작하여 궁중에서 큰 잔치때에 추는 예술무용의 하나이며 호국보훈의 의지를 담은 춤의 한 종류입니다. 좌구산을 오르다 바라보는 이 바위의 형상이 마치 칼춤을 추는 모습을 하고 있어서 '칼춤바위' 라고 명명하여 부르고 있습니다. (옮긴글)

좌표【 N 36" 42" 58.09" E 127" 39" 46.80" 】

좌구산 정상에는 자그마한 오석(검은돌)정상석 (한남금북정맥 최고봉 좌구산(座龜山) 657m)이 있고 화강석(막대석) 좌구산(座龜山) 표지석이 있으며 쉬어갈 수 있는 긴의자가 있고 삼거리 이정표가 있다. 국가지점번호 라-바 1455 5758번이 있고 삼각점은 질마재 쪽으로 약 20m에 있다.

座龜山 名稱의 流來

좌구산은 증평군 증평읍 율리에 위치해 있는 산으로 보은군 속리산 천왕봉에서 경기도 안성 칠장산에 이르는 한남금북정맥 중 최고 높은 봉우리(해발657m)로 증평 청주 괴산이 경계를 이루고 있으며 좌구산에 정상에서 서쪽 방향으로 뻗어내린 산줄기의 약 25km에 있는 망월산에서 올려다보면 산의 모양이 건강과 장수를 상징하는 거북이처럼 생겼다고 하여 자리좌(座)거북구(龜)자를 써서 座龜山이라고 부른다.

座龜山 頂上에서 사진한판 찍고 잠시 쉬며 갈증도 면하고 9시 33분 출발해 능선길 급경사를 밧줄을 잡아가며 내려 잘나있는 능선을 내려 9시 50분 안부에 내려섰다. 오르막을 오르며 국가 지점번호 라 바 1443 5829 이정목 좌구산↔안봉천 이 있는 봉에 올라섰다. 능선을 가며 588봉에 올라서니 9시 58분이다. 588봉을 지나 내리막을 한동안 내려 소나무 능선을 좌우로 들락거리며 돌탑(서낭당)자리가 있는 안부에 내려섰다. 오르막을 오르며 암능도 지나고 괴 소나무도 지나며 오르막을 올라섰다. 능선을 가다 이정표가 있는 612m 새작골산에 도착하니 10시 19분이다.

좌표【 N 36" 43" 47.34" E 127" 39"52.82" 】

새작골산은 삼각점이나 정상석이 없고 이정목에 612m 새작골산 이라 되어있고 좌구산 정상 1.65km 안봉천 1.5km 청안(오리목) 이정표가 있고 '국가 지점번호 라 바 1470 5909 좌구산 8지점'이 있고 마루금은 왼쪽 안봉천 방향으로 능선을 가며 안봉천 삼거리를 10시 28분 지나간다. 이정표에 안봉천 1.5km 좌구산정상 1.9km 질마재 1.3km이며 이곳부터 오른쪽은 청원군 미원면과 왼쪽 증평읍을 벗어나 괴산군 청안면으로 들어서 가며 마루금은 오른쪽으로 잘나있는 편한 능선을 오르락내리락 옛날 벌목지를 지나고 잘 자란 소나무 능선을 내려『한남금북정맥 등산로 장기 모니터링 구간 - □구간명 : 좌구산 구간, □거리 : 2km, □관찰내용 : 한남금북정맥 등산로 훼손 모니터링(노폭확대, 답압 및 강우에 의한 세굴 등), □관리번호: 한남금북 2017-02 산림청』안내판을 지나 질마재에 내려서니 10시 50분이다.

좌표【 N 36" 44" 22.81" E 127" 39" 54.87" 】

질마재는 괴산군 청안면 문방리에서 운곡리를 넘는 고개로 2차선 592번 지방도로다. 마루금은 도로를 건너 호깜베기 농장(오미자-절임배추)간판 뒤로 수로를 따라 올라가 능선에 들어서면 왼쪽에 벌목지라 592번 지방도로가 건너다보이고 지나온 새작골산 능선을 가름해 본다. 능선으로 들어서 오르막을 오르며 편한길 능선길을 가며 오른쪽으로 능선을 오르락내리락 410봉 묘 있는 곳을 11시 12분 지나 안부에 내려섰다. 오르막을 오르며 평해황씨(平海黃公井原. 配竹山安氏)묘를 지나 오르막을 오르며 460봉에 올라서니 11시 29분이다. 460봉은 아무 표시도 없고 볼게 없어 내리막 능선을 오르락내리락 무명봉을 넘고 안부에 내려섰다. 오르고 잘자란 소나무 능선을 감상하며 무명봉을 넘고 안부에 내려섰다. 가파른 오르막을 올라 415.2봉에 올라서니 11시 56분이다. 415.2봉도 볼게 없어 지나가며 내리막을 내리며 묘를 지나고 4분후 오른쪽 벌목지를 지나며 내리막을 내려 칠보치에 내려서니 12시 10분이다.

좌표【 N 36" 45" 38.84" E 127" 40" 5.84" 】

제2차 한남금북정맥 칠보치

칠보치는 청안면 효근리에서 문당리를 넘는 비포장도로다. 사진을 보면 1차 때도 이구간을 지날때 비가 왔었는데 오늘도 비는 오지 않는데 찌푸린 날씨라 운무 속 산행을 한다. 시간이 12시가 넘어 길가에서 자리를 잡고 점심을 먹고 12시 30분 출발한다. 능선 오르막을 오르면 오른쪽이 자작나무 조림지를 지나는데 나무 가지치기를 해 널려있는 곳을 지나고 능선을 오르락내리락 405.6봉에 올라서니 12시 40분이다.

　마루금은 왼쪽으로 능선길을 오르락내리락 소나무가 듬성듬성 있는 능선을 가며 오른쪽 아래 괴산 씨감자 저온창고를 내려다보며 사진한판 찍어두고 무명봉을 넘어 계속해서 소나무 능선이 이어지며 오른쪽 인삼밭을 보며 내리막을 내려 안부를 12시 50분 지나고 오르막을 오르며 낙엽송 조림지를 지나며 오른쪽으로 편한길 능선 오르막을 오르며 잘 자란 소나무를 감상하며 가다 가파른 오르막을 한동안 숨을 몰아쉬며 올라 칠보산 갈림길에 올라서니 1시 18분이다. 이곳에서 마루금은 왼쪽으로 내려가고 칠보산은 30m 오른쪽에 있다. 사진한판 찍고 칠보산 정상에 올라가니 1시 22분이다.

좌표【 N 36" 46" 14.23 E 127" 40" 47.44" 】

　칠보산 정상 에는 자그마한 표지석에(七寶山 해발 五百八十五미터)이 있고 시그널이 많이 달려있고 칠보산 552.0m 표지가 나무에 걸려있고 볼거리는 없고 5만분의 1 지도에는 543.7m 정맥지도에는 542m 표지석에는 585m 서래아 표지에는 552m 지페스에는 547m 이다. 어느 것이 올바른지 헷갈린다. 정상에서 사진한판 찍고 출발하려고 하는데 젊은이 한사람이 올라온다. 이분은 아침에 좌구정(분티재)에서 출발해서 모래재 까지 간다고 한다. 작별 인사를 하고 삼거리로 내려와 정맥으로 들어서 내리막을 한동안 내려와 삼거리 이정표를 1시 37분 지나간다.

이정표에 오른쪽은 황암마을 0.7km 쪽지봉은 1.2km 칠보산 0.8km 이며 잘나있는 능선길을 가는데 앞에 등산객 한사람이 황암마을 에서 올라와 가고 있다.

　이분은 괴산군 청암면 장암리 황암마을에 사는 박흥식씨로 나이는 72세이며 매일같이 쪽지봉에 올라 다니신다며 등산로도 풀치기로 잘 만들어 놓았다고 한다. 박흥식씨와 이야기를 나누며 능선을 조금 가니 안부가 나오며 이곳에 한남금북정맥 너덕재 425m 반바지가 나무에 걸려있고 안부를 지나 오르막을 오르며 쪽지봉 오르는데는 박흥식씨가 풀치기를 해놓아 길이 잘 나 있으며 가파른 오르막을 올라 550봉을 1시 58분 지나고 오른쪽으로 능선 오르막을 올라 삼거리에 올라서니 2시 5분이다. 마루금은 이곳에서 칠보산과 같이 30m 다녀와야 한다. 삼거리를 지나 쪽지봉 정상에 올라서니 2시 7분이다.

좌표【 N 36° 46" 58.48" E 127° 41" 3.03" 】

　쪽지봉 정상에는 자그마한 삼각점이 있고 준희가 걸어놓은 한남금북정맥 596.6m가 있고 한남금북정맥 쪽지봉 597m 반바지가 있다. 박흥식씨와 사진도 찍고 양갱갱도 나눠먹고 잠시 쉬면서 이야기를 나누고 2시 17분 출발해 삼거리에서 급경사 내리막을 내려 오른쪽 목장을 보며 철사줄을 따라 소나무 능선을 따라 내려오며 목장에는 아무 것도 보이지 않고 잘나있는 소나무 능선길을 내려와 목장에는 건물이 몇개 있고 목장 끝에서 오르막을 올라 465봉을 2시 35분 넘어 잠시 내려섰다.

　오르막을 올라 작은봉을 넘고 오른쪽에 파란 철망을 따라 10여분 능선길을 가며 철망 끝에서 왼쪽으로 내려서 돌탑이 있는 송치재에 내려서니 3시 1분이다. 송치재는 돌탑이 여기저기 여래개 있으며 누구의 작품인지는 몰라도 정성들여 쌓은 돌탑이다. 돌탑을 지나 능선에 올라서면 오른쪽에 벌목지로 조림을 했으며 오르막을 오르며 산불 초소를 바라보며 올라가 의성김씨(義城金公安洛之墓 "配密陽朴氏)묘를 지나 올라서 산불 초소는 오른쪽 능선에 있고 390봉을 3시 12분 넘어 내리막을 내려가며 오른쪽 벌목지를 따라가다 내려가 안부를 3시 19분 지나고 오른쪽 벌목지 오르막을 오르며 344.7봉에 올라서니 3시 25분이다. 344.7봉을 넘어 숲길 내리막을 내리며 능선을 가며 오른쪽 묘아래 철탑을 3시 34분 지나며 오른쪽에 진입금지 안내판을 지나 계단을 내려서니 풍주대 건물 마당에 내려선다. 2005년 1차 때도 이곳을 지나 10년 만이지만 기억에 남는다. 1차때 없던 건물이 많이 생겼으며 도로를 따라 입구에 내려오니 3시 46분이다.

　　　　　　좌표【 N 36" 48" 22.33"　E 127" 40" 54.87" 】

　모래재는 증평읍에서 괴산읍으로 통하는 34번 국도가 지나가며 행정구역은 괴산군 사리면 수암리에 속해 있으며 구(옛날)도로이다. 모래재 전격유적비는 1차때 그대로 이나 그때는 보광

산 관광농원이란 커다란 간판이 지금은 보광산 수련원으로 바뀌었으며 내부 건물도 많이 증축되어 있다.

모래재 의병격전유적비(義兵激戰遺蹟碑)

이 유적비는 의장병 韓鳳洙를 주축으로 모래재에서 일어난 항일 구국 운동을 기념하기 위하여 괴산군에서 건립한 것이다 (抗日救國) 항일구국의 뜻을 품은 의병장 한봉수는 이정구 등 9명의 의병을 지휘하여 1908년 5월 이곳 모래재에서 지나가는 일본군 우편물 수송대를 습격하여 이들을 사살하고 총기, 탄약, 우편물 등을 노획하는 성과를 올렸다. 한봉수 선생은 1883년 4월 18일 충청북도 청원군에서 태어나 대한제국군 진위대 상등병으로 복무 하다가 1907년 군대가 강제 해산되자

동년(음) 8월에 의장병 김규환(金奎煥) 의진(義陣)에 가담하여 일본군 수비대 및 헌병대를 습격하는 등 맹 활약을 하였다.

가을에는 해산 군인 100여 명을 규합하여 왜적 구축대(倭敵驅逐隊)를 조직 하였으며 대장으로 추대 되었다. 이후 오근장(梧根場)부근에서 일본 헌병대위 도기선치(島崎善治)를 사살하고 강원도로 수송되는 세금 수송대를 습격하여 군자금을 확보 하였으며 이후 일본군과 33회의 격전을 치렀다. 1919년 에는 고종황제의 國葬에 즈음하여 홍명희 손병희 등과 동립운동의 방략을 논의 하였으며 동립 선언서를 가지고 귀향하여 3월 7일 서문장터 입구 마차위에서 선언서를 살포하고 장꾼들과 함께 대한독립 만세를 주도 하였고 4월 1일에는 북일면 세교리 구 시장에서 다시 면민을 동원하여 만세 시위를 벌렸으며 다음날에 다시 내수 보통학교 학생 80여명과 같이 만세 시위를 전개하다가 일본경찰에게 체포되어 1919년 5월 6일 공주 지방 법원에서 징역 1년을 선고받고 옥고를 치렀다. 정부에서는 고인의 공훈을 기리어 1963년에 건국훈장 독립장을 추서 하였으며 괴산군에서는 국권화목과 민족의 정통성을 이의려는 선열의 구국충절을 길이 전하고자 높이 3M 넓이 2.5M 크기의 이 유적비를 1984년도에 건립하였다. 옮긴글

산행을 마치고 아래 밭에서 일하는 아주머니한테 이곳에 버스가 다니냐고 물어보니 조금 전 버스가 지나갔다며 이곳에서도 정류장은 없어도 버스가 세워준다며 오래 기다려야 버스가 온다고 한다. 다음산행은 도로건너 수암 낚시 간판에서 보광산

방면으로 가며 수암 낚시터를 오른쪽에 두고 굴다리를 통과해야 한다. 들머리를 확인하고 쉬고 있는데 칠보산에서 만난 젊은이가 내려온다.

젊은이는 좌구정(분티재)에 차를 놓고 와 택시로 좌구정까지 간다며 증평택시를 불렀다고 한다. 조금 있으니 택시가 올라와 만원을 주고 증평에 와 목욕탕에서 샤워를 하고 증평 기차역에서 5시 10분 차로 오송에서 6시차로 부산에 오니 7시 50분 집에 오니 8시 30분. 집사람 빨리 왔다며 격려 해준다.

제2차 한남금북정맥 단독종주 6구간

모 래 재 : 충청북도 괴산군 사리면 수암리 모래재
구래고개 : 충청북도 음선군 음성읍 초천리 구래고개
도상거리 : 모래재 21.8 km 구래고개
운동거리 : 모래재 21.8 km 구래고개
운동시간 : 모래재 9시간 13분, 구래고개
휴식시간 : 모래재 1시간 12분, 구래고개

모래재출발 5시 35분 ~ 수암낚시터굴다리 5시 38분 ~ 보광산이정표 5시 40분 ~ 산행진입 5시 44분 ~ 보광사진입로임도 6시 10분 ~ 보광사산행진입 6시 17분 ~ 오층석탑 6시 25분 ~ 보광산정상 6시 33분 ~ 395.4봉 7시 5분 ~ 소암삼거리 7시 10분 ~ 고리티고개 7시 16분 ~ 백마저수지갈림길 7시 22분 ~ 370봉 7시 26분 ~ 백마산 갈림길 7시 45분 ~ 내동고개 7시 51분 ~ 395봉 8시 4분 ~ 377.9봉 8시 17분 ~ 445봉 8시 28분 ~ 보천고개 8시 54분 ~ 378.5봉 9시 20분 ~ 가정자재 9시 46분 ~ 2차선도로 9시 52분 ~ 달성석재정문 10시 32분 ~ 반기문 총장 생가 10시 50분 ~ 점심후 생가출발 11시 26분 ~ 능선삼거리 11시 40분 ~ 큰산(보덕산)정상 12시 22분 ~ 큰산(보덕산) 출발 12시 48분 ~ 비포장임도 12시 55분 ~ 517봉 13시 7분 ~ 290봉 13시 27분 ~ 삼실고개 13시 48분 ~ 305봉 13시 58분 ~ 351봉 14시 23분 ~ 돌고개 도착 14시 44분 ~ 돌고개간식후출발 15시 4분 ~ 본태고개임도 15시 18분 ~ 285봉 15시 23분 ~ 철탑 15시 38분 ~ 구래고개 15시 55분

 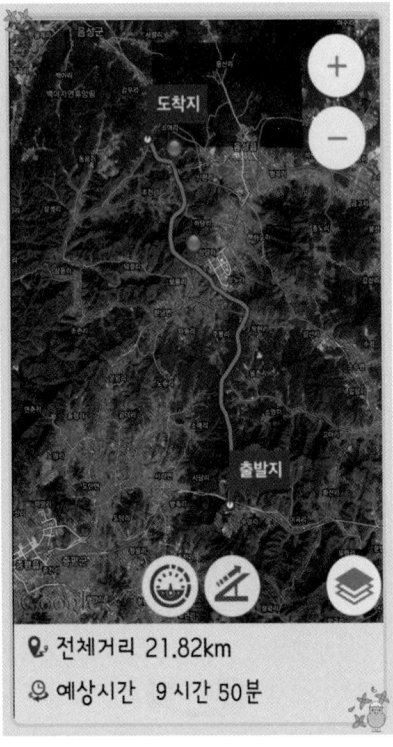

　이번구간은 모래재를 출발해 보광산 보천고개 행치고개 반기문 생가를 방문하고 큰산(보덕산) 돌고개 구래고개에서 마무리한다. 2005년 8월 1차 때와는 많이 변했으며 특히 행치고개 반기문생가, 기념관등 관광지로 변해있고 음성군 땅에 들어서면서 국가지정번호가 500m 기준으로 설치되어 있고 큰산(보덕산) 팔각정과 반기문 비체길이 조성되어 있고 가는 곳마다 이정목이 설치되어 있어 한남금북 종주자들이 길을 잃고 고생하는 일은 없게 되어있다.

　오늘은 인천에서 왔다는 최상우님을 큰산에서 만나 서로 인사를 나누고 사진도 같이 찍고 기억을 간직하고 이분들은 남진 행치고개로 내려가고 나는 북진 돌고개로 내려가 잘나있는 능선이 이어지지만 간간히 잡풀을 헤치며 가는 구간도 종종 있다. 오늘 산행은 음성에서 기차시간이 임박해 구래고개에서 하산한다. 이번구간은 보편으로 편한길로 수월했으며 보천고개에서 378봉 오르는데 20여분 힘들게 올라가고 큰산(보덕산)오르는데 30여분 힘들게 올라간게 전부고 능선 오르내림이 편한길로 이어진다.

2018년 5월 27일 맑음

 이번구간은 모래재를 출발해 보광산, 보현고개, 행치고개, 큰산(보현산) 돌고개, 구래고개 까지다. 26일 저녁 8시 ktx편으로 오성에서 무궁화호 열차로 증평에 저녁 10시 50분 도착 찜질방에서 하룻밤을 지내고 아침 5시 10분 택시로 (16,000)출발 모래재에 도착하니 5시 30분이다. 산행 준비를 하고 5시 35분 출발한다. 이곳은 지난번 내린 곳이고 출발지가 구 도로 임도이고 수암낚시 간판아래서 임도 따라 100m 정도 가면 수암낚시터다. 아침 일찍 인데도 강태공들 어젯밤 야간 낚시를 했나! 낚시를 하고 있다.

물은 별로인데 낚시꾼들 세월아 내월아 낚시를 한다. 낚시터를 돌아 굴다리를 통과해 왼쪽으로 50여 미터 가면 보광산 등산로 간판이 있고 이정표 (모래재 0.3km 보광산 2.0km)가 있으며 임도 (농로)를 따라 100m 가면 이정목 (모래재 0.4km 보광산 1.9km)에서 오른쪽으로 올라가면 묘군이 나오며 4분 후 (鳳城君 求禮孫公乙逢之祀壇) 묘 뒤에서 숲길로 들어서 올라간다. 이 정표에 모래재 0.5km 보광산 1.8km 이며 잘되어 있는 편한길 등산로를 따라 오르막을 한동안 오르며 잘자란 소나무길을 올라 시동마을 삼거리에 올라서니 6시 8분이다. 이정표에 시동마을 1.2km 보광산 1.4km 모래재 0.9km 이며 삼거리를 지나며 통나무 계단을 내려서 보광사 입구 비포장도로에 내려서니 6시 10분이다. 마루금은 보광사 쪽으로 도로를 따라 올라가다 6시 17분 오른쪽으로 등산로를 따라 올라간다. 이정표에 보광산 1.0km 모래재 1.3km 보광사 0.2km 이며 숲길로 올라서 왼쪽에 보광사 도로를 내려다보며 오르막을 한동안 올라 왼쪽아래 오층 석탑에 내려가 사진한판 찍어둔다.

괴산 봉합사지 오층석탑

이탑은 보광사(普光寺)뒤편의 옛 절터에 남아있다. 고려 초기에 만들어진 것으로 추정된다. 4매의 지대석 위에 기단부가 없어진 채 탑 몸돌 부분이 올라가 있다. 상윤부에는 노반과 복발이 남아있다. 초층을 제외하고 2층부터는 탑 몸돌과 지붕돌이 1매의 돌로 이루어져 있다. 체감비율이 약해서 경쾌한 맛이 없다. 1966년에 2층 지붕돌의 사리공에서 청동 사리함과 청동 불상이 발견되었는데 불상에서 鳳鶴山 鳳鶴寺라는 시주문이 발견 되었다.

오층 석탑에서 다시 올라 능선을 가며 보광산 삼거리에서 보광산 정상은 왼쪽으로 0.2km 가야한다. 지난번 칠보산과 쪽지봉도 마루금에서 벗어나 있었는데 보광산 정상도 벗어나 있어 보광산 정상에 올라서니 6시 33분이다.

좌표【 N 36" 49" 15.24" E 127" 40" 55.42" 】

보광산 정상에서 사진한판 찍고 삼거리에 내려와 정맥 마루금을 따른다. 삼거리 이정표에 보광산 0.2km 모래재 2.1km 고리티재 1.8km 이며 마르금은 고리터재 방향으로 내려간다. 6시 43분 삼거리에서 내리막을 내리며 6시 56분 안부에 내려섰다. 3분후 작은봉에 올라섰다 다시 내려섰다. 다시 오르막을 올라 삼각점이 있는 395.4봉을 7시 5분 지나간다. 소암 삼거리 이정표에 보광산 40분 소암 30분 백마산 40분 둔터골 30분인데 둔터골 화살표는 떨어져 있다. 삼각점을 지나 3분후 사거리를 지나간다. 이정표에 모래재 8.0km 보광산 1.6km 소수암리 2.0km 백마산 3.3km이며 마루금은 백마산 방향으로 내리막을 내려 고리티재에 내려서니 7시 16분이다.

고리티재는 소수면 소암리에서 사리면 소매리 둔터골을 넘는 고개로 무너진 돌무덤 (옛서낭당)이 있고 반바지 표지 코팅지가 걸려있다. 고리티재를 지나 오르막을 오르며 6분후 백마저수지 갈림길을 지나가며 이정표에 백마산 3.1km 백마저수지 1.7km 이정표를 지나 오르막 능선을 오르내리며 오늘 산행은 가파른 오르막이 없는 편한 능선을 오르내리며 370봉을 7시 26분 넘고 좌우로 들락거리며 오르락내리락 편한 능선길을 가며 오르막을 올라 (379.2m) 백마산 갈림길에 올라서니 7시 45분이다. 이곳 부터는 백마산 갈림길 올라오는 길에는 멧돼지가 땅을 뒤진 흔적이 여기저기 있으며 왼쪽계곡 아래서 멧돼지 소리가 들린다. 379.2봉에는 한남금북 등산로 간판이 있으며 갈림길 이정표에 왼쪽은 백운사 1.1km 오른쪽 길은 보천고개로 3.4km 보광산 정상은 4.0km 이다.

한남금북정맥 등산로 간판에 『주봉리 마을 이야기에 '음성 원남면 주봉리' 원남면 동남부에 위치하며 백마산에서 동북쪽으로 뻗어 나온 산줄기 중턱에 있는 산간 마을로 대부분의 지대가 산지로 이루어져 있으며 남쪽에서 북쪽으로 갈수록 고도가 낮아지는 지형이다. 본래 음성군 남면 지역 이었으나 1914년 행정구역 개편때에 내동, 마피동 일부를 병합하여 주봉산의 이름을 따서 "주봉리"라 하고 원남면에 편입 하였다.』 [마을 이름과 유래]

가정재(가정자) : 가나무(노나무) 정자가 있어서 가정재마을.

두밭매 : 옛날 이곳에 두필지의 밭과 인가 두집이 있었다 하여 두밭매 마을. 수박바위(수암) : 마을 입구에 수벽바위가 있어서 수벽마을 이라 전한다.

  마루금은 오른쪽 보천고개 방향으로 내리막을 내리며 이곳부터는 왼쪽은 괴산군을 벗어나 음성군 원남면 주봉리이고 오른쪽은 괴산군 소수면 몽촌리이다. 내리막을 내리며 돌계단을 내려 5분 후 안부 (내동고개)에 내려섰다. 능선을 오르내리며 오른쪽 벌목지를 오르며 지나온 능선을 가름하며 국가지점번호 1618-7291번을 8시 지나며 가파른 오르막을 올라간다. 괴산군과 음성군 경계 지역에 들어오며 국가지점 번호 판이 있다. 가파른 오르막을 올라 철로 만든 쉼터가 있는 395봉에 올라서니 8시 4분이다. 395봉을 지나 능선을 오르내리며 국가지정번호 라바 1635-7323번을 8시 8분 지나고 능선을 가며 멧돼지 흔적을 지나가며 돌계단 내리막을 내려 안부에 내려섰다. 다시 오르막을 올라 377.9봉에 올라서니 8시 17분이다. 377.9봉은 삼각점이 있고 국가지점번호 라바 1663-7360번이 있다. 377.9봉을 내려서면 능선에 밧줄 설치한 곳을 지나간다. 이곳은 능선길이라 그리 위험한 곳도 아닌데 밧줄을 설치해 놓았다. 능선을 가는데 전망이 좋아 사방을 관찰하고 쉼터(철물 의자) 2개 있는 곳을 지나고 약간에 오름길을 가다 가파른 오름길을 한동안 올라 445봉에 올라서니 8시 28분이다.

445봉은 아무 표시도 없어 그냥 지나가며 내림길은 돌계단을 한동안 내려 능선을 가며 나무 가지치기 한곳을 지나며 국가지점번호 라 바 1656-7416 번을 8시 33분 지나며 능선을 오르락내리락 좌우로 들락거리며 오른쪽으로 방향을 틀며 가는데 60대쯤 돼 보이는 남여 부부가 묘에서 나물을 채취하며 이 근방에 멧돼지가 많으니 조심하라며 혼자 산행하면 멧돼지가 안 나타나냐며 걱정을 해준다. 이제 보천고개까지는 내리막길이라 능선 가는데 수월하게 내려간다. 8시 40분 돌계단을 내려가고 능선을 가다 4분후 나무계단을 내려가며 국가 지점번호 라 바 1678-7474번을 8시 46분 지나 내리막을 내려가며 오른쪽에 검정막을 따라 내려가다 능선길로 내리막을 내리며 오른쪽에 2층 건물을 내려다보며 가다 보천고개(토골고개)에 내려서니 8시 54분이다.

좌표【 N 36" 52" 26.24" E 127" 41" 27.23" 】

보천고개(토골고개)는 괴산군 소수면 옥현리에서 음성군 원남면 주봉리을 넘는 515번 지방도로가 지나며 2005년 7월 17일 1차 때는 집도 없었는데 새로 지은 2층집과 보호수(느티나무) 옆에는 인삼밭이 있었는데 지금은 묘목밭으로 조경판매 간판이 있다. 이 느티나무 보호수는 괴산군 고유번호 85호 로 1982년 11월 16일 지정 되었으며 높이가 12m 둘레가 4.3m로 그 당시 수령 450년 이었었는데 지금은 486년으로 36년전 그때보다 고

목으로 변해있다. 마루금은 도로를 건너 전선주에 통신시설이 있는 곳을 지나 이정표에서 돌계단을 올라간다.

 이정표에 국가지정번호 라 바 1700-7516번과 행치재 4.1km 토목마을 0.5km 서당골마을 1.2km 오대산 1.0km 보광산 7.0km이며 잡풀에 가려있는 돌계단을 올라 잡풀이 우거져 길이 안 보이는 곳을 가시 넝쿨을 해치며 가다 묘를 지나고 등선에 들어서며 가파른 오르막을 오르며 나무계단도 한동안 힘들여 올라 마루금은 왼쪽으로 능선을 가며 왼쪽 아래서 멧돼지 소리를 들으며 오른쪽에 묘를 지나고 오대산 갈림길에 올라서니 9시 16분이다. 이곳은 철재 쉼터가 두개 있고 한남금북정맥 국가지점번호 라 바 1707-7562 가 있고 『수목은 광합성 작용에 의해 이

산화탄소를 흡수하고 산소를 방출하는 자연의 공기 정화기 입니다. 광협성에 의해 만들어진 탄소화물은 수목의 성장에 사용되며 잎, 가지, 줄기 및 뿌리에 탄소의 형태로 차곡차곡 저장되어집니다. 그러므로 목재는 이산화탄소의 통조림입니다.』란 간판이 있다.

 능선을 따라 3분 후 378.5봉에 올라서니 준희가 걸어놓은 한남금북정맥 378.5m 표지판이 나무에 걸려있고 삼각점인 모양인데 자그마한 조각에 436 이란 글씨만 있고 다른 조각은 찾을 수가 없다. 이곳부터는 오른쪽도 괴산군을 벗어나 음성군 원남면 땅이다 사진한판 찍고 내리막을 내리며 가파른 나무계단을 한참동안 조심조심 내려 편한길 능선을 가다 안부에 내려 한남금북정맥 국가지점번호 라바 1647-7573 번을 9시 33분 지나고 묘를 지나고 산판길 오르막을 올라 작은봉에서 오른쪽으로 밧줄막이를 따라 내려 능선 내리막을 내려서면 고추밭이 나오며 임도를 따라 30 여미터 오른쪽으로 가면 고개에 이정표가 나온다. 이정표에 두밭매 0.5km 행치재 2.2km이며 국가지점번호 라바 1606-7595 번에 반바지가 걸어놓은 한남금북정맥 가정재 195m 표찰이 있다. 마루금은 언덕으로 올라서며 오른쪽에 음성공단을 보며 올라서 숲길로 능선을 넘어 인삼밭을 지나 내려서면 2차선 도로가 나오며 도로 삼거리에서 오른쪽 길을 가며 음성공단을 내려다보며 가다 오른쪽으로 임도를 따라가다 이정표에서 산길로 들어서며 구찌뽕나무에 오디가 달려있어 몇개 따 먹고 능선으로 들어선다.

  이정표에 보천고개 2.2km 서당골 마을 1.0km 행치재 1.9km 이며 조금 올라가면 光州潘氏壯節公桐亭波 家族 묘역을 지나 숲길로 들어서 산판길을 따라 무명봉에 올라서니 한남금북정맥 국가지점번호 라.바 1549-7625번이 있으며 10시 19분 오른쪽 에 벌목지를 따라 능선을 내리며 조림을 한곳을 지나고 한남금 북정맥 국가지점번호 라 바 1534-7667번을 10시 25분 지나 고 개를 넘어 왼쪽 밭 갓길을 내려와 밤나무밭 샛길을 내려서면서 새로 만든 임도를 건너 능선으로 들어서 한남금북정맥 국가지 점번호 라 바 1507-7683 번을 지나고 건너편 큰산(보덕산)과 행 치마을 를 건너다보며 오른쪽 아래 석공장 옆길을 따라가다 새 면 포장길을 내려와 달성석재 정문앞에 내려서니 10시 42분이 다. 달성적재 정문을 지나 36번 국도에서 오른쪽으로 내려가면 지하 통로가 나온다.

                             좌표【 N 36° 53′ 30.67″ 127° 39′ 57.76″ 】

  굴다리 통로를 지나면 반기문 총장 생가가 있는 주차장에서 휴게소 뒤로 올라야 하는데 여기까지 왔으니 반기문 총장 생가 를 둘러보기로 마음먹고 팔각정(普德亭)에 사진한판 찍고 사당 (靜肅門)앞에 贈通政大夫兵曹參議 光州潘公諱潤霖 追慕碑 와 司果 贈通訓大夫掌樂院正 光州潘公諱冲翼公世蹟碑 를 지나 반

　기문 생가를 둘러보고 반기문 전시관도 둘러보고 나와 연못 위 비체길 숨터(반기문 피크닉장)에서 점심을 먹는다.

　큰산(普德山)을 풍수 전문가들이 선학인가형(仙鶴引駕形)으로 표현하며 정상 봉우리를 중심으로 좌청룡 우백호의 산줄기가 이어져 행치마을의 연못에 모아지는 기운이 큰 인물 배출과 관련이 있다고 합니다.

　행치(杏峙) 마을은 삼신(天, 地, 明)이 보덕산에 놀러 왔다가 만발한 살구꽃에 반해 머물러 살게 됐고 삼신의 보살핌으로 이 마을에 큰인물 3명(큰부자, 큰장수, 크게 이름을 떨칠 사람)이 태어난다는 이야기가 전해져 옵니다. 쉼터에는 관광객 등산객들이 쉬며 음식을 먹을 수 있는 장소가 있어 많은 사람들이 쉬어 갈 수 있게 만들어 놓았다. 점심을 먹고 11시 36분 산행에 들어간다. 산행 진입로는 반기문 비체길 이정표를 따라 통나무 계단을 올라간다.

나무계단을 올라 삼거리 능선에 올라서니 반기문 비체길 이정표가 있고 능선길로 이어지며 쉼터를 지나고 무성하게 자란 잣나무 밭길을 가며 행치마을 를 내려다보며 편한 능선을 가다 한남금북정맥 국가지점번호 라.바 1448-7715 번과 이정표를 11시 45분 지나고 묘군을 지나 오르막을 오르며 곳곳에 빗체길 이정표를 지나 나무계단을 오르고 가파른 오르막을 오르며 좌우로 계속해서 나무계단을 올라 큰산(보덕산)정상에 올라서니 12시 22분이다. 큰산(보덕산)정상에는 팔각 정자가 있고 정상석이 있으며 통신 철탑이 있다. 2005년도 1차때 있던 철탑은 지금도 있으나 다른것은 아무것도 없었는데 지금은 팔각정 전망대가 있고 정상석과 각종 안내판이 있으며 이정표도 잘되어 있다. 팔각정에서 두사람이 쉬고 있다. 이분들은 돌고개에서 올라 왔다며 한남금북정맥 종주 중 이라며 반갑다고 인사를 나누고 같이 사진도 찍고 이분들은 남진으로 행치고개로 내려가고 나는 북진으로 돌고개로 내려가며 인사를 나누며 헤어진다. 이분은 인천에서 왔다는 최상우씨다.

조표【 N 36" 53" 44.46" E 127" 39" 22.14 】

큰산 (보덕산)은 정상 봉우리를 중심으로 좌청룡 우백호의 산줄기가 이어져 행치마을의 연못에 모아지는 기운이 큰 인물 배출과 관련 있다 합니다. 보덕산은 클보(普)자와 큰덕(德)의 이름으로 마을에는 普德 老人亭이 있고 정자 이름도 普德亭으로 정

하였다. 30-40년전 4-H 활동당시 보덕 4-H 이름으로 활동하였다. 그러므로 보덕은 큰산으로 불리는 것은 당연한 이름이다. 덕이 많은 산으로 마을에서는 토속 신앙을 믿어왔다.

삼신산의 유래

삼신산은 전설로 큰산에 (천신, 지신, 명신)이 살았다하여 삼신산으로 마을에서는 산제당을 지어놓고 지금도 여러가지 예를 갖추어 산신제를 올리고 있다.

봉화뚝의 유래

옛날 외적의 침입이나 가뭄 질병 등 위기가 있을 때마다. 봉화불을 피워 서로의 열락을 취하고 한양에 까지 알리던 곳으로 전설이 이어지고 있다. 음성군 원남면 하당리 마을 이야기에는 원남면 동쪽에 자리한 마을로 신천리와의 경계에 망월산이 있고 마을내에 하당 저수지가 있으며 삼실산 중턱에 불당골 감투바위 독사바위 호랑이 바위가 있다.

원래 음성군 남면 지역으로 당골 아래쪽에 있어 아래당골 또는 하당동이라 불렀다. 1914년 행정구역 개편때에 하당리 라 하고 원남면에 편입하였다. 자연마을로는 당골(唐谷: 주막 거리) 동양말, 뒷말(뒷벌) 섬골, 약방말, 양달말(양짓말), 음달 말, 가루니 등이 있다. 당골은 당곡 이라고도 하며 조선시대에 양해원이 있었으며 영남 지방에서 한성으로 가는 큰 길목 이 었고 또 충주목에서 청추목으로 가는 길목에 위치하여 마방 (馬房)이 번창했던 곳이며 한때는 100여호 규모의 큰 마을이 었던 곳이다. 옮긴글

마루금은 철탑 뒤 이정표에서 북쪽으로 내려서며 임도에 리 본이 많이 걸려있는 곳에서 숲길로 들러서 내려가다 2 분후 다 시 임도에 내려섰다. 다시 등로로 1분후 반기문 비채길 임도 정 상에 내려서니 12시 55분이다. 임도에는 비체길 등산로 간판과 이정표가 있으며 이정표에 하당 저수지 3.23km 큰산(普德山) 0.43km 덕정리 임도가 있고 마루금은 임도를 건너 나무계단을 올라간다. 계단을 올라 잘나있는 능선을 오르내리며 국가 지점 번호 라.바 1362-7787번을 12시 58분 지나고 밧줄 설치길을 가 며 삼거리(이정표 큰산 정상 900m 普賢山 정상 8.6km 짚신고 개 2.0km)를 1시 7분 지나고 가파른 내리막길 나무계단을 한없 이 내려 (5분-6분) 능선길을 가며 벤치가 2개 있고 국가지점번

호 라.바 1352-7852번을 1시 19분 지나고 능선을 오르내리며 7분후 벤치가 있고 국가지점번호 라.바 1368-7890번을 지나 능선을 오르내리며 전망이 좋은 능선을 가며 지나온 산들을 관망하며 국가지점번호 라.바 1389-7924번을 1시 37분 지나 삼실고개에 내려서니 1시 47분이다.

좌표【 N 36" 54" 47.99" E 127" 39" 34.31" 】

 삼실고개는 초천리에서 하당리를 넘는 고개로 2차선 포장 도로 이고 도로를 건너면 산딸기 판매집이 있다. 가계에 산딸기 1kg에 7,000원 딸기즙 한봉에 1500원 이라기에 들어가 봐도 사람이 아무도 없어 수도에서 물만 먹고 나와 포장길를 따라 가는데 왼쪽 복숭아밭에서 아주머니가 복숭아를 속아내고 있다. 포장길을 따라가면 큰 물탕고 2개가 있는 곳을 지나 묘군 오른쪽 아래에 리본이 달려있다. 순천박시 묘 오른쪽 갓길로 올라가 묘뒤에 올라서니 1시 55분이다. 묘뒤에 올라서 잣나무 조림지를 지나 국가지점번호 라.바 1436-7984번을 2시 3분 지나고 2분후 임도에 내려섰다. 나무계단을 올라 능선을 가며 305봉을 2시 12분 지나고 2분후 쉼터가 있고 국가지점번호 라.바 1411-8008번을 지나 잘나있는 길을 오르락내리락 352.7봉에 올라서니 2시 23분이다. 352.7봉에는 준희가 걸어놓은 한남금북정맥 352,7m 표찰이 나무에 걸려있고 국가지점번호 라.바 1425-8047번이 있고 자그마한 삼각점이 있다.

352.7봉을 지나 밧줄을 잡아가며 내리막을 내려 능선을 가며 쉼터를 2시 31분 지나고 3분후 국가지점번호 라.바 1430-1382번을 지나 능선을 오가며 내리막 묘지를 내려서니 2차선 지방도로다. 이정표에 보현산 정상 4.9km 큰산 정상 4.6km 하당 저수지 2.0km 밤나무재 1.0km이며 마루금은 삼거리에서 왼쪽 (주)피엘스 하영특수유리 방향으로 도로를 따라 200m 가면 돌고개 표지석이 나오며 (주)피엘스 하영 특수유리공장은 왼쪽이고 오른쪽은 음성 가는 길이다. 돌고개 표지석은 2005년도 1차 때 있던게 그대로 있고 도로는 변해있다.

　　　　　　좌표【 N 36° 55' 32.85" E 127° 39' 18.74" 】

2시 44분 돌고개에 도착해 나무그늘 돌 위에서 마지막 간식을 먹고 휴식 후 3시 4분 출발 한다. 이정표 뒤 잡풀을 해치며 올라 능선에 들어서 가다 곳곳에 가시덩굴 잡목을 지나가면 묘군이 나오고 왼쪽아래 (주)피엘스, 하영 특수유리(주) 공장을 내려

다보며 가다 능선을 넘으니 의령남씨 석천공파 종중설신단(宜寧南氏石泉公派 宗中 設神壇)이 나오며 검은돌 비석들이 줄지어 있다. 종중묘를 넘으니 이곳도 잘 정돈된 묘들이 많은게 종중들이 집단적으로 사는 모양이다. 묘군을 지나 쉼터를 지나고 한남금북정맥 이정목(큰산정상 5.3km 보현산정상 4.2km 왼쪽은 초천리)을 지나 나무계단을 내려서니 임도(농로)가 나온다. 이고개는 초천마을 유래로 보아 초천고개이고 음성군 초천리 마을 유래 안내판이 있고 한남금북정맥 등산로 간판이 있다.

음성읍 초천리

음성읍에서 서남쪽에 위치한 마을로 본래 음성군 근서면 지역으로 내(川)에 풀이 많아 풋내 또는 초천이라 하였다. 1914년 행정구역 개편에 따라 덕진리를 병합하여 초천리라 하고 군내면에 편입하였다. ≪자연마을 위치≫『맹구지』마을 앞쪽에 석굴이 있어 저녁때가 되면 그늘이 저서 붙여진 이름『풋내』마을 냇가에 풀이 많아서 붙여진 이름: 이곳의 개울은 아무리 가물어도 마르지 않았다고 한다. 옛날에 릉이 있었다고도 한다.

3시 18분 임도를 지나 오르막 능선을 오가며 5분후 한남금북정맥 이정목 (국가지점번호 라.바 1354-8131 이정표 큰산정상 5.6km 보현산정상 3.9km 백양마을 1.0km)를 지나 4분후 철과

판자로 만든 계단을 내려섰다.

　소로를 지나 나무계단을 올라서 능선길을 오르내리며 285봉에 올라서니 3시 38분이다. 한남금북정맥 이정목(국가지점번호 라.바 1300-8154)이 있고 조금 아래 고압 철탑이 있다. 철탑을 지나면서 오늘은 일찍 마무리하려고 114에 전화를 물어 음성택시를 불러놓고 잘나있는 능선길 내리막을 내려 구래고개가 내려다보이는데 택시기사 도착했다고 전화가 온다. 도로에 내려오니 관광버스 한대가 보현산 입구에 있는데 기사도 없고 사람들은 아무도 없다. 시간은 3시 56분으로 아직 4시도 안되어 시간상으로는 보현산을 넘어도 되지만 부산까지 갈려면 서둘러야 하기 때문에 일찍 구래고개 에서 마무리 한다.

구래고개는 2차선 포장도로 이며 백양마을에서 큰말을 넘는 고개로 차량은 많이 다니지 않으며 마을과 마을만 넘는 차량만 다니는지 한산하다.

좌표【 N 36" 56" 15.24" E 127" 38" 32.23" 】

구래고개에는 보현산 약수 커다란 표지석이 있고 이정표 가 있다. 사진한판 찍고 다음에 이곳에서 출발하여야 하기에 진입로를 확인하고 음성읍에 내려오는데 오늘이 축제 마지막 날이라 길가에 차들이 많아 시간이 걸린다. 택시요금 (17,000원) 우선 목욕탕에서 사워를 하고 기차 역전이 걸어서 20분도 걸린다며 기차 시간이 넉넉하니 걸어서 가도 된다는 택시기사 말만 듣고 목욕탕에서 나와 도로를 따라 가는데 기차역이 시내를 벗어

반기문 생가

나 한참을 걸어가다 보니 다시 땀이 난다.

음성역에서 6시 열차표를 사놓고 기다리다 차가 와서 오성에서 7시 ktx로 부산에 오니 8시 40분 집에 오니 9시다. 집사람 빨리 왔다며 고생했다고 격려해준다. 2005년도 1차 때는 교통편이 안 좋아 단독산행이 어려웠었는데 지금은 교통이 좋아져 혼자 종주 산행도 편리하다.

제2차 한남금북정맥 단독종주 7구간

구래구간 : 충청북도 음성군 음성읍 초천리 구래고개
쌍봉초교 : 충청북도 음성군 금왕면 쌍봉리 쌍봉초등학교
도상거리 : 구래고개 26.81km 쌍봉초등학교
소요시간 : 구래고개 11시간 58분 쌍봉초등학교
운동시간 : 구래고개 9시간 49분 쌍봉초등학교
휴식시간 : 구래고개 2시간 9분, 쌍봉초등학교

구래고개출발 8시 41분 ~ 사각정자 8시 50분 ~ 진천송씨묘 8시 58분 ~ 마당산정상 8시 21분 ~ 임도 9시 30분 ~ 보현산정상 9시 45분 ~ 산불감시초소 9시 56분 ~ 감우리고개 10시 8분 ~ 430봉 10시 30분 ~ 안부 10시 40분 ~ 팔각정 400봉 10시 47분 ~ 365봉 11시 03분 ~ 346.3봉삼각점 11시 25분 ~ 354봉 11시 37분 ~ 임도삼거리 11시 57분 ~ 326봉 12시 07분 ~ 백야고개 임도 12시 14분 ~ 고압철탑 12시 22분 ~ 영성원갈림길 12시 52분 ~ 꽃동래갈림길 1시 04분 ~ 소속리산정상 1시 15분 ~ 철탑 1시 20분 ~ 413봉 1시 28분 ~ 436봉 사각정자 1시 33분 ~ 436봉 사각정자 1시 58분 ~ 꽃님이재 2시 16분 ~ 345.8봉 2시 25분 ~ 고속도로휴게소 2시 51분 ~ 지하통로 2시 55분 ~ 21번국도 3시 10분 ~ 임도 3시 28분 ~ 하이하이테크 3시 34분 ~ 월드사우나 4시 29분 ~ GS주유소 5시 14분 ~ 청송보신탕 5시 44분 ~ 583번 교차로 6시 15분 ~ 184봉 6시 40 ~ 군부대철망끝 6시 52분 ~ 화인이노베이션 7시 10분 ~ 주(광동 7시 13분 ~ 그린도장 7시 20분 ~ 쌍봉1리 정류소 7시 30분 ~

　　이번산행은 충남 음성 보현산 백야휴양림 능선 소속리산 평택-제천간 동서고속도로 금왕휴게소 21번국도 월드사우나온천 583번국도를 몇번 건너 쌍봉1리 버스정류장에서 마무리하며 1차때 한번 지나간 길이지만 머리속에 가마득해 2차로 확실하게 정맥길을 머리속에 담아둔다. 이번 구간은 맥을 이어가기는 허망한 일이고 맥에 공장이 들어서 빗겨가야 했고 군부대도 통과를 못하고 오른쪽으로 가든 왼쪽으로 가든 물길을 건너야 한다. 군부대를 지나 잘못하면 우등산으로 마루금이 이어질 것 같

으나 만약 우등산에 가면 다시 돌아와야 하고 화인이 노베이션 공장까지는 조심해야 하는 구간이다.

2018년 6월 3일 (일요일) 맑음

    일요일 아침 5시 KTX로 대전에서 7시 무궁화호 열차로 음성에 도착하니 8시 택시로(10,000원) 구래고개에 도착하니 8시 35분이다. 옛날 같으면 하루거리를 부산에서 3시간 반에 구래고개까지 도착하니 참 좋은 세상이다. 택시 기사한태 부탁해 사진한판 찍어둔다. 마루금은 표지석에서 보현약수 임도로 간다. 오늘도 지난번 하산할때 있던 노란색 관광버스가 그 자리에 있어 보현산 등산로 간판과 보현약수 표지석을 못 보고 갈 뻔했다. 표지석과 보현산 등산안내 간판을 확인하고 8시 41분 출발해 임도(농로)를 따라가다 사각정자에 도착하니 8시 50분이다.

쉬는터 所地名 由來

이곳은 南西쪽은 草川里 산 42番地와 東北쪽은 소여리(所余里) 산 149番地 합쳐 있는 산으로 漢南錦北正脈 경계이다. 옛 선인들의 전하는 속설은 普賢山 승지(嵊址)골에 普賢寺 절이 있어 왕래하는 길이여서 普賢寺 절을 가려면 큰 고갯길을 넘어야 하며 冬音里를 가려면 큰산을 넘어야 하고 所余里 마을까지 2 km 되고 하여 이곳에 일단 멈추어 짐 보따리를 풀고 피로를 회복하여 쉬었다고 하여 쉬는터라 전해지는가 하면 : 또는 普賢山에서 흐르는 빗물이 흘러내리다 여기서 멈춰 있다가 반은 錦江 반은 漢江으로 가기 위하여 멈춰 쉬었다는 속설이 전해지고 있고 옛 先人들이 每日 나무짐을 지고 오르내리면서 이곳 쉬는 터에서 쉬며 땀을 식히며 喜怒哀樂을 즐겼다고 한다. 지금도 漢南錦北正脈을 타는 全國의 山岳人들이 이곳을 넘나들며 쉬었다가 간다고 하여 쉬는터 이다. 이 소지명 유래를 후손들에게 길이길이 전하고저 이곳에 느티나무를 심어 터줏대감 목으로 數萬年 푸른잎 피어 漢南錦北正脈 里程標 되어 萬人의 無病長壽하게 하고 興福을 주는 守好木을 이름지어 부르고자 漢江에 한자와 錦江에 금자와 느티나무 槐字에 괴물 水字에 「수」 나무 木字에 「목」을 부쳐 漢錦槐水木

으로 하였다. 먼 훗날 여기에 落水물이 유래를 전할 것이다. 이곳에 所地名 由來碑를 普賢山岳會주관. 소여. 소천. 동음리, 주민 일동으로 세우다. 옮긴글

마루금은 사각정자를 지나 삼거리에 이정목 뒤로 등산로를 따라 가파른 오르막을 올라 잘 정돈된 진천송씨 묘뒤를 오르면 임도를 만나고 임도는 오른쪽으로 마루금은 임도를 건너 가파른 오르막을 오른다. 오늘은 날씨가 더워 처음부터 땀으로 범벅이며 가파른 오르막을 올라 보현산 제1봉 380m 마당산 정상에 올라서니 9시 21분이다. 잠시 허리쉼을 하고 왼쪽 동음리 마을을 내려다보며 능선을 내려서 보현약수에서 올라오는 임도를 9시 30분 지나 이정표(큰산정상 8.5km 보현산 정상 1.0km 코스카 cc 1.5km 큰말 마을 1.0km)뒤로 등산로에 올라서면 普賢山 神祭壇 이 있다. 이 제단은 2005년도 1차 때도 있던 것이다. 보현 산신제단 뒤로 가파른 오르막을 오르며 왼쪽 아래 코스카 골프장을 내려다보며 힘들여 올라 능선을 오르며 쉼터가 두개 있는 보현산 정상에 올라서니 9시 45분이다. 음성 보현산은 널리 알려진 산이고 많은 등산객들이 오르는 산인데 사방을 둘러봐도 아무것도 없어 정상이 아닌가 착각할 정도로 쉼터 두개만 덜렁 있다.

좌표【 N 36" 56" 39.55" E 127" 38" 4.61" 】

보현산을 지나 능선을 오르내리며 한남금북정맥 지정목 국가지점번호 라.바 1191-8306번 을 지나 산불감시초소가 있고 부용지맥 분기점에 올라서니 9시 56분이다. 부용지맥 분기봉은 한남금북정맥보다 부용지맥 쪽으로 리본이 많이 달려있고 준희.가 걸어놓은 부용지맥 표찰이 있으며 산불 감시 초소에는 아무도 없고 전망이 좋아 사방을 관찰하고 부용지맥은 오른쪽으로 漢南錦北正脈 마루금은 왼쪽길로 내려간다. 음성읍 감우리 마을은 음성읍에서 서쪽에 위치하며 본래 음성군 근서면의 지역으로 감우재 고개밑에 위치하여 감우재라 하였다. 1914년 행정구역 개편때에 성주동을 병합하여 감우리라 하고 음성면에 편입하였다.

≪주요 지형≫

보현산(普賢山, 聖住山) 만생산(萬生山, 마당산)
<기름고개> 감우리에서 음성으로 넘어가는 고개. 감우고개라 불리기도 한다. 고개마루 북쪽에 한국전쟁 격전지로 무극전적국민 관광지가 있다. <상주사터>고려말에 창건되었다가 1910년에 폐사 1960년대 청동불상 1구 발견, 보현산 정상은 이름보다 보잘 것 없었는데 부용지맥 분기봉이 보현산정상보다 볼게 많다.

마루금은 왼쪽으로 내리막을 내려 10분 후 승주고개 임도에 내려서 임도를 건너 오르막을 오르며 쉼터를 지나고 이정목(감우재마을 800m 백야 휴양림 2.0km 보현산정상 700m 승주골 500m) 국가지점번호 라.바 1207-8336번을 10시12분 지나 오르막 능선을 오르며 국가지점번호 라 바 1205-8399번을 10시 26분 지나 오르막을 올라 430봉에 올라서니 10시 30분이다. 잠시 허리쉼을 하고 가파른 내리막을 미끄러질라 조심조심 내려 나무계단을 내려 안부에 내려섰다. 가파른 오르막을 한동안 올라 백야휴양림 갈림길(400m)에 올라서니 10시 46분이다.

좌표【 N 36" 57" 30.94" E 127" 37" 18.78" **】**

400봉은 전망이 좋아 볼것이 많으며 팔각정 전망대도 있으며 오른쪽은 백야휴양림이 있고 마루금은 왼쪽으로 내려간다. 이 정표에 백야휴양림 1.0km 보현산 정상 2.4km 소속리산 6.3km

이다. 잠시 허리쉼을 하고 산판길 임도를 내려가는데 마사길이라 미끄러워 조심조심 내려가 임도는 오른쪽으로 내려가고 직진으로 등산로 로 들어서 안부에 내려섰다. 오르막을 오르며 백야휴양림 삼거리를 10시 53분 지나 능선 오르막을 오르며 왼쪽에 잘자란 참나무숲을 감상하며 국가지점번호 라.바 1155-8434번을 10시 57분 지나 오르막을 올라 365봉에 올라서니 11시 3분이다. 365봉에서 마루금은 오른쪽으로 나무계단을 한동안 내려 가파른 능선을 내려가는데 등산객 두 사람이 올라오며 백야휴양림에서 올라온다고 한다.

오늘 산행은 오르내림이 그리 심하지 않고 산행하기 쉬운 능선이며 국가지점번호 라.바 1060-8411번을 11시 6분 지나고 오르막을 오르며 국가지점번호 라.바 1035-8388번을 11시 15분 지나며 왼쪽에 지나온 능선과 보현산을 가름해보며 오른쪽은 소속리산을 가름해보며 내리막을 내렸다 가파른 오르막을 올라 이정표를 지나 346.3봉에 올라서니 11시 25분이다.

좌표【 N 36" 57" 13.05" E 127" 37" 0.71" **】**

이정표에 보현산 4.2km 소속리산 4.3km 백야휴양림 일원 200m 이며 자그마한 삼각점이 있다. 마루금은 오른쪽으로 내리막을 내려 능선길을 가며 국가지점번호 라.바 0946-8350번을 11시 31분 지나고 354봉에 올라서니 11시 37분이다. 354봉도 전망이 좋아 앞에 326봉을 건너다보며 내리막을 내려 국가지점번호 라.바 0910-8276번을 지나고 청주양씨 비석을 지나 임도 삼거리에 내려서니 11시 57분이다. 이곳은 오른쪽에 산판길 임도가 지나고 쉴 수 있는 나무의자가 있다. 임도는 오른쪽으로 가고 마루금은 직진으로 오르막을 한동안 올라 국가 지점번호 라.바 0909-8227번이 있는 326봉에 올라서니 12시 7분이다. 마루금은 오른쪽으로 가파른 내리막을 한동안 내려 지나온 임도와 연결된 백야고개에 내려서니 12시 14분이다.

좌표【 N 36" 56" 19.38" E 127" 35" 56.58" 】

백야고개는 금왕읍 백야리에서 음성읍 동음리를 넘는 산판길 포장 도로이고 소형 차량이 다닐 수 있다. 이정표에 소속리산 2.2km 코스카 CC골프장 4.0km 백야마을 1.5km 백야휴양림

2.5km 이며 한남금북정맥 보천고개 에서 화봉 육교까지 등산로 간판에 마을 이야기가 있다.

≪음성읍 동음리≫ 음성읍에서 서쪽에 위치한 마을로 사기막 골이 있고 오리나무가 많은 오리나무골이 있다. 본래 음성군 근서면에 속하여 동음암(冬音岩)이라 하였다. 1914년 행정구역 개편때에 상창리, 상생리 일부와 맹동면의 중삼리 일부를 병합하여 동음리라 하고 군내면에 편입되었다.

『주요지형』

굴바위 : 산에서 굴러 내려 온 바위라 하여 붙여진 이름

굴바위골 : 북서쪽에 있는 굴로 이곳에서 불을 때면 감우리 승주에서 연기가 나온다고 한다.

『코뎅이』 콧등같이 생겼다 해서 붙여진 이름.

『홍두깨날이』 마을 동쪽 능선이 홍두깨 같아서 붙여진 이름.

『옥녀봉』 옥녀가 단정히 앉아 있는 것 같다하여 붙여진 이름.

『함박산』 함박을 엎어 놓은 것 같다하여 붙여진 이름.

잠시 허리쉼을 하고 사진도 찍고 12시 17분 출발해 돌계단을 올라 가파른 능선길을 오르며 5 분후 고압 철탑을 지나고 가파른 오르막을 숨을 몰아쉬며 올라 무명봉에 올라서니 12시 32분이다. 국가지점번호 라.바 0852-8228번을 지나면서 편한 능선길 오르막을 오르며 국가지점번호 라.바 0799-8266번을 12시

48분 지나 오르막을 오르며 4분후 영성원 갈림길에 올라선다. 영성원은 왼쪽아래 높은 건물이 보이고 쉼터가 있다.

　잠시 허리쉼을 하고 능선 오르막을 오르며 가파른 오르막을 5분쯤 올라 꽃동네 삼거리에 올라서니 1시 4분이다. 이정표에 국가지점번호 라.바 0758-8277번과 소속리산 400m 꽃동네 1.3km 백야휴양림 일원 4.6km 이며 마루금은 오른쪽으로 잘 정비된 등산로를 따른다. 이곳부터는 꽃동네에서 많은 등산객들이 오가는 길이라 길이 잘되어 있고 소속리산 까지는 느짓한 오름길로 이어진다. 잠시 허리쉼을 하고 출발해 잘자란 소나무 숲길을 따라 소속리산 정상에 도착하니 12시 15분이다.

좌표【 N 36" 56" 46.05" E 127" 35" 8.53" 】

　소속리산 정상 주위에는 잘자란 소나무가 많이 있고 삼각점이 있으며 자그마한 표지석(소속리산 431.8m 음성군)이 있고 전망이 좋고 쉼터도 있으나 햇볕이 쨍쨍 쪼여 사진만 찍고 내려간다. 잘나있는 능선길을 내리며 철탑을 지나고 내리막을 내려 봉덕리 삼거리에 내려서니 1시 21분이다. 이정표에 꽃동네 2.0km 금왕주차장 4.5km 봉곡리 어싱이길 1.0km이며 오르막을 오르며 국가지점번호 라.바 0778-8346번을 지나 413봉에 올라서니 1시 28분이다. 약간에 내리막을 내리며 잘나있는 오르막 능선을 올라 사각 정자가 있고 쉼터(긴의자)가 있는 436봉에 올라서니 1시 32분이다.

　이곳은 넓은 공터에 사각 정자가 있고 쉼터가 있으며 국가지점번호 라.바 0794-8379번이 있다. 사각 정자에서 쉬어갈려고 들어가 보니 사람이 많이 들리지 않아 먼지가 많아서 나와 긴 의자에서 짐을풀고 점심을 먹고 좀 쉬어 가지고 1시 58분 출발한다. 436봉을 출발해 4분후 국가지점번호 라.바 0803-8404번을 지나며 급경사 가파른 내리막을 한동안 내려 나무계단을 여러번 내리고 꽃임이재에 내려서니 2시 16분이다. 이정표에 소속리산 정상 1.7km 금왕 휴게소 1.5km 백야휴양림 700m 이며 백야휴양림은 오른쪽으로 마루금은 직진으로 나무계단을 올라간다. 가파른 오르막을 올라 345봉에 올라서니 2시 31분이며 아무 표시도 없어 확인만 하고 지나쳐 능선을 가며 이정표가 있는 삼거리에 도착하니 2시 33분이다.

　삼거리 이정표에 꽃동네 4.5km 금왕주차장 2.0km 동서고속도로 금왕휴게소 1.5km이며 마루금은 왼쪽 고속도로 방향으로 급경사 나무계단길을 내려간다. 내리막을 내리다 5분후 마루금은 오른쪽 소로에 리본이 걸려있고 직진으로 나무계단이 있는 곳에서 더러는 직진으로 내려가 정자쪽 휴게소 왼쪽으로 내려가기도 하는데 필자는 리본이 걸려있는 오른쪽 능선길을 택해 가파른 내리막을 내려 고속도로 휴게소 뒤 수로를 따라 내려오면 휴게소 후문이 나온다. 2시 50분 휴게소 후문을 지나 포장길을 따라 왼쪽 철망에 선답자 들이 걸어놓은 리본을 확인하고 오른쪽으로 가면 고속도로 지하통로가 나온다. 통로입구 이정표에(신계촌 마을 500m 쌍봉초등학교 11.4km 금왕휴게소 200m)이며 굴다리 통로를 통과해 왼쪽으로 도로를 따라가며 삼거리에서 오른쪽으로 가도 될법한데 직진으로 올라 고개에서 길도 없는 밭길을 지나며 옛날 1차 때도 이 밭길을 간 기억이 나 밭길을 나오니 정자나무가 있고 21번 국도가 나온다. 2005년 1차때 이곳 나무 그늘에서 마친 생각을 하며 도로에 내려서 금왕 배관자재 동서타일 대리점 건물과 바리가든 간판을 왼쪽에 두고 3시 10분 도로를 건너 이정표에서 산길로 들어선다.

　이정표에 대부마을 900m 금왕휴게소 900m 쌍봉초등학교

10.7km이며 들머리가 잡풀이 많아 길이 안보여 이리저리 풀섶을 헤치고 능선을 찾아 올라가는데 고생을 많이 했다. 희미한 능선길을 따라가다 나무계단을 올라 쉼터를 3시 24분 지나고 4분후 임도에 내려선다. 포장 임도를 건너 능선을 가며 오른쪽에 과수원을 지나고 왼쪽에 철망길을 따라가다 한남금북정맥 국가지정번호 라.바 0746-8624 번을 3시 36분 지나고 능선을 가다 잡풀을 헤치며 내려와 하나 하이테크(주) 철문앞 도로에 내려서니 3시 44분이다. 이 공장은 폐사인지 허술하며 마루금은 정문 앞에서 왼쪽으로 30여미터 가다 오른쪽 등로를 찾아 올라간다. 잡풀을 헤치며 희미한 길을 올라서 산판길인데도 잡풀이 많아 풀을 헤치며 능선을 가다 풀섶에 가려있는 쉼터가 있고 한남금북정맥 국가지점번호 라.바 0741-8649번을 3시 50분 지나고 왼쪽에 철망길을 한동안 지나고 철망끝 목조주택 외딴집을 3시 55분 지나면서 산길로 들어서 가다 한남금북정맥 국가지점번호 라.바 0746-8677번이 있는 임도(포장길)에 내려서니 3시 57분이다. 포장 임도를 지나 김해김씨 묘 뒤로 올라 능선을 가며 주목나무 조림지를 지나 왼쪽에 철망 울타리를 따라 오르막을 올라 쉼터가 있는 무명봉을 넘어 계속해서 철망 울타리를 따르다 한남금북정맥 국가지점번호 라.바 0737-8715번을 4시 9분 지나고 왼쪽에 금성이피에스 산업(주)를 보아가며 능선을 가다 여기까지는 소로였는데 갑자기 나무계단이 나온다.

나무계단을 내려서면 임도 (포장길) 오른쪽에 아담한 조립식 건물이 있고 이곳부터는 등로가 좋아 길 찾기가 쉬우며 잘나있는 등로를 따라 오르다 오른쪽에 벌목지를 지나고 방향을 오른쪽으로 소나무 숲길을 가며 왼쪽에 철탑을 4시 14분 지나고 5분 후 삼거리에서 마루금은 왼쪽으로 내려선다. 이정표에 광명선원 200m 금왕휴게소 3.0km 쌍봉초등학교 8.6km 이며 왼쪽 쌍봉초등학교 방향으로 내려서 대금로 도로에 내려서니 4시 26분이다. 마루금은 도로를 따라 왼쪽으로 약 200m 가면 월드 사우나앞이다. 월드사우나 앞에서 도로를 건너 새로 난 도로를 따라 300m 가다 되로 돌아와 월드사우나 건널목에 이정표를 못보고 가 20여분 헛걸음 했다. 마루금은 금왕산단 삼거리에서 대금로를 따라가다 한화첨단소재 정문앞을 지나고 일양약품 정문앞을 5시 1분 지나 일양약품 파란 철망울타리 끝에 가서 오른쪽으로 일양약품 울타리를 따른다.

삼거리 이정표에 쌍봉초등학교 7.1km 금양휴게소 4.5km 금양 읍사무소 1.3km 이며 5시 4분 오른쪽 도로를 따라가다 4분 후 일양약품 백신공장 후문을 지나고 GS 칼텍스 삼정 주유소앞에 도착하니 5시 14분이다. 도로를 건너면 골목안에 펠리스 모텔이 있고 가마 한우곰탕집이 있으며 왼쪽에 삼정주유소가 있다. 가마한우곰탕집에서 시원한 물을 (식수)얻어 먹고 길을 물으니 주유소를 지나 고개를 넘어가면 청송 보신탕집에서 오른

쪽으로 간다며 자세히 일러준다. 언뜻 보기에는 펠리스모텔 골목길 같아 주의하고 삼정주유소에서 왼쪽으로 가면 오른쪽 금왕농공단지 정문앞을 지나고 청송 보신탕집 앞에서 오른쪽으로 전한 슬라이트 건물 울타리 임도길로 들러서 간다.

이정표에 금왕휴게소 5.1km 되잔마을 800m 쌍봉초등학교 6.5km 이며 포장길을 따라가다 삼포(SAMPO, SMARTCO)정문에서 왼쪽으로 가다 비포장 산판길을 가는데 갑작스레 애완용 개떼가 여기저기서 짖어 대는데 아마도 버린개는 이곳에 모두 집단적으로 기르는 것 같다. 산판길을 따라가다 오른쪽 능선으로 올라서 포장도로를 따라 583번 국도에 내려서 21번 국도 교차로 아래 통로를 나오니 6시 20분이다. 마루금은 21번 국도 왼쪽 진입로 입구에서 철망 갓길를 가다 등로를 따라 올라 184봉에서 왼쪽으로 잡풀을 헤치며 내려서 산판길에 내려서니 이정표가 나온다.

  이정표에 금왕휴게소 7.4km 쌍봉초등학교 4.3km이며 6시 40분 오른쪽으로 잡풀을 헤치며 내려가 군부대 철망을 따르다 임도에 내려서 철망 끝에서 논길을 건너 길도 없는 곳을 치고올라 넓은 밭을 올라서 (주)화인이노배이션 회사 정문앞에 내려서니 7시 16분이다. 이곳부터는 포장 임도를 따라 (주)광동(廣同) 정문을 지나고 왼쪽에 오리농장을 지나 2차선 도로에서 오늘 산행을 마무리 한다. 오늘 종주는 아침에 늦게 출발해 시간이 빠득해 군부대를 지나오며 길이 없는 곳을 해매며 올라와 화인이노베션 앞에서 부터 임도로 쌍봉 2동 오리농장 앞 2차선 지방도로 에서 마무리하고 택시로 금왕읍내 시장통 불꽃 모텔에 숙소를(30,000원) 정하고 시장 25시 해장국 집에서 저녁을 먹고 내일 아침 식사를 부탁하고 돌아와 저녁먹고 숙소로 들어왔다고 집으로 전화를 하고 잠자리에 들어간다.

제2차 한남금북정맥 단독종주 8구간

쌍봉초교 : 충청북도 음성군 금왕면 쌍봉1리 마을회관
걸미고개 : 경기도 안성시 죽산면 장계리 걸미고개
도상거리 : 쌍봉1리 마을회관 26.94km 걸미고개
소요시간 : 쌍봉1리 마을회관 12시간 걸미고개
운동시간 : 쌍봉1리 마을회관 10시간 34분 걸미고개
휴식시간 : 쌍봉1리 마을회관 1시간 26분 걸미고개
걸미고개 : 경기도 안성시 죽산면 장계리 걸미고개
칠 장 산 : 경기도 안성시 죽산면 장계리 칠장산
도상거리 : 걸미고개 3.4km 칠장산
소요시간 : 걸미고개 1시간 40분, 칠장산

쌍봉2동 마을회관 5시 45분 ~ 쌍봉2동그린도장 5시 52분 ~ 583번국도 쌍봉1동 6시 5분 ~ 신우화성 6시 12분 ~ 쌍봉초교뒤문 6시 30분 ~ 583번국도 6시 45분 ~ 583번 국도삼거리 6시 51분 ~ 국가인적자원 기술교육원 7시 01분 ~ 삼거리 7시 04분 ~ 삼거리알바 8시 05분 ~ 삼아씨푸드 8시 14분 ~ 583국도 8시 28분 ~ 중원철강 8시 51분, 거북이농원8번지방도 9시 02분 ~ 세기공업 9시 07분 ~ 형제케마칼 9시 08분 ~ 등산로입구 9시 15분 ~ 안산정상 9시 23분 ~ 대실리고개 9시 33분 ~ 갈미봉 9시 53분 ~ 대야리산 10시 43분 ~ 마이산정상 11시12분 ~ 마이산출발 11시18분 ~ 마이산정상 11시 29분 ~ 화봉고속도로 육교 11시 57분 ~ 황색골산정상 12시 36분 ~ 저티고개 12시 53분 ~ 저티고개출발 13시 12분 ~ 삼박골산 13시 31분 ~ 252봉 13시 55분 ~

저티고개출발 13시 12분 ~ 삼박골산 13시 31분 ~ 252봉 13시 55분 ~ 당목리고개 14시 23분 ~ 무명봉 14시 28분 ~ 신설고속도로 14시 33분 ~ 도로건너철탑 14시 40분 ~ 도솔비슬봉 15시 12분 ~ 도솔산 보현봉 15시 22분 ~ 280봉 15시 36분 ~ 폐차장 15시 52분 ~ 걸미고개 14시정각 ~ 2018.6.17.이어감. 6월 17일 갈미고개 출발 5시 08분 ~ 안성골프 주차장 5시 20분 ~ 산행진입 5시 25분 ~ 쉼터 좌벼울고개 5시 48분 ~ 산불감시초소 6시 06분 ~ 갈림길 6시 13분 ~ 칠장사 갈림길 6시 24분 ~ 3정맥 분기점 6시 46분 ~ 3정맥 분기점출발 7시 13분 ~ 칠장산 정상 도착 7시 17분

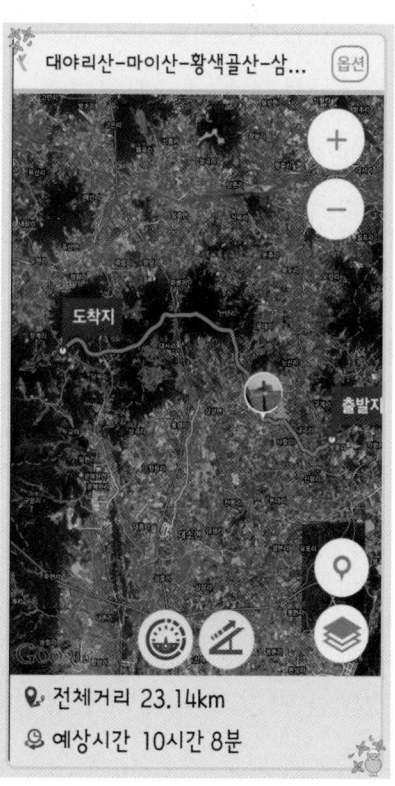

이번산행은 한남금북정맥 마지막구간으로 어제에 이어 연 이틀째 산행이라 피로도 오지만 그래도 이곳에 오기가 힘들어 금왕에서 자고 아침 일찍 일어나 25시 해장국집에서 쇠머리국밥으로 아침을 먹고 택시로 (70,000) 어제 마무리한 쌍봉2리 마을회관 앞에 도착하니 5시 40분이다.

길을 찾느라 이리저리 다녀도 능선길이 없어 쌍봉 2동을 지나 쌍봉 1동 마을로 쌍봉 초등학교 정문에서 오른쪽으로 올라서니 옛날 1차 때 지나간 길과 만나고 쌍봉초등학교 뒷문을 지나고 국가인적자원개발 컨소시엄 기술교육원 정문을 지나고 4분후 한남금북정맥 국가지정번호 라.바 0289-9061번을 지나고 삼거리에서 왼쪽으로 가도 표시기가 보이지 않고 오른쪽으로 가도 표시기가 없어 다시 뒤 돌아오며 보아도 야산 밭길을 이리저리 찾아보아도 갈림길이 없어 다시 돌아와 국가지점번호판 전 30m쯤 돌아오니 전봇대에 리본이 걸려있고 별다른 표시가 없어 국가지점번호판을 삼거리에 옮겨 놓아야 하지 표지판만 보고가면 모두 되돌아 와야 한다. 이밖에는 길 찾기 어려운 곳 없이 걸미고개 에서 일찍 마치고 종점인 칠장산은 다음 한남정맥 종주때 어차피 가야기에 걸미고개에서 마무리 한다.

2018년 6월 17일 걸미고개 출발 3정맥 분기점에서 한남금북정맥을 마치고 곳 이어 한남정맥에 들어간다.

2018년 6월 4일 맑음

아침 일찍 일어나 샤워를 하고 5시에 숙소를 나와 시장통 25시 해장국집에서 쇠머리 국밥으로 아침을 먹고 택시로 (70,000) 어제 마무리한 쌍봉 2동 버스정류장 앞 도로에 도착하니 5시 40분이다. 길을 찾느라 이리저리 다녀도 능선길이 없어 쌍봉 2동 마을길로 내려오며 그린도장 앞을 지나고 쌍봉마을을 지나 583번 지방도로에 내려오니 6시 5분이다. 도로에는 쌍봉리 마을 표지석이 있고 쌍봉 1 버스정류장 앞을 지나 583번 도로를 따라 가다 6분후 신우화성(주)앞 도로 갓길 이정표에서 왼쪽 마을길

로 들어선다.

　이정표에 쌍봉 초등학교 400m 금왕휴게소 12.3km 소댕이 마을 1.6km 우등산 2.8km 높은봉 1.1km 이다. 이정표를 따라 내려가다 밭길로 오른쪽으로 들어서 쌍봉초등학교 뒤 울타리 아래 숲길을 가다 쌍봉초등학교 후(後)문에 도착하니 6시 30분이다. 쌍봉초등학교를 지나면서 도로를 따르다 삼거리에서 왼쪽은 행제리 방면이고 오른쪽으로 마이산 방향으로 도로를 따라간다. 삼거리 이정표에 쌍봉초등학교 200m 마이산 정상 9.7km 이다. 도로를 따라가며 (주)영태크와 (주)에스비풀랜을 연이어 지나가고 583번 국도를 어제한번 오늘 두번 이번이 세번째 지나간다. 6시 45분 마루금은 583번국도를 따라가며 높은봉은 오른쪽에 있으나 오르지 않고 도로를 따라가며 왼쪽에 (주)성수태크와 한국트로프공업(주), 피엔비(주) SM산업을 연달아 지나고 삼거리에서 583번 국도는 왼쪽으로 마루금은 국가안전자원 기술교육원 방면으로 도로를 따라간다.

　도로를 따라 가다 한남금북정맥 국가지점번호 라바 0289-9061번을 6시 59분 지나고 1분후 국가인적자원개발 기술교육원 정문앞을 지나간다. 마루금은 도로를 따르며 3분후 삼거리에서 왼쪽으로 내려서 가야 되는데 삼거리에서 30여미터 직진으로 가면 한남금북정맥 국가지점번호 라.바 2063-9073 번이 있어 그길을 따르다 삼거리에서 왼쪽으로 갔다 오른쪽으로 가봐도 표시기가 없어 되돌라와 지점번호판까지 돌아와 봐도 틀림없이 마루금인데 이상하여 왔다갔다 해매다 국가지점번호판에 되돌아와 30여미터 뒤에 오니 전봇대에 표지기가 있어 국가지점번호판 때문에 왔다갔다 1시간을 허비하고 겨우 길을 찾아 마루금을 따른다. {이번 종주에서 잘못된 것을 확인하고 음성군청에 전화해 한남금북정맥 국가지점번호 라.바 0263-9073번을 국가인적자원개발 쪽으로 옮겨 줄 것을 부탁하고 옮겨준다는 확답을 받았습니다. 2주후 음성군청에서 옮겨 놓았다고 잔화가 왔음 }

　삼거리에서 왼쪽으로 비포장도로를 따라가며 태정푸드 앞에서부터 포장도로를 따르다 삼거리에서 오른쪽 길로 가면 삼아씨에푸 공장앞에서 (8시 14분)다시 비포장 길에 리본이 걸려 있고 비포장 길을 한동안 가다 포장길로 나와 왼쪽으로 나오면 에스비테크 회사건물 뒷길을 지나면서 583번 국도에 나오니 8시 23분이다. 어제에 이어 오늘 583번 국도를 네번째 지나간다.

좌표【 N 37° 0' 51.36" E 127° 31' 10.34" 】

583번 국도 삼거리 왼쪽은 에스비테크 회사 건물이고 오른쪽은 (주)세보햄이씨 (주)에스비테크 공용 주차장 안내 간판이 있고 넓은 주차장이 있다. 삼거리에서(정수)집에서 전화가 와 통화를 하고 잠시 쉬면서 정수에게 산행 잘하고 있다고 전화 연락을 해주고 8시 32분 출발해 583번 국도를 따르다 삼거리에서 오른쪽 길로 들어선다. 이정표에 쌍봉초등학교 3.3km 사창리 마을 1.2km 마이산 정상 6.6km이며 오른쪽 새로 포장한 길로 들어서 신도공장 앞으로 포장길을 8시 40분 따라가다 증원철강 공장을 8시 51분 지나고 1분 후 (주)제일참 회사를 지나 포장길을 따라가다 8시 56분 새로 포장한 도로공사 끝을 8시 56분 지나며 마루금은 농로 포장길을 따른다.

포장길 임도를 따라가며 거북이 농장 간판이 있는 8번 지방도로에 도착하니 9시 3분이다. 마루금은 도로를 건너 이정표 쌍봉초등학교 5.1km 마이산 정상 4.8km 대실마을 1.7km 윗두루실 마을 500m 가있고 8번 2차선 지방 도로를 건너 이정표 마이산 방향으로 농로를 따른다.

농로를 따라가며 오른쪽에 컨테이너 박스를 지나고 9시 7분 형체케피탈과 세기공업을 지나고 3 분후 왼쪽에 (주)청한 록색 울타리를 지나 4분 후 한남금북정맥 국가지점번호 라.바 0110-9262번을 지나고 사거리에서 9시 15분 안산등산로로 들어서 묘뒤로 오르막을 올라 숲길을 해치고 올라 안산 정상에 올라서니 9시 23분이다.

정상에는 한남금북정맥 국가지점번호 라.바 0071-9272번 지정목이 있고 쉬어갈수 있는 벤치가 두 개 있으나 종주자 외에는 지나가는 사람이 거의없어 먼지가 수북이 쌓여 앉을 수가 없어 사진만 찍고 지나간다. 정상에는 한남금북정맥 안산 137m

코팅지가 나무에 걸려있고 한남금북정맥 등산로 안내판이 있으며 마을 이야기가 적여 있다.

『음성군 삼성면 대정리』

≪삼성면 소재지에서 북쪽에 위치한 마을로 평야가 넓은편이다. 동쪽에는 대정 소류지를 비롯하여 여러 저수지가 있다. 본래 충주군 두의곡면에 속한 지역이었으나 1914년 행정구역 개편때에 하리(下里)와 구정리(九井里)를 병합하고 대정리라 하여 삼성면에 편입하였다. 자연마을에는 윗 두리실(상리) 망월사, 아래 두실리(하리)이 있다. 웃 두리실과 아래 두리실은 각각 상리와 하리로 불리며 위쪽에 위치한 마을이 웃두리실 아래쪽에 위치한 마을이 아랫두리실이다. 망월사는 마을에 망월사라는 절이 있어 지어진 이름이다.≫ 옮긴글

안산 정상에서 능선을 가며 오른쪽으로 능선을 따라가다 왼쪽 벌목지에 승순농장 묘목지를 가다 왼쪽으로 순승농장 묘목밭을 통과해 내려오면 승순농장 정문앞을 지나 유림기업 조선판넬 정문앞 2번 지방도 대실리 고개에 내려서니 9시 33분이다. 대실리 고개에는 이정표도 있고 등산로 간판이 있으며 등로는 숲이 많아 길이 없고 오른쪽으로 70m 거리에 있다는 안내판이 있다.

좌표【 N 37° 2' 9.45" E 127° 30' 24.69" 】

한남금북정맥 등산로 안내판에 대야리 마을 이야기가 있고

마루금은 오른쪽으로 70m 가야 등산로 입구가 나온다.

『음성군 삼성면 대야리』

≪삼성면 소재지에서 북쪽에 위치한 마을로 상당히 평야가 넓은 지역이며 동쪽에는 구 개천이 흐르고 있다. 용대소류지 등의 저수지가 여럿 있으며 북쪽에는 갈미봉과 마이산, 매봉이 있다. 본래 청주군 두의곡면에 속한 지역이었으나 1914년 행정구역 개편때에 율리(栗里)와 내대리(內垈里)의 각 일부를 병합하고 "대야리"라 하여 삼성면에 편입하였다. 자연마을에는 대실, 정원 종돈장이 있으며 대실은 '가장큰 마을, 중심 마을'이란 의미로 붙여진 지명이다.≫ 옮긴글

마루금은 오른쪽(동쪽)으로 도로를 따라가다 비전테크를 지나 왼쪽으로 등산로 입구가 나오며 조림지를 지나 능선에 올라서면 한남금북정맥 국가지점번호 라.바 0054-9324번 이정목과 벤치를 9시 38분 지나 갈미봉에 올라서니 9시 53 분이다. 갈미봉에는 한남금북정맥 갈미봉 207m 표찰이 나무에 걸려있고 1분후 한남금북정맥 국가지점번호 가.바 0047-9386번 지정목을 지나 안부에 내려섰다. 오르막을 오르며 잡풀로 길을 가로막아 가시 덤풀을 해치며 오르는데 길이 안보여 힘들여 올라가 능선에 들어서 가파른 오르막을 한동안 올라 능선 분기점에 올라서니 10시 33 분이다.

충청북도 음성군을 따르던 마루금은 이곳부터 충청북도 음성 군과 경기도 이천시 율면 산양리를 경계로 마루금은 분기점에 서 왼쪽으로 능선을 오르며 가파른 오르막을 한동안 오르며 한 남금북정맥 국가지점번호 다.바 9991-9435번 이정목을 지나 대 야리산 정상에 올라서니 10시 43분이다. 이곳에서 부터는 국가 지점번호 라.바는 다.바로 바뀌고 대야리산 정상에는 한남금북 정맥 대야리산 396m 코팅표지가 나무에 걸려있고 마루금은 편 한길 오르막 능선으로 이여지다 오른쪽으로 오르막을 오르고 무명봉을 지나고 안부에 내려섰다. 올라가며 마이산성 남문터 (南門地)에 올라서니 11시 5분이다.

『망이산성 남문터』〈경기도기념물 138호〉

"남문터의 폭은 4.1미터 성벽의 두께는 5.5미터 성벽의 높 이는 2.5미터 가량 된다. 문터는 적이 관측하기 힘들고 공격하 기에도 까다로운 산자락의 가파른 사면에 마련하였다. 문터옆 의 체성벽(體城壁)은 안팎쌓기(內築法)로 쌓았다. 출입구의 옆면에는 큰 기단돌이 각각 4개씩 놓여 있는데 그중 가장 큰 것은 길이가 2.35미터에 이른다. 체성벽의 안쪽에는 마치 옹 성(甕城)모양의 축대를 설치하였다. 문턱의 바닥에는 먼저 큰 돌조각을 촘촘히 깔고 그 위에 흑을 덮어 평탄하게 다졌으며 윗부분을 더욱 단단히 하기 위하여 불로 처리하였다. 문턱 바 닥 아래에는 성안의 물이 빠져 나가도록 배수로를 만들었다.

한편 1995년 발굴조사에서 남문터가 처음 세워진 이후에 한 차례에 걸쳐 개축 되었다는 사실이 밝혀졌는데 개축 과정에서 문턱의 폭이 약 2미터로 좁아진 흔적을 찾아내기도 하였다. 남문터 지역에서는 백제시대의 굽접시, 두드림무늬 토기등과 통일신라시대의 도장무늬 토기, 줄무늬 병, 딧디문늬 토기, 철제 화살촉과 못, 여러 종류의 기와조각 등이 출토 되었다. 고려시대 유물로는 여러가지 질그릇 조각과 기와조각 철제 화살촉과 못 등이 나왔는데 그중에는 명문이 들어있는 기와조각도 많이 찾아졌다. 명문의 내용에는「丁丑七月十一日(?)」「己巳十(?)」「(?) 德宮宅障」「(?)國七年」등이 있는데 만약「(?)國七年」을「太平興國七年」으로 읽을 수 있다면 그것은 서기 982년 (송나라 태종 2년)에 해당된다."

남문성터에 올라서 조금 오르니 망이산성 내성(內城) 안내판이 있다.

[망이산성 內城]『경기도 기념물 138호』

<망이산성은 내성(內城)과 외성(外城)으로 이루어진 겹성이다. 내성은 흙으로 쌓은 흙성(土城)이며 이보다 늦게 축조된 외성은 돌을 쌓아 만든 돌성(石城)이다. 내성은 망이산의 가장 높은 봉우리(해발 472m)를 돌려가며 테뫼식으로 쌓았다. 내성벽은 흙을 몇 차례 다져서(版築法) 쌓은 흙성(土城)이다. 흙성 속에는 가끔 큰돌을 넣기도 하였으며 아래쪽에는 흙이 흘

러내리지 않도록 굵은 나무기둥을 박기도 하였다. 내성은 현제 250미터 가량이 확인되었는데 봉수대의 북서쪽에는 내성의 옛 문터 흔적이 남아있다. 내성안의 넓은 대지에서는 오래 전부터 사람들이 생활하였던 흔적이 발견 되었다. 이곳에서는 삼한시대에 만들어졌던 겹 입술 토기, 쇠뿔모양 손잡이 토기, 등과 백제시대의 굽접시 두드림무늬 토기 등이 출토되었다. 특히 흙성벽 주변의 가장 아래쪽 지층에서는 간 돌칼 조각이 출토되기도 하였다.> 옮긴글

　　내성 간판을 지나고 오르막을 올라 마이산 정상 봉화대에 올라서니 11시 12분이다.

　　　　　　　좌표【 N 37" 3" 9.10"   E 127" 29" 22.25" 】

마이산은 정상에 봉화대 터가 있고 삼각점이 있으며 마이산 해발 471.9m 표지석이 있으며 잘자란 소나무 아래 쉼터가 있다. 『옛봉화산터』현 위치 '충북 음성군 삼성면 마이산 정상'입니

다. 이정표에 황색골산 3.6km 마이산 정상 500m가 있다. 이곳에서 500m 가면 안성 마이산 정상 표지석이 있다. 벤치에서 배낭을 내려놓고 정상석을 매경으로 사진도 찍고 잠시 쉬면서 간식을 먹고 11시 19분 출발해 나무계단을 내리고 경기도 안성 마이산 정상에 올라서니 11시 29 분이다. 이곳 정상 표지석에는 마이산 472m 표지석이 있다. 표지석에서 사진한판 찍고 마루금은 왼쪽(서쪽)으로 가파른 내리막이 시작된다.

≪망이산성 望夷山城≫

『경기도 기념물 제 138호』소재지 : 경기도 안성시 일죽면 금산리 [삼국시대에 축조된 산성으로 472m의 망이산 정상에서 북쪽으로 낮은 능선을 따라 성벽을 쌓았다. 남쪽으로는 음성군 삼성면과 멀리 진천군 일대의 들판이 내려다보이는 군가요지다. 산 정상 주변에 흙으로 내성을 쌓고 능선에는 길이 약 2km에 걸쳐 돌을 사용하여 외성을 쌓았다. 외성의 축조방식은 지형 조건에 따라 조금씩 다른데 대개 외벽을 높게 쌓고 내벽은 흙을 높게 다져 사람이 다닐 수 있도록 한 소위 내탁(內托)방식을 취하고 있다. 내성 안에는 장방형(長方形)의 봉수대를 세웠다. 이 봉수는 죽산 건지산(巾之山)진천 소을산(所乙山)음성 가엽산(伽葉山)봉수와 연결되어 있었다.「세종실록 지리지 世宗實錄地理誌」나「신증동국여지승람 新增東國與地勝覽」에도 성의 존재가 기록되어 있고 산성으로는 흔치 않게 내성과 외성으로 구성된 삼국시대의 중요한 유적이다.

고구려의 산성으로 추정하고 있지만 주변에서 백제나 신라의 유품도 출토되고 있어서 아직 조석연대(造成年代)나 성격은 알 수 없다. 옮긴글

안성 마이산을 출발해 가파른 내리막을 내리며 쉼터도 지나며 계속해서 가파른 내리막을 내려 나무계단을 내려서 화봉 육교에 내려서니 11시 57분이다. 화봉육교는 아래로 중부고속도로가 지나고 이정표에 마이산 1.5km 황색골산 2.1km이며 대사리 마을 이야기에 『음성 삼성면 대사리』 삼성면 소재지에서 서북쪽에 위치한 마을로 상당히 평야가 넓은 지역 이며 동쪽에는 중부고속도로가 지나고 있으며 남쪽은 골프장이 개발되어 있다. 본래 충주군 지내면에 속한 지역 이었으나 1914년 행정구역 개편에 따라 대사서리 지역을 대사리(大寺里)라 하고 삼성면에 편입하였다.

≪마을 이름과 유래≫

대　촌 : 대사리에서 가장 큰 마을.
평　촌 : 평평한 들에 생겨난 마을.
송　촌 : 마을에 소나무가 많이 있었다 하여 지어진 이름.
온양터 : 송촌말 북쪽에 있는 마을로서 남쪽으로 향하여 있어
　　　　양지바르다 하여 온양터.

화봉육교를 건너 삼거리에서 왼쪽에는 광고 간판 등이 즐비하며 마루금은 오른쪽 동 안성병원쪽에서 등로를 찾으면 리본 걸린 곳을 볼 수 있다. 12시 등로에 들어서 오르막을 오르며 2분 후 참호를 지나 능선 오르막을 오르며 황색골산 오르는 데는 느짓한 오르막이 많으며 황색골산 정상에 올라서니 12시 36분이다. 황색골산은 삼각점이 있고 한남금북정맥 황색골산 352.9m 준희 표찰이 나무에 걸려있고 숲에 가려 전망은 볼 수 없어 사진 한판 찍고 허리쉼을 하고 출발한다.

좌표【 N 37" 2" 38.78" E 127" 27" 32.98" 】

서쪽으로 오던 마루금은 왼쪽(남쪽)으로 내리막을 한동안 가다 남서쪽으로 내리막을 내려 저티고개에 내려서니 12시 53분이다. 저티고개는 음성군 삼성면 대사리에서 안성시 죽산면 용설리를 넘는 옛길 고개로 서낭당(돌무덤)이 있으며 이정표가 있다. 점심시간이 지나 자리를 펴고 점심을 먹고 1시 13분 출발해 오르막을 오르며 밧줄 설치길도 오르고 삼박골산 356m 정상에 올라서니 1시 32분이다.

삼박골산을 지나 능선 내리막을 내리며 무명봉 하나를 넘고 내리막을 내리며 252봉을 지나며 왼쪽에 벌목지를 가며 아래로 9번 지방도로를 멀리 내려다보며 벌목지 능선을 가는데 햇살을 받아가며 능선을 가다보니 날씨가 가장 더운 시간대라 땀을 펄펄 흘리며 내려와 철문이 있는 9번 지방도로 당목리 고개에 내려서니 2시 23분이다.

좌표【 N 37° 2′ 24.55″ E 127° 36′ 33.00″ 】

　당목리 고개는 용설리에서 당목리를 넘는 9번 지방도로가 지나가며 차량은 별로 다니지 않는다. 도로변에 한남금북정맥 당목리 고개 표지가 있고 마루금을 따라 작은 봉을 넘어 17번 국도 우회도로 갓길 포장길에 내려서니 2시 33분이다. 17번 국도 우회도로는 고속도로 같이 차량이 고속으로 달이기 때문에 도로로 내려가는 길이 없어 왼쪽으로 포장길을 가다 길이 끝나는 데서 풀숲을 해치며 도로에 내려서 건너편 "광해원, 진천" 방향 도로 이정표 쪽으로 차가 뜸한 사이 중앙 분리대를 넘어 이정표 아래서 세면 도로를 따라 오른쪽으로 가면 도로 끝에 안테나 탑을 지나 산길로 20여m 가면 왼쪽으로 리본을 따라 올라간다. 2시 45분 철탑을 지나고 오르막을 오르며 좌로 우로 능선 오르막을 올라 도솔산 비로봉에 올라서니 3시 12분이다.

좌표【 N 37° 2′ 24.14″ E 127° 25′ 48.76″ 】

　도솔산 비로봉에는 삼각점(안성 464 1988. 복구)이 있으며 「여기는 도솔산 비로봉 입니다.」라고 쓴 아크릴판이 나무에 걸려있고 누군가 나무를 잘라내 삼각점도 쉽게 볼 수 있다. 사진 한판 찍고 서쪽으로 오던 마루금은 오른쪽(북쪽)으로 내리막을 내리며 안부에 내려서니 3시 18분이다. 안부를 지나 오르막을 한동안 올라 도솔산 보현봉에 올라서니 3시 22분이다.

정상에는 깨진 아크릴판에 여기는 도솔산 보현봉이란 아크릴판이 나무에 걸쳐 있고 아무것도 없어 사진만 한판 찍고 약간에 내림길을 좌로 우로 들락거리며 280봉에서 왼쪽으로 방향을 틀어 능선 내리막을 내려가는데 요란한 기계소리가 들여 공사장에서 나는 소리인가 했는데 내려오다 보니 차량 폐기장에서 나는 소리가 요란히 들린다. 차량 폐기장을 오른쪽에 내려다보며 능선을 내려오는데 능선길에 나무가 없어 햇볕을 받아가며 한동안 내려 길이 잘 안보여 왼쪽으로 내려가다 오른쪽으로 올라서니 리본은 있으나 희미한 길을 내려와 17번 국도 걸미고개에 내려서니 3시 57분이다.

좌표【 N 37" 2" 24.43" E 127" 25" 11.22" 】

이곳 걸미고개에서 칠장산까지 가야 한남금북정맥을 마치는데 오늘 칠장산까지 갔다 오면 다음 한남정맥때 다시 칠장산에 올라야 하기에 다음에 칠장산에 올라 한남금북정맥을 마무리하고 이어서 한남정맥을 이어가려고 오늘 걸미고개에서 마무리하고 죽산택시에 전화를 걸어 택시를 부르니 10분도 안돼 도착한다. 다음은 이곳에서 이어가기로 하고 택시로(7000)죽산에 와서 목욕을 하고 바로 천안 가는 버스가 있어 버스로 천안에서 아산역으로 이동 KTX 편으로 부산에 오니 9시 30분 집에 오니 집사람 이틀 동안 고생했다며 격려해준다.

2018년 6월 17일 맑음.

  이번 종주 산행은 지난번 하산한 걸미고개에서 시작하여 3정맥(한남금북정맥, 금북정맥, 한남정맥)분기점에서 이어 한남정맥에 들어간다. 부산에서 오후 4시 20분차로 천안아산역에서 내려 천안시외버스 터미널에서 죽산가는 버스로 죽산에 도착 여관에서 하룻밤을 자고 17일 아침 일찍 택시로 (8,000) 걸미고개에 도착하니 5시 8분이다. 택시기사한테 부탁해 사진을 찍고 5시 8분 출발한다. 정맥길은 오른쪽 능선으로 올라가야 하는데 길이 협소해 1차 때는 능선길로 갔었는데 이번에는 도로를 따라간다. 오른쪽 능선이나 도로나 별 차이가 없어 대부분이 도로를 따라간다. 도로를 따라가 주차장에 도착하니 5시 20분이다. 아침 일찍이라 주차장에 차는 없고 아침 일찍인데도 직원용 승용차 몇대가 올라와 있다. 산행 진입로는 주차장 왼쪽 끝 건물 옆에 있다. 5시 25분 진입로에 들어서 능선길을 오르며 잘 정돈된 정선전씨(旌善全氏)묘 뒤로 오르막을 올라 잘나있는 오르막을 올라 무명봉에 올라서니 5시 41분이다.

　잠시 허리쉼을 하고 내리막을 내려 좌벼울 고개에 내려서니 5시 48분 이며 다시 오르막 능선을 가며 오른쪽에 안성 칸트리클럽 골프장을 내려다 보며 가파른 오르막을 올라 산불감시 초소 봉에 올라서니 6시 6분이다. 산불감시 초소는 언제부터 사용을 안했는지 녹슨 초소가 되어있고 사람이 사용한 흔적이 없다. 마루금은 능선을 오르내리며 잘자란 소나무 능선을 통과해 신대 마을 삼거리에 올라서니 6시 13분이다. 이정표에 신대 마을 1.16km 칠장산 1.5km이며 쉬어갈 수 있는 쉼터 의자가 3개 있고 삼거리를 지나면서 이곳은 거의가 소나무 능선이며 오르막을 올라 375봉에 올라서니 6시 18분이다. 약간에 내리막을 내려가며 소나무 능선을 따라 2분후 쉼터 의자 2개 있는 곳을 지나 칠장사 갈림길에 내려서니 6시 24분이며 오른쪽은 바사리 열두고개라 되어있고 칠장산 1.06.km 신대마을 1.61km 이며 바사리 열두고개는 칠장사로 들어가는 제일 큰 길로서 칠장사

로 들어가는 고개길이 갈지자(之)형테로 열두번 꾸부러졌다고 하여 바사리 열두고개라는 이름이 붙었다. 이길을 영창대군의 어머니 인목왕후와 영조때 영의정 재제공 등 많은 분들이 칠장사를 다니던 길이다. 칠장사 사거리를 지나 소나무 능선을 가며 소나무 재선충 병에 걸린 나무를 재거하여 여기저기 쌓아놓은 곳을 지나며 가파른 오르막을 올라 3정맥 분기점에 올라서니 6시 46분이다. 이로서 한남금북정맥도 끝을 맺고 사진도 찍고 3월 8일 속리산 천왕봉을 출발해 도상거리 177.6km 접속거리 약 5km 소요시간 81시간 56분 걸었으며 8구간으로 나누어 3월 8일 부터 6월 3일 도착 예정이었으나 걸미고개에서 3.8km남겨 놓고 6월 17일 마무리 하고 이어 한남정맥에 들어간다.

한남금북정맥 마치며

 백두대간에 속해있는 속리산 천왕봉에서 갈라져 나와 충청북도 북부를 동서로 가르며 안성의 칠장산까지 이어져 있고 한강과 금강의 분수산맥을 이루며 안성에 칠장산까지를 말한다. 이어 한남정맥은 칠장산에서 서북쪽으로 김포 문수산까지이고 금북정맥은 칠현산 서남쪽으로 태안반도 안흥만까지 이어지는 산줄기를 말한다.

 우리조상들이 인식하였던 산줄기 체계는 하나의 대간(大幹)과 하나의 정간(正幹), 그리고 이로부터 가지친 13개의 정맥(正脈)으로 이루어졌다.『산경표(山經表)』에 근거를 둔 이들 산줄기의 특징은 모두 강을 기준한 분수 산맥으로 그 이름도 대부분 강 이름에서 비롯되었다. 한남금북정맥을 이룬 주요 산과 고개는『산경표』에 속리산, 회유치(回踰峙), 구치(龜峙), 피반령(皮盤嶺), 선도산(仙到山), 거죽령(巨竹嶺), 상령산(上嶺山), 상당산(上黨山), 분치(粉峙), 구녀산(九女山), 좌구산(坐龜山), 보광산(普光山), 봉학산(鳳鶴山), 증산(甑山), 마곡산(麻谷山), 보현산(普賢山), 소속리산(小俗離山), 망이산(望夷山), 주걸산(周傑山), 칠현산(七賢山) 등으로 기록되어 있다.

해발 400~600m의 산들로 연결 되었으나 때로는 100m의 낮은 구릉으로 이어지기도 한 이 산줄기는 동쪽의 괴산, 음성, 충주 등 중원의 남한강 지역과 서쪽의 보은, 청주, 증평, 진천 등 금강 북부지역의 생활 문화권을 가름하였다. 현대지도에서 산 이름으로 찾아보면 속리산, 말티재, 구치(九峙), 시루산, 구봉산(九峰山), 국사봉(國師峰), 추정재, 선두산(先頭山), 선도산(先到山), 것대산, 상봉재, 상당산성(上黨山城), 상당산, 분치, 구녀산(九女山), 좌구산, 칠보산(七寶山), 보광산, 행치고개, 큰산(寶德山), 보현산, 소속리산, 마이산(馬耳山), 차현(車峴), 황색골산, 걸미고개, 칠장산 등이다.

2018년 4월 8일 제2차 한남금북정맥 종주차 속리산 도화동에서 출발해 천왕봉에서 한남금북정맥 종주를 시작해 1구간을 말티재에서 마쳤으며 말티재는 2005년도 1차 때와는 많이 달라졌으며, 4월 15일 2구간은 백석고개 구치재 탁주봉 작은구치재, 4월 22일 3구간 시루산 구봉산 쌍암재 국사봉 추정재, 5월 7일 4구간 선두산 선도산 것대산 상봉제 상당산성 상당산 이티봉 이티재. 5월 13일 5구간 구녀산 분치 좌구산 질마재 칠보산 모래재. 5월 27일 6구간 보광산 보천고개 행치 큰산(寶德山) 돌고개 구래고개, 6월 3일 7구간 보현산 소속리산 쌍봉농장, 6월 4일 쌍봉초교 대실리고개 망이산 황색골산 도솔산 걸미고개 6월 17일 칠장산까지 도상거리 176km 소요시간 83시간에 도착하였으며 말티재는 짐승 통로를 만들어 놓고 관광객들이 쉬어갈 수 있게 주차장도 있고 넓은 공간이 있어 옛날과는 많은 변화가 있었고 고지대는 길이 양호한 편이나 저지대는 잡풀이 많아 해쳐나가는데 고생이 많았고 행치마을은 반기문 전 유엔 사무총장님의 고향이라 많이 변해 관광지로 사람들이 많이 찾는 곳으로 변해있고 큰산(寶德山)은 1차 때는 철탑만 있었는데 정자가 세워저 있다. 또한 소속리산을 내려서면 동서 고속도로 휴게소가 있어 우회하여야 했으며 21번 국도에서 월드 사우나 까지는 저지대(야산)라 잡풀이 많아 종주자들이 고생한 곳이고 금왕시내는 많이 변해있고 내서 교차로도 1차 때는 공사중이었는데 많이 변해있다. 이번 종주에 음선군에 들어오면서 곳곳에 이정목과 국가지점번호판이 가는 곳마다 설치되어 있고 마을 이야기 안내판도 많이 있어 종주자들이 큰 도움이 된다.

  이번종주 마지막 구간 쌍봉 초등학교를 지나 583번 도로를 가다 삼거리에서 국가인적자원 개발컨소시엄 기술교육원을 지나 마이산쪽으로 300m 지점 포장도로에서 왼쪽으로 비포장 농로로 가야하는데 이곳을 지나쳐 가다보니 한남금북정맥 국가지점번호 라.바 0263-9073번이 길가에 있어 그 길을 따라 한신농원 안내판을 지나가다 아무래도 정맥을 벗어난 것 같아 되돌아오며 자세히 찾아봐도 갈림길이 없어 이정목을 다시 확인하고 다시가다 돌아와 국가인적자원 개발원쪽으로 30여미터와 마루금을 확인하고 나니 알바한 시간이 1시간 가량 소모하였고 (후에 집에 와서 음성군청에 열락해서 바로 세워줄 것을 부탁하였는데 일주일 후 음성군청에서 옮겨놓았다는 열락을 받았음) 이후로 망이산 오르는데 옛날 생각을 하며 올라 사진도 찍고 황색골산을 지나 9번 지방도로를 지나고 능선을 넘으니 17번 우회도로가 새로생겨 돌아가야 했고 단독 산행은 어려움도 많았으며 마지막 3 정맥 분기점에서 마무리 하고 이어 한남정맥 종주를 칠장산에서 시작하며 한남금북정맥은 여기서 마무리 한다.

  그동안 종주때마다 안전산행을 기원하며 힘이 되어 준 집사람(아내)과 식구들에 먼저 고맙다는 말을 하고 주위에서 지켜보며 성원해주신 모든 분들께 감사드립니다. 그리고 모아산악회 민보식 회장님을 비롯해 임원여러분과 회원모두에게 고맙다는 말씀을 드리며 한남금북정맥은 여기서 마무리 하고 이어서 한남정맥 종주에 들어가니 앞으로도 김포 문수산 보리곳에서 마칠때까지 많은 분들의 성원을 부탁드리며 한남금북정맥은 여기서 마무리 합니다.

  감사합니다.

02

제2차 한남정맥

한남정맥(漢南正脈)은 백두대간의 속리산에서 시작된 한남금북정맥(漢南錦北正脈)이 안성 칠장산(七長山)에서 한남정맥·금북정맥으로 갈라져 한남정맥은 북서쪽으로 김포 문수산(文殊山)에 이르는 산줄기의 옛 이름이다.

≪산경표≫에서 규정한 1대간(大幹) 1정간(正幹) 13정맥(正脈)중의 하나로, 한강줄기의 남쪽에 있는 분수령이라 하여 한남정맥이라 부르며 경기도의 한강 본류와 남한강의 남쪽유역의 분수령으로 해발 500m 미만의 산줄기로 문수산까지 이어진다. 최근에는 경인아라뱃길에 의해 산줄기(맥)이 잘려나갔다. 우리 조상들이 인식하였던 산줄기 체계는 하나의 대간(大幹)과 하나의 정간(正幹), 그리고 이로부터 가지친 13개의 정맥(正脈)으로 이루어졌다.

『산경표(山經表)』에 근거를 둔 이들 산줄기의 특징은 모두 강을 기준으로 한 분수산맥으로 그 이름도 대부분 강 이름에서 비롯되었다. 이 산줄기는 이름 그대로 경기도의 한강 본류와 남한강의 남쪽유역의 분수령으로 해발 500m 미만의 낮은 등성이의 연결로서 때로는 300m 에서 100m 미만까지의 등로로 서쪽에 위치한 안성. 용인. 수원. 안산. 시흥. 김포 등 아산만을 중심으로 한 해안 평야와의 경계를 이룬 산줄기이다.

이 산줄기를 중심으로 서쪽 해안 지방과 내륙의 한강 유역권의 생활문화 발달은 예로부터 현격한 차이점이 있으며, 같은 경기지방이면서도 국지적 기상 변화 등 생활양식과 함께 언어의 차이까지 보이고 있다.

현대 지도에서의 산이름으로 찾아보면 칠장산(492.1m), 광해봉(▲ 457.5m), 도덕산(道德山 ▲ 365), 국사봉(國師峰 ▲ 440m), 상봉(▲ 351m), 달기봉(▲ 415.5), 구봉산(九峰山 ▲ 463m), 문수봉(▲ 403.2m), 함박산(咸朴山 ▲ 350.5m), 부아산(負兒山 ▲ 402.7m), 석성산(石城山 ▲ 471.3m), 할미산성(▲ 349m), 소실봉(▲ 186.3m), 형제봉(兄弟峯 ▲ 448m), 광교산(光敎山 ▲ 582m), 백운산(白雲山 ▲ 567m), 수리산(修理山 ▲ 469.3m), 수암산(▲ 398m), 운흥산(雲興山 ▲ 204.1m), 성주산(聖住山 ▲ 210.3m), 철마산(鐵馬山 ▲ 255.9m), 계양산(桂陽山 ▲395m), 가현산(柯峴山 ▲215.3m), 수안산(守安山▲146,8m), 것고개, 문수산(文殊山 ▲ 376.1m) 등이다.

구 간	출 발 지	도 착 지	거 리	운동시간
제1구간	죽산면 장계리 칠장산	원삼면 미평리 진등고개	26.46km	10시간 25분
제2구간	원삼면 미평리 진등고개	원삼면 삼가동 지곡리고개	24.5 km	12시간 50분
제3구간	원삼면 삼가동 지곡리고개	상현2동 수지방주교회앞	27.2 km	9 시간 40분
제4구간	상현2동 수지방주교회앞	군포2동 양양CC 정문앞	24.9 km	9 시간 22분
제5구간	군포2동 양양CC 정문앞	시흥시 금이동 방축머리재	21.45km	9 시간 30분
제6구간	시흥시 금이동 방축머리재	인천시 서구 가좌동 장고개	27.7 km	11시간 29분
제7구간	인천시 서구 가좌동 장고개	서구 마전동 문고개 검단고교	25.2 km	10시간 43분
제8구간	서구 마전동 문고개검단고교	통진읍 옹정리 장승절골고개	17.5 km	5 시간 54분
제9구간	통진읍 옹정리 장승절골고개	김포시 월곶면 보구곶리	19.01km	9 시간 45분
총 거 리	213.92km	총 시 간	89 시간 38분	

제2차 한남정맥	산명.고개명	높이	주 소
한남정맥 1구간	칠장산	492.1 m	경기도 안성시 죽산면 장계리 산 91-1
한남정맥 1구간	광해봉	457.5 m	경기도 안성시 삼죽면 미장리 산 2-30
한남정맥 1구간	도덕산	365.0 m	경기도 안성시 죽산면 장계리 산 91-1
한남정맥 1구간	늑막재 터널	생태통로	경기도 안성시 삼죽면 진촌리 산 16-1
한남정맥 1구간	삼죽면사무소	면소재지	경기도 안성시 삼죽면 삼죽로 112
한남정맥 1구간	삼죽노인회관	마을회관	경기도 안성시 삼죽면 보산로 735
한남정맥 1구간	뒷산	269.4 m	경기도 안성시 삼죽면 대강리 산 64

구간	지명	구분	주소
한남정맥 1구간	대성사	사찰	경기도 안성시 삼죽면 보삼로 618-100
한남정맥 1구간	탁골고개	옛날고개	경기도 안성시 삼죽면 배태리 산 44
한남정맥 1구간	국사봉	440.0 m	경기도 안성시 보개면 남풍리 85-1
한남정맥 1구간	상봉	351.0 m	경기도 안성시 삼죽면 배태리산 44
한남정맥 1구간	갈현치고개	2차선도로	경기도 안성시 삼죽면 배태리 산 33-3
한남정맥 1구간	공원묘지봉	공원묘지	경기도 안성시 삼죽면 율곡리 산 123-2
한남정맥 1구간	황새울삼거리	임도삼거리	경기도 안성시 보개면 북가현리 산 31
한남정맥 1구간	달기봉	415.2 m	경기도 안성시 보개면 북가현리 산 23
한남정맥 1구간	초소봉	450.0 m	경기도 안성시 보개면 북가현리 산190-1
한남정맥 1구간	구봉산	463.9 m	용인시 처인구 원산면 죽능리 산 42-5
한남정맥 1구간	두창리고개	4차선도로	용인시 처인구 원산면 두창리 산 286
한남정맥 1구간	원삼삼거리	도로삼거리	용인시 처인구 원산면 독성리 199-6
한남정맥 1구간	진등고개	포장농로	용인시 처인구 원산면 미평리 산 31
한남정맥 2구간	사암삼거리	포장도로	용인시 처인구 원삼면 사암리 산 183-3
한남정맥 2구간	용인농촌테마파크	국도	용인시 처인구 원삼면 고당리 산 65-2
한남정맥 2구간	문수마애보살상	문수산중턱	용인시 처인구 원삼면 문촌리 산 25-2
한남정맥 2구간	문수봉	403.2 m	용인시 처인구 원삼면 사암리 산 163-1
한남정맥 2구간	바레기산	370.5 m	경기도 용인시 처인구 호동 산 197-1
한남정맥 2구간	망덕고개	산판길	용인시 처인구 이동읍 묵리 산 66-1
한남정맥 2구간	굴암산	345.9 m	용인시 처인구 이동읍 묵리 산 49-5
한남정맥 2구간	물넘어고개	대촌교차로	경기도 용인시 처인구 이동읍 천리 508-7
한남정맥 2구간	함박산	349.3 m	경기도 용인시 처인구 남동 산 86-13
한남정맥 2구간	학고개	터널 위	용인시 처인구 이동읍 서리 산 1-7
한남정맥 2구간	부아산	402.9 m	경기도 용인시 처인구 삼가동 산 109-3
한남정맥 2구간	지곡리고개	포장도로	경기도 용인시 처인구 삼가동 386-7
한남정맥 3구간	효자고개	6차선도로	경기도 용인시 기흥구 상하동 산 46-107
한남정맥 3구간	멱조고개	동백죽전대로	경기도 용인시 처인구 삼가동 산 23-6

구간	지명	높이/유형	주소
한남정맥 3구간	석성산	471.3 m	용인시 처인구 포곡읍 마성리 산 77-33
한남정맥 3구간	할미산성	349.7 m	경기도 용인시 기흥구 동백동 산 23-1
한남정맥 3구간	고속도로	굴다리	경기도 용인시 기흥구 청덕동 191-9
한남정맥 3구간	아차지고개	4차선도로	경기도 용인시 기흥구 청덕동 산 5
한남정맥 3구간	만수약수	약수터정자	경기도 용인시 기흥구 기흥로116번길 100
한남정맥 3구간	영동고속도로	굴다리	경기도 용인시 기흥구 마북동 407-1
한남정맥 3구간	경부고속 도로	굴다리	경기도 용인시 기흥구 보정동 974-3
한남정맥 3구간	소실봉	186.3 m	경기도 용인시 기흥구 보정동 산 98-1
한남정맥 3구간	수지방주교회앞	버스정류장	경기도 용인시 수지구 상현동 79-6
한남정맥 4구간	매봉산(응봉)	235.6 m	경기도 용인시 수지구 상현동 130-1
한남정맥 4구간	형제봉	448.1 m	경기도 용인시 수지구 신봉동 산 128
한남정맥 4구간	양지재	등산길	경기도 용인시 수지구 신봉동 산 127
한남정맥 4구간	비로봉(望海亭)	팔각정	경기도 용인시 수지구 신봉동 산 116
한남정맥 4구간	광교산	582 m	경기도 용인시 수지구 고기동 산 52
한남정맥 4구간	백운산	586 m	경기도 용인시 수지구 고기동 산 90
한남정맥 4구간	광교범봉	헬기장	경기도 수원시 장안구 파장동 산 2-1
한남정맥 4구간	프랑스전적비	경수대로	경기도 수원시 장안구 파장동 산 44-6
한남정맥 4구간	이도고개삼거리	오복 도로	경기도 의왕시 이동 산 54-6
한남정맥 4구간	오봉산	209.8 m	경기도 의왕시 고천동 191-15
한남정맥 4구간	당정전철역	전철역	경기도 군포시 당정동 938
한남정맥 4구간	용호사거리	사거리	경기도 군포시 당동 891
한남정맥 4구간	안양 cc정문	골프장정문	경기도 군포시 군포로 364
한남정맥 4구간	삼성1단지아파트	버스정류장	경기도 군포시 당동 654
한남정맥 5구간	감투봉	181.1 m	경기도 군포시 대야미동 산 1-198
한남정맥 5구간	무성봉	285 m	경기도 군포시 속달동 산 1-1
한남정맥 5구간	수리산슬기봉	489.3 m	경기도 군포시 산본동 산 65-1
한남정맥 5구간	수암봉	397.9 m	경기도 안산시 상록구 수암동 산 5-1

한남정맥 5구간	42번국도	국도	경기도 시흥시 목감동 산 62
한남정맥 5구간	목감사거리	지방도로	경기도 시흥시 목감동 392-11
한남정맥 5구간	목감초등학교	초교정문	경기도 시흥시 목감초등길 49
한남정맥 5구간	운흥산	204.5 m	경기도 시흥시 금이동 산 135-2
한남정맥 5구간	공동묘지	묘지군	경기도 시흥시 금이동 산 113-2
한남정맥 5구간	방축머리재	42번국도	경기도 시흥시 금이동 산 143-3
한남정맥 6구간	무지내고개	지방도로	경기도 시흥시 금이동 산 23-3
한남정맥 6구간	양지산	150.9 m	경기도 시흥시 안현동 산 49
한남정맥 6구간	경인구속굴다리	고속도로	경기도 시흥시 과림동 458-3
한남정맥 6구간	비룡사입구	표지석	경기도 시흥시 계수동 산 52-7
한남정맥 6구간	삼십고개	계수로	경기도 시흥시 계수동 산 61-4
한남정맥 6구간	민들래농원	휴게소식당	경기도 시흥시 계수동 411-3
한남정맥 6구간	할미고개	소사로	경기도 시흥시 계수동 380-31
한남정맥 6구간	여우고개	생태터널	경기도 부천시 소사구 소사본동 산 60-6
한남정맥 6구간	하우고개	구름다리	경기도 시흥시 대야동 산 101-4
한남정맥 6구간	성주산	216.5 m	경기도 시흥시 대야동 산 103
한남정맥 6구간	와우고개	버스종점	경기도 부천시 소사구 송내동 680-3
한남정맥 6구간	거마산	210.3 m	인천시 남동구 장수동 348-14
한남정맥 6구간	수현마을	교차로	인천시 남동구 장수동 397-12
한남정맥 6구간	만수육교	육교	인천시 남동구 간석동 1-791
한남정맥 6구간	만월산	186.2 m	인천시 남동구 간석동 산 34-1
한남정맥 6구간	백운역백운공원	공원사거리	인천시 부평구 십정동 산 29-1
한남정맥 6구간	구르지고개	임도	인천시 부평구 산곡동 산 53-17
한남정맥 6구간	장고개	부대초소	인천시 서구 가좌동 2-10
한남정맥 7구간	함봉산	165 m	인천시 부평구 산곡동 산 98-9
한남정맥 7구간	원적산	196.1 m	인천시 부평구 산곡동 산 98-2
한남정맥 7구간	아나지고개	지방도로	인천시 서구 가정동 산 21-44

구간	지명	높이/종류	주소
한남정맥 7구간	천마산	226 m	인천시 서구 가정동 산 11-1
한남정맥 7구간	중구봉	276 m	인천시 계양구 효성동 산 35
한남정맥 7구간	장명이고개	생태터널	인천시 서구 공촌동 산 163-24
한남정맥 7구간	계양산	395.4 m	인천시 계양구 목상동 산 57-1
한남정맥 7구간	피고개산	208. m	인천시 계양구 목상동 산 57-1
한남정맥 7구간	꽃뫼산	133.4 m	인천시 계양구 둑실동 산 59
한남정맥 7구간	목상교	경인아라뱃길	인천시 계양구 목상동 77-4
한남정맥 7구간	아나누루휴게소	경인아라뱃길	인천시 계양구 아라로 228
한남정맥 7구간	군부대정문	부대정문	인천시 서구 백석동 1-27
한남정맥 7구간	골막산	78.5 m	인천시 서구 백석동 산 70-2
한남정맥 7구간	백석스포트랙	참숯가마	인천시 서구 드림로209번길 69
한남정맥 7구간	할미산	105.9 m	인천시 서구 왕길동 산 85-1
한남정맥 7구간	천주교공원묘지	공원묘지	인천시 서구 마전동 산 164
한남정맥 7구간	문고개	국도	인천시 서구 마전동 1084
한남정맥 7구간	검단고교	고교정문	인천시 서구 검단로540번길 7
한남정맥 7구간	현무정	표지석	인천시 서구 마전동 1046
한남정맥 8구간	서낭당고개	농로	인천시 서구 마전동 산 72-13
한남정맥 8구간	세자봉	육각정자	인천시 서구 금곡동 산 142
한남정맥 8구간	가현산	215.3 m	인천시 서구 금곡동 618-10
한남정맥 8구간	성주산	146 m	경기도 김포시 양촌읍 대포리 1-7
한남정맥 8구간	스무네고개	국도	경기도 김포시 양촌읍 구래리 748-10
한남정맥 8구간	삭시고개	포장임도	경기도 김포시 양촌읍 학운리 256-19
한남정맥 8구간	대룡리삼거리	GS주유소	경기도 김포시 대곶면 대능리 601
한남정맥 8구간	수안산	147,1 m	경기도 김포시 대곶면 대능리 산 41-1
한남정맥 8구간	대곶사거리	사거리	경기도 김포시 대곶면 율생리 517-2
한남정맥 8구간	덕원군 묘역	묘지 위길	경기도 김포시 대곶면 송마리 50-50
한남정맥 8구간	김포주유소	주유소	경기도 김포시 대곶면 송마리 3-110

한남정맥 8구간	동인기업 장승	동인기업	경기도 김포시 통진읍 가현리 산 157
한남정맥 8구간	장승고개임도	임도산판길	경기도 김포시 통진읍 가현리 641-9
한남정맥 9구간	농장입구	농로	경기도 김포시 통진읍 가현리 641-19
한남정맥 9구간	유량케미칼임도	포장도로	경기도 김포시 통진읍 옹정리 273-8
한남정맥 9구간	공원묘지입구	공원묘지	경기도 김포시 통진읍 마송리 산 40
한남정맥 9구간	것고개 부대앞	김포대로	경기도 김포시 통진읍 서암리 933-13
한남정맥 9구간	문덕제표지석	농로	경기도 김포시 통진읍 서암리 산 48-4
한남정맥 9구간	군부대초소	등산로	경기도 김포시 통진읍 서암리 926-3
한남정맥 9구간	고정리지석묘	지석묘	경기도 김포시 통진읍 고정리 산 114-3
한남정맥 9구간	56번지방도로	지방도로	경기도 김포시 월곶면 고막리 3-2
한남정맥 9구간	2차선지방도로	2차선도로	경기도 김포시 월곶면 고막리 171-7
한남정맥 9구간	문수산정상	376 m	경기도 김포시 월곶면 조강리 산 33-28
한남정맥 9구간	문수산성 동아문	돌문	경기도 김포시 월곶면 용강리 산 34-4
한남정맥 9구간	동박골사거리	등산로	경기도 김포시 월곶면 용강리 산 62
한남정맥 9구간	270봉	270 m	경기도 김포시 월곶면 보구곶리 산 33
한남정맥 9구간	보구곶리	농로	경기도 김포시 월곶면 보구곶리 477

제2차 한남정맥 단독종주 1구간

칠장산 분기봉 : 경기도 안성시 죽산면 칠장리 칠장산
원산면 진등고개 : 경기도 용인시 처인구 원삼면 고당리 진등고개
도상거리 : 칠장리 칠장산 26.46km 진등고개
소요시간 : 칠장리 칠장산 11시간 55분, 진등고개
운동시간 : 칠장리 칠장산 10시간 25분 진등고개
휴식시간 : 칠장리 칠장산 1시간 30분, 진등고개

칠장산 3정맥 분기봉 출발 6시50분,
칠장산출발 7시 33분,
도덕산 365m, 3.2km 8시 35분,
삼죽면사무소 6.4km 9시 42분,
해랑(구.뜨락)6.8km 9시 54분,
190봉 7.7km 10시 21분,
턱골고개 8.8km 10시 58분,
국사봉 출발 11시 46분,
가현치고개 12.7km 12시 56분,
공원묘지정상 14.1km 1시 40분,
달기봉 16.2km 2시 43분,
구봉산 463m, 18.1km 4시 15분,
282봉 20.1km 5시 35분,
극동기상연구소 22.8km 6시 16분,
원삼사거리 24.3km 6시 57분,
원양로124번길 26.4km 7시 38분

칠장산 492.4m 도착 7시 17분,
관해봉 457m (9.8km) 7시 50분,
늑막재 5.4km 9시 20분,
노인회관 6.6km 9시 49분,
임도주택 7.2km 10시 4분,
대성사노인복지 8.2km 10시 30분,
국사봉 440m 10.2km 11시 22분,
상봉 351m 12.1km 12시 37분,
송전탑 345.9m 13.6km 1시 30분,
황새울 삼거리 15.5km 2시 21분,
산불감시 450m 17.6km 3시 31분,
구봉산 출발 4시 24분,
두창리고개 22.4km 6시 07분,
굴다리 23.1km 6시 19분,
하사로 57번길 25.2km 7시 15분,

 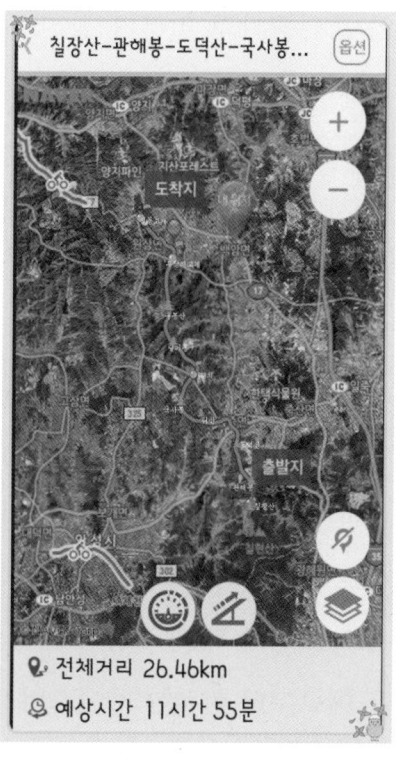

　한남정맥(漢南正脈)은 백두대간의 속리산에서 시작된 한남금북정맥(漢南錦北正脈)이 안성 칠장산(七長山)에서 한남정맥·금북정맥으로 갈라져 한남정맥은 북서쪽으로 김포 문수산(文殊山)에 이르는 산줄기의 옛 이름이다. ≪산경표≫에서 규정한 1대간(大幹) 1정간(正幹) 13정맥(正脈)중의 하나로, 한강줄기의 남쪽에 있는 분수령이라 하여 한남정맥이라 부르며 경기도의 한강 본류와 남한강의 남쪽유역의 분수령으로 해발 500m 미만의 산줄기로 문수산까지 이어진다. 최근에는 경인아라뱃길에 의해 산줄기의 일부가 잘려나갔다. 우리조상들이 인식하였던 산줄기 체계는 하나의 대간(大幹)과 하나의 정간(正幹), 그리고 이로부터 가지친 13개의 정맥(正脈)으로 이루어졌다.

『산경표(山經表)』에 근거를 둔 이들 산줄기의 특징은 모두 강을 기준으로 한 분수산맥으로 그 이름도 대부분 강 이름에서 비롯되었다. 이 산줄기는 이름 그대로 경기도의 한강 본류와 남한강의 남쪽유역의 분수령으로 해발 500m 미만의 낮은 등성이의 연결로서 때로는 300m에서 100m미만까지의 등로로 서쪽에 위치한 안성, 평택, 오산, 수원, 안산, 시흥 인천 등 아산만을 중심으로 한 해안평야와의 경계를 이룬 산줄기이다. 이 산줄기를 중심으로 서쪽 해안 지방과 내륙의 한강 유역권의 생활문화 발달은 예로부터 현격한 차이점이 있으며, 같은 경기 지방 이면서도 국지적 기상 변화 등 생활양식과 함께 언어의 차이까지 보이고 있다.

현대 지도에서의 산 이름으로 찾아보면 칠장산, 광해봉, 도덕산(道德山), 국사봉(國師峰), 상봉, 달기봉, 구봉산(九峰山), 문수봉, 무너미고개, 함박산(함朴山), 학고개, 부아산(負兒山), 석성산(石城山), 소실봉, 형제봉, 광교산(光敎山), 백운산(白雲山), 수리산(修理山), 수암산, 성주산(聖住山), 철마산(鐵馬山), 계양산(桂陽山), 가현산(柯峴山), 필봉산(筆峰山), 학운산(鶴雲山), 것고개, 문수산(文殊山) 등이다.

　한남정맥 첫구간은 한남금북정맥에 이어 시작되며 바로 이어간다. 3정맥 분기점에서 시작해 사진을 찍고 가파른 오르막을 4분 오르면 넓다란 헬기장에 표지석이 있다. 아침 일찍 남여 두 사람이 올라와 있다. 이분들에게 부탁해 사진한판 찍는데 경기도 용인시 원산면에 산다는 젊은이 한사람이 올라와 한남정맥에 대해 이야기를 나누고 이어 한남정맥에 들어간다.
　2008년 7월 13일 1차 종주한지 꼭 10년 만이다.

2018년 6월 17일 맑음

　칠장산 정상에서 7시 26분 출발해 내리막 능선을 내리며 5분

후 삼각점을 만난다. 이정표에 북쪽으로 녹박제 남쪽으로 청량산 이라 되어있고 이정목에 누군가 칠장산이라 적어 놓았는데 이곳이 복전고개 인가 십다. 삼각점을 지나고 오르막을 올라 무명봉을 넘고 잘나있는 능선을 가며 때로는 가파른 내리막을 내려 안부를 지나고 오르막 능선을 좌로 우로 들락거리며 한동안 가며 관해봉 정상에 올라서니 7시 50분이다.

좌표【 N 37" 02" 15.8" E 127" 23" 30.0" 】

정상에는 한남정맥 관해봉 457m 대방, 안성 8광이라 되어 있는데 대방, 안성 8광은 무슨 뜻이지? (나중에 알고 보니 사람 산님이다) 북으로 오던 마루금은 왼쪽(서북쪽)으로 방향을 틀어 내려가며 오른쪽에 녹슨 철망을 따라 내리막을 내려 잘나있는 능선을 오르락내리락 편한길 능선으로 가며 8시 4분 고압철탑을 지나며 산판길을 따라가며 5분후 2번째 철탑을 지나고 내리막을 내려 안부에 내려서니 8시 14분이다. 안부에는 잡풀이 무성히 자라 길인지 헬기장인지 확인을 못하고 능선에 올라서 산판길을 오르락내리락 가다 가파른 오르막을 올라 도덕산인가 했는데 도덕산은 앞에 보이는 봉이고 잘나있는 편한길 오르막을 올라 도덕산 정상에 올라서니 8시 34분이다. 도덕산 정상에는 삼각점이 있고 표찰에 한남정맥 도덕산 정상 366.4m 대방. 안성 8광님 표찰이 나무에 걸려 있다.

좌표【 N 37" 03" 11.2" E 127" 22" 50.2" 】

도덕산 정상에서 사진 한판 찍고 출발해 내리막을 내리며 잘 나있는 능선을 오르락내리락 하며 교회장로 묘를 지나며 10년 전 생각을 해본다. 그때는 궂은날에 이슬비가 내렸는데 오늘 날씨가 좋아 1차 때 보다는 좋은 산행을 한다. 내리막을 한동안 내려 구 녹박재에 내려서니 9시 1분이다. 임도 까지는 길이 좋았는데 이곳을 지나면서 마루금 찾기가 어려워 잡풀을 헤치고 올라가니 희미한 길이 나타나 오르막을 올라 절개지에 올라서니 9시 14분이다. 1차 때는 도로에 내려 휴게소 뒤 길이 없어 헤매던 생각이 난다. 절개지 왼쪽으로 녹색 철망을 따라 내려와 새로 만든 생태통로에 내려서니 9시 20분이다. 생태통로 양쪽에 철망으로 가로막아 놓았으며 녹박재 스토리 간판이 도로를 보고 철조망 가까이 세워져 사진 찍기가 곤란하게 세워져 있다. 아쉬운 것은 이곳을 지나는 사람들이 잘보이게 해야 하는데 아래 도로에서는 보이지도 않는데 왜 이리 설치했는지?

녹박재 스토리: 『한남정맥』

안성 칠장산에서 시작되어 김포 문수산에 이르는 산줄기의 옛 이름.

『녹박재』유주현이라 불리다가 속명 놋박재에서 녹박재로 불리게 되었으며 이 고개를 경계로 서쪽 (안성방향)으로 떨어진 빗물은 안성천을 거쳐 서해바다와 합류하고 동쪽(일죽방향)에 떨어진 빗물은 청미천을 거쳐 남한강에 이른다.

『임꺽정 이야기』

임꺽정이 화적패와 함께 청석골에서 지내던 중 칠(일곱) 두령중 한명인 길 막동이가 아내 귀련을 데리러 안성읍에 갔다가 투옥되자 그를 구하기 위해 나선 길에 스승인 병해대사(갓바치스님)를 만나 뵙고 묵어가기 위해 칠장사로 향하던중 이곳 녹박재에서 산적 곽능통 일당을 만났으나 임꺽정을 안 후에 납작 엎드려 사죄하니 임꺽정이 일으켜 세워 용서하고 곽능통과 그의 부하들이 임꺽정을 도와 길 목동을 구출한다. (소설 임꺽정 홍명희저 중에서)

이 길을 이왕 만들어 놓았으니 정맥 종주자 외에도 삼죽 면사무소에서 도덕산 관해봉 칠장산 오르는 많은 등산객들이 다닐 수 있게 정비 되었으면 하는 생각을 해본다. 이 길은 잡풀이 많아 지나가는 등산객이 짜증내게 길이 험하다. 생태 길을 따라 철계단 오르는데 잡풀과 가시넝쿨을 해지며 올라 수로를 따라 올라가 등로에 올라서면 덤풀 속에 慶州李氏 묘를 지나 오르막을 오르면 등로길이 나타나 1차 때는 휴게소에서 올라온 기억을 하며 등로를 따라 능선길을 한동안 가며 왼쪽에 잘 정돈된 납골묘 뒤를 지나가며 건너편 공장들이 내려다보이고 건너편에 국사봉을 가름하며 내리막을 내려가 南原梁氏묘를 지나 내려서면 삼죽면 주민쎈터 건물이 나온다. 삼죽면 사무소 앞에는 여러개의 기념비가 있으며 (三竹地名 100周年記念 百年의 歷史와 千年의 未來를 여는 三竹面 2017.6.1.) 記念碑가 있고. 面民憲章과 三竹面의 由來와 歷史碑가 있다.

『면민헌장. 面民憲章』우리 삼죽면은 한남정맥 줄기인 국사봉의 정기를 이어받고 두 줄기를 기점으로 물이 동쪽으로는 죽산천이 청미천과 합류하여 남한강으로 흐르고 서쪽으로는 안성천을 거쳐 서해 바다로 흐르는 발원지로 천해의 축복받은 맞춤의 고장에서 삼죽인으로 태어난 것을 자랑스럽게 여기며 선조들의 호국정신과 이웃사랑의 전통을 계승발전 시키고 창의와 개척

정신으로 작지만 강하고 희망찬 삼죽면을 만들어 보다 잘사는 터전을 이룩함으로서 자자손손 행복을 누리며 가정의 평화와 통일을 염원 하고자 이에 우리는 헌장을 마련하고 행동 자료로 삼는다.

1. 우리는 수려한 자원과 아름다운 경관을 가꾸고 보전한다.
2. 우리는 경로효친의 정신과 전통문화 유산을 계승 발전시키고 인정이 넘치는 신의 사회를 구현한다.
3. 우리는 법과 질서를 준수하고 서로 존중하며 화합하여 살기 좋은 지역으로 거듭날 수 있도록 노력한다.
4. 우리는 근검절약을 생활화하고 건전한 사회풍토를 조성하여 후손의 올바른 성장과 미래 인재육성을 위해 노력한다.
5. 우리는 서로 돕고 사랑하며 내 고장 삼죽면의 발전을 위해 힘과 지혜를 모으고 협동 단결한다.
6. 우리는 소중한 문화유산을 보존하고 평화통일을 염원하며 나라에 충성하는 민주시민이 되다.

삼죽면 상징물: 나무(木) : 소나무, 꽃 : 해바라기, 새 : 원앙
면민의 날 매년 6월 1일

『삼죽면의 由來와 歷史』

조선시대 죽산군의 서일(西一) 서이(西二) 서삼(西三)면으로 대정 3년(1914년) 3월 1일 조선총독부령에 의거 군 및 면

패합당시 西一, 西二, 西三 면(面)을 통합하여 안성군 죽산면으로 개칭하고 대정 4년 (서기1915년) 6월 1일 죽삼면을 삼죽으로 개칭하였음.

※ 례 : 조선총독부 경기도령 제 7호<조선총독부 제846호> 대정 4년 (서기 1915 년) 5월 31일자 개제.

○ 한남정맥 줄기인 국사봉 정기를 이어받은 삼죽면은 안성시내에서 동북쪽으로 12km지점에 위치해 있으며 평택에서 강원도로 이어지는 38번 국도 4차선이 관통하고 안성천과 정미천의 발원지 이자 안성의 물줄기를 동.서로 가르는 분수령이 되는 중요한 곳이며 산과 들 호수가 조화롭게 어우러져 자연경관이 아름다운 지역으로 천혜의 축복받은 맞춤의 고장임.

○ 13개 법정 리와 34개 마을 이었으나 1980년 1월 1일자로 마전리가 마전 1 리와 마전 2리로 분리되어 35개 마을로 구성되어 있다가 1987년 1월 1일 행정구역 개편(대통령 제12007호)으로 3개리(남풍리. 동평리. 가현리)가 보개면으로 편입되어 현재 10개 법정리와 27개 마을로 되어 있으며 북쪽으로는 용인시 백암면과 경계를 이루고 국사봉 줄기가 관내에 가로놓여 서쪽으로는 속칭 서삼으로 칭하고 있음.

○ 지역 특성으로는 경기도 지정 유형문화제 제36호 (쌍미륵사 석불입상)과 안성시 지정 문화제 황토유적 제 42호 (국사암 석조여래입상)등 미륵 문화가 융성하여 궁예와 관련된 전설이 내려오며 소금배가 드나들던 이보 장터와 이인좌의 난을 평정한 장항령 등 지역과 관련된 내용을 풍부하게 품고 있는 지역으로 동화방송 예술대학교와 다수의 교육기술학원이

있어 교육적인 인프라를 구축하고 북한이탈 주민의 사회정착 지원시설인 하나원이 위치에 있어 통일의 요람이며 농업테마 풍산개 마을과 덕산호수. 1만평 규모의 허브마을과 한성맞춤 한우촌 등 가볼만한 곳이 산재되어 있어 가족. 연인. 단위의 맞춤형 관광명소로 급부상 하고 있고 덕산 산업단지와 용월산 업 단지가 조성되어 있어 작지만 강하고 희망찬 삼죽면으로 자리 매김 하고 있음. 옮긴글

위 글은 삼죽면 사무소 앞에 비문에 세겨진 글을 옮겨놓았습니다.

삼죽면사무소 에서 잠시쉬면서 공사하는 인부와 이야기를 나누고 허리쉼을 하고 9시 47분 면사무소 정문을 나와 오른쪽 삼거리에서 왼쪽 70번 지방도로를 따라가다 삼죽면 노인 복지회관 앞을 9시 50분 지나 도로를 따라 가다 4분후 왼쪽에 해랑(옛날 뜨락)음식점 (록색 철망 울타리에 리본이 있음)과 주택 사이 임도로 들어서 가면 3분후 농장 축사가 나오는데 길을 막아놓아 언덕을 올라서 가다 농장앞에서 비포장 농로를 따라가다 5분후 오른쪽에 전원주택을 지나 포장도로를 따르다 삼거리에서 왼쪽길로 20여미터 가면 오른쪽 숲길에 리본이 몇개 걸려있다. 10시 4분 등산 진입로로 들어서 능선 오르막을 19분 가다 가파른 오르막을 때로는 나무계단을 오르고 190봉에 올라서니 10시 21분이다. 잠시 허리쉼을 하고 약간에 내리막을 내리며 水原白

氏 가족묘와 아래 납골묘를 왼쪽에 두고 오른쪽 갓길로 내려서 포장도로에 내려서니 10시 24분이다.

이곳부터 직진으로 포장도로를 따라가다 대성사 노인복지원 정문 앞을 10시 30분 지나 도로를 따라가다 2분후 포장길을 버리고 오른쪽 능선길로 들어서 간다. 등산로 로 들어서 편한길 오르막을 오르락내리락 하며 잘나있는 길을 따라가다 전기 고압철탑을 10시 56분 지나 내리막을 내려서 턱골고개에 내려서니 10시 58분이다. 턱골고개를 지나 오르막을 오르며 가파른 오르막을 한동안 올라 국사봉 삼거리에 올라서니 11시 18분이다. 여기서 정맥 마루금은 오른쪽이고 국사봉은 직진으로 0.1km 벗어나 있다. 삼거리를 지나 국사봉(440m)정상에 올라서니 11시 21분이다.

좌표【 N 30" 04" 30.5" E 127" 20" 23.8"】

국사봉 정상에는 전망대가 있고 한남정맥 국사봉 정상 표찰만 걸려있고 등산 안내 간판이 있으며 경관이 좋아 보게면 일대가 속시원히 내려다보인다. 정상에서 사진 몇판 찍고 시간은 조금 이르지만 장소가 좋아 전을 펴고 점심을 먹고 11시 54분 출발한다. 정상에서 다시 내려와 2분후 삼거리에서 서쪽으로 오던 마루금은 국사봉을 다녀와서 북쪽으로 이어지며 잘나있는 편한길 능선을 내리며 돌탑(옛.서낭당)이 있는 안부에 내려서니 12시 13분이다. 이곳이 덕재 고개인 듯하다. 안부를 지나 오르막을 오르며 구 헬기장을 지나 상봉에 올라서니 12시 24분이다. 이곳도 반바지가 걸어놓은 한남정맥 상봉 표찰이 나무에 걸려 있고 다른 것은 아무것도 볼 수 없다. 상봉을 지나 잠시 능선 내리막을 내려섰다. 오르막을 올라 무명봉에 올라서니 트랭글 빼찌가 들어온다. 12시 38분 지도를 보니 이곳이 상봉이 분명한데 반바지 산꾼이 잘못한 것 같다.

좌표【 N 37" 05" 27.3"　E 127" 20" 33.7" 】

마루금은 오른쪽으로 내리막을 한동안 내려가는데 정맥꾼 두 사람이 올라온다. 이분들과 잠시 이야기를 나누고 오랜만에 만난 사람이라 사진도 한판찍고 이분들은 남쪽으로 나는 북쪽으로 가파른 내리막을 한동안 내려 70번 지방도로가 지나가는 가현고개에 내려서니 12시 56분이다.

좌표【 N 37" 5" 37.06"　E 127" 20" 48.33" 】

가현고개는 안성시 보개면 가현리에서 삼죽면 덕산리를 넘는 고개로 가현리 쪽에 안성 추모공원묘지와 안성 골프존 티타운 골프장이 있다. 마루금은 도로를 건너 보개면 안내간판 뒤로 올라간다. 가파른 오르막을 치고 오르면 공원묘지 도로가 나오며 도로를 따라가다 오른쪽 능선으로 올라가는데 길이 협소하고 잡풀과 잡목이 우거져 길이 잘 안보이며 햇빛을 받으며 무명봉에 올라서니 1시 20분이다. 약간에 내리막 능선을 가며 3분 후 왼쪽에 공원묘지를 보며 능선을 한동안 가니 한남정맥 이정표가 나온다. 1시 30분, 이정표에 가현고개 1.0km 구봉산 4.4km 이며 커다란 종합 안내판에는 관리를 잘못해 글씨가 아무것도 보이지 않는다. 아쉬운 것은 많은 비용을 들여가며 안내판과 이정목을 세워놓았으면 관리도 잘하고 등산로도 정비를 해놓았 으면 좋았을 텐데 가현고개에서 이곳까지 길이 험해 종주자들이 고생을 많이 하는 구간이다. 마루금은 이곳을 지나면서 오른쪽은 안성시 삼죽면을 벗어나 용인시 배암면과 보개면의 경계로 이어지며 왼쪽으로 조금 내려가면 공원묘지 위 도로를 따라 내려가다 아파트식 묘지를 지나고 마루금은 숲길로 들러서 내리막을 내려가니 갈림길이 나온다. 이곳 오른쪽에서 올라오는 길은 사람이 많이 왕래하는 길이라 이곳부터는 길이 좋아진다. 마루금은 잘나 있는 길을 오르락내리락 좌우로 들락거리며 기다 체력단련장을 지나 황새울 관광단지 갈림길에 내려서니 2시 19 분이다. 오른쪽에는 MBC 촬영지 황새울 관광단지이고 달기봉은 직진이다. 이정표에 황새울 관광단지 2.8km 구봉산 2.6km 가현치 2.3km MBC 드라마 촬영지 1.9km 이다. 이곳부터 이정목에 영남길이라 쓰여 있다. 안부를 지나 가파른 오르막을 한동안 숨을 몰아쉬며 올라 달기봉 411m 정상에 올라서니 2시 43분이다.

좌표【 N 37" 06" 42.7" E 127" 19" 58.8"

    달기봉 정상에는 반바지가 걸어놓은 표찰에 한남정맥 달기봉 415m로 되어 있고 한남정맥 지도에는 411m로 되어있어

(1/15000)지도를 보니 415.2m로 되어있다. 정상 이정목에 구봉산 2.0km 가현치 3.4km이며 전망이 좋은 곳인데 나무에 가려있다. 마루금은 오른쪽으로 급경사 내리막을 내려 안부를 지나고 잘나있는 능선길을 오르내리다 밧줄 설치한 오르막을 한동안 올라 능선 분기봉에 올라서니 3시 29분이며 마루금은 오른쪽으로 조금 가니 산불감시 무인카메라가 설치된 철탑봉이다. 잠시 배낭을 내려놓고 갈증을 면하고 컨테이너 박스가 있고 녹색 철망에 리본을 한개 걸어놓고 출발해 능선을 가다 내리막을 내려 쉼터를 지나고 능선 오르막을 올라 구봉산 정상에 올라서니 4시 15분이다.

좌표【 N 37" 07" 34.4" E 127" 19" 46.2" 】

구봉산 정상에는 전망대가 있고 커다란 정상석이 있으며 전망이 뛰어나 원삼면 일대가 내려다보이며 가야할 문수봉까지 가름해 본다. 정상에서 사진한판찍고 허리쉼을 하고 4시 24분 출발하여 경사길 내리막을 내려 건너편 봉을 보니 어느게 높은지 구봉산과 비슷한 봉을 넘고 다시 봉을 넘어 능선 분기봉에서 왼쪽방향으로 가파른 내리막을 내려가는데 등산인 세사람이 올라온다. 이분들은 두창리에서 올라온 사람들인데 여자 두분은 피로한지 내려가자는 데도 50대 중반쯤 보이는 남자 한사람이 정상까지 가자고 하며 구봉산을 향해 올라가고 가파른 내리막을 한동안 내려 5시 12분 쉼터에 내려선다. 이정표에 구봉산 0.7km 매봉재 2.3km 골안마을 두창저수지 1.9km이며 쉼터(긴의자)가 몇개 있다. 월래 계획은 두창리고개(매봉재)까지 갈 예정 이었는데 내일 일을 생각해서 가는대까지 갈려고 서둘러 내리막을 내려 둥지 박물관 삼거리를 지나고 오르막을 올라 삼각점이 있는 281.1m 봉에 올라서니 5시 35분이다. 이정표에 매봉재(두창리) 1.0km 약수터 둥지골 1.0km 구봉산 2.0km 이다. 삼각점을 확인하고 능선 내리막을 내려가며 잘나있는 등산길을 따라 누군가 묘한 나무를 만들어 놓아 사진한판 찍어두고 오르락내리락 사각정자가 있고 운동시설이 있는 곳을 5시 52분 지나면서 왼쪽길로 나무계단을 내려오며 2008년도 1차 때는 이곳을 지날때 잡풀이 우거져 길을 못찾고 헤매던 생각이 난다. 10년이 지난 지금은 정자도 있고 운동시설도 있으며 나무 계단이 설치되어 있어 등산로가 잘되어 있다. 나무계단을 내려 잘나있는 능선 내리막을 한동안 내려 318번 지방도로에 내려서니 6시 7분이다. 2008년 1차 때는 이곳에서 마무리하고 오른쪽 외딴집에 물을 구하러 갔다 사람이 없어 다시나온 기억이 난다. 마루금은 도로에서 왼쪽으로 50여 미터 가면 삼거리에 이정표가 나온다.

좌표【 N 37" 9" 25.13" E 127" 19" 59.36" 】

이정표에 한남정맥 농촌 테마파크 6.0km 구봉산 정상 4.2km 이며 마루금은 오른쪽으로 차단기를 넘어 포장길을 따라간다. 포장길을 따라가다 6시 13분 극동기상 연구소에 도착 오른쪽으로 담벼락을 따라 내려가면 삼거리에서 왼쪽으로 오른쪽 논 갓

길로 가다 극동기상 연구소 입구 도로 지하통로를 6시 18분 지나 계속해서 극동기상연구소 담벼락을 따라가다 오른쪽 논에 벼가 자라는 곳을 지나 양쪽에 비닐하우스 농장을 지나고 솔바람 캠핑장을 지나 원삼 사거리에 도착하니 6시 57분이다. 이곳에서 마칠까 하다 조금이라도 더 가야 내일 일찍 마쳐 부산에 가야기에 다시 출발해 사거리에서 직진으로 원진(WONJIN) 건물을 오른쪽에 두고 도로를 따라가다 고개에서 리본을 발견하고 능선으로 들어가니 길은 희미하고 잡풀이 우거져 겨우 길을 찾아 능선을 가다 하사로 27번길 포장 임도에 내려서니 7시 15분이다. 지도를 보니 부지런히 가면 57번 도로까지 갈것 같아 오른쪽 능선으로 올라서 전원주택 뒤를 7시 20분 지나면서 길이 좋아져 잘나있는 길을 좌우로 들락거리며 영남길 이정목을 몇개 지나 진등고개 포장길에 내려서니 7시 38분이다.

  앞으로 57번국도까지 갈려면 늦을 것 같아 여기서 마무리 하고 조금 내려가는데 1톤 트럭 한 대가 내려와 차를 얻어 타고 원삼면소재지에 와서 숙소를 물어보니 이곳은 작은 면 소재지라 백암면 소재지로 나가야 모텔이 있다하여 조금 있으니 버스가 와 버스를 타고 백암면 소재지에 와서 시내 갈비탕집에서 저녁을 먹고 백암 파크모텔에 들어가 숙소를 정하고 샤워를 하니 피로가 풀린다. 오늘도 무사히 도착했다고 집으로 전화를 하고 내일 일을 생각해서 일찍 잠자리에 들어간다.

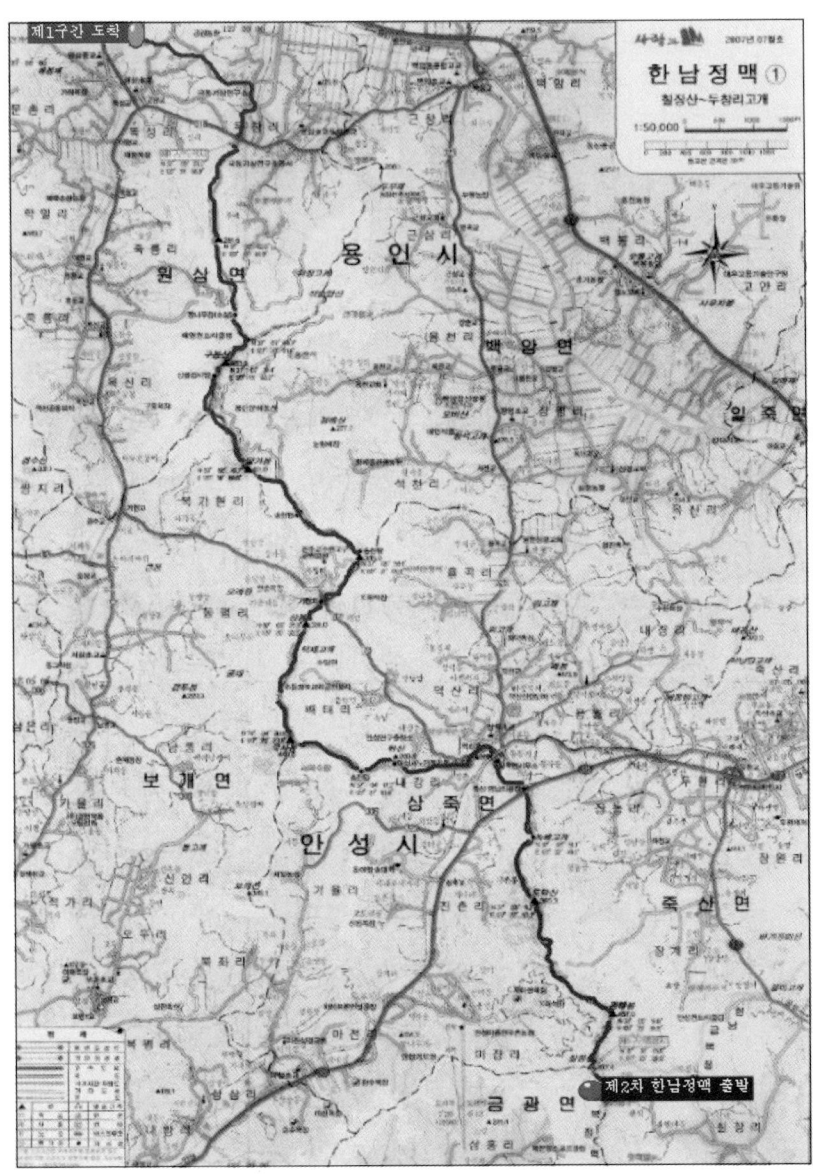

제2차 한남정맥 단독종주 2구간

원산면 진등고개 : 경기도 용인시 처인구 원삼면 고당리 진등고개
용인 지곡리고개 : 경기도 용인시 처인구 삼가동 지곡리고개
도상거리 : 진등고개 24.5km 지곡리고개
소요시간 : 진등고개 12시간 50분 지곡리고개
운동시간 : 진등고개 10시간 20분 지곡리고개
휴식시간 : 진등고개 2시간 30분, 지곡리고개

진등고개 출발 5시 45분,
57번지방도로 0.9km 6시 04분,
용인농촌테마파그 2.7km 6시 48분,
마애보살상 4.4km 7시 31분,
문수봉 출발 7시 57분,
삼각점 373m 6.0km 8시 51분,
망덕고개 7.4km 9시 12분,
삼각점 292.1m 10.5km 10시 24분,
용인연화사 15.9km 1시 21분,
아모네식당 출발 2시 02분,
굴다리입구 17.3km 2시 27분,
가족묘지 17.8km 2시 55분,
고압철탑 18.9km 3시 21분,
함박산 출발 4시 06분,
학고개 21.8km 5시 15분,
부아산 출발 6시 09분,
로만바스온천 6시 40분,
延安金氏合同祭壇 0.8km 6시 02분,
용인농협기술센터 2.4km 6시 40분,
법륜사 삼거리 3.3km 6시 54분,
문수봉 정상 4.6km 7시 42분,
쌍령지맥분기봉 5.7km 8시 45분,
바래기산 371m 7.2km 9시 05분,
굴암산 8.3km 9시 33분,
삼각점 217.2m 14.1km 12시 45분,
아모내식당 점심 1시 40분,
은화삼골프장입구 16.3km 2시 07분,
버스차고지 17.5km 2시 35분,
望鄕大聖東山 18.4km 3시 09분,
함박산(咸朴山) 19.2km 3시 32분,
338봉 20.8km 4시 47분,
부아산(負兒山) 23.2km 5시 55분,
지곡리고개 24.5km 6시 32분,

 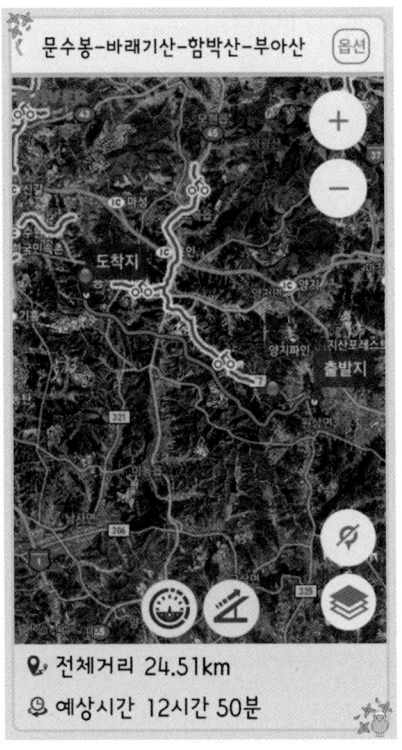

　　한남정맥 2구간은 어제 한남금북정맥 걸미고개를 출발해 칠장산에서 한남금북정맥은 마무리하고 한남정맥 1구간 칠장산을 출발해 삼죽면사무소 국사봉 구봉산 매봉재(두창고개)를 거쳐 지곡리 진등고개에서 마무리하고 백암면 동성파크에서 자고 아침 일찍 일어나 간단식으로 아침을 먹고 택시로(9000) 진등고개에 도착하니 5시 40분이다. 오늘은 42번 국도까지 가야 하기에 아침 일찍 출발했으나 거리가 멀어 가는데 까지 가기로 한다.

2018년 6월 18일 맑음

　아침 일찍 일어나 간단식으로 아침을 먹고 숙소를 나와 택시로 어제 하산한 (주)삼환테크 공장앞에 도착하니 5시 42분이다. 택시기사에게 부탁해 사진한판찍고 산행 준비를 하고 5시 45분 산행에 들어간다. 초입은 (주)삼환테크 입구에서 올라서며 야산이라 평탄한 길이며 숲길로 들어서 능선을 가며 이정목 (매봉재 5.1km 문수봉 3.7km)을 지나 10분후 왼쪽으로 내려서 포장임도를 따라가다 3분후 도로 왼쪽으로 (리본 있음) 산판길을 통과하면 건설자재 건물을 지나고 延安金氏合同祭壇을 6시 1분 지나 長壽農園 입구 57번 지방도로에 나오니 6시 3분이다. 57번 지방도로는 원삼면 소재지에서 용인시청 방향으로 오른쪽 삼거리에서 직진은 영동고속도로 양지 톨게이트로 가고 왼쪽으로 용인 시청방향이다.

마루금은 장수농원 진입로를 따라가다 (주)만택 정문앞에 가니 문이 잠겨있어 양쪽옆을 살펴봐도 길이 없어 뒤돌아와 한미칼라팩 방향으로 도로를 따라가 공장까지 가봐도 올라가는 길이 없어 되돌아와 (주)만택 정문 앞에 다시와 개가 짖어대는데 어찌 할 수 없이 망설이다 왼쪽으로 숲길을 헤치며 철망 끝에서 건물 안으로 들어가 양쪽 건물사이로 나가니 뒤에 비포장 임도가 나온다. 아침 일찍이라 문이 열려있지 않아 애매 했는데 낮에 문이 열리면 바로 문을 통해갈 수 있었는데 아침 일찍이라 문이 닫혀 있어 알바를 하고 길을 찾아 공장을 나오면 비포장 농로가 나오며 도로를 따라가다 포장길이 나오며 왼쪽에 아담한 2층집을 6시 33분 지나고 포장길을 내려오니 2분후 2차선 도로가 나온다. 이정표에 한남정맥 구봉산정상 9.5km 농촌태마파크 0.7km이며 마루금은 왼쪽 농촌 태마파크 방향으로 2차선 도로를 따라간다. 도로를 따라가다 용인시 농업기술센터 정문 앞을 6시 40분 지나고 용인 농촌테마파크 삼거리에 도착하니 6시 45분이다.

마루금은 삼거리에서 왼쪽 원삼면 방향으로 도로를 따라가다 삼거리에서 갓길로 올라서 20-30m쯤 가면 이정목이 있으며 문수봉 1.8km 매봉재(두창리) 7.0km이며 마루금은 이정목 뒤로 올라간다. 가파른 절개지 오르막을 밧줄을 잡고 올라 능선에 올라서 잘나있는 길을 가며 오른쪽 용인 농촌테마파크를 내려다보며 능선 오르막을 오르며 법륜사 삼거리를 지나면서 잘나있는 등산로를 따라 올라가며 오른쪽 아래 법륜사 건물을 내려다보며 한동안 올라 원삼면 소재지 삼거리에 올라서니 7시 4분이다. 이정목에 문수봉 1.3km 매봉재(두창리) 7.5km 원삼면 소재지 1.0km 법륜사 1.0km 이며 서남쪽으로 오던 마루금은 오른쪽(서북쪽)으로 이어지며 잘나있는 편한능선 오르막을 한동안 가다 약수터 삼거리 이정표에서 오른쪽 등산로를 따라간다. 이정표에 약수터 0.5km 매봉재(두창리) 8.1km 문수봉 0.7km 이며 이곳부터 가파른 오르막이 시작되며 시누대 사잇길 나무계단길을 한동안 숨을 몰아쉬며 올라 마애보살상 갈림길에 올라서니 7시 30분이며 마애보살상은 왼쪽으로 20m에 있다. 이곳에서 문수봉 정상은 0.15km, 150m 만 오르면 된다. 잠시 마애보살상에 들려 사진한판 찍고 나온다.

『마애보살상』

지정번호 : 경기도 유형문화재 제 120호
소재지 : 경기도 용인시 처인구 원삼면 문촌리 산25-1

※ 문수산 정상부 동쪽에 위치한 절터(문수사지)로 추정되는 곳에서 능선을 따라 북쪽으로 약 40m정도 떨어진 암반에 높이 약 2.7m 크기의 보살상을 양쪽에 새겼다. 이산의 이름이 문수산인 것으로 미루어 문수보살과 보현보살로 추정하고 있으나 이름은 확실치 않다. 두 상은 전체적으로 상체에는 옷을 걸치지 않고 하의만 입은 표현 등은 유사하나 세부 적으로는 다른 모습을 보이고 있다. 좌측의 상은 머리를 높게 틀어 올렸고 어깨 뒤로 머리카락이 흘러내렸다. 목에는 삼도(三道)가 뚜렷하며 상체는 단순한 목걸이 장식외에 아무런 장식이 없다. 왼손은 가슴 높이로 들어 올리고 오른손은 아래로 내렸다. 허리에는 군의(裙衣) 매듭이 지어져 있고 아래로는 얇은 군의를 표현하고 있어 다리가 드러나 보인다. 발아래로는 연화 대좌가 표현되어 있다. 우측의 상은 좌측보다 전체적으로 얕게 부조되어 있다. 머리는 낮게 올렸으며 둥근 얼굴, 갸름한 눈. 미소를 머금는 입. 등의 표현이 좀더 부드러운 인상을 주고 있다. 좌측의상과 손의 위치가 대칭되어 오른손을 가슴 높이로 들어 올리고, 왼손을 아래로 내렸을 뿐. 다른 표현은 거의 유사하다. 이 두상은 신체에 비해 얼굴이 크고 하체가 짧아 비례가 맞지 않으며 경직된 어깨와 단순화 직선화된 신체 표현을 보이는데 비해 얼굴. 손 등 부분적으로는 세부적으로 표현되어있다. 전체적인 양식과 조각 수법으로 보아 고려전기에 조성된 것으로 추정된다. 옮긴글

마애보상상을 관람하고 나와 가파른 나무계단을 힘들어 올라

문수봉 정상에 올라서니 7시 42 분이다.

좌표【 N 37" 10" 21.28" E 127" 17" 4.87" 】

문수봉(403.2m)정상에는 커다란 정상석이 있고 삼각점이 있으며 쉬어갈 수 있는 정자가 있다. 정상에서 배낭을 내려놓고 사진도 찍고 갈증도 면하고 7시 57분 출발한다. 서북쪽으로 올라온 마루금은 왼쪽(남쪽)으로 이어지며 오른쪽(북쪽은 앵자지맥이다. 잘나있는 내리막을 한동안 내려 나무계단을 내리고 8시 13분 신덕고개 안부에서 나무계단을 올라 잘나있는 능선을 올라가며 오른쪽에 한국석유공사 용인 석유비축 기지를 내려다보며 능선 오르막을 올라 삼거리에 올라서니 8시 24분이다. 이 정표에 은이성지 6.89km 학이체험마을 8.5km 미리내 성지

3.67km 망덕고개 1.81km 이며 마루금은 오른쪽 망덕고개 미리 내성지 방면으로 나무계단을 내려가 능선을 오르내리며 사각정자가 있는 쌍령지맥 분기봉에 올라서니 8시 45분이다. 이정표에 쌍령산 4.3km 문수봉 1.6km 함박산 12.9km 이며 망덕고개 1.20km 은이성지 7.50km 미리내성지 3.06km 이며 미리내 성지는 쌍령지맥 길이고 마루금은 오른쪽 망덕고개 쪽으로 이어진다. 잠시 내리막을 내리다 가파른 오르막을 올라 삼각점을 8시 51분 지나고 바래기산에 올라서니 9시 5분이다.

좌표【 N 37" 10" 18.36"　E 127" 16" 8.47" 】

　　바래기산 (371m) 정상에는 기상관측 장비탑이 있고 녹색 철망에 각종 리본과 한남정맥 바래기산 371m 표찰 코팅지가 걸려 있고 산악 기상관측장비 안내문에『본 산악 기상관측장비는 산림재해 방지를 목적으로 산림 지역의 기후 변화를 관측하기 위한 국가 재산입니다. 정확한 기상 관측이 이루어 질수 있도록 시설물 보호에 협조하여 주시기 바랍니다. <관측요소 : 기온, 습도, 풍향, 풍속, 강우량, 기압 지면온도 >』

　　바래기산 정상에서 인증샷을 하고 왼쪽으로 내리막을 한동안 내려 망덕고개 임도에 내려서니 9시 15분이다. 임도에 자그마한 오석(검정돌)비에, (聖 金大建神父 遺跡地 애덕고개)가 있고 임도 오른쪽 아래에 : 해실이 망덕(望德) 고개 성「김대건 신부 생전에 사목 활동길 : 순교후 유해 운구」

≪차 차 차 :≫

1. 봉사하세 선행하세 늙고 병들면 못하나니 가는 세월 잡을 손가 늙기 전에 봉사하세 얼씨구 절씨구 차 차 차 : 사랑이 제일이라 차 차 차 ; 몸도 튼튼 맘도 튼튼 건강할때 봉사하세 차 차 차 :

2. 아무리 가난해도 맘 있으면 도울 수 있고 아무리 돈 많아도 맘 없으면 못 돕느니라, 얼씨구 절씨구 차 차 차 : 사랑이 제일이라 차 차 차 : 봉사기회도 울기회 기회는 은총이다 차 차 차 :

3. 둘러보세 살펴보세 고통받는 이웃 있나 나 먹을때 굶는 이웃 나 웃을때 우는 이웃 얼씨구 절씨구 차 차 차 : 사랑이 제일이라 차 차 차 : 이웃고통 형제애로 우리 함께 극복하세 차 차 : (김진용 아미타 작사)

망덕고개에는 聖 金大建 神父의 望德고개 비가 있고 김진용 작사 차 차 차 비도 있다.

잠시 허리쉼을 하고 가파른 오르막을 숨을 몰아쉬며 올라 굴암산 정상에 올라서니 9시 33 분이다. 굴암산 정상에는 삼각점 (안성 402 1983.재설)이 있고 한남정맥 표찰 (굴안산 345m)이 있다. 정상 인증샷을 하고 내리막을 내리다 다시 오르막을 올라 무명봉을 지나며 가파른 내리막을 내려가는데 산악 오토바이가 길을 망쳐 놓아 미끄러질세라 조심조심 내려간다. 오늘 종주길은 가파른 오르막이나 가파른 내리막은 산악 오토바이가 길을 망쳐 놓아 등산객들이 고통이 심하다. 될 수 있으면 산악 오토바이 금지구역으로 지정 했으면 하는 바람이다.

내리막을 조심조심 내려와 안부에서 다시 가파른 오르막을 오르는데도 오토바이가 길을 망쳐 놓아 조심해서 올라가 무명봉에 올라서니 10시 9분이다. 힘들게 올라와 잘나있는 능선을 오르내리며 자그마한 삼각점을 10시 24분 지나고 가파른 내리막을 내려가는데 이곳도 오토바이가 길을 해쳐 놓아 조심해서 내려가 안부를 지나고 오르락내리락 작은봉을 두개 넘어 11시 2분 고압 철탑을 지나고 능선 오르막을 오르며 시장기가 들어 이르지만 11시 7분 자리가 좋아 전을 펴고 점심을 먹고 11시 40분 출발하여 오르막을 오르며 잘나있는 능선을 가다 11시 50분 고압철탑을 지나고 광주안씨 묘앞을 내려서 산판길 임도를 따라가다 포장 임도인 염치고개에 내려서니 11시 59분이다. 마침 산꾼한분이 있어 잠시 이야기를 나누고 출발해 가파른 오르막을 한동안 올라 무명봉을 넘고 고압 철탑을 12시 16분 지나고 노루실 삼거리에 올라서니 12시 24분이다. 쉼터에 60대 여인 두사람이 올라와 커피를 마시며 한잔을 줘 잘 먹었다는 인사를 하고 마루금을 따라 오른쪽으로 잘나있는 능선길을 좌우로 들숙 날숙 거리며 가다 12시 37분 고압철탑을 지나고 삼각점이 있는 217.2봉에 올라서니 12시 45분이다.

217.2봉을 지나면서 왼쪽 산 전체가 벌목지라 한낮에 햇빛을 받아가며 능선을 가는데 그래도 오르내림이 없는 편한길 능선이라 수월하게 한동안 가다 이정목을 지나면서 북으로 오던 마루금은 왼쪽(서쪽)으로 내려간다. 이정표에 문수봉 10km 함박산 4.5km 이며 이곳부터는 골프장과 인접한 구간이니 조용하고 안전하게 산행을 하여 주시기 바랍니다. 라고 이정목에 붙여 놓았다. 이곳을 넘으면 은화삼 컨트리클럽 골프장이라 길이 없고 능선 좌측으로 우회하며 비탈길을 나무계단을 오르내리며 마사 길이고 풀섶이라 조심해서 내려와 10분후 숲길 능선으로 내리막을 한동안 내려와 용인 연화사 입구에 내려서니 1시 20분이다. 연화사에 들여 물을 한사발 얻어먹고 나와 도로를 따라 삼거리에서 오른쪽으로 조금 가면 식당이 많으며 마루금은 은화삼 골프장 정문을 지나야 한다. 회덮밥 식당에 들여 시원한 물회로 점심을 먹고 2시 12분 출발해 은화삼 컨트리클럽 입구를 지나 고개를 넘어 무너미재 정류장을 지나고 45번 국도 못가서 왼쪽으로 20여미터 가면 지하통로가 나온다. 지하통로를 통과하면 경남여객 남동 차고지에서 왼쪽으로 45번국도 옆길 소로를 따라가면 풀속에 한남정맥 이정목이 윗주분만 보이고 조금 가니 도로공사 하느라 흙더미가 쌓여 길은 없고 절개지 위 능선만 보고 흙더미를 이리저리 피해가며 절계지 위 능선에 올라서니 2시 40분이다.

이곳은 현재는 길 찾기가 어려워 공사가 완공되면 길을 다시 만들어야 할 곳이다. 잠시 허리쉼을 하고 갈증도 면하고 마루금을 따라 오르며 잘 정돈된 전주류씨묘 옆길을 올라가 오른쪽 전원주택지를 2시 55분 지나며 산판길을 따라 오르막을 오르며 고개 삼거리에서 오른쪽 산판길을 따라 오르막을 올라 平安南道 大同郡民會 望鄕의 大聖東山에 올라서니 3시 9분이다. 산판길을 따라 平安南道 大同君民 墓域을 지나 가파른 능선을 올라 고압철탑을 3시 21분 지나며 숲속길로 들어가 오르막을 올라 함박산 정상에 올라서니 3시 32분이다.

좌표【 N 37" 12" 49.23" E 127" 11" 21.16" 】

함박산 정상에는 산모양의 정상석이 있고 앞면에 한문으로

(咸朴山) 뒷면에는 (함박산)이라 쓰여 있고 쉼터가 있어 배낭을 내려놓고 사진 몇판 찍고 인증샷을 하고 어제부터 2일간 산행에 발가락이 아파서 양발을 벗어보니 발가락에 물집이 생겨 응급조치를 하고 쉬면서 피로를 풀고 4시 6분 출발한다. 함박산 오르는 데는 무너미 고개에서 도로 공사중이라 길이 없어 중주자 외에는 별로 오르는 사람들이 없으나 용인 신기쪽에서 올라오는 길이 등산객이 많이 오르내리고 부아산 등산로도 좋아 정상에는 많은 사람들이 오르고 내리며 이정표에 부아산 3.7km 문수산 14.5km 신기저수지 0.9km이며 마루금은 왼쪽으로 내리막을 내려 함박산 산불·산악사고 긴급 연락처 119 현위치 1-4번 을 4시 24분 지나고 잘나있는 능선을 오르내리며 체육시설이 있는 명지대 갈림길에 내려오니 4시 35분이다.

　이정목에 부아산 2.7km 함박산 1.0km 명지대 0.5km 이며 마르금은 운동시설이 있는 명지대 삼거리를 지나 오르막을 오르며 345000 볼트 고압 철탑을 지나 무명봉을 넘고 왼쪽에 밧줄 설치길을 내려서 다시 오르막을 올라 삼각점이 있는 338봉을 4시 47분 지나고 왼쪽으로 통나무 계간을 내려서 서울공원묘지 윗길을 가다 능선으로 들어서면 함박산 119 긴급연락처 1-2를 지나 능선길을 가며 잘나있는 능선을 가며 명지대 두번째 삼거리를 4시 58분 지나며 마루금은 왼쪽(서쪽)으로 내리막 능선을 내리며 하고개 터널위에 내려서니 5시 15분이다.

오늘 이곳에서 마무리하려고 했는데 터널이라 어차피 용인대까지 내려가야 하기에 부아산을 넘기로 마음먹고 가파른 오르막을 오르며 순천박씨 가족묘를 지나 가파른 오르막을 한동안 올라 쉼터가 있는 삼거리에 올라서니 5시 44 분이다. 마루금은 오른쪽으로 편한길 능선 오르막을 오르며 부아산 정상에 올라서니 5시 55 분이다.

좌표【 N 37" 13" 38.0" E 127" 9" 35.0" 】

부아산 정상에는 커다란 정상석이 있으며 함박산과 마찬가지로 한쪽 면은 한글로 '부아산' 또 한쪽 면은 한문으로 '負兒山' 이라 쓰여 있고 한국 아마추어 무선 경기본부 용인지부에서 세

운 재난통신 발생 및 재난훈련용 무선통신 안테나가 있으며 국기 게양대가 설치되어 있다.

『국기 게양대 설치배경』
아름다운 강산 대한민국을 사랑하고 인도주의적인 봉사정신이 온 누리에 퍼지기를 염원하는 라이온의 기상을 널리 전하고자 이곳 부아산에 끝없이 창조와 번영을 희구하는 한민족의 이상을 담은 태극기를 게양하였다.
2012. 4. 19. 용인라이온스클럽

 이제 다왔다는 마음으로 벤치에서 쉬고 있는데 용인대 쪽에서 60대쯤 되는 분이 올라와 이분한태 부탁해 사진을 찍고 부아산에 대해 이야기도 듣고 내려가면 골프클럽 옆에 온천 사우나가 있다고 알려 준다. 6시 9분 출발해 왼쪽으로 잘 만든 계단을 내려와 능선을 가다 삼거리에서 6시 24분 오른쪽으로 잘나있는 능선 내리막을 내려 오른쪽 절개지 수로를 따라 내려와 지곡리 고개 2차선 도로에 내려서니 6시 32분이다.
좌표【 N 37" 14" 2.77"　E 127" 9" 20.94" 】
 어제에 이어 연 2일간 산행을 하다 보니 피로도 오고 부산에 가야 하기에 이곳에서 마무리 하고 오른쪽으로 도로를 따라 100여 미터 내려와 조일프라자 골프클럽 정문 앞에서 오른쪽으로 로만바스 온천으로 골프장 뒤로 돌아가니 산밑에 로만바스

온천 주차장이 있고 온천에 들어가 (요금 8,000원) 샤워를 하고 택시를 부르니 옆에서 듣고 있던 직원이 이곳은 택시가 잘 안 온다며 자기가 용인 버스터미널까지 자가용으로 태워준다며 차를 가져와 자가용차로 용인버스터미널에 와서 보니 수원역 까지는 시외버스가 없고 시내버스뿐이라며 표를 안팔아 시내버스로 수원역에 와보니 옛날 수원역이 엄청 변해있다. 수원역에 오니 8시 56분 새마을호가 조금전 출발하고 10시 24분 무궁화호밖에 없어 역전에서 간단히 김밥으로 식사를 하고 역내 구경도 하고 10시 24분 무궁화호로 부산에 도착하니 새벽 3시가 넘었다. 집에 오니 집사람 이틀 동안 고생했다며 나이도 있는데 무리하지 말라며 격려를 해준다.

제2차 한남정맥 단독종주 3구간

지곡리고개-수지방주교회

지곡리고개 : 경기도 용인시 처인구 삼가동 지곡리고개
수지방주교회 : 경기도 용인시 수지구 상현2동 수지방주교회앞
도상거리 : 지곡리고개 27.2km 수지방주교회앞
소요시간 : 지곡리고개 11시간 5분, 수지방주교회앞
운동시간 : 지곡리고개 9시간 40분, 수지방주교회앞
휴식시간 : 지곡리고개 1시간 25분, 수지방주교회앞

지곡리고개 출발 6시 42분,
효자고개 주유소 2.9km 7시 41분,
화운사입구 4.2km 8시 11분,
325.3봉 5.9km 8시 54분,
석성산 출발 9시 40분,
할미산성 10.0km 10시 40분,
향린동산 //출발 11시 13분,
향수산갈림길 11.7km 11시 33분,
고속도로굴다리 15.1km 12시 33분,
아차지고개 16.7km 1시 20분,
만수약수 19.4km 2시 24분,
운전면허시험장 20.7km 3시 23분,
한진공업 23.1km 4시 10분,
해오라기터널 24.3km 4시 37분,
소실봉 정상 25.9km 5시 17분,
용인노인전문병원 2.6km 7시 34분,
멱조산 3.6km 7시 54분,
멱조고개 4.5km 8시 17분,
석성산 정상 7.7km 9시 34분,
애베랜드(마성)입구 9.4km 10시 13분,
향린동산 갈림길 10.7km 10시 52분,
한고개 11.3km 11시 18분,
향린동산정문 13.1km 12시 01분,
182봉 쉼터15.6km 12시 46분,
금영김씨묘역 17.5km 1시 50분,
만수약수 출발 2시 55분,
영동고속통로 22.7.km 3시 58분,
고가도로아래 23.2km 4시 15분,
소현중학교정문 25.4km 5시 05분,
수지 방주교회 27.2km 5시 58분,

 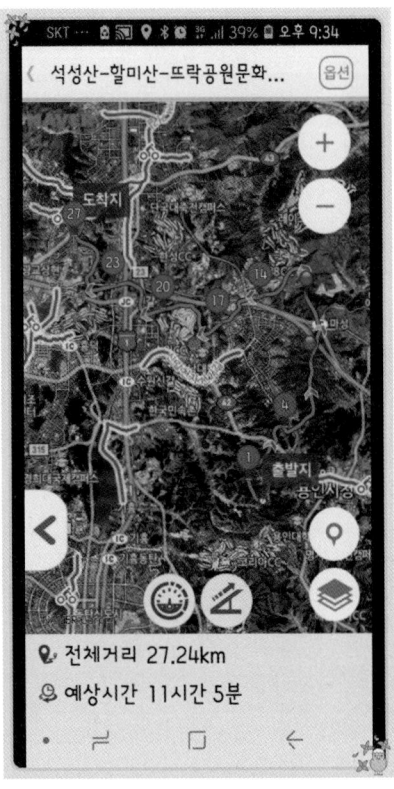

　한남정맥 3구간은 석성산이 472m로 제일 높은 산이고 할미산성 349m으로 다음 높고 주로 도로 야산 동래 뒷산으로 이어지며 길을 잘 찾아야 할 곳이 몇군데 있고 마루금에 아파트 단지가 들어서 부득이 돌아가야 했으며 철조망 양쪽에 길이 있어 안길로 가다가 개구멍으로 겨우나가 나뿐만 아니고 많은 사람들이 이 길로 와서 나갈 길이 없어 철망 밑으로 넓이 50cm 높이 30cm 가량 되게 뚫어 놓아 겨우 사람하나 나오는데도 뚱뚱한

사람은 나올 수 없는 곳을 나오게 어려웠고 한진 건물을 지나 고가도로 아래 올라가는데 마루금이 이곳을 지나지 않으면 안 되는 어려운 길을 찾아가고 마지막 소형 초교 내려가는 길은 아파트단지 공사로 길이 막혀 우회하여 아파트 내로 내려온 게 어려웠으며 앞으로 한남 정맥은 이런 곳을 수없이 가야 하기에 마음이 짠하다.

2018년 6월 24일 맑음

　이번구간은 높은 산이 없고 석성산 할미산성 향린 동산을 지나면 도로 또는 야산으로 이어진다. 부산에서 저녁을 먹고 7시 34분 새마을호 열차로 수원역에 도착해 홍익 사우나 찜질방에서 밤을 새우고 내장탕 국밥으로 아침을 먹고 전철로 기흥역에서 용인 가는 경전철로 가라타고 용인 삼가역에서 내려 택시(3000)로 지난번 하산한 지곡리 고개에 도착하니 6시 42분이다. 산행준비를 하고 6시 45분 산행에 들어간다.

　마루금은 절계지 철계단을 올라 능선에 올라서 오르막을 가며 3분후 파묘를 지나고 2분후 묘 봉분에 이끼만 있는 묘를 지나 잘나있는 편한길 오르막을 오르며 가는 곳마다 철탑을 지나고 분기봉에 올라서니 7시 11분이다. 마루금은 오른쪽으로 고압 철탑이 줄지어있는 능선길로 한동안 내려오며 산판길도 따르고 절계지에서 왼쪽으로 내려오니 용인추모원 입구 도로가 나오며 도로에 차단기가 설치되어 있어 차단기를 넘어 나오면 42번국도 효자고개다.

좌표【 N 37° 14' 58.2"　E 127° 09' 31.7" 】

　용인 추모원 입구에서 용인쪽으로 도로 갓길을 따라 가다 고개 이정표 밑에서 건너편 성산 주유소로 차가 뜸한 사이 중앙분리대를 넘어 7시 41분 효자고개 성산 주유소 현대오일뱅크 뒤길 임도를 따라가다 오른쪽 진입로로 들어서 가다 왼쪽으로 능선 오르막을 올라 10분 후 정숙 화운사 경내지 안내목을 지나 가파른 오르막을 한동안 오르면 자그마한 삼층탑이 나오고 쉼터 (벤치)가 2개 놓여있는 멱조산 정상에 올라서니 7시 54분이다.

　마루금은 오른쪽으로 가파른 내리막을 한동안 내려 안부 갈림길 (8시1분)에서 직진으로 오르막을 올라 4분후 작은봉을 넘으면서 오른쪽(남쪽)으로 마루금을 따라 내려간다. 2008년 1차 때는 이곳을 지날때 용인수자원이 공사중이라 길이 없어 공사장으로 내려간 기억이 있는데 지금은 완전히 우회하여 내려간다. 가파른 내리막 능선을 한동안 내려가니 화운사로 들어가는 도로가 나오며 오른쪽은 화운사로 들어가는 길이고 왼쪽(북쪽)으로 도로를 따라가면 수자원정문 을 지나며 화운사 일주문이 나온다.

(覓祖山華雲寺) 일주문앞에 대한불교 조계종 화운사 (大韓佛敎 曹溪宗 華雲寺) 거대한 표지석을 지나 조금 나오면 동백 죽전대로 멱조고개다. 8시 13분 도로 신호등 건널목을 건너면 기흥 용인간 경전철이 지나며 마루금은 철조망으로 가로막아 놓아 10년전 1차 때는 공사중이라 이곳을 통과했는데 진입로가 어느쪽에 있는지 몰라 망설이고 있는데 다행이 이곳 아랫마을에 사는 사람이 오기에 물어보니 길을 친절히 가르쳐 준다. 이곳에서 오른쪽(용인쪽)으로 200m 4분 가량 내려가면 왼쪽으로 경전철 아래 도로를 따라 공장 건물 앞에서 왼쪽으로 등산로 입구가 나오며 능선 오르막을 오르며 3분후 잘 정돈된 묘 3기를 지나고 오르막을 오르며 貞夫人光州金氏 묘군을 8시 27분 지나

능선 오르막을 오르며 8시 30분 철탑을 지나 잘나있는 편한길 능선을 한동안 올라 4분후 고압 철탑을 지나고 능선 오르막을 좌로 우로 들락거리며 5분후 동래정씨 묘를 지나 다시 5분후 철탑을 지나면서 가파른 오르막을 숨을 몰아쉬며 힘들여 올라 325.3봉에 올라서니 8시 53분이다. 325.3봉은 준희님이 걸어놓은 영남길 325.3m가 걸려있고 역삼동의 유래가 있다. 역삼동은 본래 용인읍의 역북리, 삼가리 지역으로 1996년 3월 1일 용인시 승격과 동시에 동으로 되었는데 역북리와 삼가리를 합쳤다 하여 역삼동이라 하였다. 북동은 1914년 행정구역을 개편할때 역동과 북동을 합쳐 역북리라 하였으며 1996년 용인군이 시로 승격될때 역북동으로 편입 되었다. 삼가동은 동백동 으로 넘어가는 큰 메주고개, 상·하동 쪽으로 넘어가는 작은 메주고개. 동쪽으로 가는 길 등 세갈래 길이 있어서 삼가동으로 불린 지명유래가 있다.

『또 기다리는 편지』

지는 저녁해를 바라보며 오늘도 그대를 사랑하였읍니다. 날 저문 하늘에 별들은 보이지 않고, 잠든 세상 밖으로, 새벽달 빈길에 뜨면 사랑과 어둠의 바닷가에 나가, 저무는 섬하나 떠올리며 울었읍니다. 외로운 사람들은 어디론가 사라져서 해마다 첫눈으로 내리고, 새벽보다 깊은 새벽 섬 기슭에 앉아, 오

늘도 그대를 사랑하는 일보다. 기다리는 일이 더 행복 하였습
니다. (무명인의 시)

　동북쪽으로 오던 마루금은 왼쪽(북쪽)으로 나무계단을 따라 내리막을 내려가면 용인 시청에서 올라오는 길과 만나며 등로가 많은 사람들이 오르고 내려 국립공원 같은 길이 연결된다. 이곳부터는 일요일이라 많은 산꾼들이 오르내리며 반갑다는 인사를 나눈다. 활짝 열린 등산로 석성산 오르는 길은 곳곳마다 쉬어갈수 있는 쉼터고 길을 알리는 이정표가 곳곳에 있어 등산객의 편의를 도와준다. 잘나있는 등산로를 따라 오르면 임도 포장길이 나오며 용인 석성산 등산로 간판이 있고 아담한 공중 화장실을 지나며 왼쪽 임도는 군부대로 올라가고 아래쪽 도로는 통화사 가는 길이다. 9시 13분 마루금은 등산로를 따라 오르면 군부대 오른쪽 사면길로 들어서 옆길 내리막을 내려가면 길가에 통화사에 속한 건물을 지나가는데 1차때도 이 건물을 지나간 기억이 난다. 이곳은 기도처 같은데 문이 잠겨있어 안에 무엇이 있는지 궁금하다. 석성산 오르는 등산로는 2008년 10년전과 엄청 다르다. 곳곳마다 계단을 설치하였으며 곳곳마다 쉼터 이정표가 많이 설치되어 있다. 나무 계단을 올라서면 석성산 안내판이 있다.

『석성산 (石城山)』

석성산은 본래 (구성산. 석성산. 보개산) 행정구역상 유방동. 역북동 기흥구 중리 토곡읍 마성리에 접해있다. 석성은 축성 연대가 (475년) 지금으로 부터 약 1500년 전에 고구려의 장수왕이 개로왕을 죽이고 쫓기는 백제군을 몰아 남하하던 고구려가 이곳을 장악하였을 당시 축성한 것으로 추측된다. 길이는 약 2km인 자연 석성은 성곽의 동문이 있었던 흔적으로 문이 남아있다. 산의 높이는 471.5m며 동쪽으로 경사가 완만하고 서쪽으로 산세가 험악하며 정상에는 봉화대가 있었다. 석성산과 남산의 거리가 직선거리 40km이며 남산 봉화 관측소 안양 관악산. 원삼면 맹리 봉화대와 통신수단으로 사용 되었으며 지금은 통신대가 있어 군사적으로 천해요새 이다. 이 산맥은 할미산성 터키 참전비, 성산. 메주고개로 이어지는 한남정맥이다. 성터를 지나 나무계단을 오르면 행기장이 있고 봉수대가 있는데 봉수터를 복원 중인지 출입이 안되며 안내판만 있다. 용인 석성산 봉수는 조선시대 삼남지역의 봉수가 안성 망이산 봉수에서 결집한 후 용인 건지산 봉수와 석성산 봉수, 성남 천림산 봉수를 거쳐 한양 목멱산 봉수(경봉수)로 이어지는 직봉에 해당하는 유적입니다. 2017년 11월부터 2018년 5월까지 용인 석성산 봉수대에 대한 발굴조사 결과 봉수대 보호 시설인 방호벽, 연기와 불빛으로 국경의 위급 상황을 알리는 신호 시설인 연조, 거화를 위한 비품과 재료를 보관하는 창고 건물지 등이 확인되었습니다. 유물은 다량의 고려.조선시대 기와. 도자기 편이 출토되었습니다. 특히 연조 4(또는 방형 석렬유구)에서 출토된 백자 향로와 제기가 주목되는데 이는 석성산 봉수에서 중요한 의례가 행해 졌음을 증명하는 자료로 이를 통해 조선시대 제 2 거직봉 노선의 중추인 석성산 봉수대의 위상을 엿볼 수 있습니다. 금번 발굴 조사를 통해 석성산 봉수의 구조와 운영체계에 관한 기본 자료를 확보 하였으나 봉수주변 일원 미 조사구역에 대해서는 2018년 하반기에 추가 조사가 실시될 예정이며 발굴조사 결과를 바탕으로 종합정비 기본계획을 수립하여 체계적인 복원 정비가 진행될 예정입니다. 용인의 소중한 문화유산이 안전하게 보존 관리될 수 있도록 시민들의 적극적인 협조와 관심 부탁드리며 안전사고 예방과 문화제 보호를 위하여 등산객들의 출입을 제한하오니 양지하시기 바랍니다. 옮긴글

이곳에서 석성산 정상은 200m 더가야 되며 오른쪽 비탈길로 가다 계단길을 올라서니 석성산 정상이다. (9시 34분)

좌표【 N 37" 16" 20.7" E 127" 10" 22.3" 】

≪석성산을 오르며≫

석성산은 돌이 많아 석성산인가, 성이 있어 석성산인가, 10년 전 오를 때는 우중산행이라, 볼 것도 못보고 아쉽게 지났는데, 10년이 지나 이곳에 올라와 보니, 변한 게 너무나 많구나. 이번 이곳을 지나면 언제 올까 약속도 못하고, 10년전 1차 때는 다시 한번 2차로 이길을 가리라. 마음먹고 지났지만, 이제 내 나이 77세 기약없이 지나갈 뿐, 많은걸 보고 생각에 잠긴다.

　석성산 정상에는 커다란 정상석이 있고 삼각점(수원 321, 1983. 재설)이 있으며 전망이 좋아 많은 등산객 들이 쉬는 사람 음식을 먹는 사람 등 많은 사람들이 있어 앉자 쉬기도 그렇다 우선 등산객에게 부탁해 사진 몇장 찍고 허리쉼을 하고 바로 내려간다. 내리막도 나무계단으로 내려 능선을 가며 5분 후 백현마을 삼거리 이정표가 있는 암봉을 지나 오른쪽으로 가파른 내리막을 내려오는데 60대 후반되는 산꾼이 내려가며 자기도 할미산성 쪽으로 간다며 같이 이야기 하며 내려가 절개지에 내려오니 공사하느라 길이 가로막혀 있다. 이 공사는 영동고속도로가 생기면서 단절된 한남정맥구간 석성산 할미산성 등산로를 교량으로 연결하여 한남정맥 종주자와 많은 등산객에게 이용

도모 및 쾌적하고 안전한 용도로 산행할 수 있게 만드는 육교로 2017년 12월 착공하여 2018년 7월 완공될 예정인데 아직도 공사 진행상 7월에는 개통이 어려울 것 같다. 이 다리가 완공되면 위험한 도로를 건너지 않고 거리도 많이 짧아져 산꾼들이 편한 길을 갈 것인데 나는 이 길이 완공 되더라도 언제 이 길을 갈까 싶은 생각이 든다. 오늘은 공사중이라 왼쪽 소로를 따라 내려가다 같이 내려온 사람은 길을 따라 내려가고 나는 숲길을 해쳐나와 도로에 올라서니 1차때 이 길을 지나간 생각이나 고가도로 아랫길를 통과해 길을 따라가니 에버랜드, 마성 톨게이트 앞이 나오며 왼쪽길로 가다보면 넓은 광장에 터키군 참전 기념탑 맞은편 도로에서 공사중인 절계지로 올라간다.

〔한남정맥이 46년 만에 이어집니다. 용인시는 영동고속도로 건설로 인해 동서로 단절된 석성산 에서 할미산성 170m 구간에 보도 교량을 설치합니다. 민족정기 회복은 물론, 단절됐던 동서간 교류와 화합을 위해섭니다. 이에 따라 용인 기흥구 동백동과 처인구 유림동, 포곡읍 마성리 3개 마을이 다시 산길을 통해 왕래가 가능해 집니다. 시는 석성산 진입 구간에 안내판과 이정표를, 할미산성 쪽 보도 교량에는 안전 난간과 전망대 등을 설치할 예정입니다. (정찬민/용인시장) 두 동강난 한남정맥이 근 반세기만에 연결됩니다. 시 전역이 조화를 이룬 3색 용인이 될 것 같고요. 전국의 등산, 트래킹 애호가들도 많이 찾을 것으

로…] 백두대간 13정맥의 하나인 한남정맥을 다시 잇는 보도 교량은 오는 7월 완공돼 시민들을 맞이합니다. 옮긴글

마루금은 마성 톨게이트 왼쪽길로 가다보면 터키군 625 참전 기념비 맞은편 절개지를 올라간다.『터키군은 1950년 6월 25일 북한 공산집단 불법 기습 남침으로 우리의 전세가 불리할때 자유와 세계평화를 수호하기 위하여 터키군이 파병되어 1950년 10월 17일 부터 휴전시까지 북한군과 격전 많은 공적을 올렸으므로 이를 기리고 산화한 영령들의 넋을 위로하고자 이를 건립함』1950년 10월 17일 참전하여 청천강변, 군우리, 용인시 김량장등, 안양시 수리산, 의정부, 연천, 퇴계원, 금화전투 등에서 혁혁한 전공을 세웠으며 특히 김량장등 전투간(1951년 1월 25일-27일)터키군의 용맹한 백병전은 UPI 기자에 의하여 생생한 모습으로 전 세계에 보도 되었으며 이를 기념하여 이승만대통령과 미국대통령이 부대 표창을 수여하였음. 이후 1966년 7월10일 터키군이 대한민국 땅에 발을 내딛는지 16년 만에 본국으로 개선 귀국함. (참전 피해 전사상자 3,064명)

석성산과 할미산성교가 선설중인 절개지를 올라가 능선 오르막을 오르며 10분후 할미산성 입구에 올라선다. 이정표에 마성 IC 0.3km 석성산 3.2km 할미산성 0.2km이며 할미산성으로 올라가 발굴 작업중이라 그런지 산 전체를 망으로 덮어놓았다.

[할미산성입구 안내문]

경기도 기념물 제215호로 지정된 할미산성(老姑城)은 1998년 충북대학교 중원 문화제 연구소의 광역지표조사와 2004년 경기도 박물관 시굴조사결과 자연지형을 최대한으로 이용해 축조된 길이 651m의 테뫼식 산성입니다. 이 지역은 2011년 1차 발굴 조사를 실시한 곳으로 주거지 5기 원형수혈유구 3기 및 고배(高杯)등 신라계 유물이 출토되어 6세기 중엽에서 7세기 중엽 사이 신라의 한강유역 진출과정 및 용인지역의 생활상을 알려주는 중요한 자료가 확인되었습니다. 현재 할미산성 정비 계획에 따라 연차적 발굴 조사를 실시하고 있으며 향후 전체적으로 유적 정비를 실시할 예정입니다. 문화제 관람에 불편을 끼쳐드려 죄송합니다. (용인시 문화예술과)

할미산성으로 들어가 덮어놓은 망을 밟으며 오르막을 올라 할미산성 정상에 올라서니 10시 40분이다.

좌표【 N 37" 17' 16.87"　E 127" 10' 29.66"

할미산성(할미 山城)

▶ 지정번호 : 경기도 기념물 제 215호.
▶ 소재지 : 용인시 기흥구 동백동 산 23-1 일원

할미산성은 기흥구 동백동과 처인구 포곡읍의 경계에 위치한 할미산(해발349m)의 정상과 그 남쪽의 능선일부를 둘러싼

테뫼식 석축 산성이다. 성에대한 기록은 증보동국문헌비고(增補東國文獻備考)에 폐성되었다고 처음 등장한 이후 여타의 지지류 에서도 확인되지 않는다. 다만 일제강점기에 간행된 조선보물 고적 조사자료(朝鮮寶物古蹟調査資料)에는 석루 둘레는 약 400칸이고 전부 붕괴 되었으며 고려시대 한노파가 하룻밤에 쌓았다고 이름 붙여져 노고성이라고 한다. 고 하였고 이후 몇몇 조사 자료에 형상기록이 남아있는데 전국에 산재한 문화제의 현황 파악을 위해 간행된 (文化遺籍 總覽)에는 마고선녀라 불리는 한 노파가 성을 축성했다는 전설로 일명 할미성 이라고 한다. 성의 형태는 산세를 따라 타원형으로 축성 되었으며 외벽은 붕괴되어 석재로 덮여있는 상태이다. 길이 1.5m 높이 70cm 정도의 범위에서 6단정도 남아있는데 성벽의 잔존상태는 양호한편이다. 성(城)의 전체의 둘레가 651m 이고 성 내부는 북쪽의 높은 위치와 남쪽의 낮은 위치 사이에 별도의 석축이 있어서 이 부분의 길이가 180m가 된다. 결국 성의 내부가 남북으로 구분되어 마치 내성과 외성으로 구분된 느낌을 준다. 성벽 남북의 전체 길이는 중심부에서 280m이고 동서의 너비가 넓은곳은 120m이다. 성 돌의 두께는 20cm 내외이며 폭은 30-70cm 정도로 다양하지만 35cm 내외의 크기가 가장 많다. 대부분 편마암을 직장 방형으로 다듬어 사용했으며 상벽은 아랫부분의 너비를 5.4m 이내로 하고 성벽의 윗면의 너비는 최하 3.8m가 되도록 하였으며 성벽의 높이는 대략 4m 정도였을 것으로 추정된다. 할미 산성은 조선시대에 이미 군사적 효용성이 감소하여 폐성된 것을 알 수 있으며 1998년 충북대학교 중원 문화재 영구소의 광역 지표 조사와 2005년 경기도 박물관 시굴 조사결과 삼국시대 신라에 의해 축성 되었다고 판단하고 있다. 성(城) 내부 시설로는 수구지, 토광, 건물지 등이 확인 되었으며 유물로는 철재류 일부와 신라계 토계류가 주로 채집되어 신라가 한강유역 진출 시기인 6세기-7세기 초기에 축조되어 한정적으로 사용된 성으로 신라의 한강유역 진출 과정을 밝힐 수 있는 중요한 성곽으로 중요성이 인정되어 2006년 11월 경기도 기념물 제 215호로 지정 되었다.

할미산성 정상에서 인증샷을 하고 성벽을 내려서 마루금은 잘 나있는 길을 따라 능선길을 가며 운동기구가 있고 벤치가 있는 향린동산 삼거리에서 10시 52분 아직 점심시간은 이르지만 자리가 좋아 점심을 먹고 있는데 영동고속도로 마성 톨게이트에서 내려간 사람이 올라오고 있다. 그 사람은 마을쪽으로 한참을 내려가다 도로를 따라 올라 왔다고 한다. 점신을 먹고 11시 13분 출발해 서쪽으로 오던 마루금은 북쪽 향수산 방향으로 내리막을 내려가 안부를 11시 18분 지나고 오르막을 올라 분기봉에 올라서니 11시 33분이다. 마루금은 왼쪽(남쪽)으로 내려오고 그 사람은 향수산 쪽으로 간다. 작별 인사를 하고 향린동산 쪽으로 골프장 철조망을 따라 조금 내려오면 포장길 도로가 나오며 용인 동부경찰서 동백파출소 향린초소 컨테이너 박스가 나온다. 향린초소 삼거리에서 오른쪽 도로를 따라 내려가면 굳게 닫힌 철문이 나온다. 철문 오른쪽으로 철조망 갓으로 넘어오면 도로가 나온다. 2008년도 1차 때는 이곳까지 왔다가 도로가 골프장으로 착각하고 되돌아가 파출소 초소에서 아래로 내려가 서문으로 나오는데 3분 거리를 한시간 넘게 소모하고 서문에서 도로를 따라 올라와 보니 이곳으로 넘으면 되는데 고생을 하여 이번에는 쉽게 올수가 있었다.

 이곳부터는 도로를 따라가야 하기에 한남 정맥은 야산과 도로를 많이 따른다. 도로를 따라 7분후 향린동산 정문에 오니 12시 1분이다. 향린마을 정문을 지나 도로를 따라 내려오다 골프장 삼거리를 12시 6분 지나 갈림길 삼거리에서 직진으로 가야 하는데 왼쪽길로 내려가다 보니 이 길이 아닌걸 확인하고 되로 삼거리에 올라와 5분간 알바를 하고 삼거리에서 오른쪽 직진으로 내려오면 아파트단지 파란막이 터널을 지나고 삼거리에서 왼쪽 도로를 따라 내려오면 23번 도로가 나오며 도로를 따라가면 근린공원 버스정류장을 지나면서「그루터기 한우점」이 나온다. 마루금은 한우점 왼쪽으로 지하 통로가 바로 보인다. 12시 30분 지하 통로를 통과해 오른쪽으로 양쪽도로 사이길로 가면 영동고속도로 지하 통로를 지나고 왼쪽으로 고속도로 아랫길을 가다 산길 나무계단으로 올라 경주김씨 수원김씨 묘 뒤에서 능선길로 들어서 잘나있는 능선길을 따라가다 체육시설이 있고 팔각정자가 있는 182.4봉에 올라서니 12시 46분이다.

  남으로 오던 마루금은 오른쪽(서쪽)으로 잘나있는 능선길을 가다 6분후 체육시설이 있는 삼거리에서 오른쪽 방면으로 내려가니 건물이 들어서 길이 가로막혀 되돌아 나와 산책 나온 중년 남자에게 물어보니 잘 만들어 놓은 계단길을 내려가 중일 초등학교 정문에서 도로를 따라 삼거리에서 오른쪽으로 가면 아치고개 주유소가 나온다고 가르쳐줘 계단을 내려와 중일초등학교 정문앞을 지나며 길 건너편에 신동백 롯데캐슬애코 1단지 아파트정문과 아파트를 보며 중일초등학교쪽 인도를 따라 내려와 1시 5분 삼거리에서 오른쪽 도로를 따라가 SK 상하동 주유소를 1시 18분 지나고 도로를 따라 아차지 고개에 도착하니 1시 20분이다.

좌표【 N 37° 17″ 07.2″ E 127° 08″ 17.9″ 】

　마루금은 아차지고개 도로에서 왼쪽으로 표지기를 보며 등산로 따라 올라가면 철조망에 통로가 나온다. (길이 철조망 오른쪽 길과 철망 왼쪽길이 있는데 오른쪽 길은 좁고 해서 철조망 통로를 나가 왼쪽 길로 가면 철망 끝에서 나갈 곳이 없으니 후자들은 오른쪽 길로 가시기 바랍니다.) 철조망 통로를 나와 왼쪽길로 능선을 가는데 철망 밖으로도 길이 있어 합류 되겠지 하고 철조망 끝에 가니 갈곳이 없고 철망 밖에 길은 능선으로 올라가 철망을 따라 10분 이상 왔는데 넘어갈 곳도 없고 되로 돌아갈 수도 없어 이리저리 살펴보니 철망 아래로 누군가 개구멍을 만들어 놓아 과연 이곳으로 나가질까 생각하다 하는 수 없이 배낭을 벗어 밀어 넣고 (높이 약 30cm 넓이 약 50cm) 보복으로

겨우 빠져 나와 보니 다른 사람들도 이곳을 많이 통과한 모양이다. (이곳을 지나시는 다음 정맥종주자에게 부탁합니다. 이길은 끝에 가면 나갈 길이 없으니 입구에서 길을 막아주시고 오른쪽 길로 표지기를 달아주시면 저 같은 고생을 안할겁니다. 꼭 막아주세요.) 개구멍을 어렵게 통과해 오르막을 올라 삼거리에 올라서니 1시 40분이다.

마루금은 창덕동 쪽으로 내려가면 오른쪽에 철판 울타리를 지나고 금영김씨(金寧金氏) 종중묘를 1시 50분 지나고 오른쪽으로 잘나있는 능선길을 가며 놀이터와 운동시설이 있으며 사각 정자를 1시 55분 지나 임도같이 잘나있는 길을 따라가며 5분 후 쉼터 이정표를 지나 좌우로 들락거리며 밧줄 설치한 내리막을 한동안 내려가며 왼쪽에 수원cc 골프장 철망 울타리를 따라 내리막을 내려 2시 12분 안부를 지나고 오르막을 올라 3분후 길 가에 삼각점을 지나고 다시 3분후 성원상떼빌 2차 아파트와 수원cc골프장 사이길(길바닥에 돌을 깔아 놓았음)을 지나고 만수정 약수터에 도착하니 2시 24분이다. 2008년 1차 때도 약수터는 있었는데 지금은 사각 정자도 있고 운동 시설이 잘되어 있으며 60대 여성 분들이 정자에 안자 놀고 있다. 점심 먹은지가 벌써 3시간이 넘어 정자에 앉아 남은 김밥을 먹고 물도 한병 보충하고 2시 55분 출발해 잘돼있는 길을 따라 5분후 새천년 그린빌 5단지 아파트 문을 지나간다.

안내문에 「여기서 부터는 새천련 5단지 아파트 입주민의 사유 재산입니다. 이용객들의 편의를 위하여 상시 문을 열어놓고 있으니 잔디. 수목 훼손이나 고성. 손뼉을 치는 것을 삼가하여 주시고 자전거. 오토바이 등의 출입을 금하오며 인근에 입주민의 주거공간이 가까이 있으니 조용히 이용하여 주시기 바랍니다. 새천년 그린빌 5단지 아파트 관리 사무실」 아파트 문안으로 들어가 전망 파그에서 오른쪽으로 나무계단을 내려서면 미용실 세지앞에 내려서 새천년 마트를 3시 6분 지나고 언남초등학교 사거리 건널목을 건너 오른쪽으로 가면 언남초교. 왼쪽은 용인 신릉 초등학교로 내려가다 새천련 5단지 버스 정류장을 지나고 새천련 5단지 사거리에서 오른쪽으로 도로를 따라가다 푸르지오 아파트 정문을 지나고 용인 신릉 중학교 정문을 지나 신릉 초교 정문을 3시 15분 지나고 한우리 교회를 지나 녹원마을 새천년 2단지 사거리를 지나고 새천년 1단지 사거리를 지나 23번 도로 건너편에 용인 운전면허 시험장 앞에서 오른쪽으로 3시 20분 도로 갓길을 간다. 이곳이 지도상 양고개다.

좌표【 N 37" 17" 24.58" 127" 6" 34.63" **】**

운전면허 시험장을 지나 영동고속도로 지하통로를 나와 왼쪽으로 신호대 도로를 건널목을 건너 3시 28분 낙지복음 요리 전문점 착한낙지 기흥점 마당으로 들어가 밭을 지나 국토 교통부 정문앞에서 올라오는 길을 따라 능선 오르막을 올라 수원국토 관리소 철망을 따라가다 철망으로 길이 막혀 오른쪽으로 철망을 따라 내려가 보니 건물 뒤 절벽이라 내려갈 수 없어 다시 올라와 철망을 넘을까 생각해 봐도 철망을 넘어도 갈곳이 없어 다시 뒤로 돌아와 능선으로 내려가니 경기도 여성능력개발센터가 나와 길이 없는 데를 내려오느라 꼴이 꼴이 아니다.

※ 이 글을 보고 종주하시는 분은 영동고속도로 지하통로를 나와 LPG 주유소 앞 신호대에서 도로를 건너 착한낙지 기흥점에서 오른쪽으로 장수천 한방 민물장어 숯불구이집 앞으로 도로를 따라 쌍용차 전문 정비공장을 지나고 경기도 여성 능력개발 연구원 정문앞을 지나면 고가도로 아래 올리브 스퀘어에서

왼쪽으로 고가도로 옆길을 따라가면 고가도로는 경부고속도로 지하 통로를 통과하고 도로 지하통로로 들어가는 끝에서 왼쪽으로 소로가 있는데 그길로 20여미터 가면 경부고속도로 지하 통로가 나온다. 2008년 1차 때는 능선을 따라 오는데 공사장이라 겨우 찾아 왔는데 요즘은 각자 마음대로 똑바른 길이 없이 종주 한다. 그럴 바에 도로를 따라오면 고생을 않고 빨리 올 수 있다.) 착한낙지 기흥점 앞에서 경기도 여성능력개발센터 앞까지 2-3분이면 충분한데 무려 21분이나 소모하고 3시 48분 도로를 따라 고가도로 앞에서 왼쪽으로 올리브스퀘어 앞으로 고가도로 옆길을 가다 고가도로가 경부고속도로 지하로 들어가는 끝 지점에서 왼쪽 소로로 20여미터 가면 농경기 한대가 통과할 수 있는 통로를 통과한다. 지하 통로를 나와 4차선 도로 건널목을 건너 4시 5분 왼쪽(서쪽)으로 도로 인도를 따라가며 죽전 다이어 휠 배터리 정비공장을 지나고 어향 한방 장어구이집을 지나 GS칼텍스 주유소 앞을 지나 도로를 따라가면 도로 건너편에 한진교통 건물이 있고 조금가면 고가도로 아래서 자세히 보면 빛바랜 표시기가 몇개 있다. 4시 16분 도로갓길 막이를 올라서 자세히 보면 보도 타일로 듬성듬성 발 밟고 올라가게 만들어 놓았다. 미끄러질라 조심해서 고가도로를 벗어나면 임도가 나오며 임도를 따르다 산길로 들어서 능선을 오르는데 나무들이 쓰러져 여기저기 널려있어 겨우 길을 찾아 능선에 올라서니 4시

22분이다. 능선 오른쪽은 맥을 반쯤 파헤쳐 공사 하느라 절벽을 만들어 놓아 위험한 길을 간다.

　이 길은 왼쪽 오른쪽 모두 능선만 남겨놓아 야간 산행에는 주의할 구간이다. 이런 능선길을 5분쯤 가다 숲길로 들어서 잘나 있는 편한길을 오르락내리락 좌우로 들락거리며 서쪽으로 가던 마루금은 오른쪽(북쪽)으로 내리막을 내리며 임도에 내려서 해오라기 터널 위를 4시 37분 지나 삼거리에서 능선으로 올라서며 청주한씨 묘와 안동김씨 묘를 지나 능선에 올라서면 철망이 앞을 가로 막는다. 철망에서 오른쪽으로 내리막을 내려가 잘 정돈된 종중묘 뒤에서 왼쪽으로 내려서 고추 밭둑을 지나 오른쪽 마을에서 올라오는 임도를 따라 왼쪽으로 가다 비닐하우스 끝에서 벌꿀통이 있어 조심해서 능선 숲속으로 들어가 오르막을 올라 철조망에서 오른쪽으로 내려가다 철망 개구멍을 통과해 내리막을 내려서니 소현중학교 농구대가 나온다. 5시 4분 소현중학교 운동장을 지나 정문앞에서 오른쪽으로 조금가면 왼쪽으로 들어가 내려가는 계단 못가서 왼쪽으로 등산로 오름길이 나온다. 5시 9분 등산로로 들어서 가파른 오르막을 한동안 올라 소실봉 정상에 올라서니 5시 17 분이다.

　　　　　　　　　좌표【 N 37" 18" 19.07" E 127" 5" 34.80" 】

　소실봉(185.3m)정상에는 넓은공터 가운데에 삼각점이 있고 운동기구와 쉼터(의자)도 있으며 (소실봉 정상186.3m) 파란 표

찰이 나무에 걸려 있다. 동래뒷산이라 산책 온 사람들이 몇사람 있다. 북쪽으로 오던 마루금은 왼쪽(서쪽)상현초등학교 방향으로 내리막을 내려가며 때로는 나무계단도 내리고 삼거리에서 직진으로 표지기를 따라가니 상현 더샵파크 아파트 공사장이라 길이 막혀 다시 돌아와 나무계단을 내려오니 쌍용스윗타홈 3차 아파트 뒤에서 아파트로 들어가 아파트 정문을 나오면 삼거리 도로다. 도로를 건너 50m쯤 가면 거묵마트 사거리에서 오른쪽으로 150m쯤 가면 상현 2동 주민센터 사거리이며 사거리에서 왼쪽 신분당선 성복역 쪽으로 수지방주교회가 보인다. 도로를 건너 수지방주교회 앞 파크 10단지 버스정류장에 도착하니 5시 58분이다.

이곳 주민에게 목욕탕을 물어보니 거묵마트 사거리 옆 상가 빌딩에 있다고 하여 오늘은 부산에 가야기에 일찍 마무리 한다. 다음 종주산행은 형제봉 광교산 백운산 넘어야 하기에 1차 때도 이곳에서 마무리 하여 오늘도 이곳에서 마무리 하고 오던 길로 돌아가 목욕탕에서 사워를 하고 버스로 수원역에서 8시 56분 새마을호로 부산에 오는데 평택 지나서 천안사이 사고가 나 53분 연착하여 부산 도착이 12시 59 분인데 새벽 2시 넘어 도착해 집에 오니 집사람(아내) 고생했다며 격려해준다.

제2차 한남정맥 단독종주 4구간

수지방주교회-안양CC 삼성마을 1단지 아파트 입구

수지방주교회 : 경기도 용인시 수지구 상현2동 수지 방주교회앞
안양골프정문앞 : 경기도 군포시 군포2동 양양CC 정문앞
도상거이 : 수지방주교회앞 24.9km 양양CC 정문앞
소요시간 : 수지방주교회앞 10시간5분, 양양CC 정문앞
운동시간 : 수지방주교회앞 9시간22분, 양양CC 정문앞
휴식시간 : 수지방주교회앞 43분, 양양CC 정문앞

방주교회앞출발 5시 40분,
매봉초등학교 1.4km 6시 03분,
매봉샘 2.7km 6시 33분,
268.8봉 5.3km 7시 24분,
창곡고개 6.7km 7시 59분.
광교산 8.5km 8시 53분.
백운산정상 10.4km 9시 51분.
광교산범봉 14.4km 11시 26분.
지지대 비 16.1km 12시 05분,
이동고개삼거리 19.1km 1시 21분.
양회기지삼거리 21.5km 2시 26분.
당정 전철역 22.6km 2시 50분.
굴다리통과 23.1km 3시 01분.
옥천마을표지석 24.0km 3시 16분.
안양골프장정문 24.6km 3시26분.

심곡초등학교 0.6km 5시 48분,
응봉산 2.2km 6시 22분,
버들치 3.3km 6시 43 분.
형제봉 6.3km 7시 52분.
비로봉 7.7km 8시 19분,
노루목 대피소 8.8km 9시 14분.
헬기장 13.0km 10시 11분.
프랑스전적비 15.7km 11시 50분,
구 지지대고개 17.2km 12시 32분,
오봉산 정상 19.9km 1시 50분.
종가집 식당 21.9km 2시 34분.
굴다리 진입 23.0km 2시 56분.
학습원사거리 23.6km 3시 10분.
용호사거리 24.3km 3시 21분.
삼성1아파트 24.9km 3시 29분.

오늘 한남정맥 4구간은 산행하기 좋아 매봉초등학교를 지나 산행 진입로를 들어서면서 아침 일찍 인데도 조깅 나온 사람들을 많이 만난다. 운동시설이 있는 매봉 약수에는 여자분 들이 많이 올라와 운동을 하고 있다. 이어 형제봉 오르는데 사방에서 올라온 등산객이 벌써 진을 치고 있다. 한남금북정맥을 산행하면서 청주 상당산성에 등산객이 많았고 한남정맥 광교산은 형제봉부터 비로봉 광교산 백운산까지 등산객이 많았으며 프랑스 전적비까지 많은 사람들이 오르내린다. 광교산은 수원시, 용인시, 의왕시가 접해있어 주민공간으로 많이 이용하여 길이 잘나 있으며 형제봉 오르는 데는 거의 계단 이 되어있고 형제봉. 광교산 백운산 정상은 전망이 뛰어나 광교산 정상에 올라서면 바로 건너편에 관악산 청계산 서울시내 북한산 도봉산 수락산이 한눈에 들오고 형제봉에서 수원시내 용인시내 지나온 용인 근교산을 가름해 본다. 오늘 산행 중 6.25사변 당시 프랑스군 참전 기념비에 참배하고 우리가 유엔군에 의해 수복되고 지금 우리나라가 산업혁명 민주화를 겪으며 발전 되고 지금은 세계에서 경제 대국으로 우뚝 설 수 있는 나라로 발전했는데 안타가운 것은 지금 젊은 세대에는 과거 어려웠던 시절을 알지 못하고 과거를 묵살하려는 경향이 있어 아쉽다. 오늘 구간은 힘든 구간이 없어 일찍 마무리 하였다.

 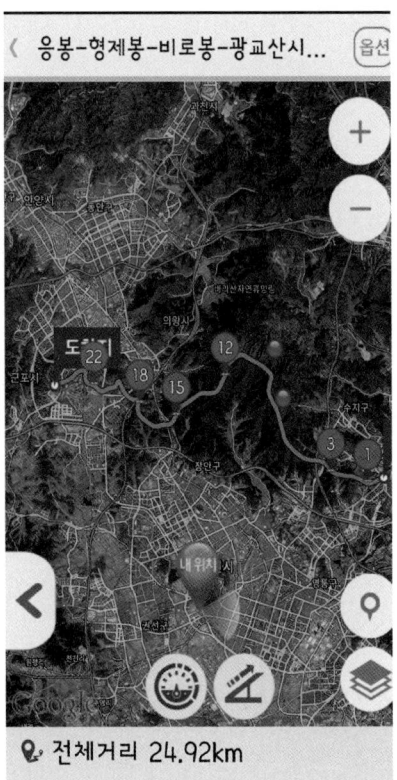

2018년 7월 8일 맑음

한남정맥 4구간 종주차 7월 7일 저녁7시 45분 무궁화호로 수원역에 도착 지난번 들렸던 월드사우나 찜질방에서 밤을 새우고 아침 일찍 일어나 순대국밥 집에 들여 아침식사를 하고 택시(10,000)로 수지방주교회 앞 버스정류장에 도착하니 5시 35분이다. 산행준비를 하고 5시 40분 출발해 고가도로 아래서 건널목을 건너 고가도로를 지나 왼쪽길로 들어서 수지 심곡 초등학교를 5시 48분 지나고 3분후 오른쪽에 어린이 놀이터를 지나며 삼거리에서 오른쪽 길로 들어서 수지 열린요양병원을 5시 52분 지나 삼거리 오른쪽에 벽산블루밍 아파트 정문앞에서 왼쪽으로 50m 나와 도로가 나오면서 건널목을 건너 왼쪽으로 가다보면 매봉초등학교 정문이 나온다.

 정문 앞에서 6시 4분 왼쪽길로 들어서 아파트와 매봉초등학교 사잇길로 가다 등산로 입구를 6시 7분 들어가 야자매트 길을 따라 오르막을 올라가 오른쪽에 아파트 철조망을 따라 오르막을 올라 조광조 선생 묘 갈림길 이정표에서 오른쪽으로 가다 응봉 정상에 올라서니 6시 20분이다. 정상은 아무런 표지기도 없고 돌무덤이 있고 군사 철조망 안에 봉이 있어 트랭글 빼지가 들어와 응봉산 정상임을 알려준다. 정상이라기보다 갈림길이라 표현하는 게 좋을 것 같다.

 마루금은 왼쪽으로 군부대 철조망을 따라가며 경고문을 살펴보니 「이 지역은 군 사격장으로 유탄, 도비탄, 파편, 폭발물에 의한 사고발생가능 위험지역으로 출입을 금지합니다. 무단출입 시 군사기지 및 군사시설 보호법 제24조에 따라 처벌되며 이에 따른 사고에 대해 군 부대에서는 책임지지 않습니다. 폭발물 의심 물체 발견시 폭발 위험이 있으므로 절대 접근 또는 접촉하지 말고 군부대로 즉시 신고하여 주시기 바랍니다. 특히 우측에 명시된 시간동안 사격이 진행중임을 알려드리며 훈련장 관리부대와 훈련부대 연락처를 확인하시기 바랍니다.」제7673부대 왼쪽에 군 부대 철조망을 계속 따라가다 6시 30분 오른쪽으로 1분쯤 가면 사각 정자가 있고 여기저기 운동 시설이 있으며 매봉샘이 있다. 매봉샘은 수도 파이프에서 물이 콸콸 나온다. 매봉샘에서 물 한 그릇 먹고 있는데 이곳은 아침 산책 온 남녀 (중년이상) 여러사람들이 벌써 올라와 운동을 하고 있다. 마루금은 매봉샘을 지나 왼쪽 능선으로 오라 가야 하는데 2008년 1차 때 생각이 나 올라갔다 내려오면 같은 길이기 때문에 빠른 길로 가다보니 무명봉에서 내려오는 길과 만나 오른쪽으로 잘나있는 길을 따라가다 내리막을 내려 수원시계 안내 간판이 있는 버들치 고개에 내려서니 6시 43분이다.

좌표【 N 37" 18" 51.3"   E 127" 03" 28.1" 】

　광교산 오르는 길은 길이 좋아 길 잃을곳은 없으며 많은 등산객이 오르고 내려 빨리 올라가는 사람 천천히 가는 사람 가지각색으로 오르내려 외롭지 않고 산행을 한다. 버들치 고개는 수원둘레길이 지나는 곳이며 오른쪽은 용인시 수지구 성복동 성복경남 아이스빌 아파트에서 수원시 하광교동 이의동으로 넘어가는 고갯길로 등산로 안내간판이 있으며 신발털이도 있다. 마루금은 안내간판 뒤로 오르며 능선 오르막을 오르며 오른쪽에 수지 아파트단지를 내려다보며 버들치 터널 위를 지나고 성복터널을 지나며 오른쪽 아래로 차 가는 소리를 들으며 능선 오르막을 올라 7시 첫번째 철탑을 지나고 오르막을 올라 쉼터가 있고 철탑이 있는 봉을 넘어 계단길 내리막을 잠시 내려 능선을 가다 수원 둘레길 안내판을 곳곳에 설치해 잘나있는 길을 가며 곳곳에 갈림길 이정표를 지나며 {행정구역 변천내역 (이의동 하동) : 경기도 수원시 영통구의 북쪽 끝에 위치하고 있으며 용인시 수지구 성복동과 접하고 있다. 조선시대에는 용인군 지내면(枝內面) 관찰이었다. 1914. 4. 1. 행정구역 개편때 용인군 수지면에 편입, 1983. 2. 15. 수원시에 편입, 1988. 7. 1. 수원시 장안구로 행정구역 변경, 1993. 2. 1. 수원시 팔달구로 행정구역 변경 2003. 11. 24. 수원시 영통구로 행정구역 변경}

　이의동, 하동은 100년을 지나며 용인군에서 수원시로 수원시에서 여러번 구 가 변경되어 지금은 수원시 영통구에 속해있는 마을이다. 마루금은 능선을 오르내리며 철탑을 지나고 천년약수 갈림길을 7시 17분 지나 수원 둘레길 안내길을 따라 오르막을 올라 268.8봉에 올라서니 7시 24 분이다. 정상에는 비닐포장 간이매점이 있어 등산객들이 휴식을 취하며 간식을 먹는 사람들도 보인다. 268.8봉은 아무표시가 없어 그냥 지나쳐 나무계단을 내려오면 『이곳은 625 전쟁당시 군사작전 중 조국을 위해 산화하신 국군 장병의 유해와 유품이 발견된 역사의 현장입니다. 수원시』

똑같은 비석이 길 양쪽에 있는 곳을 7시 26분 지나고 성불사 약수터 500m 지점 문암재를 7시 29분 지나면서 오르막이 시작되며 가파른 오르막을 계단길로 무려 440계단을 (계단10개마다 매직으로 적어놓았음)올라 능선 삼거리 갈림길에 올라서니 7시 42분이다. 삼거리에서 마루금은 오른쪽으로 암능을 오르며 형재봉 정상에 올라서니 7시 47분이다.

좌표【 N 37' 19" 42.0" E 127" 02" 03.9" 】

형제봉(448m)은 암봉으로 전망이 뛰어나 용인시내 수지구 일대와 기흥구 수원시 전역이 보이며 지나온 마루금을 가름해 보고 등산객에게 부탁해 사진도 찍고 사방을 관찰하고 7시 50분 출발해 가파른 나무계단을 내려가는데 지금도 공사구간을 내려가고 능선 내리막을 계속해서 능선길 또는 나무계단을 내려 양지재에 내려서니 7시 59분이다. 안부 양지재에는 간이 화장실도 있으며 마루금은 느짓한 능선 오르막을 한동안 오르다 급경사 나무계단 길을 한없이 올라 8시 16분 갈림길에서 오른쪽길은 광교산 토끼재 가는 지름길이고 직진은 비로봉 오르는 길이다. 갈림길에서 가파른 암능 오름길을 숨을 몰아쉬며 한동안 올라 망해정(望海亭)이 있는 비로봉 정상에 올라서니 8시 19분이다.

좌표【 N 37" 20" 12.13" E 127" 0.1" 55.51" 】

비로봉 정상에는 팔각정(望海亭)이 있고 등산객들이 많이 올라와 쉬고 있다.

종루봉과 망해정(望海亭)

신라 대학자 최치원(857-?)은 12 살때 당나라에 유학하여 많은 공부를 하고 29세에 돌아왔다. 그러나 신라에서는 정해진 벼슬인 말단 6두품 밖에 할 수가 없었다. 관직을 버리고 전국 곳곳을 돌던 중 광교산 문암골에 머물며 종루봉(이곳을 찾앗을때 종과 종루를 보고 종대봉이라 한 것에서 유래)부근 이곳에서 서해를 바라보며 종은 있지만 울릴 사람이 없으니 종과 지신의 신세와 같다며 한탄하며 다시 당나라로 돌아갈까 생각했었다. 그래서 이곳을 망해정(望海亭)이라 하였다. 하지만 조국에서 저술과 후학에 힘쓰며 나라를 깨우는 것, 이것이 선비의 길이라 여겨 그 길을 택했다고 전한다.

《광교가 부른다, 김정희 수일중 3학년 1반》

눈을 감아라 : 회색 같은 삶과는 달리 푸르름이 보이지 않는가?

귀를 열어라 : 세상의 시끄러운 모든 소음과 달리 맑은 음이 들리지 않는가?

두팔을 벌려라 : 답답한 세상에서 움츠러든 내 육체속에 그 무언가 탁 트이지 않는가? 때론 날지 못하는 새처럼, 음을 내지 못하는 악기처럼, 삶에 지친 자신을 보았는가? 눈을 감아도 푸르름이 보이는 듯한, 어디선가 맑은 음이 들리는 듯한, 세상에 낙오되어 지쳐 있던 내가, 어느새 새처럼 나는 듯한 산, 사

람들은 이곳을 광교라 부른다.

비로봉 정상에서 잠시 허리쉼을 하고 인증샷을 하고 오른쪽으로 내리막을 내려가는데 이곳도 암릉지대라 위험한곳이 많아 조심조심 내려와 삼거리 토끼재에 내려서니 8시 29분이다. 이곳부터 광교산 오르는 데는 암능을 오르며 삼거리에 올라서니 8시 45분이다. 광교산 정상은 이곳에서 오른쪽으로 올라갔다 다시 내려와 왼쪽으로 가야 한다. 이곳도 암능으로 조심조심 광교산 정상에 올라서니 8시 50분이다.

좌표【 N 37° 20″ 41.8″ E 127° 02″ 03.9″ 】

광교산(582m) 정상은 전망대에 커다란 광교산 정상석(光教

山 頂上石)이 있고 (국가기준점 삼각점 수원 231) 삼각점이 있으며 많은 등산객들이 올라와 사진 찍느라 분주하다. 광교산 정상에는 전망이 좋아 관악산과 청계산이 지근에 보이며 관악산 너머로 서울시내 일부와 멀리 북한산 인왕봉 도봉산 능선이 보여 줌을 당겨 북한산 도봉산을 사진에 담아둔다. 오늘따라 일요일에 날씨가 좋아 많은 등산객이 오르내리고 있으며 쉬어갈 공간이 넓지 않아 올라오면 사방을 관망하고 바로 내려간다. 잠시 허리쉼을 하고 사진 몇판 찍고 오던 길로 내려간다.

『광교산』

새벽이슬 머금은 산에 오르면 고향 어머니 가슴이 느껴진다.
늦은밤 반딧불이 축제를 열고. 종달새. 꾀꼬리 새벽잠 깨우는.
푸른 광교산은 우리어머니를 너무 닮았다.
새벽안개 자욱한 산에 올라. 어머니 가슴을 느껴본다.
김준용 장군의 용맹스러움도 효성 지극한 최루백 마음도.
골골이 피어나는 안개속에 담아. 씩씩한 마음 착한마음 담아주는.
안개속에 광교산은 보라빛 동화나라를 닮았다.
광교산 정상에 오르면 사랑을 품고사시는 고향 어머니가 보인다.
옆집 순이네 아랫집 철수네. 모두모두 잘 되어야 할텐데,
바다만큼 깊은사랑 품고사시는 어머니.
늘 푸른 광교산은 우리 어머니를 너무 닮았다.
맑고 푸른 하늘을 가슴에 품은 광교산은 고향 어머니를 닮았다.

힘들다 먹구름 낀 아버지 마음도 공부하기 싫다 투정하는 내마음도.
참아라 참아라 감싸주시는 어머니. 늘~맑고 푸른 광교산은.
선잠깬 수원시민을 가슴에 안고.
지혜롭고 당당한 삶을 가르치고 있다. (수원북중 3의 4 장세영 시)

오전 9시 7분 광교산 정상에서 오던 길로 암능을 내려와 삼거리에서 백운산(서북쪽)방향으로 내리막을 내려 노루목 대피소를 9시 14분 지나고 잘나있는 편한길 등산로를 오르락내리락하며 오른쪽 암능지대를 왼쪽 사면길로 올라 백운산 갈림길 삼거리에서 마루금은 왼쪽으로 백운산은 오른쪽으로 0.3km 올라갔다 다시 내려와 삼거리에서 서남쪽으로 이어진다. 9시 36분 통신대 철조망 오른쪽 사면길로 한동안 가다 가파른 오르막을 올

라 백운산 정상에 올라서니 9시 45분이다.

좌표【 N 37" 21" 12.69" e 127" 0.1" 0.1.52" 】

　백운산 정상에는 커다란 정상석이 있으며 높이는 567m로 전망이 뛰어나며 백운저수지의 뒤편에 솟아있다. 바라산(428m) 광교산(582m)과 능선으로 연결되어 있어 종주 산행을 즐길 수도 있으며 정상에 오르면 서북쪽으로 모락산(385m) 수리산(475m)이 보이고 북쪽으로 멀리 관악산(692m)이 보인다. 정상에서는 의왕시내와 안양시내도 훤히 내려다보인다. 정상에서 등산객에게 부탁해 사진한판 찍고 인증샷을 하고 전망대에서 사방을 관망하고 9시 49분 출발해 오던길로 되로 내려와 삼거리에서 서북쪽으로 철조망을 따라 내려와 철망을 벗어나며 나무계단 길을 번갈아 가며 가파른 내리막을 내려 포장도로에서 1분쯤 내려오면 넓은 헬기장이 나온다. 헬기장 에는 쉼터도 있고 간이 화장실도 있다.

　마루금은 헬기장을 지나 능선 내리 막으로 이어진다. 10시 11분 헬기장을 지나고 내리막을 내리며 잘나있는 길을 좌우로 들락거리며 내리막을 내려오다 쉼터에서 오르막을 치고 올라 헬기장에 올라서니 10시 42분이다. 헬기장은 보도블록으로 헬기장 표시가 되어있고 감시카메라 안테나가 있으며 삼거리로 왼쪽(남쪽)은 이진봉 능선이고 마루금은 직진(서쪽)으로 이어지며 헬기장을 지나면 능선에 운동 시설과 쉼터도 있고 초소가 있

다. 초소를 지나 내리막을 내리며 잘나있는 길을 오르락내리락 오늘은 내려가면서 지지대 고개에서 올라오는 등산객들을 곳곳에서 만나며 11시 2분 쉼터에서 이르긴 하지만 점심을 먹는데도 등산객이 많이 지나가며 주인 없는 개가 올라오며 배가 고픈지 쳐다보는데 이미 먹을 것은 다 먹고 없어 그냥 보내고 11시 15분 출발하여 내리막을 내려 7분후 안부에 내려섰다. 오르막을 한동안 올라 광교산 범봉(255m)에 올라서니 11시 26분이다. 범봉 이정목에 광교 헬기장 1.4km 통신대 헬기장 2.9km 경기대 11.5km 이며 지지대는 1.4km 이다. 범봉을 지나 내리막을 내리며 6분후 산마루 표지목을 지나고 잘나있는 내리막을 한동안 내려 수원 둘레길 이정표를 11시44분 지나 내려서면 포장길이 나오고 포장길을 따라 내려가면 고속도로 지하 통로가 나온다. 영동고속도로 지하통로를 통과하면 컨테이너 박스를 지나 프랑스군 참전비앞에 도착하니 11시 50분이다. 잠시 기념탑에 들어가 참배를 하고 프랑스군 전적을 카메라에 담아 한바퀴 둘러보고 나와 보니 도로 건널 때가 없다.

좌표【 N 37" 19" 34.1" E 126" 59" 10.8" 】

프랑스군 참전용사 탑에

『정의와 승리를 추구하며 불가능이 없다는 신념을 가진 나폴레옹의 후예들! 세계의 평화와 한국의 자유를 위해 몸 바친 288명의 고귀한 이름위에 영세무궁토록 영광 있으라.』

한국 전쟁 참전사 – 한국 전쟁 참전기록

★1950년 11월 29일 부산에 상륙 수원에서 집결한 대대 미군제2사단에 배치됨.

★1951년 1월 7일부터 12일까지 원주에서 중국의 돌진을 총검으로 반격해 방어.

★1951년 2월 1일 부터 16일 쌍터널과 지평리 전투 참가 중국 4개 사단의 공격을 저지 제 8군의 성공적인 반격발판 마련.

★3주뒤 미국대통령 표창을 두번 받은 대대는 1037 고지 전투에 투입 영하 30도 추위 속에서 1037 고지를 점령 38선으로 가는 길을 열어주었고 40명이 전사하고 200명이 부상.

★1951년 봄 화천지방에서 38선을 넘었고 공병대의 희생으로 중국의 공격을 다시한번 저지 미국대통령이 3번째 표장 수여함.

★1951년 가을 크래브쾨르(단장의 능선)전투에 참가 야간전투에서 다시한번 이름을 날리게 되고 60명 전사 200명이 부상당함.

★1952년 가을 베르댕 참호전을 연상케하는 진지전에서 북한 청원으로부터 서울을 향한 공격을 방어 47 명이전사 144명이 부상당하며 중국군에게 2000명가량으로 추산되는 인명 손실을 주었으며 미국 대통령이 4번째 표창을 수여함.

★1952년 겨울 그리고 1953년 봄에 서울을 향하는 통로를 방어하는 전투에서 활약. 휴전조약이 조인되었을 때 한국전쟁에 참가한 3200명의 프랑스군인 중 프랑스군에 배속된 한국인 병사 18명을 포함 288명이 전사함.

◎원주 쌍터널 부근 전투(원주 서북쪽 25km 1951.1.31-2.2.)

이 전투는 프랑스 대대가 원주-양평간 중앙선 철로상의 쌍터널 부근에서 중공군 제125사단과 치른 전투이다. 이 대대는 유엔군의 재 반격 작전시 미국제23 연대의 제1대대 및 제2대대 정찰대가 원주로 부터 지평리로 정찰을 실시하던 중 그 중간에 있는 쌍터널 부근에서 공산군의 공격에 포위를 당하게 되자, 미 제23연대 제3대대와 함께 이 공산군을 격멸하고 정찰대를 구출하기 위하여 1월 31일 교전 지점으로 진출 하였다. 프랑스 대대는 미군 대대와 협조하여 쌍터널 부근으로 진출하였으나 공산군은 이미 자취를 감춘 뒤였으므로 접촉을 이루지 못 하였으며 정찰대를 구출한 뒤 야간 전투에 대비하여 그곳에서 사주(四周)방어를 실시하였다. 다음날 새벽에 중공군 제125사단 예하 2개 연대가 그곳을 공격 하였다. 프랑스 대대는 이 전투에서 1개 중대 진지가 돌파되고 대대 본부까지도 위협을 받는 위기에 처 하였으나 선전 분투하여 중공군의 공격을 격퇴하였다.

◎ 지평리 전투 (경기도 양평 1951년 2월 13-15일)

　이 전투는 중공군의 1951년 2월 공세 당시에 프랑스 대대가 미 제2사단 제23 연대로 배속되어 지평리에서 중공군 제39군 예하 3 개사단의 집중 공격을 막아낸 방어 전투이다. 이 대대는 연대와 더불어 쌍터널 전투를 마치고 2월 3일 지평리로 이동한 후 지평리를 중심으로 편성된 전면(前面)방어진지의 서쪽을 방어 하였다. 2월 11일 美 제23 연대와 프랑스 대대는 좌우 인접 부대가 철수를 하게됨에 따라 중공군 39군의 사면(斜面)포위에 놓이게 되었다. 그러나 지역의 중요성으로 인하여 진지고수명령을 받게 된 美 제23연대와 프랑스 대대는 철수하지 않고 고립된 상태에서 4일간에 걸친 중공군의 파상공격을 물리치고 진지를 고수 하였다. 중공군은 2월 16일 후방으로부터 美제5 기병 연대가 지평리에 도착하자 포위망을 풀고 후퇴 하였다. 이 전투의 결과 중공군은 막대한 손실을 입고 2월 공세에 실패 하였고 유엔군은 한국전쟁 참전 이후 최초로 제대로된 승전(勝戰)을 거두었다.

◎ 단장(斷腸)의 능선전투

　(강원도 양구. 1951년 9월 13일- 10월 13일)

　이 전투는 프랑스 대대가 양구군 동면 사태리 일대에서 美 제23연대, 네덜란드 대대와 함께 북한군(제 6.12 사단)과 치열한 접전을 벌였던 전투이다. 이 전투는 1951년 7월 10일 휴전회담이 개최되고 있었으나 공산군 측이 고의적으로 회담을 지연시켜 회담이 결렬되자, 유엔군 측이 공산군 측을 회담에 응하도록 하는 한편 당시의 방어선을 보다 유리한 지역에 설치할 것을 목적으로 실시한 전투이다. 프랑스 대대는 사단의 지원하에 美제 23 연대와 함께 9월 13일부터 929고지(단장의능선)공격 작전에 나섰으나 북한군의 완강한 저항에 부디처 성공하지 못하였다. 그후 10월 5일 부터는 사단의 전(全)부대가 투입되어 이 목표를 점령하였다. 이때 단장의 능선 서쪽 문등리 계곡에서는 미 제 23연대가 제 72전차대대와 공격하였고 미 제 23 연대와 프랑스 대대는 능선의 동쪽 사태리 계곡에서 기동한 제 23전차 중대를 주축으로 한 특수 임무 부대와 보병전차 합동으로 단장의 능선을 공격 하였다.

◎ 학살머리 고지전투 (1952년 10월 6일-10일)

이 전투는 프랑스 대대가 철원 서북방 281고지를 방어 중 중공군 제 113사단 제 338연대와 치른 전투이다. 이 전투에서 중공군은 10월 6일부터 9일까지 매일 야간에 대대 중대 규모의 부대를 파상적으로 투입하여 281고지를 공격 하였으나 프랑스 대대는 지원화력의 엄호하에 근접 전투를 벌이며 진지를 고수 하였다. 같은 기간에 우측 백마고지 에서도 한국군 제 9 사단이 중공군과 격전을 벌리고 있었다. 이 대대는 많은 인명의 손실을 입으면서 이 고지를 끝까지 확보함으로서 중공군의 의지를 꺾을 수 있었으며 우리측 백마고지 방어에도 크게 기여 하였다.

『위 글은 한국전쟁 당시 프랑스군 참전 기념비에서 옮겨왔음』

　프랑스군 기념비를 나와 오른쪽으로 도로 갓길을 올라와 수원시 시계(市界)에서 건너다보니 지지대 비각 옆에 표지기가 보여 도로 중앙 분리대를 넘어 계단을 올라와 지지대 비각에 올라서니 12시 4분이다. 비각에 비를 들여다보니 비는 잘 보이지 않고 비각옆 나무계단을 올라서니 왼쪽(수원쪽)에서 올라오는 등산로가 있다. 오늘은 나 혼자 단독 종주라 도로를 횡단할 수 있지만 단체 산행때는 의왕시내쪽으로 육교를 건너야 하기에 많은 시간이 소요된다. 지지대 비각 뒤에 당산나무 아래 술병 과자봉지가 있다. 이곳부터는 수원시 둘레길 이정표가 있고 오르막을 한동안 오르며 잘나있는 숲속길 오르막을 올라 무명봉을 12시 19분 지나며 마루금은 오른쪽으로 이어지며 벌목지라 햇빛을 받으며 올라 4분후 철탑을 지나고 진주유씨 묘뒤에서 12시 26분 숲속으로 들어가 능선을 가며 고압철탑(국가지점번호 다 사 5367-2564)을 12시 26분 지나고 야자매트길을 가며 2분 후 다시 철탑을 지나고 임도 안부에 내려서니 12시 33분이다. 이 고개는 오른쪽은 골사그네 마을이고 왼쪽은 배나무골에서 넘는 고갯길 비포장 농로가 지나가고 왼쪽 아래 배나무골에는 (南陽洪氏判中摳公派 寺正公門中) 묘비와 사당(祭閣)이 있다.

  마루금은 오르막을 올라 체육시설이 있고 쉼터를 지나 올라가면 삼거리가 나온다. 삼거리애서 왼쪽은 수원 둘레실 망치봉 가는 길이고 마루금은 오른쪽(북쪽)으로 능선을 오르내리며 168봉에 올라서니 12시 48분이다. 168봉에서 오른쪽으로 내리막을 내려 의왕-과천간 순환고속도로 동물 이동 통로에 내려서니 12시 56분이다. 고속도로 위 동물이동 통로를 지나 왼쪽으로 고속도로 절개지 윗길 오르막을 한동안 올라 무명봉에서 1시 6분 잠시 내려가면 임도가 나오며 마루금은 직진으로 오르막을 올라야 하는데 왼쪽길로 나오면 공동묘지가 나오며 공동묘지 아래를 지나면 부곡 배수지가 나온다. 2008년 1차때는 고개에서 직진으로 올라가 길이 없어 공동묘지로 내려오며 고생한 생각이 난다. 2차선 포장도로를 따라 내려오면 이동고개 삼거리 도로가 나온다.

　　　　　　　　좌표【 N 37° 20' 16.27" 126° 58' 02.82" 】

이동삼거리 (재활용센터) 버스정류장에 잠시 쉬며 갈증도 면하고 1시 27분 출발해 신호대에서 건널목을 건너고 양회기지로 가는 도로 건널목을 건너 왼쪽으로 도로 갓길을 4-50m 가면 오른쪽으로 등산로 입구에 표시기가 몇개 달려 있다. 이곳은 종주자 들만 가는 곳이라 길이 협소하며 오르막을 올라 능선 삼거리에 올라서니 길이 넓어지며 철탑을 지나고 묘 있는 곳에서 마루금은 왼쪽이고 오봉산 정상은 오른쪽으로 올라간다. 2008년 1차 때는 산행기를 보니 오봉산 오르다 중간에서 내려와 오늘은 시간도 있고 하여 정상에 올라갔다 오려고 가파른 오르막을 한동안 올라 병풍바위 삼거리에 올라서니 1차 때 이곳에서 다시 내려간 생각이 난다. 이곳에서 오른쪽은 의왕시 병풍바위 가는 길이고 오봉산 정상은 왼쪽으로 290m 올라가야 정상이다.

　가파른 오름길을 올라 오봉산 정상에 올라서니 1시 51분이다. 오봉산 정상에는 삼각점만 있고 오봉산 정상을 알리는 (정상 국가지점번호 다 사 5249-2724)가 있고 전망대에서 내려다보면 가야할 마르금과 의왕 시가지가 한눈에 들어온다. 사진한판 찍고 다시 내려와 삼거리를 1시 58분 지나고 5분후 고인돌을 지나 고압 철탑을 2시 10분 지나 삼거리에서 왼쪽길로 내려가야 하는데 직진으로 표지기가 있어 따라 내려가 도로 아래 굴다리를 통과해 임도를 따르다 포장길을 따라가니 종가집이 나온다. 갈림길에서 어느길이 빠른 길인지는 알 수 없고 거의 비슷할 것 같다. 2시 34분 종가집을 지나면 도로를 건너 길을 알리는 등산로 입구 표지(리본)이 달여 있고 산길로 들어서 능선을 가다보면 녹색 철망에 표지기가 달려있어 철망을 통과 내려서면 당정푸르지오아파트이다. 정문에서 내려가면 사거리에서 직진 후 삼거리에서 왼쪽으로 대원칸타빌아파트를 지나 전철 울타리를 따라 왼쪽으로 2분 거리에 당정역이다. 종가집에서 당정역까지 걸리는 시간은 15분이면 충분하다. 푸르지오아파트에서는 도시길이라 어느 곳으로 와도 당정역은 올 수 있다.

당정역에서 1번 출구로 역 안으로 들어가 3번 출구로 나와 당정공원을 오면 옥천 초등학교 옆길로 나오는데 필자는 1차 때 굴다리를 통과한 게 생각이 나서 당정역에서 2분 후 삼거리에

서 건널목을 지나면 지하통로 들어가 지하 통로를 다와 왼쪽으로 가면 군포 노인 복지관을 지나 당정 공원 입구에서 만난다. 군포 옥천 초등학교를 지나 사거리에서 왼쪽길로 당동 주공 4단지 담벼락을 따라 도로 갓길을 따라오면 당동 주공 4단지 정문 앞을 지나고 옥천마을 표지석을 3시 16분 지나고 용호초등학교 정문 용호고등학교 정문 앞을 3시 19분 지나 사거리에서 왼쪽으로 도로 갓길를 따라오면 용호고등학교 뒤쪽 당정천 길이 나온다. 2008년 1차 때는 당정천 갓길로 왔었는데 어차피 이 길이나 모두가 물을 건너기에 별 의미는 없다. 당정천을 지나면 안양컨트리클럽 담벼락을 따라 가다 정문 앞에 도착하니 3시 25분이다.

2008년 1차 때는 이곳에서 마무리 했는데 시간이 일러 도로 건널목을 건너 작은 동산을 올라야 하는데 지역이 많이 변해 도로를 따라가다 삼성마을 1단지 아파트 정문앞 삼성 신기 마트 앞 버스 정류장에서 3시 29분 마무리한다. 다음 초입은 아파트 뒤길 낚시터 가는길로 가다 등산로 입구에서 시작한다. 시내버스로 금정역에서 전철로 수원행을 타야 하는데 금정역에서 전철이 와 무조건 타고 가다보니 아닌 것 같아 승객에게 물어보니 다시 금정역에서 1호선으로 갈아타야 된다고 한다. 옆에 있던 60대 남자가 이곳 상록수역에서 내리면 시내버스가 수원역까지 간다며 버스가 5분 간격 10분 간격으로 있다고 한다. 전철역 앞 버스정류장에 오니 바로 수원 가는 시내버스가 있어 버스로 수원역에 와 무궁화호는 좌석이 없어 하는 수 없이 7시 32분 ktx로 표를 사놓고 시간이 있어 시내 가서 저녁을 먹고 부산오니 10시 15분이다. 오늘 종주 산행은 보편적으로 길이 양호해 어렵지 않은 산행이라 시간도 단축되고 힘든 코스는 없었다. 길도 도심지라 돌아간 구간이 있으나 어차피 맥은 벗어난 길이기에 빨리 온 길도 있고 돌아온 길도 있다.

제2차 한남정맥 단독종주 5구간

군포삼성1단지-방죽재 42번국도

군포삼성 1단지 : 경기도 군포시 군포2동 삼성마을 1단지 아파트
방죽재42번국도 : 경기도 시흥시 금이동 방축머리재
도상거리 : 삼성마을 1단지 아파트 21.45km 방축머리재
소요시간 : 삼성마을 1단지 아파트 10시간 30분, 방축머리재
운동시간 : 삼성마을 1단지 아파트 9시간 30분, 방축머리재
휴식시간 : 삼성마을 1단지 아파트 1시간 방축머리재

삼성마을아파트 6시 12분.
감투봉 1.1km 6시 30분.
감시초소 234m 3.9km 7시 16분.
전망대 4.3km 7시 32분.
군사도로 입구 4.9km 8시 07분.
부대옆봉 6.2km 8시 33분.
수암봉 6.8km 8시 55분.
334.7봉 7.8km 9시 22분.
안부. 9.4km 10시 2분.
고속도로아래 11.5km 10시 55분.
목감사거리 12.5km 11시 15분.
돌탑봉 13.0km 11 30분.
순환고속굴다리 14.1km 11시 47분.
운흥산 출발 3시 05분.
공원묘지 임도 17.2km 4시 02분.
42번 국도 18.6km 4시 48분.

등산로입구 0.5km 6시 21분.
무성봉 2.9km 7시 04분.
슬기정 쉼터 4.0km 7시 7분.
수리산 슬기봉 4.8km 7시 54분.
쉼터 임도갈림길 5.7km 8시 11분.
헬기장 6.5km 8시 37분.
소나무숲 7.4km 9시 14분.
223 암봉 7.8km 9시 47분.
마을입구 임도 10.8km 10시 41분.
42번국도건널목 11.8km 10시 58분.
목감 초등학교 12.8km 11시 22분.
안부 임도 13.2km 11시 33분.
운흥산 15.1km 2시 30분.
임도 16.5km 3시 47분.
고속도로아래 18.3km 4시 40분.
알바시간 1시간 20분. 약 3km

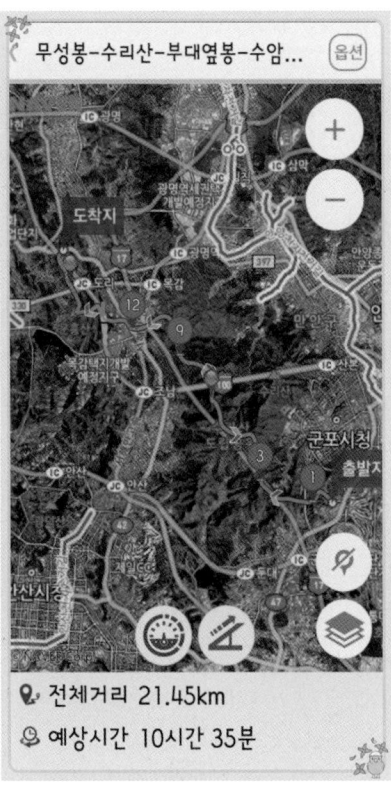

    이번구간은 처음부터 길도 좋고 사람도 많이 만나 슬기봉아래 쉼터까지는 많은 사람들이 오르내리고 수암봉도 전망이 좋아 많은 사람이 진을 치고 있다. 수암산 솔밭숲을 지나고 갈림길부터는 종주자 외에는 다니지 않는 곳이라 군부대 철조망 갓길을 가는데 지루했고 목감시내 도로를 따르는데 햇빛을 받으며 가고 서울 외곽 순환고속도로 건너는데 힘들고 운흥산 갈림길부터 42번 국도까지는 이주 길이 험하고 특히 제 2 경인고속

화 도로 아래를 지나면서 교회 공동묘지 서울 외곽 순환 고속도로 아래까지 잡풀과 가시넝굴이 무참히 자라 길이 안보여 이번 한남정맥 종주 중 가장 어렵고 힘든 구간이었다.

{목감초등학교를 지나 돌탑봉에서 오른쪽으로 내려가 안부에서 오른쪽 임도(농로)을 따라 내려가면 외딴집을 지나 포장 마을길을 따라가다 목감초등학교에서 논곡중학교를 거쳐 오는 지방도로 삼거리에서 왼쪽길로 100m가량 가면 수안로 2431번 길 왼쪽길로 들어서 빌라 뒷길을 가며 아리셈 요양원을 지나 효원빌라 삼거리에서 오른쪽 비포장길로 산모퉁이를 돌아 왼쪽 농로를 따라가면 고속도로 굴다리가 나온다. 이길이 조금 돌지만 제일 안전한 길이다. 이길은 정맥은 약간 벗어나지만 고속도로가 있어 어디로 가든 고속도로를 통과 하여야 하기에 겨울철이나 봄에는 고속도로에 내려설 수 있지만 여름철에는 고속도로 내려서기가 잡풀과 가시넝쿨이 많아 위험하고 고속도로 갓길도 위험하며 갓길에서 내려오는 길도 막아놓아 어렵고 해서 이길을 이용하면 좋을 것 같아 참고로 올려놓았다. 본인도 이길을 찾지못해 해매다 고속도로 휴게소 울타리를 넘어 맞은편 휴게소로 건너와 고속도로 갓길로 오는데 고생을 해 이길을 알아놓았다. 후임자들이 참고가 되었으면 합니다.}

2018년 7월 15일 맑음 기온 35도 강더위

이번 한남정맥 5구간은 어려운 구간이 많은 구간 이다. 14일 저녁 9시 45 분 무궁화호 완행열차(18,100원)로 수원에 도착하니 새벽 2시 30분 사우나 찜질방 에서 잠시 눈을 부치고 4시 50분 찜질방을 나와 해장국밥집에서 내장탕 한그릇 먹고나와 수원역에서 서울 전철1호선을 타고 당정역 에서 내려 택시(6000)로 지난번 마친 삼성마을 버스정류장에 도착하니 6시 8분이다. 산행 준비를 하고 6시 12분 출발해 30여미터 가다 오른쪽 낚시터 가는 도로를 따라가면 낚시터가 나오는데 낚시터가 저수지가 아니고 양식장 모양으로 포장으로 덮어 안에 있다. 낚시터를 지나고 외딴 건물 옆에서 왼쪽으로 등산로가 있다. 6시 21분 등산로에 들어서 1분후 묘지에서 오른쪽으로 올라서면 군포에서 올라오는 등산로와 만난다.

이곳부터는 길에 야자매트를 깔아놓아 많은 사람들이 오가며 아침 일찍 인데도 많은 사람들이 올르 내린다. 잘나있는 길을 따라 오르막을 올라 무인카메라가 설치된 감투봉에 올라서니 6시 30분이다.

좌표【 N 37" 20" 27.1" E 126" 55" 36.6" 】

감투봉(181.1m)정상은 동래 뒷산이라 많은 사람들이 오르내리며 산불 감시탑이 있다.

『감투봉 아가씨 전설』

옛날 부곡동 삼성마을에서 과거공부를 하던 한 청년과 예쁜 아가씨는 서로 사랑하게 되었고 청년이 과거시험을 치르기 위해 한양으로 떠난 후 아가씨는 매일 감투봉에 올라 달님에게 청년의 과거시험 급제를 기원했다. 아가씨의 정성이 통하였는지 청년은 장원급제 하였고 그 소식을 들은 아가씨는 감투봉에 올라 감사기도를 드렸는데 용과 호랑이가 아가씨의 아름다운 모습에 반해 서로 차지하려고 무섭게 싸우기 시작했다. 그때 금의환향한 청년이 아가씨를 찾아다니다 감투봉으로 가서 아가씨를 불렀는데 뒤를 돌아본 아가씨는 피투성이가 되어 싸우고 있는 용과 호랑이의 모습에 놀라 혼절하였고 몸이 쇠약해진 탓으로 끝내 깨어나지 못하는 아가씨를 청년은 밤새 끌어안고 울다가 함께 죽고 만다. 그후 사람들은 이 봉우리가 마치 장원급제한 벼슬아치의 관모와 같이 생겼다 하여 관모산이라 부르며 두사람이 못다한 사랑을 기렸고 나중에 감투봉 이라고 부르게 되었다고 전해진다.

마루금은 오른쪽으로 나무계단을 내려가 능선길로 들어서며 가야 주공아파트 5단지 갈림길 안부를 6시 39분 지나고 능선 오르막을 오르락내리락 사각 정자가 있고 수리산역 삼거리를 6시 47분 지나간다. 이정표에 감투봉 0.84km 무성봉 임도오거리 1,06km 철쭉동산 수리산역 1.34km 이며 잘나있는 능선길을 가며 당정역 부근에 산다는 젊은이 김용윤씨와 동행하며 무성봉

(258m) 정상에 올라서니 7시 4분이다. 정상에는 무성봉 표지석이 있고 한남정맥 군포시 구간 이정목이 있으며 트랭글 빼지가 들어온다.

좌표【 N 37" 20" 43.47" E 126" 54"34.28" 】

젊은이 김용윤씨에게 부탁해 사진한판 찍고 내리막을 내려가 돌탑(돌무덤)을 지나 능선을 가며 산불 감시탑을 7시 16분 지나 내리막을 내려 1분후 쉼터가 있는 곳을 지나 국가지점번호 다. 사 4771-2831 표지판 뒤로 능선을 가며 슬기정(팔각정)을 7시 20분 지나간다. 김용윤씨와는 이곳에서 고맙다는 작별 인사를 하며 헤어지고 2분후 공중화장실을 지나며 본격적으로 오르막이 시작된다. 가파른 오르막을 오르며 (왼쪽에 파이프 설치) 전

망대에 올라서니 7시 32 분이다.

　전망테크에는 국가지점번호 다.사 4753-2876가 있고 군포시내가 한눈에 들어오며 지나온 감투봉 무성봉 능선과 멀리 광교산 백운산도 건너다보인다. 전망바위를 지나 계속해서 가파른 오르막을 올라 슬기봉 정상에는 군부대라 아무것도 볼 수가 없고 오른쪽으로 비탈길로 내려서 태을봉 갈림길에서 왼쪽으로 돌아 올라가니 나무계단 입구에 수암봉 가는 길 안내 문(門)이 설치되어 있다. 이곳에서 수암봉 능선을 가름해 보고 이곳부터는 오른쪽은 군포시를 벗어나 안양 시계를 밟으며 나무계단 길을 가며 군부대 옆이라 그런지 계단위에 방음벽을 설치한 곳을 왼쪽으로 돌아 나무계단을 한동안 내려가다 안부에서 수리산 꼬깔봉은 군부대라 오른쪽 비탈길로 가다 군부대 오르는 세면포장길에 올라서니 8시 7분이다.

　이곳도 (태을봉 가는 문(門)에 태을봉 2.18,km)가있고 이정표에 수암봉 1.85km 태을봉 2.19km 슬기봉 0.33km 이며 오른쪽은 군부대 올라가는 도로이고 왼쪽으로 도로를 따라 내려가다 사각정자가 있는 갈림길에서 도로는 오른쪽으로 내려가고 왼쪽 오름길은 수암사 가는 길로 이정표가 있으며 나무계단을 올라가고 마루금은 사각정자 오른쪽 뒤 직진으로 수암봉 가는 길 이정표를 따라 비탈길로 간다. 8시 11분 도로를 벗어나 비탈길을 들락거리며 가다 이정표 수암봉 1.23km 너구리산 정상 1.75km

슬기봉 0.95km를 지나고 1951년 2월 미군과 터키군이 중공군과 북한군에 의해 치열한 전투가 있었던 곳으로 2013년 5월에 유해 3구를 발견한 안내문과 돌무덤을 8시 20분 지나고 2분후 능선 분기점에 올라서며 왼쪽에 군부대 철조망 길을 따라가며 이곳부터는 왼쪽은 군포시를 벗어나 안산시와 오른쪽 안양시의 경계를 가며 8시 29분 국가지점번호 다.사 4645-2839 번을 지나며 군부대 철조망을 벗어나 오르막을 오르며 부대옆 봉에 올라서니 8시 33분이다.

좌표【 N 37" 21" 49.26" E 126" 53" 42.91" 】

부대옆봉은 아무 표시도 없고 트렝글 빼지가 들어와 부대옆봉이란 걸 알 수가 있지 그냥 지나칠 뻔했다. 부대옆봉 빼지를 받고 잠시 내리막을 내려 능선길을 가며 헬기장에 올라서니 8시 37분이다. 헬기장에서 올려다보면 정상이 올려다 보이고 쉼터를 지나 가파른 암능 오르막을 힘들여 올라 수암봉 정상에 (397.9m) 올라서니 8시 53분이다.

좌표【 N 37" 22" 08.0" E 126" 53" 33.5" 】

수암봉 정상은 글자 그대로 암봉이며 사방이 확트여 전망이 아주 그만이다. 수암봉은 안양 시흥 안산 시민들의 휴식처로 많은 사람들이 오르내리고 있으며 아래로 가야할 능선이 내려다 보이고 남서쪽으로 영동고속도로 안산 분기점 서쪽으로 서해안고속도로 조남 분기점이 내려다보이고 북으로 멀리 북한산과 서울시내 여의도 63빌딩이 눈안에 들어온다.

동쪽으로는 지나온 광교산 백운산 송신철탑이 보이고 관악산 철탑도 멀리 건너다보이고 가까이는 수리산 슬기봉 태을봉 관모봉 외곽순환도로 터널이 내려다보이며 안산 시가지와 인천시가지 멀리 서해 바다가 보이며 시민들의 휴식 공간으로 산은 그리 높지 않지만 모든게 다 갖추어져 있는 산으로 아주 명산으로 손색이 없는 산이다. 산에 오를 때는 힘들여 오르지만 정상에 올라서 사방을 바라볼 때면 금새 흘리던 땀방울도 시원한 바람으로 씻어주고 피로를 확 풀어주는 곳이 정상이다. 수암봉은 안산시에 속해있는 산으로 취암봉(鷲岩峰)으로 안산 고을의 진산이었는데 독수리의 수리에서 바위 암자를 넣어 수암봉(秀岩峰)으로 바뀐 것 이라고 한다. 수암봉 정상에는 2008년 7월 1차때 정상에 자그마한 표지석만 있었는데 지금은 전망대가 설치되어 있고 커다란 정상석이 있으며 많은 등산객이 진을 치고 있다. 정상에서 사방을 관망하고 사진도 찍고 마루금은 오른쪽으로 내려간다. 9시 2분 수암봉을 출발해 가파른 암능길을 조심조심 내려가는데 등산객들이 줄지어 올라온다.

가파른 내리막을 내려 수암봉 주차장 삼거리에 내려오니 9시 6분이다. 이정표에 정상 0.18km 소나무숲 0.43km 수암 주차장 입구 2.02km 이며 국가 지점번호 다.사 4623-3003이다. 마루금은 잘 정돈된 능선길을 가며 왕 소나무가 있는 소나무 숲에 내

려오니 9시 15분이다. 이곳은 사각 쉼터도 있고 곳곳에 벤치가 있으며 음식을 먹을 수 있는 장소도 많이 있어 곳곳에 등산객들이 안자 쉬며 술 먹는 사람 간식 먹는 사람 산악회에서 단체로 올라온 사람들이 많다. 이정표에 수암봉 정상 0.61km 시흥방향 화살표와 국가지점번호 다.사 4615-3043 번이 있고 정맥길은 통재구역으로 되어있다. 여기서부터 삼거리까지는 길이 양호며 외곽순환도로에서 차가 지나는 소리를 들으며 7분후 군부대 철조망에서 오른쪽은 안양 병목안 캠핑장 방향이고 마루금은 왼쪽 소로로 내려간다. 334.7봉은 철조망으로 가로막아 들어가지 못하고 철조망 문에 ≪경고 : 이 지역은 군사 지역으로 사진 촬영 및 접근을 금함 제 2506부대≫ 안내문이 있고 다른 것은 아무엇도 볼 수 없다. 갈림길에서 9시 22분 왼쪽 사면길로 내려서 암능길을 내려서 자그마한 철계단과 돌탑을 지나며 1차 때 이 곳을 지나며 철계단 가던 생각이 난다. 돌탑을 지나 오른쪽으로 사면길을 돌아나가 능선길에 군부대 철조망 울타리 옆길이 나오며 철조망 울타리 옆길을 따라 한동안 내려 안부 철조망 문을 9시 41분 지나고 조금 오르다 다시 왼쪽으로 철망을 벗어나 암능 오르막을 조심조심 올라 암봉에 올라서니 9시 47분이다.

　2008년 1차 때는 이곳에서 길을 벗어나 능선으로 내려가다 1시간 넘게 알바하고 돌아와 정상 바로 아래서 오른쪽으로 내려가며 고생한 기억이 난다. 이곳에서 마루금은 능선이 아닌 암능 아래 비탈길로 이어지는데 지금은 표지기가 많이 있어 길찾기가 쉬운데 1차 때는 표지기가 몇개 없어 지나간 길이다. 이길은 정맥군도 찾기 힘든 희미한 길을 찾아 암능을 돌아가면 다시 군부대 철조망 울타리 길이며 철망 울타리 길을 따라 2분쯤 가다 다시 왼쪽 사면길로 들어서 오른쪽으로 올라와 철조망 울타리 길을 따르고 198봉 에서 다시 왼쪽 사면길로 2분후 다시 철조망 울타리 길을 따르다 다시 사면길로 들어서 비탈길을 4분 후 다시 철조망 울타리 길을 여러번 번복하며 따라 안부에 내려서니 10시 2분이다. 잠시 안부에 내려섰다.

　철조망 울타리길 오르막을 올라 10시 11분 철조망 울타리를 벗어나 왼쪽 사면길로 급경사 내리막을 내리다 능선길로 내려오며 10시 21분 군사 훈련장 『경고 : 이지역은 사격구역으로 출입을 금하며 사고 발생시 「군사기지/군시설 보호법」에 의거 피해보상을 받을 수 없습니다. 국군 제 5226 부대장』경고 안내문을 지나며 오른쪽에 철망을 보며 3분후 다시 사격장 경고문 『경고 : 이 지역은 군 사격장으로 유탄, 도비탄, 파편, 폭발물에 의한 사고 발생가능 위험 지역으로 출입을 금지합니다. 무단출입시 군사기지 및 군사시설 보호법 제 24조에 따라 처벌되며 이에 따른 사고에 대해 군부대에서는 책임지지 않습니다. 폭발물 의심 물체 발견시 폭발 위험이 있으므로 절대 접근 또는 접촉하지 말고 군부대로 신고하여 주시기 바랍니다. 특히 우측에 명시된 시간동안 사격이 진행 중임을 알려 드리며 훈련장 관리 부대와 훈련부대 연락처를 확인하시기 바랍니다. 제 6950 부대장』이 있다.

　자세히 보면 3분전 경고문은 5226부대 인데 이곳 경고문은 6950부대로 수암봉을 지나면서 군부대 3곳을 지난다. 경고문을 지나 내려오며 10시 35분 왼쪽으로 방향을 틀어 내려와 3분후 임도에 내려서니 오른쪽으로 리본이 걸려 있어 아무리 생각해도 아닌 것 같아 왼쪽으로 비포장길을 따라 오니 마을이 나오며 1차 때는 임도를 건너 능선에 올라섰다 마을 뒤로 내려오며 고생한 생각을 하며 마을로 들어서 왼쪽에 농장 막사를 지나고 마을길을 내려오며 (주) 동진소재. (주) 솔패이부를 지나 10시 52

분 원목감 노인회관, 유태영 주류를 잇달아 지나 평택 파주간 고속도로 교각 아래를 지나고 서해안 고속도로 지하 통로를 통과해 나오면 목감 우회도로 건널목 앞이다. 11시 1분 마루금은 건널목을 건너 왼쪽 능선을 올라가야 하는데 길이 없어 도로를 따라 간다. 오른쪽으로 도로를 따라가다 8분후 삼거리에서 오른쪽은 목감 IC와 안양 군포 방향이고 왼쪽으로 시흥 시청 방향으로 3분쯤 오면 목감사거리다.

좌표【 N 37° 23' 17.46" E 126° 51' 42.11" 】

목감사거리를 10시 14분 지나며 사거리에서 지하도를 통과해 오른쪽 시흥시청 방향으로 가며 건너편에 SK 주유소 옆 25시 편의점에서 우유 한개를 사먹고 나와 30m 쯤 가다 건널목을

건너면 농협앞 버스정류장에서 오른쪽으로 목감초등학교 이정표가 있어 2차선 도로를 따라가다 목감 초등학교 정문에서 도로는 오른쪽으로 논곡중학교 쪽으로 가고 11시 24분 임도 등산로 길을 따라가다 숲길로 들어서 오르막을 한동안 올라 돌탑봉에 올라서니 11시 30분이다.

　마루금은 돌탑봉에서 오른쪽으로 능선 내리막을 내려 안부에서 1차 때는 왼쪽으로 내려가 서울 외곽순환 고속도로 갓길로 가다 지하통로를 통해 갔는데 왼쪽은 길이 없고 오른쪽 능선으로 30m 쯤 가니 길이 없고 고속도로 갓길에 내려갈 엄두도 못내고 돌라와 오른쪽 임도로 표지기가 몇게 있어 내려가다 아무래도 고속도로와 멀어져 다시 올라와 보니 고속도로 휴게소에서 건너편 휴게소로 건너갈 수 있어 돌탑봉 능선 중간쯤 올라오다 잡풀 속을 해치며 내려가 고속로로 휴게소 뒤 울타리를 넘어 휴게소 주차장을 지나 휴게소 건물 3층으로 올라가 휴게소 음식점 상가를 지나 다시 내려와 건너편 주차장에서 고속도로 갓길을 따라가다 임도로 내려서 임도를 따라 철탑을 지나고 굴다리 입구에 도착하니 1시 30분이다. 1차때 온길을 확인하려고 굴다리를 지나 나가보니 고속도로 갓길은 막혀있고 임도를 따라 왼쪽 농로로 내려가는 길이 있어 확인하고 굴다리를 다시 돌아와 농장같은 집앞에서 잠시 쉬고 있는데 농장 주인이 나온다.

　이곳에서 운흥산 가는 등산로가 있어 물으니 철탑 뒤에서 오른쪽으로 올라가는 길이 있다고 알려주어 임도를 따라 좌측으로 50m쯤 가니 오른쪽에 표지기가 많이 걸려있다. 철탑 뒤 길을 가다 생각하니 1차때 생각이 나서 왼쪽길 임도를 따라 올라가 절개지위 철탑을 지나 오르막을 5분쯤 올라가니 팔각정이 나온다. 팔각정은 사방에 전망이 좋아 목감동 일대와 지나온 광교산과 수리산 수암봉이 보이며 관악산 철탑들이 건어다 보인다. 고속도로를 건너오느라 점심 먹을 장소가 없어 늦으나마 점심을 먹는다. 한남정맥은 다른 정맥보다 고속도로 절개지가 많고 도심지를 지나는 곳이 많기에 잘못하면 고생을 많이 한다. 이곳도 바로 아래 서해안 고속도로 때문에 시간이 많이 걸렸다. 앞으로도 이런 곳이 여러곳 있으리라 본다.

　마루금은 오른쪽으로 약간 내려가다 가파른 오르막 나무 계단을 따라 6분쯤 올라 봉우리 하나를 넘어 약간 내리막을 내려가다 삼거리에서 직진으로 이어지며 이 길은 조금 전 굴다리를 나와 올라오는 길이다. 이정표에 논줄마을 (논줄마을은 굴다리 입구)0.5km 정상 0.3km 등산로 입구 1.0km이며 직진으로 잘나 있는 능선길을 가다 운흥산 정상은 직진으로 0.1km 갔다와야 하고 마루금은 오른쪽(북쪽)으로 능선을 따라 내려간다. 운흥산 정상은 마루금에서 0.1km 벗어나 있지만 운흥산 정상에 올라가니 2시 35분이다.

좌표【 N37" 23" 22.6"　E 126" 50"47.6" 】

정상에는 팔각정자가 있고 삼각점 (안양 443 1990,복구)이 있으며 1차 때는 삼각점 위에 자그마한 표지석에 매직으로 쓴 운흥산 204.5m가 있었는데 없어지고 나무에(雲興山204.1m)표찰이 걸려있고 이정표(숲속교실 정상 0.7km 물왕 1동 마을회관 1.0km 도리재 0.9km)가 있다. 마침 물왕동에서 올라온 젊은이 한사람이 있어 잠시 이야기를 나무고 땀을 식히고 젊은이에게 부탁해 사진한판 찍고 인증샷 하고 3시 5분 출발해 오던길로 돌아와 마루금을 따라 내리막을 내려가다 표지기가 없어 우왕좌왕하다 계속 내려가니 표지기가 나타나 계속해서 내리막을 내려가니 임도가 나온다. 임도에 내려서니 표지기가 왼쪽에 있어 표지기를 따라가다 풀섶을 해치며 내려가 제 3 경인고속순환도로 교각 아래를 통과해 절개지 오르막을 오르는데 길이 험해 겨우 올라 능선을 넘으니 비닐하우스 건물이 나오며 건물에서 왼쪽으로 내려가 포장임도 오른쪽으로 가다 왼쪽 풀섶에 희미한 나무 계단을 올라가니 기독교 금이동 교회 공원묘지가 나온다. 1차 때는 고속도로 공사중이라 길이 없어 공사 중 길을 올라오며 애를 먹었는데 이번에는 고속도로 밑을 통과 하는데 길이 희미해 올라와서 살펴보니 임도에서 오른쪽으로 교각밑을 돌아오면 이곳 임도와 연결이 되는데 전임자 표지기만 따라 오다보니 짧은 거리지만 고생을 했다.

공동묘지를 지나 능선을 올라오는데도 잡풀이 우거져 길이 잘안보여 고생하며 올라와 능선 분기점에서 오른쪽으로 내려와 묘를 지나고 배수로를 따라 내려와 고속도로 교각밑을 지나 도로를 따라 약 100m 가량 오면 42번 국도 방죽고개다. 일차때는 교각을 지나며 길도 없는 능선으로 올라가 고생한 생각이 난다. 오른쪽으로 42번 국도를 약100m 가량 가면 건널목이 있고 1차 때는 맥을 고집하다 길이 없어 집 마당으로 나온 게 생각난다. 신호대 건널목을 건너 오늘은 이르지만 4시 48분 방죽재 42번 국도에서 마무리 한다.

좌표 【 N 37" 24" 17.5" E 126" 50" 28.6" 】

다음 산행 초입을 찾아놓고 SK 알뜰 주유소에 와 시원한 물을 얻어먹고 주유소 화장실에서 머리도 감고 몸도 씻고 나니 몸

이 거든하다. 여기서는 광명역 가는 버스가 없고 길을 건너 지나가는 택시를 기다려도 택시가 안와 칠리 저수지 까지 내려가니 택시가 와 택시로 광명역에서 6시 35분 KTX로 부산에 와 집에 오니 9시가 조금 넘는다. 오늘도 집사람 기다리며 수고 했다고 격려해준다.

{목감초등학교를 지나 돌탑봉에서 오른쪽으로 내려가 안부에서 오른쪽 임도(농로)을 따라 내려가면 외딴집을 지나 포장마을길을 따라가다 목감초등학교에서 논곡중학교를 거쳐 오는 지방도로 삼거리에서 왼쪽길로 100m가량 가면 수안로 2431번길 왼쪽길로 들어서 빌라 뒷길을 가며 아리셈 요양원을 지나 효원빌라 삼거리에서 오른쪽 비포장길로 산모퉁이를

돌아 왼쪽 농로를 따라가면 고속도로 굴다리가 나온다. 이길이 조금 돌지만 제일 안전한 길이다. 이길은 정맥은 약간 벗어나지만 고속도로가 있어 어디로 가든 고속도로를 통과 하여야 하기에 겨울철이나 봄에는 고속도로에 내려설 수 있지만 여름철에는 고속도로 내려서기가 잡풀과 가시넝쿨이 많아 위험하고 고속도로 갓길도 위험하며 갓길에서 내려오는 길도 막아 놓아 어렵고 해서 이길을 이용하면 좋을것 같아 참고로 올려 놓았습니다. 본인도 이길을 찾지 못해 해매다 고속도로 휴게소 울타리를 넘어 맞은편 휴게소로 건너와 고속도로 갓길로 오는데 고생을 해 이 길을 알아 놓았습니다. 후임자들이 참고가 되었으면 합니다.} 진상귀 (부산山사람)

제2차 한남정맥 단독종주 6구간

방죽머리고개 - 장고개길

방죽머리재 : 경기도 시흥시 금이동 방죽머리재
장 고 개 : 인천광역시 서구 가좌동 장고개
도 상 거 리: 방죽머리재 27.7 km 장고개
소 요 시 간: 방죽머리재 12시간 38분. 장고개
운 동 시 간: 방죽머리재 11시간 29분. 장고개
휴 식 시 간: 방죽머리재 1시간 9분. 장고개

방죽고개 출발 6시12분.
서울외곽순환도로 1.7km 7시 05분.
양지산 3.6km 7시 52분.
경인고속 굴다리 5.1km 8시 18분.
피정의집 정문 7.3km 9시 13분.
민들래농원 10.2km 10시 58분.
소사 2 배수지 11.0km 11시 13분.
하우고개 13.0km 12시 20분.
와우고개 14.3km 12시 47분.
거마산 15.3km 13시 14분.
수현마을정류장 18.0km 14시 10분.
철마산 20.2km 15시 39분.
만월정 22.1km 16시 26분.
부평3거리 23.0km 16시 53분.
부평도서관 24.7km 17시 53분.
구르지고개 25.5km 18시 20분.

무지내고개 586m 6시 35분.
양지정 3.1km 7시 35분.
창성포장 4.7km 8시 14분.
비룡사입구 6.4km 8시 52분.
피정의집 8.2km 10시 05분.
할미고개 10.8km 11시 10분.
여우고개 11.7km 11시 32분.
성주산 군부대 13.4km 12시 31분.
거마산 갈림길 14.9km 12시 59분.
박씨농장 17.2km 13시 50분.
황금미소식당 출발 14시 37분.
만수육교 21.6km 16시 03분.
만월산 22.3km 16시 31분.
백운역 24.3km 17시 45분.
136봉 25.2km 18시 10분.
장고개길 27.7km 18시 50분.

　이번 한남정맥 6구간은 지난 7월 15일 5구간에 이어 날씨가 넘 더워 열대야로 인해 쉬고 추석을 넘기고 9월 29일 6구간 종주에 들어간다. 2개월이 넘어 날씨가 많이 시원해 나머지 구간은 연달아 할 계획이다.

2018년 9월 29일 맑음

　한남정맥 6구간은 날씨가 넘 더워 미루어오다 추석을 지나고 날씨가 시원해 28일 오후 부산을 출발해 ktx로 서울역에서 인천행 전철로 시흥시역에서 서해선으로 갈아타고 신천역에서 하차 25시 신천지 젤찜질방 신세를 지고 아침 일찍 일어나 종가 콩나물국밥집 에서 아침을 먹고 목감 안양 가는 31-7번 버스로 방죽머리재 정류장에서 내려 산행에 들어간다.

　지난번 이곳에서 5구간 마무리한 곳이고 방죽머리 버스 정류장에서 바로 시작하기 때문에 산행준비를 하고 6시 12분 산행에 들어간다. 이길은 지난번 운흥산을 지나면서 길이 안좋아 고생을 했는데 초입부터 잡풀속을 해치며 올라가 8분후 군부대 철망 울타리에서 왼쪽으로 내려가다 오르막을 올라 6분후 작은 봉을 넘어 망가진 초소를 지나고 잡풀을 해치며 내려가 임도에 내려서니 아침 일찍이라 그런지 개들이 요란하게 짖어 댄다. 임도를 따라 내려 2차선 도로 이정표 (서울 10km 광명 9km)에 내려서니 6시 35분이다.

　　　　　　　　　좌표【 N 37" 24" 27.21"　E 126" 50" 13.24" **】**

　마루금은 오른쪽(광명쪽)으로 30여미터 가다 군부대 후문 앞에서 왼쪽으로 군부대 담벼락을 따라가다 개울을 건너고 오르막을 오르며 훈련장 초소를 지나고 오른쪽에 철망 울타리를 따르다 6시 49분 철망 울타리는 오른쪽으로 가고 마루금은 직진으로 숲길로 들어서 약간에 오르막을 올라 5분후 작은봉을 넘으며 왼쪽으로 내려가 능선을 가며 잘 정돈된 경주김씨 묘를 지나 철망울타리 갓길을 따라 내려가 서울 외곽순환 고속도로 갓길에 내려서니 7시 5분이다.

고속도로 갓길로 따라가다 5분후 철조망 끝에서 쪽문을 열고 들어가 올라서면 능선으로 군부대 철조망 울타리를 따라 올라간다. 철조망 갓길 군부대(1896부대) 경고판을 지나면서 철조망 울타리 갓길을 가면서 울타리 밖에 철조망에 바짓가랑이가 걸려 옷이 째지고 무릎이 흘켜 상처가 나 이곳을 지나가는데 고생을 했다. 둥근 철망이 풀섶이라 잘 안보여 조심해야 한다. 철조망 울타리 갓길을 헤쳐 나가 잠시 오르막을 오르니 이곳이 147.7봉인 것 같은데 아무 표시도 없고 오른쪽으로 10여미터 내려가니 삼거리가 나오며 이정표가 있다.

이정표에 능안말(괴림2동) 1.1km 정상 전망대 300m 군부대 출입금지 200m이며 이곳부터는 풀치기를 해 길이 아주 좋다. 잘나있는 길을 따라가다 철탑을 7시 31분 지나고 오르막을 올라 양지정 팔각정에 올라서니 7시 36분이다.

팔각정은 2층으로 계단을 올라야 하고 아래 쉼터도 있으며 이정표에 능안말(괴림2동) 1.4km 체력단련장 1.6km 이며 잠시 허리쉼을 하고 사진 몇판 찍고 7시 38분 출발해 잘나있는 길을 따

라 내리막을 내려 능선을 가다 3분후 삼거리에서 왼쪽길로 가다 가파른 오르막을 한동안 올라 양지산 정상에 올라서니 7시 53분이다.

좌표【 N 37° 25" 50.94"　E 126° 49" 32.65" 】

　양지산 정상은 팔각정자가 있으며 쉼터도 있다. 양지산 정상에서 인증샷을 하고 내리막을 내려 5531부대 철조망 울타리 갓길을 가다 8시 1분 철망 울타리를 벗어나 삼거리에서 (이정표 양지산정상 200m 약수터 200m 양지산 입구 900m) 양지산 입구 쪽으로 내려 안부에 내려섰다. 작은 봉을 넘어 8시 6분 삼거리에서 (이정표 양지산 정상 500m 양지산 입구 600m 소나무 숲길)로 되어 있는데 마루금은 왼쪽 소나무 숲길로 내려와 포장 임도에 내려서면 커다란 창성포장 표지석이 있다. 8시 14분 창성포장 표지석에서 오른쪽으로 포장길을 따라 내려와 경인제2 국도 아래 굴다리를 8시 18분 통과해 왼쪽으로 포장길을 따라 간다.

좌표【 N 37" 26" 23.87"　E 126" 49" 35.10" 】

　1차 때는 철탑봉에 올라서 지도대로 가다 길이 없어 다시 내려온 기억이 있어 첫번째 갈림길에서 오른쪽으로 들어서면 대한산업 건물 뒤에서 오른쪽으로 묘지 오르는 길이 있는데 묘지를 오르지 않고 파란색 울타리를 오른쪽에 두고 포장길을 따라가다 도로 끝에 가면 능선 사거리인데 이곳에서 마루금은 왼쪽 길로 들어서 능선길로 이어진다. 정식 마루금은 왼쪽 철탑봉에서 이곳까지 내려와 왼쪽으로 이어지는데 전임자들 기록을 보면 묘지로 올라가 불탄 능선에 올라가 왼쪽으로 내려오는데 이 길은 어차피 정맥길을 벗어나니 참고하기 바란다. 마루금은 고개에서 왼쪽 밤나무 농장 철망 울타리를 따르다 밤나무 농장을 지나 능선을 따라 컨테이너 박스 외딴집을 8시 40분 지나고 잘 나있는 능선길을 따라가다 대성상사 청소용품 공장에 내려서니 개들이 달려들어 공장뒤 안길로 들어서 공장 정문을 나오니 비룡사 입구다. 마루금은 비룡사 표지석 앞에서 임도로 올라서면 검정 비닐하우스 뒤로 숲길로 들어서 간다. 8시 53분 비룡사 입구를 지나 숲길로 들어서 능선길을 오르내리며 삼십고개 계수도로에 내려서 도로를 따라 왼쪽으로 20여미터 가서 건널목을 건너 오른쪽으로 피정의집 정문을 지나고 삼거리에서 왼쪽길로 따라가다 광명부천 삼거리 이정표 아래서 왼쪽 능선으로 올라선다. 이곳은 버스 또는 대형차들이 주차해 놓아 등산로 입구를 잘봐야 한다.

　이곳도 길이 험하다 숲길 오르막을 한동안 올라 성바오로 피정의집 철조망을 만나면 길이 밖으로도 있고 안으로도 있는데 가다보면 안으로 들어가는 개구멍이 몇개 있는데 철탑을 지나면서 왼쪽 안으로 들어가 철조망 울타리를 따라가다 작은봉을 넘어 피정의집 위쪽으로 내려가니 밭에서 풀베기를 하는 인부들이 이곳은 사유지라 통과를 못한다며 돌아가라고 하여 가다보니 초상이 낫는지 많은 사람들이 능선길에서 내려와 그길로 못가게 한 모양이다. 전임자들 기록을 보면 피정의집 뒤로 돌아간 기록이 있긴 하지만 돌아도 많이 돌아간다. 피정의집 건물을 지나 고개에서 오른쪽으로 올라가다 살펴보면 철조망 개구멍이 있어 철조망 울타리 밖으로 나가 철조망 갓길을 따라가다 보면 인부들이 못가게 한곳에서 철탑 방향으로 임도를 따라 올라와 철조망 개구멍을 나오면 바로 능선길로 이어지는데 약 200m 거리를 1km정도 돌아왔다.(별표참조) 철망 울타리 끝에서 마루금을 따라 10시 32분 송전탑을 지나 농장 입구에 내려서 산판길을 따라 내려와 범안로 266번길 포장도로에 내려서니 10시 34분이다. 마루금은 재개발구역 안내판 뒤로 리본을 따라 올라가니 중간에서 길이 없어 헤매다 다시 내려와 포장도로를 따라 왼쪽 굴다리 쪽으로 내려와 오른쪽으로 가면 민들래 농원 입구다. (이곳도 지도 참조)

※고개에서 리본을 따라 많은 사람이 간판 뒷길을 가다 중간에서 돌아온 흔적만 있으니 포장도로에서 간판 뒷길은 무시하고 왼쪽길을 이용하기 바랍니다. 고개에서 왼쪽으로 포장길을 따라 30여미터 내려오면 굴다리 입구에서 오른쪽으로 차단기를 지나 올라서면 민들레 농원입구다.

좌표【 N 37" 27" 34.25" E 216" 48" 12.35" 】

마루금은 민들레 농원 입구에서 서해안 도로 건널목을 건너 오른쪽 능선으로 이어지나 길이 없고 어차피 조금가다 내려와야 하기에 도로를 따라가 현대셀프 그린오일 주유소 앞을 11시 3분 지나고 풍장어(풍천장어)집 입구를 지나고 소사 고등학교 못가서 왼쪽으로 건널목 (할미고개)을 건너 현대농원 직판장 오른쪽에 보면 철망 울타리에 리본이 많이 걸려있다.

좌표【 N 37.27.50.6" E 126" 47" 58.9" 】

소사 잔디구장 간판에서 직진으로 포장도로를 따라가 소사 2 배수지 정문앞으로 간다. 11시 13분 소사 2 배수지 정문 왼쪽 철망 울타리를 따라 가파른 오르막을 올라 작은봉을 넘어 인천광역시 둘레길을 만나면서 팔각정을 11시 22분 지나고 왼쪽에 파란철망 울타리를 따라 잘나있는 길을 따라 소사대공원 삼거리를 지나 오르막을 올라 봉매산 암봉을 넘어 왼쪽으로 내려서면 여우고개 생태터널 윗길이다.

좌표【 N 37" 27" 55.91" E 126" 47" 30.01" 】

여우고개는 옛날부터 나무가 많고 후미진 곳이어서 여우가 많이 출현 한다고 하여 여우고개라는 이름이 생겼다. 아직도 여우고개라는 말이 있는데 이것은 여우의 고어 형태인 '여스'가 '여의'를 거쳐 '여우'로 음운이 변천한 것이다. 여우고개 동쪽에는 할미산이 있고 서쪽에는 성주산(와우산)과 고개 아래에는 웃소사와 아랫소사가 있다. 봄이면 둔덕에 벚꽃이 만개하여 매우 아름답다. 여우고개 국가지점번호 다.사. 3738.4093번을 지나 부천 둘레길을 따라 가파른 나무 계단길을 숨을 몰아쉬며 올라 팔각정에 올라서니 11시 38분이다.

  시간이 이르기는 하지만 벤치에서 점심대용으로 집에서 가져온 떡으로 요기를 면하고 12시 3분 출발한다. 이곳은 운동시설도 있고 국가지점번호 다.사 3717-4096번이 있고 고속도로 요금소도 내려다보이고 지나온 수암산이 멀리 보이고 오늘 지나온 능선길을 가늠해 본다. 팔각정을 출발해 6분후 소사대공원 삼거리에서 왼쪽길로 내려서 애그리나 전원택지 갓길을 따라 오르막을 올라 삼각점이 있는 164.5봉에서 왼쪽으로 내려서 하우고개 구름다리에 내려서니 12시 19분이다.

좌표【N 37° 28" 20.07" E 126° 46" 59.37"】

  하우고개는 구름다리를 건너 팔각정 쉼터를 오른쪽에 두고 가파른 나무계단을 올라 군부대 철망 울타리에 올라서니 성주산 빼지가 들어오고 아무표시도 없고 철망 울타리 안쪽 정상에 군부대 초소가 있고 팔각 정자가 있다. 12시 30분 마루금은 오른쪽으로 철망 울타리를 따라가다 왼쪽으로 철망 울타리를 따라 군부대를 돌아가며 내리막을 내려 왼쪽 철망안에 헬기장이 있는 안부를 지나며 능선 나무계단 오르막을 한동안 올라 잘나 있는 길을 따르다 왼쪽에 리본이 몇 개 있어 들어가보니 길이 없다. 다시나와 오른쪽으로 내리막을 내려 군부대 아파트와 6-2

번 버스정류장 앞에 내려서니 12시 47분이다.

　도로를 따라 6-2번 버스정류장 위에서 이정표를 따라 오른쪽으로 들어가 삼거리에서 왼쪽으로 나무계단 가파른 오르막을 올라 거마산 삼거리에 올라서니 오후 1시다. 마루금은 오른쪽으로 이어지나 거마산 빼지는 받았는데 거마산 정상이 어떤가 올라가 보니 이정목에 매직으로 거마산이란 게 있고 쉼터만 있으며 정상다운 게 아무것도 없다. 1시 13분 (후임자들은 가지 말기바랍니다.) 다시 돌아와 마루금을 따라 내려가 삼각점을 1시 25분 지나고 내리막을 내리며 중대전술 훈련강의장을 지나고 제 6617 부대 중대전술 훈련장을 지나 능선 오르막을 올라 군부대 철초망 울타리에서 왼쪽이나 오른쪽 아무 쪽이나 철망 울타리를 따라가면 군부대 정문이 나온다. (1차 때는 오른쪽으로 기록되어있음) 부대 정문에서 도로를 따라 15 고층 사다리 훈련장을 1시 41분 지나고 포장길을 따라 내려와 박씨농장 입구에 내려오니 1시 50분이다. 박씨농장 삼거리에서 오른쪽으로 서울 외곽순환 고속도로 아래를 지나고 무네미 대로 갓길을 따라가다 왼쪽으로 나무계단을 내려서면 굴다리가 나온다. 굴다리를 통과해 왼쪽으로 도로에 올라서 도로를 따라 회전 노타리를 지나 수현황토음식마을 황금미소 음식점에서 2시 6분 갈비탕(1만원)으로 점심을 먹고 2시 37분 식당을 나와 수현로 도로를 따라가다 등산로 입구 이정표에서 산길로 진입한다.

수현로타리에서 무네미 대로를 건너면 인천 수목원과 인천 대공원이 있다. 마루금은 수현로 2차선 도로를 따라가다 고개 못가서 오른쪽으로 등산로 이정표를 따라 나무계단을 올라가면 송전 철탑이 있다. 2시 41분 송전철탑을 지나 오르막을 오르며 9분후 국가지점번호 다.사 3320-4090번을 지나고 3분후 군부대 철조망 울타리 에서 왼쪽으로 마루금을 따라가다 3분후 국가지점번호 다.사 3309-4105번을 지나고 1분후 임도를 만난다. 임도를 건너 가파른 오르막을 한동안 올라 인천 종주길 이정목과 국가지점번호 다.사 3297-4135번을 3시 2분 지나고 군부대 훈련장을 올라 가파른 오르막을 한동안 올라 3시 19분 철조망 울타리에서 왼쪽으로 마루금은 이어지며 2분후 육군제 2291부대 안내문을 지나 능선 오르막을 한동안 올라 체육 시설이 있는 철마산(금마산)정상에 올라서니 3시 40분이다.

좌표【 N 37° 28" 16.4" E 126° 43" 55.8" 】

정상에는 긴 나무의자가 있으며 운동기구가 여러 개 있고 전망이 좋아 부천 공설 공동묘지가 내려다보이며 2년전 조카(큰형님둘째아들)님이 운명을 다해 이곳 인천시 부평 추모공원묘원에 안치해 멀리서나마 조카님의 명복을 빌고 잠시 쉬면서 사방을 관망하고 3시 45분 출발한다. 철마산(金馬山)을 출발해 2분후 공동묘지 순환도로에 내려서 오른쪽 공동묘역을 관망하며 부평 시가지도 내려다보고 도로를 따라 내려오다 4시에 도로를 버리고 왼쪽 산길로 들어서 능선 내리막을 내려 쓰레기더미가 있는 현대비철에 내려서니 4시 5분이다.

　도로에 내려서 왼쪽으로 도로를 따라와 2분 후 SK 주유소에서 왼쪽 농장 합동공인중개사무실 건물 앞으로 올라서면 만월산-만수산 연결다리 입구다. 다리를 건너며 사진한판 찍고 다리를 건너 나무계단을 한동안 올라 5분후 부평농장 3거리 이정표를 지나 KBS 송신탑봉에 올라서니 4시 20분이다. KBS 통신중계탑을 지나 나무계단 내리막을 내려 잘나있는 능선길을 가며 만월정에 올라서니 4시 28분이다. 만월정은 팔각정으로 전망이 아주 좋아 인천시가지 전체가 보이며 서해바다 영종도까지 한눈에 들어오고 지나온 마루금 계양산 멀리 수암산 광교산까지 멀리 보인다. 인천 시가지를 배경으로 사진 몇판 찍어둔다. 만월정에서 만월산 정상은 3분쯤 가면 암봉으로 커다란 표지석이 있고 삼각점이 있다.

좌표【 N 37" 28" 17.9" E 126" 42" 53.3" 】

　만월산 정상에 滿月山 (187.1m) 커다란 표지석이 있고 2001년 9월 인천시에서 설치한 삼각점이 있으며 국기 계양대가 있다. 정상에서 조금 아래 돌탑(돌무덤)이 있고 2분후 전망대(쉼터)를 지나 급경사 내리막을 내려 파란 철망 울타리를 오른쪽에 두고 조금 내려오면 삼거리가 나오며 직진으로 1분쯤 가면 강남타일 종합상사앞 46번 도로 건널목이다. 4시 53분 도로를 건

너면 정양사 표지석에서 직진으로 등산로 입구가 나온다. 5시 1분 등산로 입구에서 6 분쯤 오르면 넓은 공터에 체육시설이 되어있고 공터 끝에 산불 감시초소를 지나고 송전철탑을 5시 13분 지나고 올라서면 삼각점(87.7m)이 있다. 87.7봉에서 내리막을 내려 백운빌라 브리운스톤 아파트 101동 앞에서 오른쪽으로 가면 백운역 쉼터가 나온다. 5시 21분 벤치에서 간식을 먹고 5시 41분 출발해 도로를 건너 백운공원 오른쪽 도로를 따라가 삼거리에서 오른쪽으로 도로를 따라가다 건널목을 건너 부평도서관 옆에서 등산로를 따라 올라간다. 부평도서관 등산 진입로 에서 잘나있는 길을 따라 2분쯤 가면 넓은 공터에 간이 화장실과 파란 물통이 있으며 공중전화 박스가 있다.

잘나있는 등산로를 따라 10분쯤 올라가면 당산나무 아래 통나무 쉼터가 있고 원곡로행 안내 간판이 있다. 벤치가 하나 있는 곳을 지나 오르막을 한동안 올라 136봉에 올라서니 6시 10분이다. 136봉에는 산불감시 초소가 있고 고압철탑이 있으며 인천시에서 2003년 6월 설치한 삼각점이 있으며 삼각점에는 높이가 126.29m로 되어있다. 마루금은 오른쪽으로 능선을 가며 5분후 고압철탑과 벤치를 지나고 이정목을 지나 나무계단을 내려가다 가파른 내리막을 내려 구르지고개에 내려서니 6시 20분이다. 구르지고개는 임도로 (이곳 등산로는 여성보호구역으로 경찰관과 등산로 안전지킴이가 순찰활동하는 안전구역입니다. 인천경찰서장) 안내판이 있으며 열우물 비타민길 이정표를 따

른다. 그르지고개를 지나 오르막을 한동안 올라 고개를 넘으면 오른쪽 군부대 담장이 나온다. 마루금은 담장을 따르다 체육시설이 있는 곳을 지나고 능선 내리막을 한동안 내려 숲속정자를 지나 내려서면 오르쪽에 군부대 초소가 있다. 이곳이 지도에 장고개이며 고개를 넘는 길은 지도에는 나와 있는데 오른쪽은 군부대라 길은 없고 마루금은 직진으로 이어지나 오늘은 이곳에서 6시 50분 마무리한다.

좌표【 N 37" 29" 16.0" E 126" 41" 53.3" 】

초소에서 왼쪽으로 100m가량 내려가면 인천시 서구 가좌2동 도로환경 미화원 휴게소 앞이 나오고 서구노인회 문화센터 앞에 593번 버스종점이 있다.

이곳은 개발지구이고 아파트단지라 숙소가 없어 버스로 가좌 1동까지 나가 숙소를 정하고 식당에 나와 저녁을 먹고 무사히 도착했다고 집으로 전화를 하고 숙소에 와 오늘 일정을 마무리 하고 일직 잠자리에 들어간다.

제2차 한남정맥 단독종주 7 구간

장고개-문고개 검단고교

가좌2동 장고개 : 인천광역시 서구 가좌 2 동 장고개
문고개 검단고교 : 인천광역시 서구 마전동 문고개 검단고교
도상거리 : 장고개 25.2km 문고개 검단고교
소요시간 : 장고개 11시간 46분. 문고개 검단고교
운동시간 : 장고개 10시간 43분. 문고개 검단고교
휴식시간 : 장고개 1시간 3분. 문고개 검단고교

장고개 군초소 출발 6시 28분.
원적새사미 정류장 1.3km 7시 7분.
원적산팔각정 3.0km 7시 44분.
아나지고개 국도 4.5km 8시 35분,
헬기장(1) 5.9km 9시 17분.
헬기장(3) 6.8km 9시 34분.
팔각정 7.9km 9시 58분.
장명이고개 9.2km 10시 58분.
계양산 정상 10.4km 11시 45분.
피고개 11.3km 12시 11분.
꽃뫼산 13.2km 13시 22분.
목상교 15.2km 14시 01분.
미성식당 점심 14시 15분.
등산로입구 16.6km 14시 44분,
군부대 정문 18.3km 15시 23분.
골막산 20.6km 16시 01분.
할매산 22.2km 17시 01분.
천주교공원묘지 23.3km 17시 38분.
감단고교 24.9km 18시 13분.

함봉산 정상 982m 6시 52분.
원적산 정상 2.2km 7시 35분.
한시그렌드힐빌리지 3.9km 8시 3분.
천마산 정상 5.5km 9시 10분
헬기장(2) 6.5km 9시 27분.
헬기장(4) 7.4km 9시 47분.
중구봉 8.4km 10시 18분.
정맥분기점 10.1km 11시 36분.
계양산 출발 11시 52분.
피고기산 11.4km 12시 35분.
임도 14.4km 13시 48분.
아나누루휴게소 16.2km 14시 10분.
미성식당 출발 14시 41분.
철탑 17.3km 15시 05분.
98지방도로 19.9km 15시 44분.
백석스포트랙 21.2km 16시 37분.
원당대로정류장 23.0km 17시 17분.
문고개 도로 23.9km 17시 54분.

 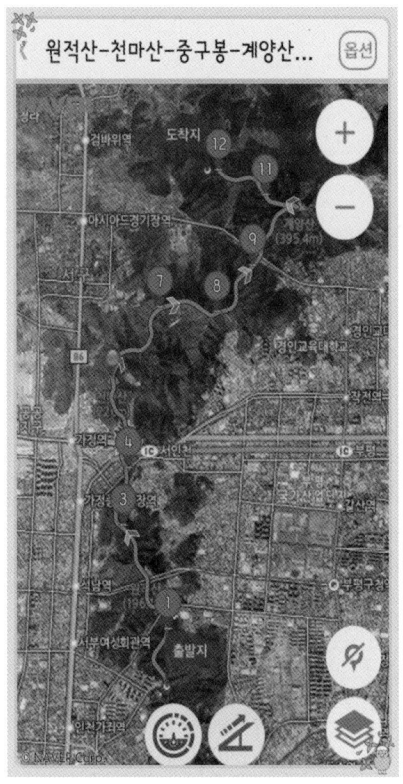

　한남정맥도 이제는 막바지에 접어들었다. 어제에 이어 오늘까지 하면 2 구간 남는다. 연속해서 2 일간이라 약간에 피로는 들지만 그래도 아침에 일어나니 몸이 풀려 다행이다. 오늘 거리도 어제와 비슷하다. 이곳은 인천시 동구 신현동 번화가라 아침 식사할 곳이 많아 24시 식당에서 해장국으로 아침을 먹고 나니 속이 풀려 어제 내려온 장고개로 출발한다.

 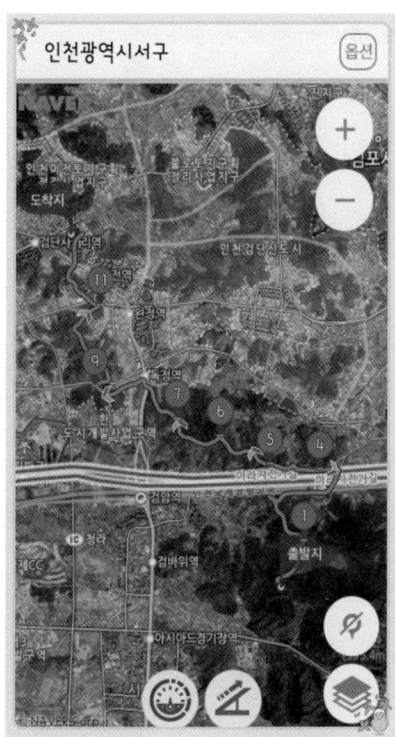

2018년 9월 30일 맑음

오늘은 어제에 이어 2일째 종주 산행이다. 아침 일찍 일어나 24시 국밥집에서 아침을 먹고 택시로 (7,000원) 장고개 가좌 노인문화센터 앞 593번 버스종점에 도착하니 6시 20분이다. 산행 준비를 하고 가좌지구대 방범기동 순찰대 컨테이너 박스와 도로환경미화원 휴게소 뒤에서 밭둑길로 올라가 마루금은 군부대 볼록 담장 초소부터 시작된다. 지도에는 장고개가 도로가 있으나 실제 이곳은 군부대가 자리잡고 있어 임도도 없다.

　6시 28분 군부대 초소 아래 담장을 따라 왼쪽으로 올라가 운동기구가 있고 벤치가 있는 쉼터를 지나며 오르막을 올라 삼거리 이정표가 있고 사각 정자에 올라서니 6시 32분이다. 이정표에 함봉산 1.1km이고 서구 노인문화센터 50m 이다. 마루금은 삼거리에서 왼쪽 능선을 올라 가파른 오르막을 오르며 나무계단도 오르고 로프 설치길을 한동안 오르며 6시 40분 전망 좋은 곳에서 아침 해 뜨는 것을 감상하며 지나온 마루금과 인천시내가 아침 햇살에 눈부시다. 가파른 오르막을 올라 산불감시 초소가 있는 143.6봉에 올라서니 6시 43분이다. 이곳은 전망이 아주 좋아 인천시내와 부천시 멀리 지나온 마루금을 가름해 본다. 마루금은 오른쪽으로 잘나있는 능선을 가며 3분후 고압 전기 철탑을 지나고 4분후 군부대 경고판을 지나면서 급경사 오르막을 올라 넓은 공터에 올라서니 아침 운동하는 사람들이 올라와 있다. 잘나있는 능선을 따라가 함봉산 정상에 올라서니 6시 52분이다.

좌표【 N 37" 30" 5.94"　E 126" 41" 31.89" 】

　함봉산(虎峰山)정상에는 삼각점과 표지석(虎峰山頂上 海拔 165m)이 있으며 사방에 전망이 좋아 인천 시가지가 모두 보이며 부평 시가지도 내려다보인다. 마루금은 왼쪽으로 급경사 마사길 암능을 내려 절계지 에서 오른쪽(부평쪽)으로 절계지 윗길을 따라내려 셀레아넬리스아파트 옆 새사미아파트 버스정류장에서 원적로 건널목을 7시 7분 건너 왼쪽(터널쪽)으로 20여미터 가다 버스정류장 뒤로 이정표 방향으로 나무계단을 오르며 삼거리 에서 된비알 오르막을 오르며 나무계단과 마사길 오르막을 번가라 가며 올라 삼각점이 있는 171봉에 올라서니 7시 3분이다. 이곳은 벌써 많은 등산객이 올라와 있으며 인천시에서 설치한 삼각점이 있다. (인천광역시는 현대적 지적 측량을 최초로 실시한 도시입니다. 이 시설물은 지적 측량의 기준이 되는 지적 삼각점으로 국가의 주요 시설물이오니 인천시민의 자랑으로 아껴주시기 바랍니다. 명칭 인천 30 높이 171.85m. 2002.11. 인천 광역시장)

　172봉은 전망이 아주 좋아 많은 등산객이 올라와 있으며, 이정표에 원적정 0.8km 세일고등학교 0.6km 석남중학교 2.0km 가마의다락방 0.6km이며 서북쪽으로 오르던 마루금은 북쪽으로 이어지며 건너편에 원적산 능선을 따른다. 잘나있는 능선길을 가며 2분후 국가지점번호 다.사 2829-4547번을 지나 능선을 가다 삼거리에서 가파른 오르막을 올라 원적산 정상에 올라서니 7시 35분이다. 정상에는 인천산악회에서 세운 자그마한 원적산(元積山) 검정오석 표지석이 있고 한남정맥 안내간판이 있으며 또 반대쪽에 원적산(해발 221m GPS기준) 2007.3. 인천광역시 통.리장 연합회) 표지석이 있다. 원적산은 천마산 또는 철

마산으로 불려왔으나 인천시 지명위원회에서 산 이름을 변경하여 현재는 원적산으로 불리고 있다.

좌표【 N 37" 30" 50.9" E 126" 41" 32.3" 】

마루금은 왼쪽으로 내려 지름길 삼거리를 지나 능선을 가다 오르막을 올라 원적정에 도착하니 7시 41분이다. 원적정은 2층 팔각정으로 전망이 뛰어나 많은 등산객이 오르내리며 인천 시가지와 서해 바다가 한눈에 들어온다. 2008 년 9월 21일 일차 때 산행기록을 보니 철마정이라 되어 있는데 (아래사진참조) 언제 원적정으로 바뀌었나 알 수 없으나 지금은 원적정으로 되어 있다.

원적정!

　　원적산은 그동안 천마산 또는 철마산으로 불리어 왔으나 인천시에서 지명 위원회를 통해 산이름을 변경하여 현제는 원적산 으로 불리고 있다. 원적산의 유래하는 전설로는 이 산밑에 위치한 가정동 마을은 합천 이씨가 대성을 이룬 명문 가운데 이 문중에서 아기장사가 태어나자 그 부모는 후한이 두려운 나머지 아기장사를 죽이자 산중에서 용마가 나와 울면서 떠났다는 전설이 있고 마제석은 그 용마의 발자국이라 전해지고 있으며 이 산에서 천마가 나왔다고 하여 처음에는 천마산이라 부르게 되었다고 한다. 또한 원적산은 192.000평의 광활한 산림과 표고 226m로 우리 서구 및 부평구와 계양구등 3개구가 연접하고 있으며 1995년부터 팔각정 설치를 위한 사업 추진을 본격화하여 시행하게 되었다. 따라서 이 산의 이름을 명명하여 서구 관내를 한눈에 조망할 수 있는 원적정 건립 계획을 수립하여 한식목구조및 철근 콘크리트구조로 총 사업비 2억 9천 만원을 들여 연면적 48.83.2m 높이 5.55m 2층구조로 1996년 9월 9일부터 사업을 착공하여 1997년 6월 30일에 완공 오늘에 이르게 되었다.

　　　　　1997년 6월 30일 ! 인천 광역시 서구청장

　　잠시 쉬면서 등산객에게 부탁해 사진한판 찍고 7시 44분 출발해 한신빌리지 이정표를 따라가다 삼거리를 지나고 고압철탑과 커다란 돌무덤을 7시 54분 지나고 165봉을 넘어 전망대를 8

시에 지나 내리막을 내려 삼거리 오른쪽 원두막을 8시 6분 지나 왼쪽은 한신빌리지 직진은 청천도시 숲길로 이어진다. 마루금은 직진으로 가며 밭을 지나 내려서니 라인테크 건물로 내려서 골목도로를 따라 조인텔 정문앞을 지나 서달로 4차선 도로에 내려서니 8시 20분이다. 도로 건널목을 건너 공원숲 속 계단을 올랐다 내려서니 한신빌리지 놀이터가 나온다. 놀이터를 지나 한신빌리지 뒷길을 가면 한신빌리지 후문 육교가 나온다.

육교를 건너 내려서 공사장을 지나 6번 도로에 올라서 건널목을 건너고 고가도로를 지나고 다시 건널목을 건너 대우자동차 가정 아파트 101동 입구에서 오른쪽으로 방음막 아래 인도를 따라 200m 가량 올라가면 방음망 끝에서 아나지골 웰딩맛집 쪽으로 도로를 따라간다. 아나지 고개는 온갖 도로가 이리저리 엮켜있어 천마산 오르는 길이 몇군데 있다. 1차 때는 절계지를 올라 철탑을 지나갔는데 절계지를 오르지 않고 도로를 따라가 웰딩 맛집에서 오른쪽으로 올라가면 군부대 철조망이 나오며 철조망 옆길을 따라가다 군부대 철조망 끝에서 왼쪽길로 가며 가파른 오르막을 한동안 올라 돌탑봉에 올라서니 9시 3분이다. 전임자들 산행기록을 보면 도로를 건너 가정아파트 앞에서 하나1차아파트 뒤로 왼쪽 능선이 길이 잘돼있고 정맥 마루금은 정맥 종주자만 다녀 돌탑봉에 올라서니 길이 잘나있다. 서쪽으로 오르던 마루금은 오른쪽(북쪽)으로 능선 오르막을 올라가 철마산 육각정에 올라서니 9시 10분이다.

좌표【 N 37" 31" 91.4"　E 126" 40" 96.2" 】

천마산(255.9m)정상에는 삼각점(김포328 1993.복구)이 있고 육각 정자가 있으며 전망이 좋아 인천 시가지가 한눈에 들어온다. 천마산 중턱에 자리잡고 있는 천마바위에는 말이 하늘을 향해 비상한 말발굽이 많이 새겨져 있는데 인위적으로 새긴 것이 아니라 자연적인 형상으로 그 모양이 힘차게 달려 도약하는 듯한 자국이고 허공을 향해 방향을 잡고 있다. 그래서 이산에 천마산(天馬山)이라는 지명이 붙여졌고 그런 전설을 뒷받침하는 것이 천마(天馬)바위다. 이 천마바위와 관련하여 이곳에 천마가 살았다는 전설, 그리고 이 산의 남쪽 아래에 아기장수가 태어났다는 전설이 있는데 암벽위에 페인 말발굽 형상을 보고 천마에 대한 상상력을 더해 지명을 붙인 것은 지상의 인간이 하늘과 교통하는 신성한 상상력에서 비롯된 상징으로 우리 조상의 오랜 의식에서 유래된다.

조선중기 이곳 산기슭에 합천이씨 문중에서 아기장수가 태어났다. 이 아기장수는 태어난지 일주일 만에 걷고 얼마 후 양 어깨에 날개가 돋아나 천장을 날아 다녔다고 한다. 그 당시엔 이런 장수가 위인이 나면 후일 반역을 염려해 나라에서 그 집안 일족을 모두 죽여 없앴기 때문에 아기장수의 부모들은 후환이 두려워서 견딜수가 없었다. 그래서 부모들은 마음이 아팠지만 그 아기장수를 붙잡아 내려 다듬이돌로 눌러 죽이려고 했다. 그때 천마가 날아올라 큰소리로 울며 아기장수의 집 주위를 맴돌며 구슬프게 울어대다가 아기장수의 숨이 끊어지자, 어디론가 사라졌다고 한다. (서구사 구비전승 실화편 중에서)

오늘은 일요일이라 많은 등산객이 올라와 있으며 날씨가 좋아 중구봉 계양산이 지근에 보이고 원적산 함봉산 만월산등 지나온 마루금이 줄지어 보인다. 잠시 허리쉼을 하고 등산객에게 부탁해 사진한판 찍고 출발해 잠시 내리막을 내려 잘나있는 능선길을 가며 5분후 깃대가 서있는 곳을 지나 오르막 능선을 올라 자그마한 삼각점(5596H 330F08)이 있는 헬기장에 올라서니 9시 17분이다. 마루금은 헬기장에서 오른쪽 내리막을 내려 잘나있는 능선길을 오르내리며 헬기장을 9시 30분 지나고 왼쪽으로 능선을 오르내리며 6분후 다시 헬기장을 지나 잘나있는 능선에 벤치가 여러개 있는 곳을 지나 삼거리에 내려서니 9시 37분이다. 이정표에 (←하나아파트→ 중구봉↖서곳근린공원)이 있으며 삼거리를 지나면 왼쪽 아래에 운동기구와 사각정자가 있다. 이곳 정자는 2008년 10월 4일 1차때 이곳에 있던게 기억이 난다. 오늘도 일요일이라 등산객들이 여럿이 쉬고 있다. 마루금은 동쪽방향으로 능선을 가며 삼거리를 지나가는데 이정표에 사격시 우회 하라는 표시가 있고 경고문이 있으나 오늘은 일요일 이라 바로 올라가 3분후 헬기장을 지나고 오르막을 오르며 묘를 지나 가파른 오르막을 오르다 나무계단을 한동안 올라 2층 팔각정자가 있는 286봉에 올라서니 9시 58분이다. 2008년 1차 때는 이곳에 군부대 초소가 있었는데 언제 지었는지 팔각정(새벌정)이 있으며 전망이 좋아 많은 등산객들이 올라와 있으며 오늘 산행은 인천 시가지를 지나가기에 어느곳이든 인천 시가지를 내려다보며 산행을 한다. 잠시 허리쉼을 하고 등산객에게 부탁해 사진한판 찍고 내리막을 내려 길마재에 내려서니 10시 8분이다. 길마재는 오른쪽으로 내려가면 계양구 효성1동 백양아파트로 내려가고 중구봉은 직진이다. 가파른 오르막을 한동안 올라 중구봉 정상에 올라서니 10시 18분이다.

좌표【 N 37" 32" 30.51" E 126" 42" 13.79" 】

중구봉은 돌무덤과 커다란 표지석(중구봉 해발276m)이 있고 전망이 좋아 건너편에 계양산 정상이 건너다보이고 아래로 경명대로가 지나간다. 정상석을 배령으로 사진한판 찍고 잠시 허리쉼을 하고 출발한다. 마루금은 북쪽으로 가파른 내리막을 내려가며 밧줄을 번갈아 잡아가며 급경사를 한동안 내려가다 정자나무아래 벤치에서 이르지만 시장기가 들어 점심을 먹고 10시 50분 출발해 내리막을 내려 나무계단을 내려서니 징매이고개 생태통로다. 1차 때는 생태통로터널이 공사중이라 오른쪽으로 절개지를 내려가 계명대로 중앙 분리대를 넘어 건너갔었는데 2009년 8월 경명로 도로개설로 단절된 생물 이동로를 복원하고 계양산과 천마산의 녹지축을 연결하여 생태통로를 만들어 야생 동 식물의 이동을 돕고 서식처 역할을 재공하고 등산객에게도 편의를 재공 하였다. 징맹이재 생태통로를 지나면 커다란 중심성터(衆心城址)표지석이 있어 사진한판 찍어둔다.

좌표【 N 37" 32" 74.4" E 125" 42" 68.5" 】

중심성터(衆心城址)

중심성지(衆心城址)는 계산동과 공촌동 사이에 있는 경명현(景命峴)에 위치하고 있다. 경명현(속칭 징맹이고개)을 중심으로 동서의 능선을 따라 축조 되었던 산성(山城)으로 현재는 완전히 없어지고 잔해만이 약간 남아있을 뿐이다. 고종 3

년(1866년) 8월에 일어난 병인양요(丙寅洋擾) 1871년 신미양요(辛未洋擾) 1875년 운양호사건(雲揚號事件)등의 이양선(異洋船)의 침입에 위협을 느끼게되어 왕의 칙령(勅令)에 의해 고종 20년 1883년 10월 부평부사 박희방이 주민들을 동원하여 축조하였는데 성문은 지명을 따라 경명문(景命門)이라 하고 문위에는 누각을 세워 공해루(控海樓)라 하였으며 성의 이름을 민중(民衆)들의 마음(心)을 모아 축조하였다 하여 중심성지(衆心城址)즉 중심성이라 전한다. 현재 중심성의 축성에 관하여 전해지는 기록은 중심성 사적비(衆心城事蹟碑)가 유일하며 비문의 내용을 일부 옮기면 아래와 같다.

"계양산 서쪽에 고개가 있으니 경명이요 연해관문이다.~중약~ 이해 9월 조칙이 있어 아전과 백성에게 관문을 막아야 고을이 편안한 점을 설명 하였더니 백성들이 즐겁게 역사에 응해주어서 서쪽에 장대를 쌓고 병정 훈련하는 곳을 삼았다. 문은 지명을 따서 경명이라 부르고 바다를 바라보며 방어토록 하고 읍민의 마음으로 성을 쌓았기에 중심이라 이름 지었으니 어찌 아름답지 않는가, ~중약~ 광서 9년 계미 10월 행부사 박희방의 기록이다.

또 다른 기록은

중심성터(衆心城址) : 1883년 10월 부평부사 박희방이 경명현(景命峴)에 축조한 성곽이다. 성(城)의 이름을 중심(衆心)이라고 한 것은 주민들의 협조와 의연금으로 완성된 것을 기념하기 위해서였다. 인천 개항이 기정사실화 되고 일본과 외세에 대비 하고자 설치되었던 연희진(連喜鎭)이 1882년 6월

혁파됨에 따라 부평해안-부평부호부-(서울)도성을 잇는 육로를 차단하는 또 다른 방어장치가 필요했다. 중심성이 위치한 경명현(징매이고개)은 교통의 중심지로. 고지에서 서해를 관측하고 방어하는데 최적의 장소였다. 1884년 1월 부평에 기연해방영(畿沿海防營)을 신설하여 연해지방의 방비를 강화하였는데 중심성은 해안 방어체제를 재정비하고 유사시를 대비하는 역할을 수행하였다. 옮긴글

중심성 표지석을 11시4분 출발해 오르막을 오르며 나무계단과 돌계단 오르막을 한동안 올라 한남정맥 안내도 간판을 11시 27분 지나며 마루금은 오른쪽 능선 오르막을 오르며 5분후 산불 감시 카메라 탑을 지나고 능선 오르막을 한동안 올라 헬기장에 올라서니 11시 37분이다. 마루금은 헬기장에서 왼쪽(이정표 피고개)으로 내려가고 계양산 정상은 오른쪽으로 0.2km 위에 있다. 헬기장 위쪽에 삼각점(김포.11-1999.재설)이 있다. 오른쪽으로 오르막을 올라 송신철탑 위 계양산 정상에 올라서니 11시 45분이다.

좌표【 N 37" 33" 21.4" E 125" 42" 86.5" 】

계양산 정상은 커다란 정상석과 넓다란 삼각점이 있고 팔각정자가 있으며 전망이 아주좋아 북쪽으로 북한산 일대와 동북으로 서울시내 동남쪽으로 지나온 마루금과 부평 시흥 서쪽으로 인천시내와 강화도 서해안 바다가 한눈에 들어온다. 오늘따

라 일요일이라 많은 등산객들이 진을 치고 있으며 정상석 앞에는 많은 사람들이 사진 찍느라 줄을 서고 있다.

계양산(桂陽山)

계양산은 해발395m로 인천을 대표하는 진산(鎭山)이자 주산이다. 계양은 과거 기원초부터 19세기 말까지 읍치(邑治)가 계양산을 중심으로 하여 서쪽 삼국시대 고현읍(古縣邑)에서 시작하여 북쪽 그리고 동쪽으로 이동하며 마지막 남쪽. 조선시대 부평도호부읍(富平都護府邑)에 이르기까지 여섯번 환천(換遷)을 하면서 발전하고 번창했다. 계양산 동쪽기슭 봉우리에는 삼국시대에 축소된 계양산성(桂陽山城)이 있고 서쪽으로는 조선고종 20년(1883년)에 해안방비를 위해 부평고을 주민들이 참여하여 축조한 중심성(衆心城)이 징매이 고개(景明峴) 능선을 따라 걸쳐 있었다. 계양산이란 이름은 지명의 발전에 따라 고려 수주때에는 수주악(樹州岳). 안남도호부(安南都護府)때에는 안남산(安南山). 계양도호부(桂陽都護府)때에는 桂陽山)으로 부르던 것이 오늘에 이르고 있으며 한때는 아남산(阿南山). 경명산(景明山)이라 불렀다고 전해진다. 계양산의 산명유래는 계수나무와 희양목이 자생하여 붙여진 이름이라 하여 1944년 1월 8일 인천시 최초의 도시 자연공원 (계양공원) 으로 결정되고 그 후 계양산은 시 지정 제1호 공원이 되었다.

2003년 11월 13일   계양 구청장

한참을 기다려 사진한판 찍고 11시 53분 출발해 분기점인 헬기장에 내려와 마루금을 따라 피고개에 내려서니 12시 11분이다. 이정표에 왼쪽으로 계양산 산림욕장(징매이고개) 1.5km 오른쪽은 목상동 솔밭 1.0km 뒤로 계양산 정상 0.8km 이며 국가지점번호 다.사 3001-5106번을 지나 마루금은 직진으로 2 분후 고압철탑을 지나 가파른 오르막을 올라 피고개산 정상에 올라서니 12시 17분이다. 마루금은 피고개산 정상에서 왼쪽으로 급경사 마사길 내리막을 내려 안부를 지나 능선을 오르내리며 이정표(피고개 (계양구)0.4km 은지초등학교(서구) 3.0km)를 지나 오르막을 오르며 왼쪽에 군부대 철망을 따라 올라가며 208

봉 (헬기장)에 올라서니 12시 35분이다. 헬기장 208봉은 벤치가 있으며 마루금은 직진으로 능선을 오르내리며 12시 50분 고압철탑을 지나 오른쪽으로 내려가야 하는데 직진으로 가다보니 이상해 뒤돌아 와보니 오른쪽에 표지기가 몇 개 걸려있다. 5분간 헛걸음을 하고 이곳부터는 정맥 종주자만 지나간 길이라 길이 희미해 내리막을 내려 군부대 컨테이너 박스와 초소를 지나 나무계단을 내리며 오른쪽 철조망을 따라 내려와 군부대 철문에 내려서니 1시 2분이다. 마루금은 철문을 지나 17사단 100연대 2대대 분.소대 전투기술 훈련장 간판 쪽으로 철조망 갓길을 따라 올라가다 왼쪽으로 오르막을 올라 1시 11분 마루금은 왼쪽으로 내려 3분후 오른쪽으로 능선 오르막을 오르며 군부대 방공호를 몇 개 지나 올라 삼각점(C-8553 331FO6)이 있는 꽃매산에 올라서니 1시 22분이다.

　마루금은 오른쪽으로 내리막을 내려 안부에서 오른쪽으로 내려가야 하는데 직진으로 가다보니 아래로 경인 국제공항고속도로와 굴포천 방수로가 내려다보이며 절개지라 내려갈 수가 없어 약 400m 가량 알바하고 돌아와서 보니 길가에 밤이 널려있어 밤을 주우며 간게 화근이다. 안부에서 마루금을 따라 오른쪽으로 내려와 임도를 따르다 11시 49분 공항철로가 지나는 곳에서 오른쪽으로 포장도로를 따라가다 1시 57분 왼쪽으로 공항철로와 인천국제공항 고속도로 지하 굴다리를 지나, 굴포천 목상교를 건너가며 굴포천에 유람선을 보며 목상교를 건너 왼쪽으로 내려서 도로를 따른다. 굴포천은 인위적으로 김포 한강에서 인천 앞바다로 수로를 만들었다.

　이 강을 중심으로 동쪽에는 동부간선수로가, 서쪽에는 서부간선 수로가 남북으로 축조되어 있다. 고려 제 23 대 고종 때 권세를 잡은 무신 최이(崔怡 : 초명은 최우)는 이 하천을 이용해 한강에서 인천까지 운하를 만들 계획을 새우고 전호리에서 부터 공사를 시작하여 계양면 상야리(지금의 인천광역시 계양구 상야동)까지 공사를 진척시켰으나 권세의 몰락과 함께 중단 되었다. 그 뒤 조선 제11대 중종 때 권신 김안로(金安老)가 운하공사를 재개했으나 원통현을 뚫지 못하고 중지되었다. 그뒤에도 계속 운하건설 계획이 발표된 적이 있으나 실현되지 못 하다가 최근 서울-인천 간 교통난 해결을 위해 정부에서는 경인운하 건설계획을 적극적으로 검토하게 되었다. 이에 민과 관이 공동으로 굴포천 살리기 운동을 전개하였다. 이 운동이 결실을 맺어 2007년 1월부터 국비를 포함해 모두 243억8,000여 만원을 들여 굴포천의 인천시 부평구 갈산 1동에서 부천시 상동 신도시 소사천 구간 13.95㎞에 대해 자연형 하천 조성 사업을 벌리게 되었다. 굴포천은 우리나라 9정맥 중에서 낙남정맥 진주남강 가화천(가화강)에 이어 유일하게 인위적으로 맥이 끈긴 곳이다. 마루금은 꽃뫼산에서 굴포전을 건너야 하지만 약 2.3km 이상

돌아 목상교 물을 건너야한다.

　마루금은 목상교를 건너 왼쪽으로 도로를 따라 약 700m가량 가면 아라마루 휴게소 앞이다. 시간은 2시 12분 인데 앞으로 갈 길은 멀고 시장기가 들어 식당가(미당식당)에서 냉면으로 요기를 하고 2시 41분 출발해 도로를 따라가다 약 200m 지점에서 오른쪽 능선으로 올라 잘나있는 능선을 오르락내리락 3시 5분 철탑을 지나고 오른쪽으로 잘나있는 능선을 오르내리다 6분후 2번째 고압철탑을 지나 2분후 북서쪽으로 오던 마루금은 왼쪽 서남쪽으로 내리막을 내려 오른쪽에 7378부대 1대대 군 철조망 울타리를 따라 안부에 내려섰다.

　작은 고개를 넘어 군부대 정문앞 도로에 내려서니 3시 23분이다. 정문앞 도로를 건너 군부대 철조망을 따라 능선을 가다 7분후 철조망 울타리를 벗어나 왼쪽으로 내리막을 내려 3분후 다시 오른쪽(북쪽)으로 능선길 내리막을 좌우로 들락거리며 왼쪽에 파란망 울타리를 지나고 98번 지방도로 백석사거리에 내려서니 3시 44분이다.

좌표【 N 37" 35" 1.70" E 126" 40" 35.09" 】

마루금은 왼쪽 능선으로 이어지나 외탄집이 있고 길이 없어 오른쪽 도로를 따라 약 300m가량가면 왼쪽 능선길로 올라가는 길이 나오며 선답자의 표지기가 여러개 걸려있다. 능선길로 들어서 올라가다 동래 집뒤로 올라가 고압철탑을 지나고 능선을 올라 4시 12분 동그재산(골막산)삼거리 에서 오른쪽 12시 방향으로 능선을 가다 볼록건물 앞 에서 직진으로 가야하는데 절개지라 왼쪽으로 희미한 길을 따라 내려가다 밤나무 마래를 지나가는데 알밤이 널려있어 한 되박은 주어가지고 내려서니 신축건물이 공사중이다. 할 수 없이 굴다리를 통과해 오른쪽으로 가다보니 도로 건너편에 건물 신축 공사장이 보인다. 도로를 따라 약 300m쯤 가면 24시 백석참숯가마 사우나앞을 지나 사우나 건물 뒤편으로 올라가면 능선길이 나온다. 능선길을 따라가다 쉼터가 있고 이정표(할매산 정상 0,88km 백석 불루힐 0.2km)를 지나 4시 50분 고압철탑을 지나고 능선을 넘어 안부에 내려서 돌탑(돌무덤)을 지나면서 가파른 오르막을 올라 산불감시 초소가 있는 할메산 정상에 올라서니 5시 2분이다.

좌표【 N 37" 35" 26.87" E 126" 39" 49.28" 】

할메산 정상에는 산불감시초소가 있고 한남정맥 가는길 간판이 있으며 간판에 할메산 104.8m 당하지구 0,4km 사월 0.35km 가현산 4.9km 이며 서북쪽으로 오던 마루금은 오른쪽 (동북쪽)으로 내려가며 청풍김씨 전주이씨 묘를 지나 원앙대로에 내려서니 5시 17분이다. 원앙대로 건널목을 건너 롯데마트 오른쪽 도로를 따라가다 천주교 공원묘원 인천시 마전동 묘원 길로 올라가 십자가 동상을 지나 묘원뒷길 능선길로 올라가 공원묘역 능선을 넘어 헬기장을 5시 47분 지나 내리막을 내려서니 인천 완정초등학교 뒤 나무계단이 나오며 나무계단을 내려서 경복관 옆마당을 나오면 완정로 일명 문고개다.

좌표【 N 37" 35" 57.09 E 126" 39" 49.68" 】

5시 54분 도로 건널목을 건너간다. 문고개는 인천 2호선 전철이 지나가며 왼쪽 검단사거리와 오른쪽은 마전역으로 넘는 도로이며 마루금은 도로를 건너 인천 현대 힐스데이트 아파트 후문으로 들어가 오른쪽 1차와 왼쪽 2차 중간길을 통과해 아파트 정문을 6시 6분 나와 오른쪽 삼거리에서 왼쪽길로 가다 삼거리에서 산길을 찾아봐도 올라갈 길이 없어 오른쪽 도로를 따라가니 사거리가 나오며 사거리 옆에 사각정자가 있어 등산로길로 올라갈려는데 내려오는 사람이 있어 물어보니 넘어가는 길이

없으며 가현산 갈려면 왼쪽으로 가면 검단고교 정문이 나오고 검단고교 정문앞을 지나간다기에 오늘은 이곳에서 마무리하고 목욕탕을 물어보니 마전역 쪽으로 약 500m 가면 있다기에 다음 이곳에서 이어 가기로 하고 마무리한다.

　오늘은 어제에 이어 2일 째라 피로도 오고하여 대충 챙기고 걸어서 도로를 따라와 마전역앞 사우나에서 샤워를 하고나니 피로가 풀리다. 이제 마쳤다고 집으로 전화를 하고 마전역 전철로 검암역에서 갈아타고 서울역에 도착해 간단히 저녁을 먹고 서울역에서 ktx로 부산역 도착 집에 오니 12시가 넘었다. 집사람 고생했다며 격려해준다. 이제 남은 2구간만 가면 한남정맥도 끝을 맺는다.

제2차 한남정맥 단독종주 8구간

검단고교~장승고개

검단고교 : 인천광역시 서구 마전동 문고개 검단고교
절곡고개 : 경기도 김포시 통진읍 옹정리 장승 절골고개
도상거리 : 문고개 검단고교 17.5 km 장승 절골고개
소요시간 : 문고개 검단고교 5시간 54분. 장승 절골고개
휴식시간 : 문고개 검단고교 28분. 장승 절골고개

검단고교 출발 9시 31분.
현무정입구 0.61km 9시 42분.
서낭당고개 2.0km 10시 01분.
묘각사입구 3.2km 10시 16분.
가현산 정상 출발 10시 39분.
상주산정상 4.8km 10시 55분.
헬기장도착 6.6km 11시 34분.
삭시 고개 7.7km 11시 52분.
유현 고개 8.4km 12시 16분.
대호정양궁장 10.3km 12시 55분.
수안산 출발 13시 33분.
대곶사거리 13.0km 14시 07분.
삼화전기 13.5km 14시 14분.
지방도 14.7km 14시 43분.
공인계량소 16.0km 15시 01분.
동인기업장승 17.7km 15시 13분.

인나인스케트장 0.47km 9시 38분.
토당산 1.7km 9시 51분.
세자봉 정상 2.5km 10시 13분.
가현산 정상 3.9km 10시 36분.
가현정 4.2km 10시 43분.
스무네고개 5.8km 11시 15분.
군부대 정문 6.8km 11시 38분.
삼각봉 12시 05분. 8.2km
대룡리삼거리 9.3km 12시 33분.
수안산 정상 10.9km 13시 07분.
대곶중학교 12.8km 14시 04분.
대곶초등학교 13.1km 14시 09분.
가족묘 군 14.2km 14시 34분.
현대오일주유소 15.1km 14시 49분.
알뜰주유소 16.5km 15시 08분.
장승고개 임도 17.1km 15시 22분.

 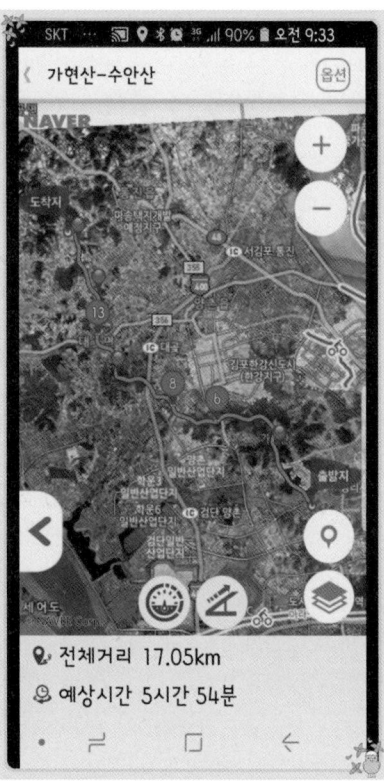

　한남정맥 8구간 종주차 2018년 10월 7일 아침 5시 10분 서울행 ktx 열차로 서울역에 도착하니 7시 51분이다. 서울역에서 나와 곧바로 8시 15분 김포시 양촌 구래동행 버스로 김포 양촌구래 환승버스 종점에 도착 택시로(요금 8,300원) 검단고등학교 출발점에서 산행준비를 하고 9시 31분 종주에 들어간다.

2018년 10월 7일 맑음

검단고교 정문을 지나 지난번 마무리한 사각 정자에 도착 잠시 산행 준비를 하고 9시 31분 출발해 1분후 검담고교 정문을 지나고 1분후 4차선 도로를 건너 왼쪽에 영진아파트 정문을 지나 삼거리에서 오른쪽 길로 들어서 가다 왼쪽 계단을 올라서 인나인 스케이트장에 올라서니 9시 38분이다. 스케이트장 사각정자뒤 계단을 내려서 왼쪽으로 가다 다시 오른쪽으로 내려서 동남아파트를 지나 포장도로 현무정(峴武亭)입구에 내려서니 9시 42분이다. 마루금은 현무정(峴武亭)입구 표지석 에서 오른쪽으로 공사중인 현무정 공사현장을 가로질러 능선에 올라서 산길로 들어서 능선 오르막을 올라 작은봉을 넘으며 5분후 이정표(현무정 활터 50m. 가현산. 마전 제1호 제5호 어린이공원)를 지나고 3분후 군부대(육군 제7325부대)사격장 경고문을 지나고 부대 철망 울타리를 따르다 아무 표시도 없는 (일명 토당산) 작은봉을 넘고 내리막을 내려서 왼쪽 파란망 울타리를 따라 능선에 올라서 쉼터를 지나고 오른쪽 공동묘지를 지나 서낭당 고개에 내려서니 10시 1분이다. 서낭당 고개는 세면 포장길이며 이곳부터 등산로가 잘되어 있으며 나무 계단을 올라 능선길을 3분쯤 오르면 체육시설이 있으며 삼거리에서 왼쪽에 가현산 우회길이 있고 마루금은 직진이다. 세자봉 오르는 길은 테크 나무 계단길로 약 200m를 기루하게 올라가 세자봉 정상에 올라서니 10시 13분이다. 정상에는 육각정자 세자정이 있으며 전망이 좋아 사방을 관람할 수 있다.

좌표【 N 37" 37" 5.72" E 126" 39" 7.68" 】

  잠시 쉬며 날씨가 더워 간편 옷차림으로 출발해 왼쪽 능선 내리막을 가며 군부대 초소를 10시 20분지나 나무계단을 내려서면 세자봉 우회로 비포장 임도에 내려서 임도를 따라 3분쯤 가면 묘각사 입구다. 마루금은 삼거리에서 능선으로 올라가야 하는데 길을 찾아봐도 길이 없어 묘각사 절에 온 신도에게 물어보니 묘각사 안으로 들어가면 묘각사 끝에서 오르는 길이 있다고 한다. 묘각사 입구에서 200m쯤 도로를 따라가 묘각사 약사궁을 뒤편으로 희미한 오름길이 있어 치고 올라가니 묘각사 입구에서 올라오는 마루금을 따라 능선 오름길을 올라간다. 능선길 오르막을 한동안 올라 군부대 철조망에서 오른쪽으로 철조망을 한 바퀴 돌아 군부대 정문 앞 포장도로를 따라 내려서니 묘각사에서 올라오는 길과 만난다. 사거리 안부에서 계단을 올라서 능선을 올라서면 자그마한 가현산 정상 표지석이 나온다. (10시 36분)

좌표【 N 37" 37" 60.5" E 126" 38" 90.9" 】

가현산의 유래

고려시대부터 산의 형세가 코끼리머리와 같이 생겼다 하여 상두산 이라고 불러오다 칡이 번성한다 하여 갈현산 이라고도 불렀다. 그후 서쪽 바다의 석양 낙조와 황포돛대가 어우러지는 경관을 감상하며 거문고를 타고 노래를 불렀다하여 가현산(歌絃山) 이라고 고쳐 부르게 되었다 : 옮긴글

가현산 정상에는 자그마한 갓머리 가현산 표지석(天氣靈山 歌絃山)제석이 있으며 진달래능선 시비가 있고 가현산 수애단(歌絃山 守愛壇)이 있다.

애수단(愛守壇)은 우리 명산인 가현산(歌絃山)을 사랑하면서 가꾸고 지켜가자는 결의 의 뜻으로 조성 하였는바, 이곳에

서는 매년 정월초하루 해돋이 행사와 신년 기원제. 춘분(春分 3월 21일경)에 김포시 농업인 단체주관인 풍년기원제. 그리고 4월 상순경 진달래 축제를 개최하는 장소 이므로 경내 출입은 물론 음주, 취식 행위 등을 삼가하여 주시기 바랍니다. 옮긴글

가현산 정상에는 등산객들이 많이 올라와 있으며 전망이 좋아 서쪽으로 인천 앞 바다가 내려다보이며 동북쪽으로 한강건너 일산 시가지가 건너다보인다. 등산객에게 부탁해 사진한판 찍고 사방을 관람하고 10시 39분 출발해 정상에서 조금 내려서면 헬기장이고 능선길을 따라 약 300m가면 가현정이 나온다.

산의명칭 (山名稱)

高麗時代부터 山의 形勢가 코끼리 머리와 같이 생겼다 하여 象頭山 이라고 불려오다 칡이 繁盛 하였다 하여 葛峴山 이라고도 불렀다. 이 산에서 서쪽바다의 夕陽落照와 黃布돛대가

어울리는 경관이라고 고쳐 부르게 되었는데 그 시절에 서쪽 해안 일대에 많이 나는 약쑥(藥艾)을 中國과 物物交換하는 貿易이 활발하게 되자 이 산밑에 酒幕집이 繁昌하게 되어 歌舞를 즐기게 된 것이 산의 명칭이 변하게 된 사유라고 전해오기도 한다. 가현산의 현자를 풍류줄현(絃). 혹은 거문고탈 현(絃)자가 아닌 솟귀현(鉉)자로 잘못 쓰는 사람도 있다. 옮긴글

10시 43분 가현정(歌絃亭)에서 사진한판 찍고 삼형제바위 삼거리에서 왼쪽길로 능선 내리막을 내려 10시 49분 안부삼거리에 내려서 오른쪽은 구레낚시길이고 직진으로 오르막을 올라간다. 이정표에 삼형제봉 0.55km 밤나무골 0.83km 구레낚시 0.75km이다. 쉼터 안부를 지나 오르막을 한동안 올라 상주산 정상에 올라서니 10시 55분이다. 상주산은 코팅지에 한남정맥 상주산 146m가 나무에 걸려있고 별로 다른 게 없다. 상주산을 지나며 좌로 우로 들락거리며 10분후 안부에 내려섰다. 능선을 올라 가족묘군을 올라 가파른 오르막을 한동안 올라 군 반공호가 있는 봉을 지나 내려가다 왼쪽으로 가파른 내리막을 내려 절개지에서 오른쪽 파란철망 급경사 절개지를 미끄러질라 조심조심 내려서 짐승통로 터널위에 내려서니 11시 15분이다. 2007년도 일차때 스무내고개 구도로가 있었는데 도로가 확장되면서 짐승통로터널 위를 건너간다.

좌표【 N 37° 37" 38.08" E 126° 37" 48.90" 】

스무네미재 짐승 통로 터널 위를 지나 오른쪽 끝 통신안테나 있는 곳에서 오르막을 한동안 올라 작은봉을 넘어 안부에 내려섰다. 오르막을 오르는데 밤나무에서 알밤이 떨어져 길가에 많이 널려있어 아무리 갈 길이 멀어도 밤을 한참 줍는데 할머니 한분도 산에서 밤을 포대로 반포대나 주었다. 나도 길가에 있는 밤을 줍다보니 아마 두되박은 될 것 같다. 다시 능선에 올라서 임도(산판길)를 따라가다 능선 오르막을 올라 헬기장을 11시 34분 지나고 헬기장 왼편으로 내려서 임도를 따라 군부대 철조망 문에 도착하니 11시 38분이다. 마루금은 군부대 정문에서 오른쪽으로 철망 울타리를 따라 자동차 타이어로 만든 방공호를 지나 오른쪽으로 내리막을 한동안 내려 11시 44분 임도에 내려서 이곳부터 임도를 따라 약 600m를 내려가 삭시고개에 내려서니 11시 52분이다. 포장길 임도를 건너 능선 오르막을 올라 풍산심씨 청학공파 수목원 입구 안내판을 11시 57분 지나 오르막을 한동안 올라 반공호(K14:10.OP.3)가 있고 파손된 자그만 삼각점이 있는 97봉에 올라서니 12시 5분이다. 삼각점을 지나 내리막을 내리며 반공호를 지나며 고압 철탑을 12시 9분 지나고 내리막을 내려 유현사 시로길 삼거리에 내려서니 12시 16분이다. 삼거리에서 왼쪽으로 도로 따라 20여미터 내려가니 파란 철망안에서 개들이 무척 짖어댄다. 철망 농장끝 나무밑에 훼손된 피난민 비석이 있다.

비석(피난사리 40년 고향을 그리워하는 신세로 강 건너 지척인 고향의 생이별한 부모처자 형제자매 들을 불러보고 바라보다 지쳐서 눈물과 슬픔의 한을 풀지 못한채 유명을 달리한 면민들이 이곳에 잠들다. 1989년 4월 20일 창설 20주년 기념. 연백군 해성면 친목회 회원 일동)을 지나 능선을 오르며 묘군을 지나 능선을 넘어 여산송씨 묘를 지나 내리막을 내려 썬팅필름공장 정문에서 왼쪽으로 사회복지법인 아름다운 집 쪽으로 가다 가족묘를 지나 4차선 도로에 내려서 주. 대주기업과 주. 성주개발 앞 4차선 도로를 따라 대룡리 삼거리에 도착하니 12시 33분이다. 마루금은 도로를 건너 사무용 중고의자 판매점 철문을 열고 창대 중고의자 판매소 안으로 들어가 외딴집에서 왼쪽 포장길을 따라가 새로 건축 건물 옆 오른쪽으로 올라서면 수안산 오르는 등산로가 나온다. 등산로를 따라 올라가 수도권 제 2 순환고속도로 수안산 터널위에서 왼쪽으로 오르막을 올라 작은봉을 넘어 오른쪽에 대정호 양궁도장을 12시 55분 지나고 오르막을 오르며 경주김씨 묘를 지나 산판길을 따라 나무계단길을 올라가 헬기장을 지나 수안산 정상에 도착하니 13시 7분이다.

좌표【 N 37" 38" 32.9" E 126" 35" 47.5" 】

　수안산(146.8m)은 산성이 있다. 수안산성은 수안산의 꼭대기 부분을 둘러서 쌓은 테뫼식 석축 산성으로 동서로 길쭉한 모양인 긴둥근꼴이며 현재 남아있는 둘레는 685m 정도다. 산성이

자리잡고 있는 위치는 강화도와 마주보며 바다를 향하여 남서쪽에 건물터가 모여 있고 포구가 성 바로 아래에 있는 전략적인 장소이다. 성안에 평평한 터가 있는 서 남쪽의 건물터로 추정되는 곳에서 삼국시대와 통일신라시대의 토기조각과 기와조각 등이 발굴 되었다. 또한 문터, 성벽 바깥으로 튀어나오게 쌓은 치(雉)의 흔적도 확인되었다. 성내에는 수안산 봉수터가 있는데 이 봉수는 남쪽으로 김포현 백석산, 서쪽으로는 강화부 대모산성에 응하였다는 옛 기록이 있다. 성 내부의 면적은 약 1,000m 정도이며 보존이 잘된 성벽의 높이는 대략 2~3m이다. 성 돌은 크기가 고르지 않은 직사각형 활석으로 바른층 쌓기를 하였으며 현제 10단 정도가 남아있다.

정상에 팔각정(守安亭)이 있으며 넓은 공터에 돌탑이 두개 있고 정상석에 수안산 147m가 있으며 기념물 제159호 수안산성비와 삼각점(김포 434 . 1988 재설)이 있다. 수안정에서 영종대교 영종도 인천 청라지구 계양산 가현산이 보인다. 시장기가 들어 정자에서 점심을 먹고 잠시 쉬며 사방을 관람하고 사진도 몇 판 찍고 13시 33분 출발해 산판길에 내려서니 수안산 신령지단(守安山神靈之壇)이 있다. 이곳에는 제를 지내는 제단이 있다. 이곳을 지나며 산판길을 따르다 오른쪽(북쪽)으로 잘나있는 등산로 내리막을 내려 5분 후 운동기구가 있고 이정표 (수안산 530m)를 지나 13시 46분 약수터 갈림길을 지나간다.

이정표에 약수터 350m 수안산 정상 530m 이다. 약수갈림길을 지나 종대를 지나 여산송씨 가족묘를 지나고 문화류씨 묘지를 지나 내려서면서 산판길을 한동안 내려 종생 20번길 포장길에서 오른쪽 종생마을 쪽으로 50여m 올라가 왼쪽으로 농로를 따라 밭 가운데 농로를 따라가면 수입상가 광장 인공폭포에서 수입상가 패션타운 광장 주차장을 통과해 나오면 대곶로 356지방도로다. 대곶 사거리 신호대 건널목을 건너 대곶성당 앞 도로를 따라 대곶중학교 정문앞을 14시 4분 지나고 도로를 따라 3분후 대곶 구.사거리를 지나간다. 대곶 구 사거리를 지나 2분후 대곶 초등학교 왼쪽 마을길을 따라 해원학원 앞을 지나 차로에서 능선길이 공장건물이 들어서 능선으로 들어갈 수가 없어 오른쪽으로 도로를 따라가다 왼쪽 삼화전기주 철탑사업부 공장으로 들어가 공장 앞마당을 통과해 길이 없는 산 숲길을 치고 올라서니 오른쪽에서 올라오는 길을 만나 올라가니 잘 정돈된 묘가 나와 묘뒤 능선을 올라서니 철망 울타리에 리본이 몇개 걸려 있고 마루금 길을 만난다.

  능선 마루금을 따라 숲길을 가다 왼쪽에 거창하게 장식한 묘를 지나는데 잠시 내려 갈수도 있었는데 무심고 지나쳐 앞 능선에서 사진만 찍고 간다. 이 묘역은 朝鮮國世祖大王 三子 德源君 墓域 으로 아래에 사당 건물이 있다. 묘역을 지나 숲길 능선을 가며 오른쪽에 철망 울타리를 지나고 왼쪽으로 내리막을 내려서 학운자원특수강 정문 앞 만덕사 표지석앞 도로에 내려서니

14시 42분이다. 이곳부터는 차도를 따른다. 도로변에 곳곳에 뷔페식당이 있으며 자영업 공장들이 많다. 도로를 따라가다 김포 현대오일주유소를 14시 49분 지나고 공인계량소를 15시 1분 지나간다. 계속해서 알뜰주유소를 15시 8분 지나고 한남정맥 종주자 누구나 올려놓은 뉴 팜 커다란 표지석을 지나며 장승이 두개 있는 동인기업 입구에 도착하니 15시 13분이다.

　차도를 2km가량 걸어오는데 지루한 포장길을 걸어와 장승뒤 숲길로 들어서 동인기업 울타리를 따라 오르는데 갑자기 개 때가 짖어 대는데 놀라 뒤돌아보니 개 두마리가 따라오며 짖어댄다. 개들이 겁을 많이 준다. 오르막을 올라 임도 철망 끝에서 오른쪽으로 임도를 따라가다 송신철탑 앞에서 오늘 한남정맥 8

구간 종주를 마무리 한다.

  조금 이르지만 마무리하고 통진 택시에 전화를 하니 조금 있으니 택시가 온다. 택시로 미송으로 나와서 장작 불가마 사우나에서 목욕을 하고 버스로 양촌에 와서 서울역 순환버스로 서울역에서 저녁을 먹고 부산에 오니 10시가 조금 넘었다. 집사람 기다리며 그래도 일찍 왔다고 격려해 준다. 이제는 마지막 한구간만 남았다. 다음 주에는 한남정맥도 마무리하고 남은 한북정맥 만 마무리하면 제 2 차 구정맥도 끝이 보인다.

제2차 한남정맥 단독종주 9구간

장승고개-문수산 보구곶리

장승고개위 절골고개 : 경기도 김포시 통진읍 옹정리 절골고개
문수산 보구곶리 : 경기도 김포시 월곶면 보구곶리
도상거리 : 옹정리 절골고개 19.01km 월곶면 보구곶리
소요시간 : 옹정리 절골고개 9시간 45분. 월곶면 보구곶리
휴식시간 : 옹정리 절골고개 1시간 32분. 월곶면 보구곶리

절골고개 임도 출발 6시 24분.
유량케미칼임도 1.0km 6시 50분.
무명봉 72.8m 2.2km 7시21분.
것고개 국도 3.7km 8시 14분.
문덕제 표지석 5.0km 8시 38분.
文德濟 표지석 5.3km 8시 43분.
군부대 초소 7.3km 9시 24분.
2차선지방도로 8.8km 10시 08분.
정림농장 10.3km 10시 50분.
무명봉 11.6km 11시 17분.
헬기장 쉼터 13.3km 11시 59분.
2차선지방도 13.8km 12시 23분.
문수산 정상 15.0km 13시 24분.
석문 15.8km 14시 33분.
270봉 17.0km 15시 23분.

농장입구 0.35km 6시 32분.
공동묘지입구 1.6km 7시1분.
8411 부대정문 3.2km 7시 43분.
선봉연대 정문 4.5km 8시 27분.
문배술 공장입구 5.1km 8시 40분.
해주최씨 제실 5.7km 8시 51분.
고정리 지석묘 8.5km 10시 02분.
무명봉 9.8km 10시 41분.
56번지방도 11.3km 11시 10분.
삼각점 봉 12.7km 11시 41분.
점심 후 출발 12시 18분.
농장 입구 14'1km 12시 36분.
문수산 출발 14시 12분.
동막골사거리 16.2km 15시 0분.
보구곶리도착 19.1km 15시 56분.

    이번 구간은 한남정맥 마지막 구간으로 10월 13일 저녁차로 김포시 양촌읍 구례 24시 사우나 찜질방에서 잠을 자고 일찍 일어나 24시 전주 콩나물 식당에서 국밥으로 아침밥을 먹고 택시로 지난번 마무리한 김포테마 한증막 앞에 도착하니 (8,000원) 6시 20분이다. 산행준비를 하고 임도를 따라 지난번 마무리한 통신탑 앞으로 올라간다.

2018년 10월 14일 맑음

　오늘은 지난번 마무리한 동인기업 뒷편 임도 골절고개(산판길) 통신탑 앞에서 6시 24분 마지막구간 종주에 들어간다. 임도를 따라가다 2분후 철문을 지나며 철문안으로 들어가야 되는데 들어갈수가 없어 오른쪽으로 철조망 울타리를 따라가다 컨테이너 박스를 지나며 길이 없어져 왼쪽으로 치고 올라가니 농장이 나와 농장 갓길을 가는데 농장주인이 아침 일찍 올라오는 것을 보고 한남정맥 종주차 길이 없어 농장에 들어왔다고 하니 농장주인 철망 울타리 나가는 곳을 알려주어 고맙다는 인사를 하고 철망 울타리 끝에서 농장을 나와 능선에 올라서니 마루금 희미한 길이 나온다. 희미한 길을 따라 묘뒤로 올라서 능선을 한동안 가다 공장뒤 흙더미 낭떠러지를 내려와 유양케미칼 공장앞 마당을 나와 포장도로에 내려서니 6시 50분이다. 마루금을 따라 유양케미칼 공장앞 포장길 도로를 건너 능선으로 올라서 가다 공장 건물이 가로막아 다시 돌아와 도로를 따라 약 200m (4분)오면 김포테마 한증막에서 오는 도로를 만나고 도로를 따라 약100m 가량가면 고개에 주 드림셰프 공장이 나온다. 마루금은 유양케미칼 공장 앞 능선에서 주 드림셰프 공장으로 이어져 왼쪽으로 가야 하는데 공장 건물이 있어 고개를 넘어 도로를 따라가다 삼거리에서 공동묘지 입구를 보면 리본이 몇개 걸려있다.

　7시 1분 공동묘지 오름길을 올라 공동묘지 마지막 전주이씨 묘(全州李公相龍)을 지나 능선에 올라서 보니 마루금을 확인할 수 있으나 공장 건물 때문에 약간 벗어나 왔다. 7시 6분 마루금은 이곳부터 오른쪽에 군부대 철망 울타리를 따라 비탈길을 어렵게 통과하면 아담한 주택 건물이 나오며 건물과 군부대 철망 사이 좁은 통로를 지나면 나대지(공장부지)가 나온다. 공장부지를 지나 오른쪽 능선으로 군부대 철조망을 따라 올라가면 72.8봉 이다. 잠시 72.8봉에 올라갔다 7시 21분 다시 내려와 군부대 철망 따라 오른쪽으로 내려가 갈림길에서 7시 25분 군부대 철망 울타리를 벗어나 왼쪽으로 능선 오르막을 올라 작은봉을 넘어 내려서니 새로 난 포장도로가 나온다. 7시 29분 새로 포장된 도로는 왼쪽으로 올라가고 구도로 포장길을 따라 올라가니 넓다란 공터에 건물을 짓고 있다. 아마도 이 건물이 완공되면 어디로 마루금이 이어질지 의문이다. 공사장 끝에 공사중인 건물 뒤를 통과해 길을 찾아 올라가는데 잡풀이 우거져 조심조심 풀섶을 통과해 오르막을 올라, 밀양박씨 가족묘 앞에 올라서니 7시 37분이다. 이곳에서 언뜻 보기에 밀양박씨 묘 뒤로 올라가는 듯하지만 묘 아래서 오른쪽 숲길로 들어서 가다 왼쪽 군부대 철조망 울타리를 따라 내려가 8411부대 정문앞을 8시 43분 지나가는데 밤나무 아래 알밤이 널려 있어 잠시 주운 게 한 되박은

된다. 마루금은 이곳에서 여러길이 있으나 왼쪽 군부대 철조망을 따라가다 오른쪽 비탈길로 내려서 한동안 가니 청룡사 종각 건물이 나온다. 8시 4분 청룡사를 지나 도로를 따라 나오면 오른쪽에 무의도 한방병원 왼쪽에 김포 통진두레문화센터 정문 앞을 8시 8분 지나 48번 국도 따라 왼쪽으로 70m가량 가면 헌병대 정문 앞 건널목 일명 것고개다.

좌표【 N 37"41"79.5 E 126" 35" 17.7" 】

48번 국도 건널목을 건너 오른쪽으로 순두부 보리밥집을 지나 씨유(cu) 편의점 앞 삼거리에서 왼쪽 하성.서암방면 2차선 도로를 따라가며 왼쪽에 군인 아파트를 따라가다 8시 27분 해병대 2사단 최강선 선봉연대 정문 앞을 지나고 계속해서 군인

아파트 도로를 따라가다 삼거리 오른쪽 군부대에서 왼쪽으로 도로를 따라가면 삼거리 신호대가 나온다. 8시 36분 삼거리에서 왼쪽으로 마을 포장길로 들어서 2분쯤 내려가면 삼거리에 해주최씨 문덕제 표지석이 나온다.

표지석에서 사진 한판 찍고 왼쪽길로 들어서 김포시 중소유통 공동 도매 물류센터 앞을 지나 문배술 공장 입구 간판을 카메라에 담고 오른쪽 도로를 따라 농축산 건물을 지나고 수로 아래 해주최씨 문덕제(海州崔氏 文德齊)에서 8시 43분 왼쪽 군부대 담벼락 따라 오른쪽 도로를 따라가 삼거리에서 왼쪽으로 도로를 따라가 해주최씨 김포문중 제각을 둘러보고 뒤 능선으로 올라가려고 하는데 제각 사택에서 젊은이가 나와 능선에 길이 없다며 다시 나가면 입구에서 등산로가 있다고 길을 가르켜 준다. 제각에서 이리저리 둘러보고 사진도 찍고 다시 나와 보니 등산로가 있다. 해주최씨 김포문중 제각을 둘러보고 나와 9시 2분 마루금을 따른다. 잘나있는 능선길을 한동안 올라가 군부대 초소 못가서 등산로는 오른쪽으로 가고 마루금은 철조망 울타리를 따라 초소봉을 넘어 계속해서 군부대 철조망 길을 따라 올라 무명봉에 올라 9시 36분 오른쪽으로 자동차 다이아 길을 내려 철망 쪽문을 9시 38분 통과하고 내리막을 내려 2분후 면천박씨 가족 납골묘(沔川朴氏家族納骨墓)를 지나고 다시 약간에 오르막을 올라 작은봉을 넘고 계속해서 자동차 다이아 반공호 길

을 내려와 임도에 내려서니 9시 52분이다. 임도를 따라 내려오다 오른쪽 나무계단을 올라서니 10시 2분 고정리 지석묘다.

좌표 【 N 37" 42" 41.36" E 126" 35" 4.12" 】

　고정리 지석묘를 지나 능선 오르막을 올라 작은봉을 넘어 왼쪽으로 내려서니 월하로 지방도로다. 10시 8분 통진읍과 월곶면 경계선으로 2차선 도로를 건너 절계지 수로를 따라 올라가며 길가에 밤이 떨어져 있어 반 되박이나 주어가며 한동안 올라 능선 마루에서 왼쪽으로 능선을 따라가다 가파른 오르막을 올라 무명봉을 10시 19분 넘어 왼쪽 바탈길로 능선 내리막을 내려 동호엔지리어링 축대를 따라 내려서면 비포장도로가 나온다. 도로를 따라 왼쪽으로 50여미터 가면 동호엔지리어링 정문 앞에서 오른쪽 공터로 들어서 능선에 올라서 10시 32분 무장김씨(茂長金氏)가족묘 앞을 지나 2분후 반남박씨(潘南朴氏)묘를 지나 왼쪽에 공장 철망 울타리를 지나며 가파른 오르막을 한동안 올라 무명봉을 10시 41분 지나고 능선 내리막을 내리며 왼쪽 패가(敗家)건물을 지나고 에덴농축 건물을 지나 에덴농축 입구에서 포장길을 따라가다 청리농장 입간판 앞 삼거리에서 10시 50분 왼쪽으로 포장도로를 따라간다.

이곳부터 계속해서 도로를 따르며 3분후 주 디에스씨 정문 앞을 지나고 10시 56분 주 태성 입간판 삼거리를 지나며 다시 2분후 성광분체 삼거리를 지나면서 왼쪽에 군부대 철조망을 따라 고개를 넘어 오른쪽 두성산업 왼쪽에 주 대진 종합금속을 지나 태웅메디칼 정문을 11시 7분 지나 56번 지방도로 삼거리에 도착하니 11시 10분이다.

좌표【 N 37" 43" 41.98" E 126" 34" 24.07" 】

마루금은 삼거리에서 56번 지방도로를 건너 밭둑에 올라서면 산행입구에 표지기가 여러개 걸려 있다. 산길을 따라 오른쪽 농장 철망 울타리를 지나고 김해김씨 묘를 지나 능선을 넘어 금영김씨묘(贈通訓大夫司僕寺正 金寧金公夢世 配淑夫人 漢陽趙氏之墓)를 11시 21분 지나면서 왼쪽에 군부대 철조망을 따라 간다. 계속해서 왼쪽에 군부대 철망 울타리를 따라 희미한 마루금을 따라가며 능선을 올라가며 길가에 알밤이 많아 주어가며 오르막을 오르며 종합 각개전투장에 올라가 삼각봉에 올라서니 11시 41분이다. 이곳에는 삼각점이 있고 파괴된 반공호를 보면서 1차때 (2008년10월 16일)지나간 기억이 생생히 생각난다. 반공호를 내려서며 4 분후 임도에 내려서며 왼쪽으로 임도를 따라가다 11시 56분 평화누리길 2 코스 조강 철책길을 따라 오르막을 올라가 헬기장에 올라서니 12시 정각 이다. 헬기장에는 김포 자전거 연합회에서 새운 유일영 추모비가 있다.

    2009년 제2회 금쌀사랑 김포시장배 전국 자전거 대회를 성공적으로 개최하기 위하여 쌍용대로를 포함한 약 42km를 경기 구간으로 대회를 준비 하면서 2009년 6월 4일 유일영님 외 여러명이 질서 유지와 안전한 대회의 운영을 위한 코스관리 답사중 쌍용대로 구간에서 불의의 사고로 중상을 입어 투병중 2009년 8월 4일 뉴 고려병원에서 안타깝게도 숨을 거두었다. 유일영님은 1961년 8월 20일 충청남도 보령군 친북면에서 태어나 1999년 김포시 양촌읍 누산리에서 정착하였음, 건전한 자전거 문화정착과 금쌀사랑 김포시장배 전국 자전거 대회가 성공적으로 개최됨은 물론 자전거 전국을 꿈꾸었던 고귀한 유일영님의 깊은 뜻을 새기고 커다란 교훈의 샘터와 광장이 되고자 추모비를 새웁니다.
                        2017. 10. 27.
    김포지 자전거 연합회장 윤문수외 MTB 회원일동
            양촌신협 1001 MTB 회원일동

헬기장은 넓은 공터에 쉼터도 있고 넓다란 평상이 있어 평상에서 전을 펴고 점심을 먹고 12시 18분 출발해 임도 비포장 산판길을 따라와 고막리에서 용강리를 통하는 도로에 내려서니 12시 23분이다. 마루금은 오른쪽 용강리 방향으로 50여미터 가면 왼쪽으로 산판길 진입로를 따라 올라가면 군 방공호를 지나고 산판길을 따라 한동안 올라가면 파란 철망 울타리에 각종 리본이 많이 걸려있다. 10시 41분 철망문을 지나 계속해서 울타리를 따라 가파른 오르막을 올라 철망울타리 끝 쪽문에서 12시 50분 합류해 가파른 오르막을 숨을 몰아쉬며 오르며 암능 전망바위에서 허리쉼을 하며 지나온 마루금을 가름해보고 오르막을 올라 성벽아래에 올라서니 1시 24분이다. 2008년 10월 6일 1차 때는 정상 헬기장에 정상석이 있었는데 정상석은 성을 돌아 북쪽에 있고 성벽위에는 정면 3칸 측면 1칸 정자가 있고 서쪽으로 통문이 있다.

좌표【 N 37" 44" 34.3" E 126" 32" 91.6" **】**

김포 문수산성 장대지(金浦文殊山城 將臺址)

사적 139호 1964.8.29.

해발 376m의 문수산(文殊山)에 있는 문수산성(文殊山城)은 갑곶진과 더불어 강화입구를 지키기 위해 숙종 20년(1694)에 돌로 쌓은 산성으로 고종 3년(1866)에 치른 병인양요의 전쟁터이기도 하였다. 이곳은 문수산 동쪽의 가장 높은 지대로 조선시대 장수가 주변 정세를 파악하여 지휘하던 장대지가 있었던 곳이다. 19세기 후반에 제작된 옛 지도를 보면 문수산성에 남문(희우루 喜雨樓), 서문(공해루.控海樓), 북문등 문루 3개와 비밀통로인 아문, 4개가 있었음이 확인된다. 이 가운데 해안쪽의 성벽과 문루는 전쟁때 사라졌는데, 지도에는 공해루의 위쪽으로 성내의 시설물들이 상세하게 표시되어 있어 당시에 병영터였음을 알 수 있다.

문수산성(文殊山城)장대(將臺)

문수산성 장대는 문수산 동쪽의 가장 높은 곳(해발376.1m)에 있으며 서해와 한강일대가 한눈에 보이는 곳으로 장수가 주변 정세를 파악하여 군사를 지휘하던 곳이다. 6.25 전쟁이후 군용 헬기장으로 사용 되면서 유적의 원형이 크게 훼손 되었다. 2009년 한울문화재연구원에서 암반을 해체하고 발굴조사한 결과 장대의 기단부 석렬(돌을 쌓아올린 구조물)과 문터 한곳이 확인되었고 다수의 기와 조각과 도자기 조각. 철제 말과 도제(陶製)말 등 20 여점의 유물이 출토되었다. 2017년 김포시에서는 발굴조사 결과를 바탕으로 정면 3칸 측면 1간

전체면적 약 25.74m"의 장대를 복원하였고 유적 아랫부분에 남아있던 돌로 쌓은 부분과 벽돌로 쌓은 부분을 정비하고 복원하여 현제의 모습을 갖추게 되었다.

정상 정자에는 많은 등산객이 올라와 있으며 전망이 좋아 한강건너 강화도와 강화대교가 내려다보이고 북쪽으로 북한땅 개풍군 임한면 대성면 멀리 개성 까지 보이고 일산 시와 문산까지 보인다. 등산객에 부탁해 사진 몇판 찍고 꼭 10년 만인 문수산 정상 여러 곳을 카메라에 담아두고 사방을 관망해보니 10년전과 너무나 많이 달라져 이리저리 살펴보고 오후 2시 12분 출발해 나무계단을 내려서 전망대에 올라서 문수산 정상을 살펴보고 가파른 능선 내리막을 내려간다. 전망대에서 능선 내리막을 성벽을 따라 내려 삼거리 이정표를 2시 27분 지나 내리막 능선을 가며 문수산성 동아문을 2시 33분 통과한다.

김포문수산성 동아문(金浦文殊山城東亞門)

사적 제139호 지정일 1964.8.29.

옛 지도를 보면 문수산에는 총 7개의 성문 즉, 문루(門樓) 3개와 아문(亞門) 4개가 있었던 것으로 확인된다. 현제는 4개의 아문 가운데 홍예식 형태(아치형)의 남아문과 평거식 형태(장방형)의 동아문만이 남아있다. 동아문(東亞門)은 문지 정면이 지반첨하로 훼손되어 상부 인방석(引枋石)등이 유실된 상태로 있던 것을 2014년 흩어져 있는 잔존 석재를 수습하여 보수 하였다. 아문은 암문(暗門)이라고도 하며 성곽의 깊숙하고 후미진 곳에 설치하여 적의 눈을 피해 사람과 가축이 통과하고 양식 등을 나르던 곳이다.

동아문을 통과해 성벽을 따라 내려가며 삼거리에서 새로 만든 성축대를 따라 가파른 오르막을 올라 성벽을 버리고 오른쪽으로 급경사를 한동안 내려 안부 동막골 삼거리에 내려서니 오후 3시다. 소나무숲 안부에는 쉬어갈 수 있는 쉼터 나무의자가 여러개 있으며 등산객들이 쉬면서 한남정맥 마지막 구간 수고 많이 했다며 격려해 준다. 잠시 쉬며 이야기를 나누고 작별인사를 하고 소나무숲 능선 오르막을 한동안 올라 반공호가 있는

270봉 정상에 올라서니 3시 23분이다. 전망바위에서 사방을 관망하고 가파른 내리막을 내려 능선 삼거리에서 오른쪽은 진입금지이고 왼쪽길로 계속해서 내리막을 내리며 오른쪽 아래 잘 정돈된 묘를 지나 보구곶리 마지막 도로에 내려서니 3시 56분이다.

좌표【 N 37" 45" 90.0 E 126" 31" 96.3" 】

 지난 6월 17일 안성 칠장산을 출발해 이곳 보구곶리까지 아무사고 없이 무사히 제2차 한남정맥을 마무리하여 감사한 마음으로 마치고 사진도 찍고 오른쪽 도로를 따라가 보니 군부대 정문이라 되돌아와 도로를 따라 산장 숯불장어집을 지나고 전망대 회관앞을 지나 보구곶리 마을회관앞에 오니 4시 16분이다. 근처 주민에게 물어보니 버스시간이 한시간 이상 걸리고 걸어

북한땅 개풍군 임한면

서 가면 강화대교 입구까지 걸어서 약 40분 가량 가면 되고 혹시 지나가는 차가 있으면 타고 가라고 하여 걸어가면서 혹시나 하고 승용차가 지나가 손을 들으니 멈추어 강화대로 서울행 버스 정류장 까지 부탁을 하니 고맙게 타라고 하여 타고 오는도중 이야기 끝에 살기는 부산살고 고향이 전북익산 이라고 하니 말씨가 우리하고 비슷하다며 그분들도 고향이 전주인데 지금은 김포시 통진읍에 산다며 통진읍까지 태워주며 양촌 구래 환승 버스 정류장까지 가는 통진읍 버스 정류에서 내려줘 고맙다는 인사를 하고 버스로 양촌읍 구래동에서 사워를 하고 구래환승 센터에서 서울역행 버스로 서울역에서 부산행 ktx로 제2차 한남정맥 완주를 마무리 한다.

한남정맥을 마치고

한남정맥(漢南正脈)은 백두대간의 속리산에서 시작된 한남금북정맥(漢南錦北正脈)이 안성 칠장산(七長山)에서 한남정맥(漢南正脈) 금북정맥(錦北正脈)으로 갈라져 서북(西北)쪽으로 김포(金浦) 문수산(文殊山)에 이르는 산줄기의 옛 이름이다. ≪산경표≫에서 규정한 1大幹 1正幹 13正脈 중의 하나로, 한강 줄기의 남쪽에 있는 분수령이라 하여 漢南正脈 이라 부르며 京畿道의 漢江 本流와 南漢江의 남쪽 유역의 分水嶺으로 해발 100m 미만의 낮은 등성이의 연결로서 서쪽에 위치한 安城 龍仁 등의 산줄기를 만들다가 水原에 이르러 제법 큰 산세를 이루다. 安山 始興 金浦 로 낮아지며 文殊山에 이르고 최근에는 경인 아라뱃길에 의해 산줄기의 일부가 잘려 나갔다.

漢南正脈 1구간

正脈分岐點~칠장산(七長山▲515.7m)~관해봉(x457.5m)~도덕산(▲366.0m)~녹배고개~삼죽면사무소~턱골고개~국사봉(▲444.5m)~상봉(▲353.6m)~가현치(70,82번도로)~달기봉(▲418.9m)~구봉산(九峯山▲461.1m)~두창리고개(318번도로)~

극동기상연구소~진등고개

漢南正脈 2구간

진등고개~57번도로~법륜사갈림길~마애보살상~문수봉(文殊峯▲344.6m)~쌍령지맥분기점~바래기산(▲370.5m)~망덕고개~굴암산(▲344.6m)~염치고개~용인연화사~은화삼CC입구~45번도로~함박산(咸朴山▲349.3m)~학고개(학고개터널위)~부아산(負兒山▲402.9m)~지곡리고개

한남정맥 3구간

지곡리고개~효자고개 성산주유소~멱조고개~석성산(石城山▲471.3m)~작고개(마성IC)~할미성(▲349.7m)~한고개~향린동산~고속도로굴다리~아차지고개~만수정약수터~신룡중학교~양고개~경부고속도로굴다리~소실봉(▲186.3m)~방주교회

한남정맥 4구간

응봉산~버들치고개~형제봉(▲448.1m)~비로봉(▲490.8m)~광교산(▲581.2m)~노루목대피소~백운산(白雲山▲567m)~통신대헬기장~범봉(▲357.0m)~지지대고개(프랑스전적비)~과천봉담고속화도로(생태통로)~이동고개삼거리~오봉산(~▲209.8m)~당정역~베네스트GC(골프장정문~삼일아파트정류장)

한남정맥 5구간

삼일아파트정류장~감투봉(▲181.1m)~무성봉(▲258m)~수리산슬기봉(469.3m)~수암봉(▲397.9m)~목감사거리~순환고속도로~운흥산(雲興山▲204.1m)~방축재

한남정맥 6구간

방축재~양지산(▲150.9m)~경인고속굴다리~비룡사입구~삼십고개(계수로)~할매고개~봉메산~여우고개~하우고개~성주산(▲216.5m)~와우고개~거마산(▲210.3m)~비루고개수현사거리~철마산(▲201.8m)~만월재구름다리~만월산(▲186.2m)~백운공원~구루지고개~장고개군초소

한남정맥 7구간

장고개군초소~함봉산~백운공원~원적산(x196.1m)~아나지고개~철마산(x226.0m)~팔각정(▲287.2m)~중구봉(▲276m)~징매이재(경명대로생태터널)~계양산헬기장(▲366.8m)~계양산(▲395.4m)~피고개산~꽃메산▲(133.4m)~경인운하(목상교)~아나푸로휴게소~군부대앞~98지방도로~골막산(▲78.5m)~종일고개~할메산(▲105.9m)~천주교공원묘지~문고개~검단고교

한남정맥 8구간

검단고교~현무정~성낭당재~세자봉(▲169.5m)~묘각사~가현산(▲215.0m)~가현정~성주산(▲146m)~스무내미고개(355번도로)~부대정문~삭시고개~유현고개~대룡삼거리~수안산(▲146.8m)~대곶사거리~대곶중.초교~지방도로~송마삼거리~뉴팜앞~동안기업대장군~절골고개 통신탑

한남정맥 9구간

절골고개통신탑~미송공동묘지~군부대정문~▲72.8봉~▲80봉~젓고개(김포대로)~선봉연대정문~문덕제~군부대초소~고석리지석묘~월하고개포장도로~애기봉로56번지방도로~용강고개2차선도로~문수산(▲376.1m)~북문(석문)~문박골사거리안부~270봉~보구곶리마을회관

03
제2차 한북정맥

한북정맥은 백두대간의 북한땅 추가령에서 시작하여 백암산을 거처 남한땅 적근산 대성산을 지나 수피령에서 남한땅 한북정맥이 시작된다. 조선시대 우리 조상들이 인식했던 산줄기 체계는 하나의 대간(大幹) 하나의 정간(正幹) 그리고 이로부터 가지를 친 13개 정맥(正脈)으로 이루어져 있다. 산경표(山經表)에 근거를 둔 이들 산줄기의 특징은 모두 강을 기준으로 한 산맥으로 그 이름도 대부분 강 이름에서 비롯된다. 한북정맥 산줄기는 동쪽으로 회양, 화천, 가평, 남양주, 서쪽으로 평강, 철원, 포천, 양주 등의 경계를 이루고 동쪽은 한강 유역이고 서쪽은 임진강 우역이다.

산경표(山經表) 분수령(分水嶺)에 북한의 추가령, 백암산, 양쌍령 남한의 적근산 대성산을 거처 수피령(740m)을 시작으로 복주산(1152m) 광덕산(1046m) 백운산(9907m) 국망봉(1168m) 강씨봉(840m) 청계산(849m) 운악산(936m) 수원산(709m)를 지나며 고도가 낮아지며 국사봉(547m) 죽엽산(622m) 한강봉(489m) 도봉산(721m)을 넘어 상장봉(534m) 노고산(487m)을 지나며 고도가 낮아져 고양 시가지를 지나 파주시 장명산에서 끝을 맺는다. 현제 국토 분단 때문에 북한구간은 물론 남한땅 적근산 대성산에 이르는 남한구간도 군부대로 통제되어 있다. 한북정맥 시작 지점은 철원군과 화천군 경계인 수피령에서 출발해 파주시 장명산까지 이른다.

한북정맥은 백두대간 분기점에서 한강 물줄기의 북쪽에 있는 분수령이라 하여 한북정맥이라 부르며 한강 수계와 임진강 수계를 가름한다. 한북정맥은 백두대간처럼 남과 북으로 분단되어 있어서 남한땅 시발점은 철원군과 화천군 경계에 있는 수피령에서 시작하여 파주시 장명산에서 마무리 한다.

제2차 한북정맥 구간별 산명 높이 고개명 지역 주소

구간	산명	높이	주소
제2차 한북정맥 1구간	수피령	780m	강원자치도 철원군 근남면 육단리 산86-38번지
제2차 한북정맥 1구간	복계산	1054m	강원자치도 철원군 근남면 잠곡리 산133-1번지
제2차 한북정맥 1구간	헬기장	943m	강원자치도 화천군 사내면 사내면
제2차 한북정맥 1구간	복주산	1152m	강원자치도 화천군 사내면 사내면 월명리산 35
제2차 한북정맥 1구간	하오현	780m	강원자치도 화천군 사내면 사내면 광덕리 산 310
제2차 한북정맥 1구간	화목봉	1025.8m	강원자치도 화천군 사내면 사내면 광덕리
제2차 한북정맥 1구간	화목현	포장도로	강원자치도 화천군 사내면
제2차 한북정맥 1구간	관측소	천문대	강원자치도 철원군 서면 자등리 산 335-7번지
제2차 한북정맥 1구간	광덕산	1064m	경기도 포천시 이동면 도평리 산 1번지
제2차 한북정맥 1구간	광덕고개	국도	강원자치도 화천군 사내면 광덕리 산273-12번지
제2차 한북정맥 2구간	백운산	903m	강원자치도 화천군 사내면 광덕리 산 1-2번지
제2차 한북정맥 2구간	삼각봉	918m	강원자치도 화천군 사내면 광덕리 산273-13번지
제2차 한북정맥 2구간	도마치봉	925.1m	경기도 포천시 이동면 도평리 산 1-2번지
제2차 한북정맥 2구간	도마봉	883m	경기도 포천시 이동면 도평리 산 1-4번지
제2차 한북정맥 2구간	신로봉	951m	경기도 포천시 이동면
제2차 한북정맥 2구간	국망봉	1167m	경기도 가평군 이동면 장암리 산 75번지
제2차 한북정맥 2구간	견치봉	1102m	경기도 가평군 북면 적목리
제2차 한북정맥 2구간	민둥산	1023m	경기도 가평군 북면 적목리 산 1-1번지

제2차 한북정맥 2구간	도성고개	631 m	경기도 가평군 북면 적목리 산 1-1번지
제2차 한북정맥 2구간	백호봉	812 m	경기도 가평군 북면 적목리 산 1-1번지
제2차 한북정맥 3구간	강씨봉	830,2m	경기도 가평군 북면 적목리 산 1-1번지
제2차 한북정맥 3구간	한나무봉	768 m	경기도 가평군 북면 적목리 산 1-1번지
제2차 한북정맥 3구간	명지지맥봉	890 m	경기도 포천시 일동면 가산리 산 1-1번지
제2차 한북정맥 3구간	청계산	849 m	경기도 가평군 조종면 상판리 산 79-1번지
제2차 한북정맥 3구간	길마고개	596 m	경기도 포천시 조종면 상판리 산 119-3번지
제2차 한북정맥 3구간	길마봉	735 m	경기도 포천시 일동면 가산리 산 1-1번지
제2차 한북정맥 3구간	노치고개	360 m	경기도 포천시 일동면 가산리 산 1-90번지
제2차 한북정맥 4구간	원통산	607 m	경기도 가평군 조종면 운악리 산 130-1번지
제2차 한북정맥 4구간	구.노치재	435 m	경기도 가평군 조종면 운악리 산 134-1번지
제2차 한북정맥 4구간	숯고개	545 m	경기도 가평군 조종면 운악리 산162-1번지
제2차 한북정맥 4구간	운악산서봉	935.5m	경기도 포천시 화현면 화현리 산 202번지
제2차 한북정맥 4구간	운악산동봉	937.5m	경기도 가평군 조종면 운악리 산 162-1번지
제2차 한북정맥 4구간	절고개	805 m	경기도 포천시 화현면 화현리 산 202번지
제2차 한북정맥 4구간	철암재	635 m	경기도 가평군 조종면 신상리 산 3번지
제2차 한북정맥 4구간	화현고개	280 m	경기도 가평군 상면 봉수리 산 82-19번지
제2차 한북정맥 5구간	아차산	494.1m	경기도 포천시 화현면 화현리 산 215-1번지
제2차 한북정맥 5구간	초소봉	425.0m	경기도 가평군 상면 봉수리 산 55-1번지
제2차 한북정맥 5구간	서파고개	도로삼거리	경기도 포천시 화현면 명덕리 산79-2번지
제2차 한북정맥 5구간	수원산	709.7m	경기도 포천시 군내면 직두리 산 20-4번지
제2차 한북정맥 5구간	불정산	641,0m	경기도 포천시 내촌면 소학리 산 1번지
제2차 한북정맥 5구간	국사봉	545.9m	경기도 포천시 내촌면 내리 산 65-2번지
제2차 한북정맥 5구간	참전비	625참전비	경기도 포천시 내촌면 진목리 산 22-12번지
제2차 한북정맥 5구간	큰넉재	지방도로	경기도 포천시 내촌면 진목리 산 26-1번지
제2차 한북정맥 5구간	작은넉재	포장농로	경기도 포천시 내촌면 진목리 산 274번지
제2차 한북정맥 6구간	죽엽산	615.8m	경기도 포천시 내촌면 마병리 산 39번지
제2차 한북정맥 6구간	비득재	생태터널	경기도 포천시 소흘읍 고모리 산 54-1번지

제2차 한북정맥 6구간	노고산성	386 m	경기도 포천시 소홀읍 고모리 산 64번지
제2차 한북정맥 6구간	이곡리고개	2차선도로	경기도 포천시 소홀읍 무림리 산 655-5번지
제2차 한북정맥 6구간	무림리고개	버스정류장	경기도 포천시 소홀읍 무림리 산 59-4번지
제2차 한북정맥 6구간	다람지고개	지방도로	경기도 포천시 소홀읍 무림리 산 59-2번지
제2차 한북정맥 6구간	지맥분기봉	터널 위쪽	경기도 포천시 소홀읍 무림리 473-52번지
제2차 한북정맥 6구간	포유호텔	지방도로	경기도 포천시 소홀읍 이동교리 산 117-1번지
제2차 한북정맥 6구간	축석령	국도	경기도 포천시 소홀읍 이동교리 782-89번지
제2차 한북정맥 7구간	천보산3부루	287 m	경기도 양주시 만송동 산 72번지
제2차 한북정맥 7구간	백석고개	임도	경기도 양주시 만송동 산 76번지
제2차 한북정맥 7구간	천보산갈림길	등산로	경기도 의정부시 금오동 산 23-1번지
제2차 한북정맥 7구간	고속도로	굴다리	경기도 양주시 만송동 670-9번지
제2차 한북정맥 7구간	지방도로	36번도로	경기도 양주시 만송동 479-18번지
제2차 한북정맥 7구간	덕천초교	초등학교	경기도 양주시 소읍동 80-2번지
제2차 한북정맥 7구간	막은고개	신호대	경기도 양주시 고읍동 산 438-19번지
제2차 한북정맥 7구간	성황당고개	산판길	경기도 양주시 고읍동 산 59번지
제2차 한북정맥 7구간	콘대미산	219.1m	경기도 양주시 광사동 산 290-4번지
제2차 한북정맥 7구간	샘내고개	국도	경기도 양주시 산북동 산 91-2번지
제2차 한북정맥 7구간	도락산갈림길	임도삼거리	경기도 양주시 산북동 산 90번지
제2차 한북정맥 7구간	창옆골고개	군부대앞	경기도 양주시 백석읍 산 86-1번지
제2차 한북정맥 7구간	임꺽정봉	449.5m	경기도 양주시 산북동 산 65-1번지
제2차 한북정맥 7구간	오삼삼거리	지방도로	경기도 양주시 부흥동 1199번지
제2차 한북정맥 7구간	양주산성	213 m	경기도 양주시 백석읍 방성리 789번지
제2차 한북정맥 7구간	작고개	2차선도로	경기도 양주시 어둔동 215-5번지
제2차 한북정맥 8구간	호명산	423 m	경기도 양주시 어둔동 산 120-20번지
제2차 한북정맥 8구간	신주고개	275 m	경기도 양주시 백석읍 복지리 산 56-23번지
제2차 한북정맥 8구간	한강봉	474.8m	경기도 양주시 백석읍 복지리 산 61-7번지
제2차 한북정맥 8구간	오두지맥	분기봉 440	경기도 양주시 백석읍 복지리 산 61-8번지
제2차 한북정맥 8구간	첼봉	526 m	경기도 양주시 백석읍 복지리 산 61-8번지

제2차 한북정맥 8구간	밤고개	315 m	경기 양주시 백석읍 복지리 산 59-5번지
제2차 한북정맥 8구간	항공무선	항공공사입구	경기 양주시 장흥면 부곡리 산 34-11번지
제2차 한북정맥 8구간	천주교묘역	공원묘지	경기 양주시 장흥면 울대리 산 17-2번지
제2차 한북정맥 8구간	울대고개	버스정류장	경기 양주시 장흥면 울대리 69-5번지
제2차 한북정맥 9구간	사페산	552 m	경기 양주시 장흥면 울대리 산 52-85번지
제2차 한북정맥 9구간	포대능선	등산사거리	경기 의정부시 호원동 산 92-15번지
제2차 한북정맥 9구간	도봉산신선대	726 m	서울 도봉구 도봉동 산 31번지
제2차 한북정맥 9구간	오봉산갈림길	등산삼거리	경기 양주시 장흥면 교현리 산 25-1번지
제2차 한북정맥 9구간	우이암삼거리	이정표	서울 도봉구 도봉동 산 29-89번지
제2차 한북정맥 9구간	우이령	임도산판길	경기 양주시 장흥면 교현리 산 25-1번지
제2차 한북정맥 9구간	북한산갈림길	562 m	경기 양주시 장흥면 교현리 산 25-1번지
제2차 한북정맥 9구간	상장봉능선	513 m	경기 고양시 덕양구 효자동 산 1-3번지
제2차 한북정맥 9구간	솔고개	버스정류장	경기 양주시 장흥면 교현리 412-4번지
제2차 한북정맥 10구간	군부대정문	354 m	경기 양주시 장흥면 교현리 458-1번지
제2차 한북정맥 10구간	노고산정상	487 m	경기 양주시 장흥면 삼하리 산 72-1번지
제2차 한북정맥 10구간	옥녀봉	205 m	경기 고양시 덕양구 오금동 산 20-1번지
제2차 한북정맥 10구간	삼박골고개	371번도로	경기 고양시 덕양구 오금동 707번지
제2차 한북정맥 10구간	숫돌고개	부대앞	경기 고양시 덕양구 삼송동 산 20-4번지
제2차 한북정맥 10구간	농대정문	버스정류장	경기 고양시 덕양구 원당동 198-207번지
제2차 한북정맥 10구간	서능삼거리	서삼능길	경기 고양시 덕양구 원당동 198-141번지
제2차 한북정맥 10구간	수역삼거리	수역마을	경기 고양시 덕양구 원당동 198-96번지
제2차 한북정맥 11구간	호국로삼거리	31번국도	경기 고양시 덕양구 원당동 331-3번지
제2차 한북정맥 11구간	엄흥고개	포장농로	경기 고양시 일산동구 식사동 산 12-2
제2차 한북정맥 11구간	견달산	138.7m	경기 고양시 일산동구 문봉동 99-57번지
제2차 한북정맥 11구간	문봉삼거리	삼거리	경기 고양시 일산동구 문봉동 100-17번지
제2차 한북정맥 11구간	애향교회	삼거리	경기 고양시 일산동구 식사동 734-8번지
제2차 한북정맥 11구간	원각사 앞	삼거리	경기 고양시 일산동구 식사동 729-43번지
제2차 한북정맥 11구간	중산고개	2차선도로	경기 고양시 일산동구 성석동 884-1번지

제2차 한북정맥 11구간	만경사	조계종	경기도 고양시 일산동구 성석로 77-93번지
제2차 한북정맥 11구간	영천삼거리	임도삼거리	경기 고양시 일산동구 성석동 산 67-1번지
제2차 한북정맥 11구간	고봉산	206.3m	경기 고양시 일산동구 성석동 산 67-1
제2차 한북정맥 11구간	고봉삼거리	금정굴입구	경기 고양시 일산동구 중산동 1553번지
제2차 한북정맥 11구간	금정굴	625 학살	경기 고양시 일산서구 탄현동 산 23-1번지
제2차 한북정맥 11구간	앵골과선교	철로위다리	경기 파주시 야당동 477-14번지
제2차 한북정맥 11구간	한소망교회	회회앞도로	경기 파주시 경의로 983번지
제2차 한북정맥 11구간	세암공원	햇빛마을	경기 파주시 야당동 1022번지
제2차 한북정맥 11구간	한빛공원	마을동산	경기 파주시 야당동 1001번지
제2차 한북정맥 11구간	운정건강공원	축구장	경기 파주시 동패동 1800번지
제2차 한북정맥 11구간	가재울공원	가은동	경기 파주시 목동동 993번지
제2차 한북정맥 11구간	성제암	삼거리	경기 파주시 당하동 240-181번지
제2차 한북정맥 11구간	고인돌	지석묘	경기 파주시 당하동 산 4-1번지
제2차 한북정맥 11구간	핑고개	버스정류장	경기 파주시 오도동 산 102-5번지
제2차 한북정맥 11구간	장명산	102 m	경기 파주시 오도동 산 8번지
제2차 한북정맥 11구간	공룡천	정맥종점	경기 파주시 오도동 42-7번지

제2차 한북정맥 단독종주 1구간

수피령

수 피 령 : 강원도 화천군 상서면 다목리 수피령
광덕고개 : 강원도 화천군 사내면 광덕리 광덕고개
도상거리 : 수피령 24.3km 광덕고개
소요시간 : 수피령 12시간 22분. 광덕고개
운동시간 : 수피령 11시간 36분 광덕고개
휴식시간 : 수피령 46분. 광덕고개

수피령 도착 6시 10분. : 수피령 출발 6시 27분.
복계산 갈림길 1.5 km 7시 10분. : 복계산 정상 2.2 km 7시 40분.
복계산 출발 7시 50분. : 수피령 갈림길 3.0 km 8시 15분
943 봉 6.2 km 9시 50분. : 953.6봉 8.5 km 10시 40분.
1082 봉 10.2 km 11시 33분. : 헬기장 12.4 km 11시 05분.
복주산 정상 13.7 km 13시 08분. : 북주산 출발 13시 15분.
하오고개 15.6 km 14시 14분. : 하오고개 출발 14 34분.
헬기장16.6 km 14시 44분. : 헬기장 17.0 km 15시 11분.
화목봉정18.3 km 상 15시 46분. : 화목현 포장도로 19.4 km 16시 37분.
상해봉갈림길 20.5 km 17시 5분. : 천문대 21.5 km 17시 23분.
레이저건물 21.9 km 17시 26분. : 광덕산 정상 22.5 km 17시 38분.
광덕산 출발 17시 45분. : 무명봉 23.8 km 18시 15분.
광덕고개도착 24.3 km 18시 46분.

 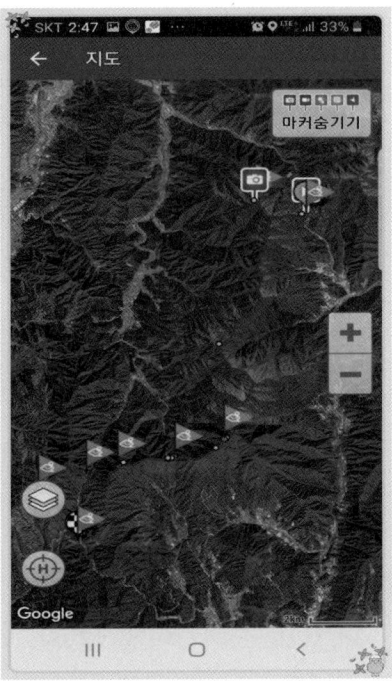

　한북정맥 첫구간은 철원군과 화천군 경계인 수피령에서 시작해 복계산 북주산 하오고개 화목봉 화목현 상해봉 천문대 광덕산 광덕고개까지다.

2019년 9월 17일 맑음

　제2차 9정맥 중 마지막 한북정맥 종주차 16일 오후 3시 10분 ktx편으로 서울역에서 전철로 동서울 시외버스터미널에서 시외직행버스로 철원군 와수면에서 숙소를 정하고 오곡식당에서

저녁을 먹고 내일아침 예약을 하고 돌아와 일찍 잠을 자고 아침 일찍 일어나 어제 저녁 먹은 오곡식당(033-455-1243 김문혜)에서 아침을 먹고 택시(17500)로 피수령에 도착하니 6시 7분이다. 2009년 5월 3일 1차 때 와보고 꼭 10년 만이다. 10년이면 강산도 변한다고 했는데 이곳은 별로 변한게 없는지 옛 기억이 생생하다. 1차 때만 해도 68세로 1대간 9정맥 1차 마지막 구간 한북정맥을 단독산행으로 이곳을 출발했는데 금년 (2019년)에 금북정맥에 이어 마지막 2차 한북정맥 종주에 도전한다. 이제 78세로 한북정맥을 마지막으로 정맥 종주는 마무리할 생각이나 건강이 허락 된다면 3차 백두대간 도전을 해볼까 생각한다.

수피령(780m)에는 대성산 지구 전적비(大成山地區 戰蹟碑)

가 있으며 화천군 표지석과 상서면 표지석 다목리 표지석 3개가 있으며 철원군쪽에 한북정맥 등산로 안내 간판이 있다. 택시 기사한테 부탁해 사진한판 찍고 옛 추억을 기리며 이곳저곳을 살펴보고 산행 준비를 하고 6시 27분 산행에 들어간다. 초입은 한북정맥 등산로 간판 앞에서 출발해 임도를 따르다 4분후 대성산 지구 전적비에서 올라오는 길과 만나 오르막을 한동안 오르며 건너편 대성산 위로 아침해가 떠오르는 풍경을 카메라에 담아보며 오르막을 올라 이정표(수피령1.1km 복계산 1.1km 복주산 11.1km)를 6시 55분 지나고 가파른 오르막을 한동안 올라 복계산 갈림길에 올라서니 7시 10분이다.

좌표【 N 38" 12" 05.7"   E 127" 30" 19.5" 】

　삼거리 이정표에 복계산 0.7km 수피령 1.5km 복주산 10.7km이며 마루금은 왼쪽으로 복계산은 오른쪽으로 간다. 2009년 1차때는 정맥마루금을 따라 갔었는데 언제다시 이곳에 올 기회가 없을 것 같아 복계산을 다녀오기로 마음먹고 출발해 능선 사면길로 가다 능선을 넘어 오른쪽 사면길로 한동안 가다 {국가지점번호 라-아 0046-2236 복계산 3지점}을 7시 23분 지나면서 왼쪽으로 능선길 오르막을 한동안 힘들여 올라 복계산 정상에 올라서니 7시 40분이다.

좌표【 N 38" 12" 24.46"   E 127" 30" 9.86" 】

　복계산(1057.2m)은 정맥에서 벗어난 산으로 전망이 좋아 북

쪽에 대성산이 건너다보이고 남으로 가야할 주능선 복주산 광덕산 기상레이더 관측소가 줄지어 보인다. 오늘 이곳에 올라온 게 다행이다. 아주 전망이 좋아 볼게 많다. 정상에는 커다란 표지석에 복계산 1057.2m이 있고 사진몇판 찍고 7시 50분 출발해 오던 길을 되돌아 삼거리에 내려와 8시 15분 마루금을 따라간다. 갈림길을 지나 능선길을 오르내리며 이정표 복계산 1.1km 수피령 1.9km 복주산 10.3km를 8시 30분 지나고 능선을 좌로 우로 들락거리며 오르락내리락 한동안 가며 가파른 오르막을 올라 {국가지점번호 라.아 0028-2045 복계산 4지점}과 이정표 (복계산 2.9km 수피령 3.7km 복주산 8.5km)가 있는 무명봉에 올라서니 9시 9분이다. 마루금은 오른쪽으로 사면길로 들락거리며 오르막을 한동안 올라 헬기장에 자그마한 삼각점이 있는 943봉에 올라서니 9시 50분이다.

좌표【 N 38" 10" 18.5" E 127" 30" 08.2" 】

마루금은 좌우로 들락거리며 오르락내리락 하며 능선길을 오르내리며 이정표 복계산 5.8km 수피령 6.6km 복주산 5.6km 지점을 10시 15분 지나고 6분 후 이정표 복계산 6.1km 수피령 6.9km 복주산 5.3km 지점을 지나며 오르막 능선을 오르며 오른쪽 잘 자란 낙엽송밭을 지나 오르막을 올라 방카가 있고 종대가 있는 953.6봉에 올라서니 10시 40분이다.

좌표【 N 38" 09" 33.5" E 127" 29" 26.0" 】

　이정표에 복계산 6.8km 수피령 7.6km 복주산 4.6km 이며 마루금은 왼쪽으로 내리막을 로푸줄을 따라 한동안 내리며 10시 53분 안부에 내려섰다. 다시 오르막을 오르며 칼로 자른 것 같은 바위와 쉼터 2개를 11시 지나 오르막을 오르며 {국가지점번호 라.아 9977-1687 복주산 6지점} 표지판이 있고 이정표(복계산 방향 9.20km 복주산 휴양림 2.72km 복주산 정상 3km)를 11시 13분 지나며 계속해서 오르막을 오르며 곳곳에 통나무 다리를 건너가며 때로는 자동차 다이아 길로 오르고 방카를 지나 삼거리 이정표가 있는 임도에 올라서니 11시 33분이다.

좌표【 N 38" 08" 54.3" E 127" 30" 09.5" 】

　1082봉은 오르지 않고 임도를 따라 돌아가 왼쪽으로 임도를 따라 가며 12시 7분 임도에서 자리를 잡고 점심을 먹고 12시 31분 출발해 임도를 따라 올라가 3분후 콘크리트 헬기장을 지나며 나무계단 오르막을 한동안 올라 방카위 헬기장에 올라서니

12시 51분이다. 헬기장에는 삼각점(1983.재설 갈말 23)이 있으며 헬기장을 지나면서 암능을 밧줄을 잡아가며 몇 구비를 올라 복주산 정상에 올라서니 오후 1시 8분이다.

좌표【 N 38" 07" 59.3" E 127" 29" 42.7" 】

강원도 철원군 근남면 잠곡리 산 133-1번지 복주산(1152m) 정상에는 복주산 타원형 정상석이 있고 {국가지점번호 다.아 9934-1448 복주산 지점번호 5지점} 표지판과 복주산 등산 안내 간판이 있다. 2009년 5월 3일 1차때 있던 표지석이 그대로 있고 전망이 좋아 지나온 마루금과 가야할 화목봉 광덕산 레이저 기상관측소 광덕산이 줄지어 보인다. 복주산 정상에서 사진도 찍고 사방을 관망하고 허리쉼을 하고 갈증도 면하고 오후 1시 21분 출발해 밧줄을 잡아가며 가파른 내리막을 내려 {국가

지점번호 다.아 9906-1418 복주산 4저점}을 지나고 능선을 오르내리며 {국가지점번호 다.아 9851-1388 복주산 3지점}을 지나며 오르막을 올라 무명봉을 1시 51분 넘어 내리막을 내리다 자동차 다이아길을 한동안 내려 하오현 임도에 내려서니 2시 14분이다.

좌표【 N 38" 07" 29.3" E 127" 28" 33.4" 】

하오현 (하오고개)에는 아래로 463 지방도로가 지나는 터널이 있고 이정표에 하오현 780m 복주산 1.84km 한북정맥 광덕산 방향이 있고 고개는 포장 옛길로 화천군 사내면 광덕리에서 철원군 근남면 잠곡리를 넘는 고개로 지금은 차량은 거의 다니지 않는 모양이다. 고개에서 잠시 쉬며 신발도 정리하고 쉬면서 갈증도 면하고 2시 34분 출발 한다. 마루금은 숲길로 들어서 2분후 방카위를 오르고 자동차 다이아 길을 한동안 오르고 헬기장에 올라서니 2시 44분이다.

좌표【 N 38" 07" 32.2" E 127" 28" 02.6" 】

헬기장을 지나 가파른 오르막을 한동안 오르고 곳곳에 국방부에서 6.25 전사자 유해발굴지역을 오르며 능선 오르막을 오르락내리락 하며 가다 가파른 오르막을 올라 화목봉 정상에 올라서니 3시 46분이다.

좌표【 N 38" 07" 24.2" E 127" 27" 27.2" 】

화목봉(1025.8m)에는 자그마한 삼각점이 있으며 건너편 광덕산을 건너다보며 방카앞을 지나 내리막을 내리며 때로는 암능길도 내리고 위험 지역을 조심조심 내려 화목현 지방도로에 내려서니 4시 37분이다.

좌표【 N 30" 07" 11.5" E 127" 26" 49.3" 】

오늘 산행은 초반부터 몸이 풀리지 않아 속도를 내지 못하고 왔는데 막판에 아스팔트 포장길을 오르는데 보통 힘든게 아니다. 그래도 목적지 까지 가야 하기에 뚜벅 뚜벅 도로를 따라 상해봉 갈림길에 올라서니 5시 5분이다.

6.25 전쟁 전사 / 유해 발굴 안내

이곳은 6.25전쟁 당시 (1951년 4월) 국군 6사단이 중공군 5차 공세를 막기 위한 치열한 전투가 벌어졌던 지역으로 2007년~2010년까지 육군 제3사단에서 전사자 유해발굴을 실시한 결과 호국용사 130위의 (박달봉 16위 광덕산 1위 상해봉 113위) 유해와 유품 200여점을 발굴한 지역이다. 평화의 쉼터에는 전사자들의 넋을 위로하고 명예를 교양 시키며 유가족들의 피맺힌 한을 풀어드리고 오늘의 우리가 있기까지 그들의 고귀한 희생이 있었다는 사실을 알림으로서 나라사랑과 호국보훈 의식을 함양케 하고자 강원도 철원군과 육군제 3사단이 함께 안보공원을 조성하였읍니다. 아직도 수습되지 못한 호국용사들의 유해를 찾아 명해를 되찾아 드리는 것은 이 시대를 살고 있는 우리 모두의 염원한 책무임을 생각하시고 마지막 한분의 전사자 유해가 고향으로 돌아갈 때까지 여러분의 많은 관심 바랍니다. 그들을 조국의 품으로 호국영령들의 영전에 삼가 고개 숙여 명복을 빕니다. (강원도 철원군 육군 제 3사단 ◀ 옮긴글)

시간이 넉넉하면 상해봉에 갔다 오려고 했는데 피로도 하고 시간이 촉박해 도로를 따라 화천 조경철 천문대 정문앞을 5시 23분 지나간다.

좌표【 N 38" 07" 02.8" E 127" 26" 00.9" 】

화천 조경철 천문대를 지나 도로를 따라 광덕산 기상레이저 관측소 정문앞에 올라서니 5시 26분이다. 마루금은 관측소 정문 앞에서 오른쪽으로 능선을 내려서 통신철탑봉을 5시 32분 지나 능선길을 올라 광덕산 정상에 올라서니 5시 38분이다.

좌표【 N 38" 06" 55.9" E 127" 25" 51.5" 】

광덕산(1046.3m)정상에는 커다란 표지석에 광덕산(1046m) 포천시 표지석이 있고 한북정맥 등산로 안내간판이 있으며 삼군 경계로 강원도 철원군. 화천군. 경기도 포천시. 경기도와 강

원도 분기봉으로 전망이 좋아 사방을 관망하고 시간이 촉박해 5시 45분 출발 한다. 2009년 5월 3일 1차 때는 자그마한 표지석에 광덕산 1046m 의정부 소리산악회에서 세운게 있었는데 새로 세운 커다란 표지석이 있으며 마루금은 왼쪽으로 내리막을 내려간다. 정상에서 사진한번 찍고 내리막을 내려 이정표 광덕산 0.66km 광덕고개 1.78km 를 5시 59분 지나며 가파른 내리막을 밧줄을 잡아가며 내리며 국가지점번호 다.아 9447-1225 광덕고개 1.52km 광덕산 정상 0.92km를 6시 6분 지나고 3분후 이정표 광덕고개 1.39km 광덕산 정상 1.05km를 지나고 다시 이정표 광덕산 정상 1.28km 광덕고개 1.16km 광덕산 1-4번을 6시 15분 지나며 능선을 가다 오르막을 올라 664.3봉을 6시 37분 넘어 내리막을 내리며 급경사를 내려 광덕고개에 내려서니 6시

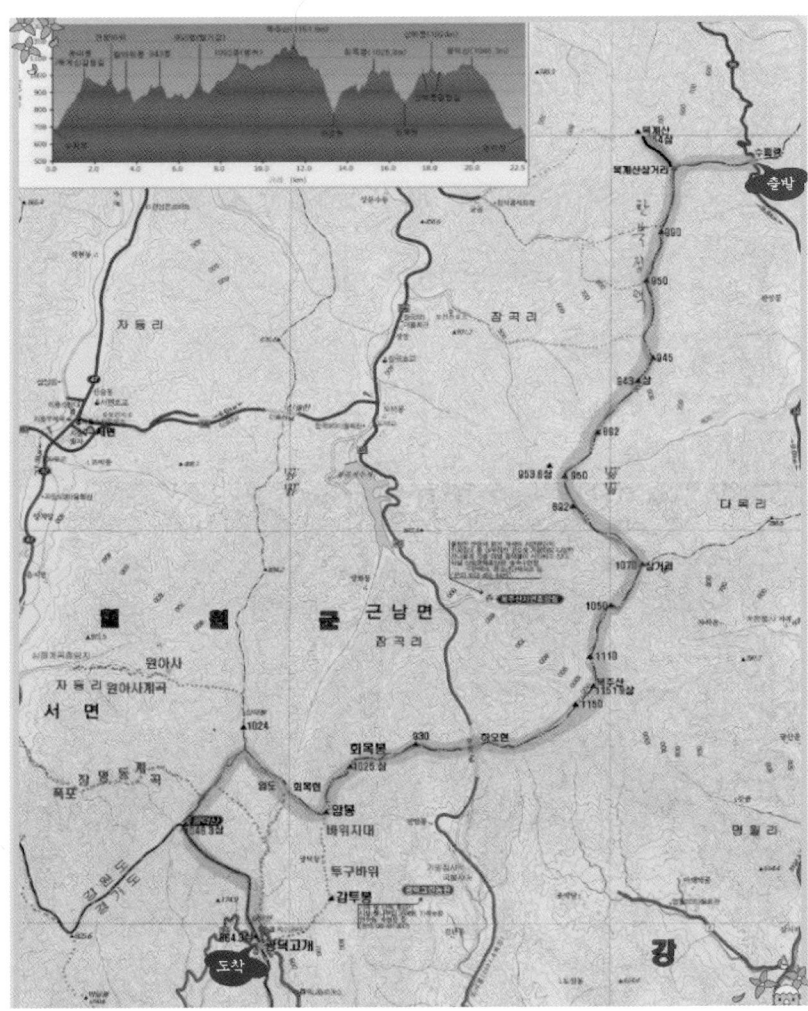

46분이다.

좌표【 N 38" 05" 59.4" E 127" 26" 35.6" 】

광덕고개(광덕현)는 경기도 포천시 이동면과 강원도 화천군 산내면을 경계로 친환경 약초판매 가게가 많아 이 고개를 넘는 차량들은 대부분 이곳을 지나면서 약초구입을 많이하며 식당가도 있으며 이동면 백운계곡도 사람들이 많이 찾는 곳이다. 2009년 5월 3일 1차 때 와보고 다시 와보니 감회가 새롭다. 우선 식당에 가서 산채비빔밥으로 저녁밥을 먹고 화천군쪽으로 도로를 따라가 산이야기 모텔에서 숙소를 정하고 오늘도 한북정맥 첫 구간을 무사히 마쳤다고 집으로 전화를 하고 내일 산행 준비를 하고 한북정맥 1구간 종주를 마무리 한다.

제2차 한북정맥 단독종주 2구간

광덕현–백운산–국망봉–민둥산–도성고개

광덕고개 : 강원도 화천군 사내면 광덕리 광덕고개
도성고개 : 경기도 포천시 일동면 사직리 도성고개
도상거리 : 광덕고개 22.6km 도성고개
소요시간 : 광덕고개 11시간 13분. 도성고개
운동시간 : 광덕고개 9시간 22분. 도성고개
휴식시간 : 광덕고개 1시간 50분. 도성고개

광덕고개 도착 5시 58분.
한북정맥간판 0.7 km 6시 06분.
헬기장 1.9 km 6시 48분,
백운산 출발 7시 56분.
도마치봉 5.5 km 8시 45분.
도마치고개 7.6 km 9시 51분.
신로봉 9.8 km 11시 12분.
신로령 출발 11시 43분.
돌풍봉 11.1 km 12시 39분.
헬기장 12.8 km 13시 34분.
국망봉 출발 14시 15분.
민둥산 18.4 km 16시 18분.
백호봉 22.1 km 18시 14분.

광덕고개 출발 6시 02분.
무명봉 (이정표) 1.2 km 6시 35분.
백운산 정상 3.3 km 6시 36분.
삼각봉 918m 4.4 km 8시 11분.
도마봉 883m 6.5 km 9시 19분.
832봉 8.1 km 10시 03분.
신로령 도착 10.1km 11시 16분.
헬기장 10.4 km 11시 53분.
돌풍봉 출발 13시 30분.
국망봉 1168m 13.6 km 14시 4분.
견치봉 1102 m 15.3 km 15시 16분.
도성고개 21.8 km 17시 48분.
제2도성고개 22.6 km 18시 34분.

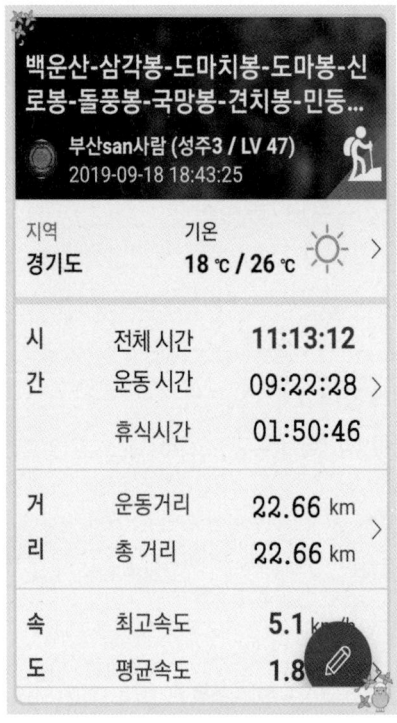 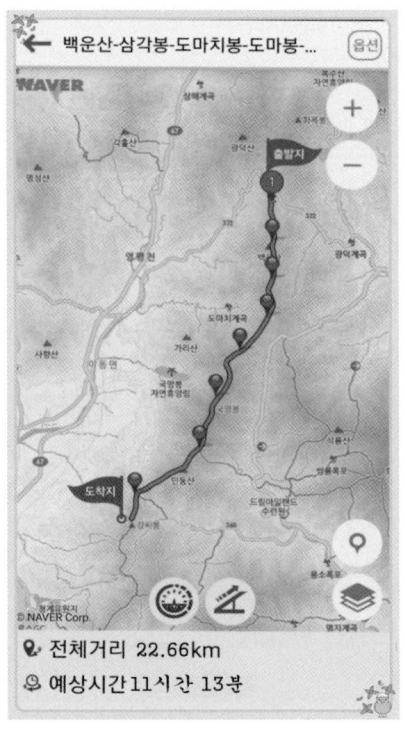

　한북정맥 2구간은 광덕고개에서 시작해 백운산(903.1m), 삼각봉(918m), 도마치봉(955m), 도마봉(896m), 도마치고개 신로령(951m), 돌풍봉(1113m), 국망봉(1187.2m), 견치봉(개이빨산 1124m), 민둥산(1009m), 도성고개(631m), 백호봉(815m) 일동 삼거리에서 2구간 마무리 하고 일동면 사직리 복골 캠프장으로 하산 산행을 마치고 일동면으로 이동한다. 이번 2구간은 도마봉 까지는 길이 양호하였으나 도마봉을 지나면서 방화선길을 주로가며 잡풀과 잡목으로 길이 안보여 애를 먹었으며 신로령

돌풍봉을 지나는데도 잡풀이 무성할대로 자라있어 치고 오르는데 힘들었으며 국망봉은 전망이 좋았으나 국망봉을 지나면서 견치봉까지는 왼쪽 사면길이 험난했으며 민둥산을 지나 억새밭을 내려오는데도 억새가 키를 넘을 정도로 자라 길 찾는데 애를 먹었으며 도성고개에서 백호봉을 지나 일동면 삼거리 까지는 임도길이고 강씨봉까지는 길이 양호하며 백호봉을 지나 일동면 삼거리에서 정맥을 벗어나 하산길에도 가파른 내리막길이 위험지역이 많아 내려오는데도 장난이 아니고, 원부리 마을 삼거리를 지나면서 능선길은 양호하나 복골 캠프장까지 3.9km로 1시간 50분 만에 도착하였다.

2019년 9월18일 맑음.

광덕고개는 경기도 포천시 이동면에서 강원도 화천군 사내면과 경계를 이루는 고개로 한북정맥 1구간 종점이고 2구간 시발점으로 2009년 3월 4일 1차 때는 산이야기 펜션에서 잠을 자고 이곳에 왔었는데 이번에도 산이야기 모텔에서 잠을 자고 아침 일찍 일어나 아침을 먹고 5시 40분 숙소를 나와 광덕고개까지 걸어서 올라와 다시 이곳에서 종주산행에 들어간다. 광덕고개에는 강원도를 상징하는 곰돌이가 있고 각종 산 약초 상점이 여러개 있으며 산행초입은 광덕고개 식당 뒤에 철계단에서 시작된다. 6시 2분 출발해 철계단을 올라 가파른 오르막을 오르며 반공호를 지나 오르막을 올라 한북정맥 안내간판을 6시 6분 지나고 이정표 백운산 3.10km 광덕고개 0.1km 를 지나고 계속해서 오르막을 오르며 무명봉에 올라서니 6시 24분이다.

좌표【 N 38" 05" 25.32" E 127" 26" 39.9" 】

이정표에 백운산 2.32km 광덕고개 0.88km를 지나고 계속해서 오르막을 한동안 오르며 로프설치길을 올라 이정표 백운산 정상 2.0km 광덕고개 1.16km 를 6시 35분 지나고 능선 내리막을 내려 이정표 백운산 정상 1.70km 광덕고개 1.5km를 지나 안부에 내려섰다. 다시 오르막을 한동안 올라 헬기장에 올라서니 6시 48분이다.

좌표【 N 38" 04" 50.3" E 127" 26" 48.8" 】

헬기장 이정표에 백운산 정상 1.36km 광덕고개 1.84km 이며 계속해서 오르막을 올라 이정표 백운산 정상 0.77km 광덕고개 2.43km를 지나 계속해서 오르막을 오르며 이정표 백운산 정상 0.48km 광덕고개 2.72km를 7시 22분 지나 가파른 오르막을 한동안 올라 백운산 정상에 올라서니 7시 36분이다.

좌표【 N 38" 04" 29.3" E 127" 26" 40.2" 】

백운산 정상은 경기도 포천시 이동면과 강원도 화천군 사내면에 걸쳐 있는 산으로 전망이 좋으며 오른쪽 아래로 백운산 계곡으로 흥룡사가 있고 정상은 넓은 헬기장에 포천시에서 세운

白雲山 903.1m 표지석(정상석)이 있으며 삼각점에 갈말 27.02 재설이 있고 국가 지점번호(다.아 9507-0828 광덕휴게소 3.1km 삼각봉 1.0km)가 있으며 정상에서 오른쪽은 흥룡사로 내려가고 마루금은 왼쪽으로 이어진다. 정상에서 잠시 쉬며 허리쉼을 하고 사진 몇판 찍고 7시 43분 출발해 잘나있는 등로를 오르내리며 이정표 백운산 정상 0.46m 삼각봉 0.46km를 7시 56분 지나고 계속해서 능선을 오르내리며 5분후 쉼터를 지나고 오르막을 올라 삼각봉 정상에 올라서니 8시 10분이다.

좌표【 N 38" 04" 03.2" E 127" 26" 48.2" 】

삼각봉 (918m) 정상에는 자그마한 화강석 표지석에 삼각봉이라 쓰여 있고 이정표에 도마치봉 1.17km 백운산 정상 0.93km

가 있다. 정상에서 허리쉼을 하고 8시 14분 출발해 밧줄 설치길을 내려 능선길을 가며 국가지점번호 다.아 9527-0697 삼각봉 2-4 백운산 정상 1.4 km 도마치봉 0.5 km를 8시 25분 지나고 오르막을 올라 8시 32분 무명봉을 넘고 4분후 방카를 지나고 헬기장이 있는 도마치봉 정상에 올라서니 8시 42분이다.

좌표【 N 38° 03' 31.0" E 127° 26' 37.5" 】

도마치봉 정상에는 헬기장에 정상석이 있고 정상석에 도마치봉 925.1m 가 있으며 마루금은 직진으로 내려간다. 8시 46분 출발해 내리막을 내리며 능선이 아니고 왼쪽 사면길로 한동안 내려가며 이상히 여겼는데 사면길로 내려가다 보니 옹달샘이 나온다. 옹달샘은 바위에서 파이프를 통해 물이 나오며 물맛이 시원하다. 옹달샘에서 갈증을 면하고 사면길로 한동안 내려 오른쪽에 능선에 올라서 능선길을 가며 이정표 도마치봉 1.00,km 도마봉 0.60km를 9시 6분 지나고 오르막을 한동안 올라 군 방카를 지나고 도마봉 정상에 올라서니 9시 19분이다.

좌표【 N 38° 03' 03.9" E 127° 26' 45.1" 】

도마봉 정상에는 오석(검정색) 정상석(도마봉 해발 883m)이 있으며 전망이 좋아 지나온 능선과 가야할 실로봉(951m) 돌풍봉(1113m) 국망봉(1167m)이 건너다보이며 국망봉 왼쪽 멀리 명지산(1267m)이 보이며 왼쪽 능선은 석룡산(1153m) 군부대 통신탑이 있는 화악산(1468m)이 높이 보인다. 도마봉을 지나면서 왼쪽은 강원도 화천군을 벗어나 경기도 가평군 북면을 경계로 강원도 땅을 완전히 벗어나 경기도 땅으로 들어선다. 정상에 올라오니 도마치재 휴게소에 차를 두고 올라온 등산객 한사람이 있어 이분에게 부탁해 사진한판 찍어둔다. 어제에 이어 오늘까지 산에서 등산객을 만난게 처음이다. 보통 휴일에는 등산객을 더러 만나는데 평일(수요일)이라 등산객을 만나기 힘든 상태인데 반갑게 인사를 나누고 9시 22분 국망봉을 향해 내리막을 내리며 도마봉을 지나면서는 길이 잡풀과 잡목으로 우거져 길찾기가 어려워 풀을 해치며 내려가 도마치 고개에 내려서니 9시 51분이다. 이정표에 도마봉 1.10km 국망봉 3.76km를 지나 억새밭 길을 한동안 올라 832.3봉에 올라서니 10시 3분이다. 정상에는 삼각점이 있으며 나무에 한북정맥 827.8m 준희 표찰이 나무에 걸려있다.

지도에는 832.3m로 되어 있는데 준희가 걸어놓은 표찰에는 827.8m로 5.5m 차이가 난다. 2009년 1차때는 방화선으로 길이 좋았으나 10년이 지난 지금은 방화선이 억새풀과 잡목이 우거져 길이 잘보이지 않아 올라가는데 보통 힘든 게 아니다. 잡풀을 해치며 방화선을 따라 능선을 오르며 왼쪽에 벌목지를 따라 능선 오르막을 한동안 올라 빛바랜 이정표를 지나고 헬기장을 10시 37분 지나 가파른 오르막을 힘들여 올라 종대가 있고 헬기장이 있는 봉에 올라서니 10시 56분이다. 이곳 봉이 신로봉인가 했는데 마루금은 왼쪽으로 이어지며 건너편 봉이 신로봉이다. 왼쪽으로 내리막을 내려 안부에 내려섰다 오르막을 올라 신로봉 정상에서 빼지를 받고 10시 8분 내리막을 내려 이정표가 있는 신로령에 내려서니 10시 16분이다.

좌표【 N 38" 01" 49.6" E127" 25" 30.0" **】**

　신로령에는 잡풀이 우거져 길이 잘 보이지 않고 공터에 이정표 도마봉 2,66km 국망봉 2.21km 휴양림 2.5km 이며 국가지점번호 다.아 9339-0371 이며 신로령을 지나 오르막을 오르며 시장기가 들어 나무그늘에서 중식을 먹고 11시 43분 출발해 돌풍봉 오르는데 한낮 시간대라 보통 힘든게 아니다. 잡풀과 잡목 사잇길을 이리저리 헤치며 가파른 오르막을 힘들여 올라 헬기장에 올라서니 11시 53분이다. 헬기장에 국가지점번호(다.아 9357-0312 신도령 0.4km 국망봉 1.9km)을 지나고 오르막을 오르는데 잡풀이 우거져 보통 힘든게 아니다. 오르막을 오르며 위험지구 안내판을 지나 가파른 오르막을 오르며 돌풍봉 정상에 올라서니 12시 40분이다.

좌표【 N 38" 01" 22.5" E 127" 25" 32.2" **】**

　돌풍봉 헬기장에는 국가지점번호(다.아 9346-0255 신도령 1.0km 국망봉 1.3km)가 있고 돌풍봉 오르는데 산이름이 돌풍봉이라 그런지 보통 힘든 게 아니다. 한낮 시간대라 너무나 힘들어 시원한 나무그늘 아래서 배낭을 내려놓고 누어 피로를 풀고 오후 1시 10분 출발해 잠시 내리막을 내려 이정표 신도령 1.5km 국망봉 0.8km를 지나 가파른 오르막을 한동안 올라 헬기장에 올라서니 1시 34분이다. 헬기장에 국가지점번호 다.아 9296-0192 신도령 1.8km 국망봉 0.5km를 지나 오르막을 오르며 방카를 지나고 국망봉 정상에 올라서니 2시 4분이다.

좌표【 N 38" 00" 49.6" E 127" 25" 06.2" 】

국망봉 정상에는 헬기장에 국망봉 1168.1m 화강석 정상석이 있고 이정표에 신로봉 2.29 km 견치봉 1.46km가 있으며 전망이 좋아 지나온 한북정맥 복계산 복주산 화목봉 상해봉 광덕산 광덕고개 백운산 삼각봉 도마치봉 도마봉이 줄지어 보이고 신로봉 바로 앞에 돌풍봉 정맥 능선이 보이고 앞으로 가야할 견치봉(1102m) 민둥산(1023m) 강씨봉(830m) 청계산(849m) 운악산 934.5m)이 멀리 보이고 왼쪽으로 석룡산(1415m) 화악산(1468m) 응봉산(1436m) 너머로 춘천지방이 보인다. 정상에서 인증샷을 하고 사진도 찍고 잠시 쉬며 갈증도 면하며 사방을 관망하고 2시 16분 출발해 내리막을 내려 암능을 올라서 헬기장에 올라서니 2시 23분이다. 이정표에 국망봉 0.2km 견치봉 1.24 km이며 삼거리에서 오른쪽으로 내려가야 하는데 왼쪽으로 내려가다 보니 자그마한 국망봉 표지석이 나와 잘못 내려온 것을 확인하고 다시 빽페스로 헬기장에 올라가 오른쪽으로 마루금을 따라 내려간다.

　길을 잘못 들어 400m 15분을 허비하고 내리막을 내려가 삼거리에 내려서니 2시 42분이다. 이정표에 국망봉 0.30km 하산길 5.20km를 지나 마루금은 암능 왼쪽 사면길을 따라 오르락내리락하며 사면길을 가다 능선에 올라서 이정표에 국망봉 정상 0.80km 견치봉 0.05km를 2시 59분 지나 능선 오르막을 한동안 올라 개이빨산(견치봉)정상에 올라서니 3시 13분이다.

　　　　　　　　　　　좌표【 N 38" 00" 09.4" E 127" 24" 54.5" 】

　개이빨산(견치봉) 정상에는 공터에 자그마한 오석(검은돌)에 견치봉 1102m 정상석이 있고 이정표에 국망봉 1.30km 민둥산 1.70km 이며 정상에서 인증샷을 하고 사진한판 찍고 허리쉼을 하고 3시 19분 출발해 내리막을 내려 삼거리에 내려서니 3시 38

분이다. 이정표에 국망봉 1.9km 민둥산 1.2km 적목리 용수목 3.0km를 지나 오르막 능선을 오르내리며 이정표 민둥산 700m 개이빨산(견치봉) 1.1km 국망봉 2.5km를 지나 내리막을 내려 안부에 내려서니 4시다. 이정표에 견치봉 1.37km 민둥산 0.34km를 지나 오르막을 오르며 암능도 지나고 민둥산 정상에 올라서니 4시 18분이다.

좌표【 N 37" 59" 25.8" E 127" 24" 19.1" 】

민둥산 정상에는 공터에 오석(검은돌)로 민둥산 1008.5m 정상석이 있고 민둥산 정상 1-5 국망봉 3.17km 도성고개 2.6km가 있다. 정상에서 인증샷을 하고 사진 한판찍고 내리막을 내리며 잡목과 잡풀을 해치고 내려 이정표에 국망봉 0.52km 도성고개 2.08km를 4시 47분 지나며 억새밭을 지나면서 억새가 한질이 넘고 키를 넘어 길이 안보여 애를 먹고 힘들게 내려와 이정표 민둥산 2,0km 도성고개 0.06km 를 지나고 위험지구 팻말을 지나 왼쪽으로 오르막을 한동안 올라 763봉에 올라서니 5시 37분이다. 763봉을 넘어 내리막을 내려 도성고개에 내려서니 5시 48분이다.

좌표【 N 37" 58" 52.4" E 127" 23" 02.2" 】

도성고개에는 도성고개 631m 표지목이 있고 헬기장에 왼쪽은 휴양림 관리사무소에서 올라오는 임도가 있으며 이정표에 민둥산 2.4km 강씨봉 1.5km 휴양림 관리사무소 3.5km 이다. 도

성고개를 지나면서 휴양림에서 올라오는 임도를 따르며 쉼터를 지나고 계속해서 임도 오르막을 오르며 나무계단도 오르고 백호봉(812m) 정상에 올라서니 6시 14분이다. 정상에는 자그마한 정상 표지판이 있고 이정표에 도성고개 0.8km 강씨봉 0.7km가 있다. 정상에서 인증샷을 하고 임도를 따라 내려가 일동 갈림길에 올라서니 6시 34분이다. 이번 구간은 어제에 이어 2일간 산행이고 이곳까지 오는데 길이 험해 시간이 많이 소요되고 몸도 많이 피로하다. 오늘 한북정맥 2구간 종주를 마무리 하고 다음을 예약하고 한산한다. 이제부터는 간식도 없고 물도 없어 내려가는데 걱정이 된다.

　오늘 산행은 이곳에서 마무리 하고 오른쪽 일동방향 등산로를 내려오는데 가파른 내리막으로 이어지며 길이 험해 조심조심 내려와 안부를 지나면서 날이 어두워 랜턴 불빛으로 능선 내리막을 내려가는데 어디가 어딘지 분간을 못하고 길만 따라 내려와 포천시 일동면 사직리 복골 캠프에 내려와 지페스를 보니

거리가 3.9km 에 1시간 52분 소모 되었다. 다음에 이곳을 올라가야 하는데 걱정이 된다. 복골 캠프장에서 물을 얻어먹고 콜라 캔 한개를 사먹으니 살 것만 갔다. 일동 택시에 전화를 걸어 20분쯤 있으니 택시가 올라와 일동에서 저녁식사를 하고나니 서울 가는 버스가 없어 하는 수 없이 내일아침 가기로 집에 전화를 하고 세종모텔에 숙소를 정하고 일찍 잠자리에 들어간다. 이번 한북정맥 1-2구간은 연이은 2일간 산행인데 하산길이 멀어 하산 지점을 잘못 잡아 고생을 하였으며 다음에도 올라가려면 힘들텐데 걱정이 된다.

제2차 한북정맥 단독종주 3구간

백호봉-청계산- 노채고개

도성고개 : 경기도 포천시 일동면 사직리 도성고개
노채고개 : 경기도 가평군 조종면 운악리 노채고개
도상거리 : 도성고개 14.8km 노채고개
소요시간 : 도성고개 7시간 52분. 노채고개
운동시간 : 도성고개 7시간 18분. 노채고개
휴식시간 : 도성고개 35분. 노채고개

복골캠프 출발 6시 02분.
강씨봉 감거리 3.4 km 7시 33분.
강씨봉 출발 7시 50분.
한나무봉768.1 6.0 km 8시 43분.
귀목봉갈림길 7.6 km 9시 33분.
청계산849.1 9.8 km 10시 50분.
저수지갈림길 10.0km 11시 07분.
길매봉 735m 11.4km 12시 19분.
노채고개 13.8km 13시 53분.

: 원부리 삼거리 2.8 km 7시 01분.
: 강씨봉 803.2m 3.7 km 7시41분,
: 이정표 4.6 km 8시14분.
: 오뚜기고개 6.4 km 8시 54분.
: 망구대 분기점 8.9 km 10시 20분.
: 청계산 출발 10시 58분.
: 길매재 10.8km 11시 44분.
: 길매봉 출발 12시 50분.

한북정맥 3구간 초입은 파주시 일동면 사직리 복골 캠프장 입구에서 시작한다. 지난번 하산할때는 능선길로 내려 왔으나 지

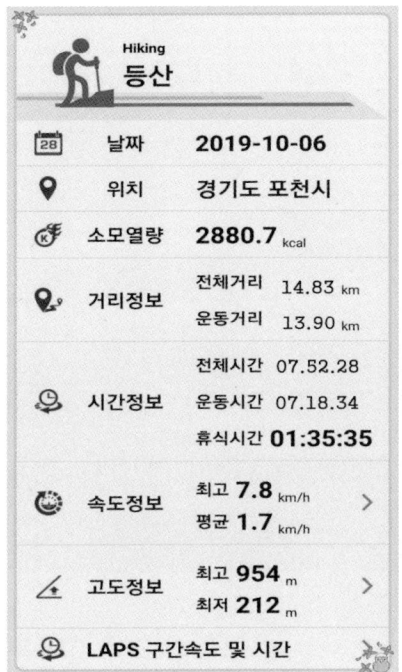 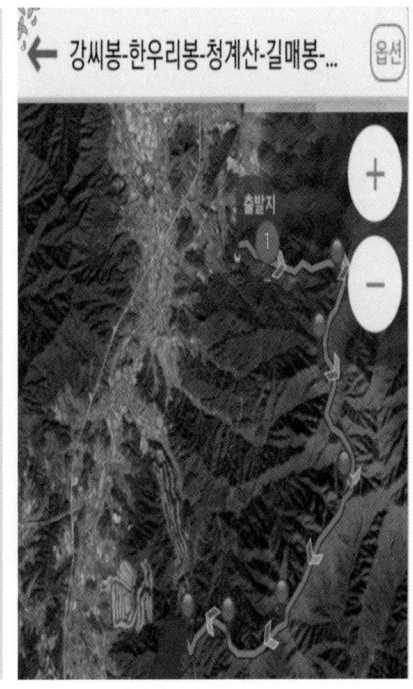

도를 보니 큰복골 계곡길로 올라가니 약400m 가량 빠르지만 채석장을 지나면서 길이 험했으며 거리는 빠르지만 야간산행은 위험한곳이 많았으며 능선삼거리부터 능선 오르는데 보통이 아니다. 가파른 오르막을 올라 원부리 마을 삼거리에 올라서니 7시 33분이다. 보통 고개나 재에서 마무리하는 게 예인데 3구간은 노치재까지 거리가 너무 멀어 여기서 하산했는데 올라오는데 힘이 많이 소모한다. 7시 40분 마루금을 따르며 강씨봉 오뚜기령까지는 길이 양호했으나 귀목봉 갈림길 오르는데 힘들었고 청계산까지 길이 좋았으나 길매재 내려가는데 길이 험했으며

길매봉 오르는 길도 암능이 많이 오르는데 힘들었으며 길매봉을 지나 노치재까지는 길이 양호했으며 이번구간기록은 여기서 마무리하고 운악산 구간은 야간산행으로 기록이 어려워 다음으로 미루고 여기서 마무리한다.

2019년 10월 6일 맑음

한북정맥 3구간은 거리가 멀고 암산이 많아 걱정은 되지만 단단한 각오로 산행에 들어간다. 일동면 숙소에서 나와 아침을 먹고 출발해 택시로 일동면 사직리 복골캠프장 앞에 도착하니 6시다. 이곳은 9월 18일 하산한 곳으로 낯익은 곳이지만 지난번 하산할때는 능선으로 내려왔는데 오를때는 큰복골 계곡길로 올라간다. 초입은 산판길을 따라가며 6시 8분 복골 폐가를 지나고 계속해서 계곡길을 오르며 왼쪽에 채석장을 지나면서 가파른 오르막길로 들어서 가파른 오르막을 한동안 올라 원부리 삼거리에 올라서니 7시 1분이다.

지난번 내려올때 갈림길을 무심고지나 능선길로 내려간게 다행이다. 이 길은 채석장 임도까지 길이 험해 야간산행은 곳곳에 위험을 도사리고 있고 길이 잘 안보여 조금 멀어도 능선길을 권장한다. 삼거리부터 강씨봉 삼거리까지도 가파른 오르막이며 힘들여 올라간다. 그래도 아침 산행이라 오르는데 그리 힘들지 않고 정맥 마루금에 올라서니 7시 33분이다. 잠시 허리쉼을 하고 사진한판 찍고 출발한다. 이정표에 도성고개 1.14km 강씨봉 0.3km이다. 이곳에서 강씨봉까지 능선길이라 길이 잘나있으며 강씨봉 정상에 올라서니 7시 41분이다.

좌표【 N 37" 58" 11.5" E 127" 22" 56.5" 】

강씨봉(830.2m)은 전망이 좋아 지나온 국망봉 민둥산이 한눈에 들어오고 명지산 귀목봉 갈림길 오른쪽으로 가야할 청계산 길매봉 운악산 줄기가 줄지어 보인다. 이정표에 오뚜기고개 2.72km 도성고개 1.5km 이며 7시 49분 출발해 능선길을 가며 4분후 헬기장을 지나며 통나무 계단을 한동안 내려 이정표 강씨봉 1.0km 오뚜기고개 17km를 8시 5분 지나고 2분후 강씨봉

1.2km 오뚜기고개 1.5km 지점을 지나면서 능선길을 한동안 오르내리며 7부능선 국가지점번호 다.사 8915-9565번을 8시 11분 지나면서 통나무계단 오르막을 한동안 오르고 쉼터가 있는 삼거리에 올라서니 8시 15분이다.

좌표【 N 37" 57" 41.2" E 127" 22" 33.3" 】

정상에는 전망이 좋아 사방을 관망하고 나무계단을 한동안 내려 이정표 오뚜기고개 0.8km 강씨봉 1.9km를 지나면서 오르막을 한동안 올라 쉼터가 있는 한나무봉에 올라서니 8시 35분이다.

좌표【 N 37" 57" 11.0" E 127" 22" 36.3" 】

한나무봉 정상에는 아무 표시도 없고 트렝글 뺴지가 들어와 확인하고 방카 나무다리를 건너 나무계단 내리막을 한동안 내려 오뚜기 고개에 내려서니 8시 43분이다.

좌표【 N 37" 57" 05.3" E 127" 22" 44.7" 】

오뚜기 고개는 가평군 북면 적목리 논남에서 포천시 일동면 화대리를 넘는 고개로 임도(산판길)가 지나며 이정표에 강씨봉 2.7km 귀목봉 2.8km 휴양림 관리사무소 5.5km 이며 태양열 간판이 있고 오뚜기령 표지석에 도성고개 4 km 논남기 7km 적목리 11km가 있으며 또다른 커다란 석축 위 표지석에 오뚜기嶺이 있으며 고개 유래에는 ?

{포천으로가는 강씨봉 고개(오뚜기고개)}

강씨봉 마을에서 포천시에 일동면을 넘는 고개를 강씨봉 고개 또는 오뚜기고개라 한다. 궁예의 부인 강씨가 살았던 곳으로 알려진 강씨봉 마을은 곳곳의 지명에 강씨가 붙어있다. 이 고개도 마찬가지다. 그런가 하면 한국전쟁이후 이곳에 군사도로를 만들때 작업했던 군부대 이름을 따서 오뚜기 고개라 부르기도 한다. 지금은 강씨봉 고개와 오뚜기고개 두개로 불리고 있다. 옮긴글

마침 포천에서 버섯 채취하러 올라온 두사람을 만나 잠시 이야기를 나누고 그분들께 부탁해 사진한판 찍고 임도를 따르다 왼쪽으로 등로를 따라 작은봉을 하나 넘고 가파른 오르막을 힘들여 올라 귀목봉 갈림길에 올라서니 9시 33분이다.

좌표【 N 37" 56" 36.4" E 127" 23" 03.6" 】

귀목봉 갈림길에는 생태보전지역 팻말이 있고 쉼터가 있으며 왼쪽은 명지 지맥 갈림길 이고 마루금은 오른쪽으로 이어진다. 명지지맥은 귀목봉. 귀목고개. 명지 3봉. 연인산. 우정봉. 우정고개. 매봉. 깃대봉. 약수봉. 대금산. 수리봉. 불기산. 주적봉. 호명산. 마산. 청평땜 아래서 끝을 맺는다. 귀목봉 갈림길 이정표에 강씨봉 4.1km 오뚜기고개 1.4km 청계산 2.1km 귀목봉 1.4km 이며 마루금은 오른쪽으로 이어진다. 귀목봉 삼거리를 9시 37분 출발해 능선을 내리며 9시 44분 나무계단을 내려 5분

후 이정표 귀목봉 1.40km 청계산 2.34 km를 지나간다. 귀목봉 갈림길에서 약 400m가량 내려왔는데 이곳 이정표는 엉터리 이정표다. 이정표를 지나면서 오르막 능선을 오르며 암능도 오르고 잠목숲을 해치며 올라 쉼터가 있고 청계산 3-1 망구대 분기점에 올라서니 10시 20분이다.

좌표【 N 37" 56" 04.7" E 127" 22" 22.2" 】

정상에는 전망이 좋으며 국가지점번호 다.사 8882-9275 귀목봉 갈림길 0.7km 청계산 1.5km 이며 내리막을 내려 능선을 가며 다시 오르막을 오르며 10시 32분 나무계단을 오르며 왼쪽에 명지산을 건너다보며 무명봉 을 오르고 잠시 내려섰다. 10시 40분 (위험 표시판 이곳은 : 사고가 많이 나는 곳입니다. 안전사고에 주의하시기 바랍니다. 경기 소방)을 지나며 암릉을 오르며 통나무 계단을 오르고 가파른 오르막을 올라 이정표 오뚜기고개 3.5km 청계산 0.02km을 10시 47분 지나며 가파른 계단길을 한동안 올라 청계산 정상에 올라서니 10시 50분이다.

좌표【 N 37" 55" 46.8" E 127" 21" 04.8" 】

정상에는 커다란 표지석에 청계산 849.1m 정상석이 있고 자그마한 D급 삼각점이 있으며 국가지점번호 다.사 8839-9219번이 있으며 전망이 좋아 사방을 관망할 수 있으며 가야할 길매봉 원통산 운악산이 건너다보인다. 정상에서 인증샷을 하고 사진도 찍고 사방을 둘러보고 10시 58분 출발한다.

마루금은 가파른 내리막을 밧줄을 잡아가며 미끄러질라 조심 조심 내려와 이정표 길매봉 1.31km 정상 0.02km를 지나 9부능선 국가지점번호 다.사 8824-9215 번을 지나면서 왼쪽으로 급경사 내리막을 내려가며 10분후 돌무덤을 지나면서 암능을 내려가며 철계단을 11시 21분 지나고 아래로 길매재를 내려다보며 가야할 길매봉 능선 오르막을 건너다보며 암능 오른쪽 사면 길도 내리고 잡풀과 마사길 내리막을 어렵게 밧줄을 잡고 내려서 길매재에 내려서니 11시 44분이다.

좌표 【 N 37° 55' 25.0" E 127° 21' 44.7" 】

 청계산정상에서 길매재 까지는 거의 밧줄을 잡아가며 내려온다. 이정표에 길매봉 1.31km 이며 한북정맥 길매재 595m 표찰이 이정목에 걸려 있으며 국가지점번호 다.사 8789-9173 정상

1.0km 길매봉 0.6km가 있으며 내려오는데 불과 1km를 내려오는 데는 길이 험해 시간이 많이 소모되었으며 길매봉 오르는데도 암릉이 많아 걱정이 된다.

　오른쪽은 청계 저수지로 내려가고 왼쪽에는 가평군 조종면 판리가 내려다보이고 앞에 길매봉 암능이 올려다 보인다. 길매재는 능선에 잡풀이 우거져 있으며 왼쪽은 철망이 있으며 군사지역으로 출입이 금지되어 있다. 풀숲을 해치고 가다 능선으로 올라서며 가파른 오르막을 한동안 오르고 암능을 오르는 데는 곳곳에 발판을 만들어 놓아 그래도 조심해서 밧줄을 잡아가며 올라가는데 힘은 들지만 그래도 쉽게 올라간다. 칠부 능선쯤 올라가는데 정상에서 등산객들 소리가 들린다. 길매봉 오르는 데는 암릉이 많으며 정상에 올가가는데 의정부에서 왔다는 등산객들이 줄지어 내려온다. 암능을 지나고 숲길 오르막을 올라 길매봉 정상에 올라서니 12시 19분이다.

　　　　　　　　　　좌표【 N 37" 55" 10.5" E 127" 21" 36.6" 】

　길매봉에는 자그마한 화강석 표지석이 있으며 일차때 있던 표지석은 없고 마루석 길매봉 735m 왕수산악회라 되어있으며 뒷면에는 증 창명가구 2017년 6월 25일 로 되어있다. 정상에서 잠시 쉬면서 사진을 찍는데 젊은이 남여가 올라와 이분들께 부탁해 사진도 찍고 잠시 이야기를 나누고 시장기가 들어 점심을 먹고 12시 53분 출발한다.

　마루금은 오른쪽으로 능선을 내려가며 3분후 이정표 길매봉 0.23km 원통산 3.25km를 지나며 오른쪽으로 능선을 내려가며 1시 3분 국가지점번호 다.사 8722-9138번을 지나고 왼쪽으로 가파른 내리막을 내리며 암능길을 밧줄을 잡아가며 조심조심 내려 왼쪽 사면길로 내려 국가 지점번호 다.사 8672-9152번을 1시 21분 지나며 잘나있는 능선을 좌우로 들락거리며 이정표 길미봉 1.23km 원통산 2.25km를 1시 29분 지나며 오른쪽으로

능선을 가며 5분후부터는 군 훈련 방공호를 따르고 국가지점번호 다.사 8616-9177번을 1시 39분 지나며 왼쪽에 철탑을 지나고 능선을 가며 방카를 1시 45분 지나면서 가파른 내리막을 내리며 파란 철망 울타리에 내려서 왼쪽으로 파란 울타리를 따라 내려 387번 지방도 노치고개에 내려서니 1시 53분이다.

좌표【 N 37° 55" 23.1" E 127° 20" 18.7" 】

노채고개는 일동면 가산리에서 가평군 조종면 운악리를 넘는 고개로 387번 2차선 지방도로이며 일동면 방면으로 필로스 골프장이 있고 청계저수지 유원지가 있다. 노채고개부터 운악산을 넘는데 애기봉을 지나면서 날씨가 어두워 야간산행으로 기록이 어려워 이곳 노체고개에서 산행기는 마무리 하고 다음 산행으로 기록을 옮긴다.

제2차 한북정맥 단독종주 4구간

노채고개-운악산-화현고개

노채고개 : 경기도 가평군 조종면 운악리 노채고개
화현고개 : 경기도 포천시 화현면 화현리 화현고개
도상거리 : 노채고개 12.4 km 화현고개
소요시간 : 노채고개 7시간 41분. 화현고개
운동시간 : 노채고개 6시간 54분. 화현고개
휴식시간 : 노채고개 46분. 화현고개

노채고개 도착 7시 20분 ,
492봉 분기봉 856m 7시35분.
舊 노채고개 2.8 km 8시 32분.
숯고개 5.2 km 9시 49분.
애기봉정상 7.3 km 11시 42분.
운악산서봉출발 12시 06분,
운악산 동봉출발 12시 23분.
현종사갈림길 출발 12시 51분
질고개 9 km 13시 05분.
정맥갈림길 10.2km 13시 46분.
군부대철조망 11.5km 14시 11분.
47번 국도 12.2km 15시 00분.

: 노채고개 출발 7시 25분.
: 원통산 (572m) 1.5 km 8시03분.
: 607.0 봉 4.7 km 9시 32분.
: 암능 갈림길 6.7 km 11시 02분.
: 운악산 서봉 7.6 km 12시 02분.
: 운악산 동봉 8.0 km 12시 12분.
: 현종사 갈림길 8.3 km 12시 26분.
: 남근석전망대 8.4 km 12시 56분.
: 철암재 9.7 km 13시 25분.
: 봉수리 갈림길 10.8km 14시 02분.
: 임도 12.0km 14시 56분.
: 화현고개 표찰 12.4km 15시 08분.

　이번 구간은 지난번 운악산 애기봉을 지나면서 날이 어두워 야간 산행으로 기록이 어려워 다시 노채고개에서 화현고개까지 이어가기로 마음먹고 19일 저녁 11시 50분 심야버스로 부산 노포동 종합터미널을 출발해 동서울 종합터미널에서 일동행 버스로 일동에서 택시로 노채고개까지 올라와 지난번 간곳을 다시 간다.

2019년 10월 20일 맑음

 오늘은 지난번 지나간 운악산 구간(노치고개-화현구개)암능 구간을 지나고 애기봉을 지나면서 야간 산행으로 사진도 못찍고 어두워 주위를 확인이 안되고 운악산 서봉을 지나면서 화현고개까지 혼자 내려오면서 시간도 많이 걸리고 어려운 산행을 하여 다시 이 구간을 종주하기로 마음먹고 2019.10.19. 부산 노포동 고속버스 종합 터미널에서 23시 50분 심야버스로 동서울 종합터미널에 도착하니 20일 새벽 4시다. 포천시 일동행 첫버스(6시20분)로 일동에 도착해 택시로 노채고개에 도착하니 7시 20분이다. 노채고개는 2009년 5월 17일 1차때 이곳에서 산행을 시작했고 지난 10월 6일 이곳을 지나고 이번이 3번째다. 산행 준비를 하고 7시 25분 산행에 들어간다.

좌표【 N 37" 55" 23.1" E 127" 20" 18.7" 】

초입은 절개지를 오르며 3분후 한국기지국에서 설치한 무선 기지국 설비 통신탑을 지나고 북서쪽으로 가파른 오르막을 한동안 오르며 492봉을 7시 35분 지나고 서북쪽으로 올라오던 마루금은 왼쪽 (남쪽)으로 이어지며 이정표 길매봉 2.40km 원통산 1.08km 를 지나면서 오르막을 한동안 오르고 능선을 오르내리며 원통산 정상에 올라서니 8시 8분이다.

좌표【 N 37" 55" 19.4" E 127" 19" 43.4" 】

원통산(607.0m)정상에는 자그마한 화강석 사각 길죽이 정상석이 있으며 삼각점이 있고 쉬어갈 수 있는 쉼터(긴의자)가 2개 있고 이정표에 길매봉 3.48km 舊 노채고개 1.06km이다. 지난번 (10월 6일)에는 등산객 한사람이 올라와 있어 막걸리 한잔을 얻어먹고 사진도 한판찍고 하였는데 오늘은 정상 인증샷을 하고 능선 내리막을 내려가며 작은봉을 한개 넘고 급경사 내리막을 한동안 내려가 舊 노채고개에 내려서니 8시 32분이다.

좌표【 N 37" 54" 43.56" E 127" 19" 38.64" 】

舊 노채고개는 가평군 조종면 운악리 387번 지방도로에서 포천시 일동면 유동리을 넘는 고개로 지금도 사람이 다닐 수 있는 길이다. 반바지가 걸어놓은 표잘에 한북정맥 구 노채고개 435m

가 있고 마루금은 오르막을 한동안 오르고 7분후 이정표 원통산 1.65km 운악산 4.01km가 있는 작은봉을 넘어 내리막을 내려 돌무덤이 있는 안부에 내려서니 8시 45분이다. 안부를 지나 다시 오르막을 한동안 오르고 좌로 우로 들락거리며 오르막을 올라 이정표 원통산 4.46km 운악산 1.20km를 9시 16분 지나고 계속해서 오르막을 올라 607.0봉에 올라서니 9시 32분이다.

좌표【 N 37° 53" 48.8" E 127° 19" 40.9" 】

607.0봉에 올라서니 정상에는 아무것도 확인을 못하고 오른쪽에 화현면 소재지가 내려다보이고 마루금은 왼쪽으로 잠시 내리막을 내리고 7분후 다시 오르막을 오르며 암능도 오르고 왼쪽으로 사면길도 오르며 암봉을 넘어 숯고개에 내려서니 9시 49분이다. 숯고개는 지도에는 없는데 반바지가 걸어놓은 표찰에 한북정맥 숯고개 545m가 걸려있어 숯고개로 기록한다. 숯고개를 지나 오르막을 오르며 왼쪽계곡 능선에 단풍이 곱게 물들어 단풍을 감상하며 오르막을 한동안 오르고 10시 17분 암능을 오르며 오른쪽 아래로 화현면 소재지를 내려다 보며 이곳부터는 밧줄설치 오르막을 오르며 곳곳에 밧줄 설치 길를 오르며 선바위에 올라서니 10시 23분이다. 사진한판 찍고 계속해서 오르막을 오르며 이정표 노채고개 3.8km 운악산 정상(서봉)0.8km를 11시 2분 지나며 갈림길에 올라선다.

좌표【N 37° 53" 02.7" E 127° 19" 26.3" 】

갈림길을 지나며 2009년 5월 17일 1차때는 왼쪽 암능으로 힘들여 올라갔었는데 오르는 길이 희미하고 위험표시가 있어 오른쪽 이정표 방향으로 암능 사면길로 밧줄 설치길을 따라 비탈길을 가며 왼쪽 암벽을 올려다 보며 능선에 올라서 이정표 노채고개 4.2km 운악산 정상(서봉)0.6km를 11시 17분 지나며 계속해서 왼쪽 절벽을 올려다보며 오른쪽 사면길로 밧줄을 잡아가며 산이름 운악산 악산답게 암산 암능을 오르며 이정표 노채고개 4.4km 운악산 정상(서봉) 0.4km를 11시 36분 지나 왼쪽으로 가파른 오르막을 한동안 올라 애기봉 정상에 올라서니 11시 42분이다. 이정표에 오른쪽은 하산길 2.2km 노채고개 4.5km 운악산 정상(서봉)0.3km 이며 이곳부터 화현에서 올라오는 길을 합세하니 길이 좋으며 애기봉 남근석 아래에서 등산객 여러명이 점심을 먹고 있다.

애기봉 남근석에서 사진한판 찍고 잘나있는 등산로를 따르며 애기봉 국가지점번호 다.사 8444-8679번을 지나 3분 후 삼거리 이정표 하산길 2.29km 운악산 정상(서봉) 0.14km 애기봉 바위 국가지점번호 다.사 8440-8671번을 지나며 포천 운악산 등산안내 간판을 지나며 나무계단을 한동안 올라 운악산 서봉 정상에 올라서니 11시 58분이다.

좌표【 N 37" 52" 43.2" E 127" 19" 22.5" 】

운악산(서봉)정상에는 커다란 표지석에 雲岳山(西峰) 935.5m 포천시. 뒤면에는 봉래 양사언의 시가 적어 있다.

   天作高山壓震方 하늘이 높은산 만들때 동쪽에 솟게하고
   芳名流傳小金剛 아름다운 이름 소금강이라 전하였네
   花峯崔崔參宵漢 우리는 높이솟아 은하수에 닿았고
   積翠蒼蒼接大荒 푸른기운이 하늘밖까지 이었구나
   天上梵鍾雷發響 하늘에선 범종소리 우레처럼 울리고
   樹頭金刹日分光 나무뒤에 금빛사찰은 햇빛처럼 빛나네
   猶然下視三千界 아득히 아래로 삼천세계 내려다 보니
   眼底乾坤兩○苑 눈아래 하늘과 땅 모두 아득하여라

운악산은 경기도 포천시 화현면과 가평군 조종면에 걸쳐 있는 산으로 서봉과 동봉으로 주봉인 만경대를 중심으로 웅장한 암봉들이 구름을 뚫을 것 처럼 하늘로 솟았다고 하여 운악산이라는 이름이 붙었다. 또한 이산에 현등사라는 고찰이 있다고 하여 현등산 이라고 불리기도 한다. 운악산은 한북정맥에 속해있는 산으로 북쪽으로 청계산, 강씨봉, 국망봉 등으로 이어지며 포천시와 가평군의 경계를 이루고 있다. 경기의 금강이라고 불릴 정도로 산세가 뛰어나고 기암괴석, 계곡, 절벽이 어우러져 절경을 이루고 있으며 운악산은 돌로 뒤덮인 골산(骨山)으로, 화악산·관악산·감악산·송악산과 함께 경기 5악에 속한다.

운악산은 동봉과 서봉으로 이루어져 있는데, 이중 동봉이 서봉보다 약간 2m가 더 높으며 일명 청학대로 불린다. 또한 서봉과 가까운 곳에는 운악산에서 전망이 가장 좋은 망경대가 자리하고 있다. 오늘따라 일요일이라 많은 등산객이 올라와 사진들 찍느라 줄을 서 차례를 기다리고 있다가 등산객에게 부탁해 사진한판 찍고 사방을 관망하고 동봉으로 향한다. 12시 12분 서봉을 출발해 왼쪽으로 능선을 내려서 3분후 국가지점번호 다.사 8449-8651 서봉 100m 동봉 200m를 지나고 잘나있는 능선길로 이어지는 마루금은 동쪽으로 이어지며 잘나있는 길을 따라 동봉에 올라서니 12시 11분이다.

좌표【 N 37" 52" 37.2" E 127" 19" 29.9" 】

운악산 주봉인 동봉은 서봉보다 2m 높다. 정상에는 서봉과 마찬가지로 커다란 표지석에 (雲岳山(東峯) 937.5m 포천시)가 있고 後面에는 이러한 시가 있다.

(雲岳山深洞)　운악산 깊은 계곡에
(懸燈寺始營)　현등사 처음으로 지었네
(遊人不道姓)　노는 사람들 성(姓)을 말하지 않는데
(怪鳥自呼名)　괴이한 새는 스스로 이름을 부르네
(沸白天紳壯)　용솟음 치는 흰기운 폭포수 장대하고
(橫靑地軸傾)　푸른 산 빗긴 섬에 지축이 기운듯
(慇懃虎溪別)　은근히 호계에서 이별하니
(西日晩山明)　석양 속에 저문 산 밝아오네

운악산 정상에는 포천시에서 새워 놓은 정상석과 가평군에서 새운 커다란 정상석이 있다. 운악산 정상은 커다란 표지석에 (雲嶽山 比盧峰 937.5m 가평군) 정상석 後面에 현등사를 4창한

함허득통(涵虛得通)의 제운악산(題雲岳山)이라는 선시(禪詩)가 새겨져 있다 7언절구(七言絕句) 한시(漢詩)이다.

題雲岳山	(제운악산)
雲岳山帶懸燈寺	(운악산대현등사)
落石飛泉上下聲	(낙석비천상하성)
出自千尋與萬丈	(출자천심여만장)
滄溟未到不曾停	(창명미도불증정)
涵虛得通禪詩	(함허득통선시)
俞衡在謹書	(유형재근서)

운악산에서 운악산자락 현등사 위로는 돌 구르고 아래선 물소리, 천년전부터 뭇 지식인의 발길 이어져 밝고 환한 날에도 오고감 멈추지 않네!

[현황] 운악산의 동쪽 사면을 흘러내린 계곡물이 청계산·명지산 등에서 흘러내린 계곡물과 만나 조종천(朝宗川)을 이루어 남쪽으로 흐른다. 운악산에는 여러개의 폭포가 있는데, 여름에는 수량이 풍부해 장관을 이루고, 겨울철에는 얼어붙어 빙벽을 등반하는 동호인들이 많이 찾는다. 운악산의 여러 폭포 중에서 대표적인 것으로 백년 폭포와 무운 폭포가 있으며, 화현면 쪽에 있는 무지개 폭포[홍폭(虹瀑)]도 유명하다. 무지개 폭포는 무지치 폭포라고도 하며 왕건(王建)에게 왕위를 빼앗기고 도망 온 궁예(弓裔)가 상처를 씻었다는 전설이 전해지고 있다. 폭포 위쪽으로는 궁예의 옛 대궐 터라고 전해지는 곳

과 성터라고 전해지는 곳이 있다. 이 성은 신라 말 호족의 역사를 밝히는 귀중한 자료로 평가받고 있다. 운악산에는 운주사와 현등사라는 절이 있는데, 운주사 쪽에서 오르는 코스가 산 반대쪽인 현등사에서 오르는 코스보다 더 험한 편이다. 산기슭에는 운악산 자연 휴양림이 있어 매년 많은 관광객들이 방문하고 있다. [출처] 한국학중앙연구원 – 향토문화전자대전

운악산은 산 전체가 암산으로 볼거리가 많으며 병풍바위 남근석 애기바위 와 사찰로는 현등사 대안사 운주사가 있고 가을철에는 단풍으로 유명하며 여름에 계곡산행도 유명하다. 운악산 동봉정상에도 많은 등산객이 올라와 있으며 서봉과 마찬가지로 사진 찍느라 줄서있다. 정상에서 사진도 찍고 점심을 먹으려니 사람들이 많아 12시 23분 출발해 나무계단을 내려와 3분후 대원사 삼거리 쉼터에서 점심을 먹는다. 이정표에 운악산 0.34km 47번 지방도 3.62km 이다. 점심을 먹고 12시 51분 출발한다. 지난번 지날때는 밤이라 분간할 수가 없었는데 잘나있는 길을 따라 3분후 남근바위 전망대에서 사진한판 찍어둔다.

{남근바위: 한국 중국등 유교문화권에서는 칠거지악(七去之惡)중 삼불거(三不去)외에는 남편이 일방적으로 이혼할수 있는 풍습이 있었으며 남근석(바위)은 예로부터 아들을 낳게 소원하는 상징의 대상이 되었다. 남근 형상과 비슷한 자연물에 대하여 여러가지 명칭들이 있으나 대부분 남근석(바위)이

라고 부른다. 운악산 정기를 이어받은 남근석(바위)에 소원을 빌어보자.}

남근석 전망대 국가지점번호 다.사 8448-8606을 지나 3분후 나무계단을 내려 절고개에 내려서니 오후 1시 5분이다.

좌표【 N 37" 52" 19.8" E 127" 19" 21.6" 】

절고개는 반바지가 걸어놓은 한북정맥 절고개 805m가 있고 이정표에 아기봉 2.7km 산달랑이 5.8km 상면 봉수리 3.8km 백호능선 2.7km 가평군 하판리 2.7km 현등사 1.0km 운악산 정상 640m이며 잠시 나무계단을 올라 하판리 삼거리를 지나 암능도 지나고 철암재에 내려서니 1시 24분이다. 철암재는 화현면 대안사(舊대원사)에서 가평군 조종면 신상리 산달랑 이를 넘는 고개이며 반바지가 걸어놓은 한북정맥 철암재 635m 표찰이 있으며 마루금은 직진으로 오르막을 올라간다. 지난번에는 야간 산행으로 길찾기가 어려워 시간이 걸렸는데 오늘은 주간 산행이라 볼것도 보아가며 지난번 올라간 길을 확실히 보며 올라가며 암능도 오르고 뒤로 운악산을 올려다보며 한동안 올라 악귀봉 삼거리에 올라서니 1시 46분이다.

좌표【 N 37" 52" 02.2" E 127" 18" 34.6"

악귀봉 삼거리에서 마루금은 오른쪽으로 이어지며 이정표에 운악산 2,04km 윗봉수리 버스정류장 2.4km 길원목장 1.7km 이며 삼거리에서 오른쪽 길원목장 방향으로 가파른 내리막을 밧줄을 잡아가며 내리고 능선을 내려 전망바위를 1시 59분 지나며 2분후 삼거리에 내려선다.

 이곳에서 왼쪽길은 윗 봉수리 2.2km 운악산 2.24km 길원목장 1.4km 삼거리를 지나 오르막을 한동안 올라 이정표 운악산 2.75km 47번 지방도 1.21km를 2시 14분 지나고 가파른 암능 내리막을 한동안 내려가며 지난번 야간 산행때 미끄러져 사고로 이어질뻔 한 곳을 내려가며 운악산 정상에서 화현고개까지 깜깜한 밤길에 혼자 어떻게 내려갔는지 어렴풋이 생각을 해본다. 그래도 아무사고 없이 47번 지방도까지 길을 잘 찾아내려 간게 기억이 남는다. 계속해서 가파른 암능 내리막을 내리며 이정표 운악산 2.97km 47번 지방도로 0.99km를 2시 27분 지나며 가파른 내리막을 한동안 내리고 군 참호를 지나 이정표 운악산 3.43km 47번 지방도로 0.53km를 2시 41분 지나면서 왼쪽에 군부대 철조망을 따라 내려가며 좌우로 오르락내리락 내려 공중화장실(사용 불가능)을 지나 포장 임도에 내려서니 2시 59분이다. 포장도로에서 왼쪽으로 포장길을 따르다 4차선 국도에 도착하니 3시 8분이다.

좌표【 N 37" 52" 10.8" E 127" 17" 48.0" 】

 전임자들 기록을 보면 좌쪽(봉수리쪽)으로 도로를 따라가며 군부대 아래서 굴다리를 통과해 오른쪽으로 임도를 따라 온다

고 기록되어 있는데 차가 뜸한 사이 중앙분리대를 넘어 포장도로에서 이번 종주산행 4구간을 3시 9분 마무리 하고 지페스를 종료한다. 이번 구간은 지난번 온 길을 다시 왔으며 이곳에서 마무리 하고 도로를 따라 봉수리 쪽으로 내려가 굴다리를 지나 부대앞 버스 정류장에서 시내버스로 일동에서 사워하고 일찍 귀향 한다.

제2차 한북정맥 단독종주 5구간

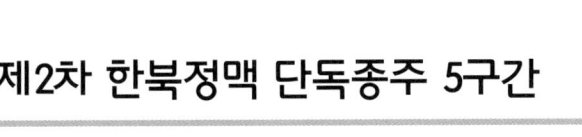

화현고개-작은넋고개

화현고개 : 경기도 가평군 상면 봉수리 화현고개
작은넋고개 : 경기도 포천시 내촌면 진목리 작은 넋고개
도상거리 : 화현고개 19.2km 작은 넋고개
소요시간 : 화현고개 8시간12분. 작은 넋고개
운동시간 : 화현고개 7시간20분. 작은 넋고개
휴식시간 : 화현고개 52분. 작은 넋고개

화현고개 도착 7시 36분.   : 화현고개 출발 7시 40분.
망덕고개 1.1 km 7시 58분.   : 아치산 정상 1.7 km 8시 11분.
군부대 철조망 2.8 km 8시 37분. : 군부대 초소 3.8 km 8시 56분.
425봉 5.3 km 9시 09분.   : 군부대 철망초소 5.9 km 9시31분.
서파고개 6.3 km 9시 46분.   : 수원산갈림길 8.0 km 10시 45분.
헬기장 삼각점 9.4 km 11시29분 : 첫번째 철탑 12.3km 12시 51분.
불정산 641봉 12.6km 12시 59분. : 2번째 철탑 12.8km 13시 03분.
국사봉 547m 14.4km 13시 40분.   : 625 참전비 16.7km 14시 44분.
큰넉재 87국도 17.8km 15시 13분. : 작은넓재 19.2km 15시 44분.

　이제 한북정맥도 중반전으로 접어든다. 이번 구간부터는 1차 때보다 거리를 단축한다. 아침해가 늦게 뜨고 저녁에 해가 빨리 져 여름 산행보다 낮 시간이 짧아 멀리가지 못한다. 10월 26일 심야버스로 일동에서 택시로 화현고개 에서 산행을 시작해 아치산 서파고개 수원산 국사봉 큰넉고개 작은 넋고개에서 마무리 한다.

2019년 10월 27일 맑음

  이번 5구간은 거리를 좀 짧게 잡아 동서울에서 6시20분 일동행 버스로 일동에서 택시로 화현고개에 도착하니 7시 34분이다. 지난번 마무리한 화현고개국도에서 산행 준비를 하고 포장길을 따라 민가를 지나고 화현고개 표찰이 있는 도로 끝에서 7시 40분 왼쪽으로 숲길로 들어선다. 표찰에 한북정맥 화현고개 280m 반바지 표찰에서 왼쪽으로 들어서 3분후 군부대 철조망에서 오른쪽으로 철조망 갓길을 따라 올라 간다. 항상 느끼지만 아침일찍 산길에 들어서면 단체도 아니고 혼자 산행하는 것을 다른 사람이 보면 어떻게 생각할까, 마음속으로 느끼며 오늘도 마칠때까지 몇사람이나 만날까 생각하며 군부대 철망 갓길을 따라 올라가며 10분후 철조망을 벗어나 능선길로 들어서 가파른 오르막을 오르며 망덕봉 분기봉에 올라서니 7시 58분이다. 마루금은 이곳에서 왼쪽으로 내려가는데 잠시 아치산에 들려 올려고 직진으로 오르막을 한동안 올라 아치산 정상에 올라서니 8시 11분이다.

좌표【 N 37" 52" 47.69" E 127" 17" 32.42" 】

아치산 정상에는 삼각점이 있고 전망이 좋아 사방을 관망할 수 있으며 지나온 운악산이 건너다보이고 가야할 수원산이 건너다 보인다. 삼각점(일동443-2006년 재설)이 있고 나무 아래 가지에 반바지가 걸어 놓은 한북정맥 아치산 491m가 있으며 아래로 화현면 시가지가 내려다 보인다. 정상 인증샷을 하고 되돌아와 망덕봉에 내려오니 8시 27분이다. 망덕봉에서 약 650m 거리에 왕복 1.3km 소요시간은 약 29분 소요한 샘이다.

좌표【 N 37" 52" 31.7" E 127" 17" 30.6" 】

망덕봉 갈림길에서 직진(남쪽)으로 내리막을 내려 능선길을 가며 10분후 군부대 철조망을 따르며 철조망 갓길을 따라가며 오르락내리락하며 좌로 우로 들락거리며 철망 끝 초소를 8시 56분 지나고 오른쪽 숲길로 들어서 오르락내리락 가다 가파른 오르막을 올라 425.4봉에 올라서니 9시 41분이다. 정상에는 아무 표시도 없고 참호만 숲속에 묻혀 있고 길이 잘 안보여 직진으로 내려가다보니 잘못된 것을 확인 하고 다시 올라와 자세히 보니 오른쪽에 표지기를 확인하고 내려가 능선을 가며 다시 군부대 초소가 있는 봉에 올라서니 9시 31분이다. 마루금은 군부대 철조망 오른쪽으로 철조망을 따라 내려가며 철조망 끝에서 오른쪽 도로에 내려서 서파 명덕 삼거리에 도착하니 9시 46분이다.

좌표【 N 37" 51" 05.3" E 127" 16" 31.1" 】

　서파고개 명덕 삼거리는 56번 지방도로가 지나며 내촌면 안내판과 명데기 마을 지도 간판이 있고 커다란 표지석(休 늘푸른 화현)이 있고 마루금은 포천시 쪽으로 임도 갈림길 에서 절개지로 올라간다. 오르막 능선을 넘어 왼쪽에 마을 뒷길에서 가파른

오르막이 시작되며 숲길로 들어서 가파른 오르막을 숨을 몰아쉬며 한동안 올라 삼거리 이정표에 올라서니 10시 36분이다. 이정표에 명덕 삼거리 1.32km 국사봉 6.07km 수원산은 직진으로 올라가며 위에 군부대가 올려다 보여 군부대 전망대에 올라서니 10시 45분이다.

좌표【 N 37" 50" 54.1" E 127" 15" 31.4" 】

　수원산은 오른쪽으로 군부대 철조망을 따라가고 마루금은 왼쪽으로 내려간다. 전망대에서 뒤돌아보면 운악산이 보이고 지나온 아치산 가야할 국사봉 능선을 관망하고 사진도 한판찍고 오던길로 다시내려 이정표에서 왼쪽 비탈길로 가다보니 전망대에서 내려오는 길과 만난다. 어떤때는 질러가다보면 딴길로 들어서 되돌아오는 경우가 있는가 하면 이길은 전망대에서 왼쪽으로 바로 내려서는 길이 더 확실하다. 이정표가 있어 이정표대로 가다보니 전망대에서 내려오는 길과 만나고 능선을 가며 숲속에 가린 이정표를 11시 2분 지나고 8 분후 이정목이 있고 헬기장을 지나며 잘나있는 능선길 임도를 따르다 11시 9 분 임도(산판길)를 버리고 오른쪽 능선길로 들어서 가파른 오르막을 오르며 밧줄을 잡아가며 암능을 오르고 헬기장에 올라서니 11시 28분이다.

좌표【 N 37" 50" 12.1" E 127" 14" 47.8" 】

　헬기장을 지나 자그마한 삼각점이 있는 585.5봉에 올라서니

11시 32분이다.

좌표【 N 37" 50" 39.7" E 127" 15" 11.2" 】

　정상에는 자그마한 삼각점이 있고 분기봉으로 왼쪽은 내촌이고 오른쪽 능선은 약수터 정상 이정표가 있다. 585.5봉을 지나 내리막을 내리며 왼쪽에 잣나무숲을 지나면서 시장기가 들어 점심을 먹고 잠시 쉬면서 수면도 보충하고 출발해 내리막을 잠시 내리고 다시 오르막을 올라 헬기장에 올라서니 11시 52분이다. 헬기장을 지나고 다시 내리막을 내리며 왼쪽에 잣나무숲 능선을 오르내리며 안부에 내려서 이정표 명덕삼거리 4.06km 국사봉 3.34km를 12시 1분 지나면서 방카를 지나 오르막 능선을 오르며 12시 41분 방카를 지나고 7분후 다시 두 번째 방카를 지나 첫번째 철탑을 12시 51분 지나가며 가파른 오르막을 올라 암봉인 641.0봉에 올라서니 12시 59분이다.

좌표【 N 37" 49" 14.1" E 127" 14" 40.8" 】

　641봉은 암봉으로 전망이 좋으며 내리막을 내려 2번째 고압 철탑을 1시 4분 지나고 잘나있는 능선을 오르내리며 3번째 철탑을 1시 16분 지나고 잘나있는 능선길을 따라 오르며 잡풀에 묻힌 헬기장에 올라서니 1시 25분이다. 헬기장을 지나 능선을 가며 단풍이 좋아 사진도 찍고 오르막을 오르며 국사봉 정상에 올라서니 1시 39분이다.

좌표【 N 37" 43" 35.2" E 127" 13" 52.7" 】

정상 이정표에 명덕삼거리 7.40km 국도87번 2.14km이며 자그마한 삼각점이 있고 정상석에 국사봉 574m 왕수산악회가 있고 또 다른 사각 말뚝형 국사봉 정상석이 있다.

정상에서 사진도 찍고 인증샷을 하고 2시 출발해 가파른 내리막을 한동안 내려 2시 18분 운동시설 있는 곳을 지나고 잘나있는 능선을 내리며 왼쪽에 채석장을 지나며 철망 울타리를 2시 30분 지나고 오르막을 올라 작은 봉을 2시 34분 넘어 내리막을 내리며 평산이씨 묘를 지나는데 멧돼지가 묘 무덤 봉분을 무참히도 파헤쳐 볼썽사납다. 평산이씨 묘를 지나 내려서 육사생도 625참전 기념비(陸士生徒 六二五 參戰 紀念碑)에 내려서니 2시 41분이다.

陸士生徒 記念碑

1950년 6월 25일 未明 北傀共産軍이 不法南侵하자 修學中이던 陸士生徒 1期 (現陸士 10記) 312名과 生徒 2期 330名 은 陸士基幹 將校및 校官 들과 함께 士官生徒로서 勇躍出戰하여 初戰에 赫赫한 戰功을 세웠다. 이를 기리기 위해 最初의 激戰

地인 이자리에 記念碑를 세운다.

1979년 12월 1일 當時 士官 生徒 參戰者 一同

육사생도 625 참전 기념비

1. 위치 : 경기도 포천군 가산면 우금리 산 89-1

2. 개요 : 1950년 6월 25일 북한 공산군은 동족의 가슴에 총뿌리를 겨누고 불법기습 남침 하였다. 당시 태능 사관학교 에서 수업중이던 육사생도 1.2기생 600여명은 육사 교장의 지위 하에 이곳에 출전 남하 하는 적 부대를 저지 격멸하기 위하여 급편 방어 진지를 구축 하던중 6월 26일 여명에 공산군 제 3사단의 공격을 받아 치열한 전투를 전개 하였다.

포병의 지원없이 오직 소총만으로 싸우던 육사생도들은 忠勇한 기백과 불타는 愛國心 으로 적의 공격을 지연 시키던 중 실탄마저 떨어져 白兵戰으로 처절한 혈전을 전개 하였다. 이 전투에서 100 여명의 전사자를 냈으며 그 뒤 태능지역 경기도 광장리 수원지구 전투를 거치면서 그 勇猛을 널리 떨쳤으며 동년 7월 10일 1 기생은 대전에서 입관 하였으며 2 기생은 육사 후교로 육사 종합 학교를 졸업 입관 하였다. 그뒤 육사 개교 50 주년인 1996년 5월 4일에 생도 2 기생들은 陸士를 名譽 卒業 함으로서 육사인의 신분으로 회복됨과 동시 生徒 2 期로 命名 되었다. 생존한 육사생도들은 이날을 기억하고 산화하신 영령들의 넋을 위로하며 평화는 고귀한 희생으로 지켜진다 는 것을 후배들에게 일깨워 주기 위하여 이 자리에 기념비를 세웠다.

3. 건립 경위 : 79년도 생도 1기 채항석 회장 및 동문 일동의 제의로 기금을 모아 이를 바탕으로 당시 6군단장 신현수 동문의 협조를 받아 동년 7월 7일에 준공(이때 군단장 강영식 동문)하였으며 그뒤 1998년 2월에 양창식 동문의 주선으로 국비 1억원의 지원을 받아 포천군의 주관하에 토지를 매수하고 주변을 미화 하였다.

  4. 비의 형상 : 전적비의 높이 5m 바탕의 사각은 正道 正心의 안정적 발전을 뜻하며 비의 상단 삼각이 합쳐져 하나가 된 것은 조국을 향한 애국 충정의 一片丹心을 상지 하였음.

  1998년 8월 15일 육사 생도 1기 (10기) 회장 양창식 씀

  기념비를 관망하고 내려와 포장도로 큰덕재에 내려서 신우식품 앞에서 좌로 우로 다녀 봐도 공장지대라 어찌할바를 모르다 오른쪽으로 조금가다 신우식품 뒤 밭위 묘 있는 곳에서 담벼락 아래로 들어서 가다보니 2009년도 1차때 기억이나 밭길을 따라가니 파란 철판 울타리가 나와 1차때 기억에는 오른쪽으로 가다 공장 옆 절개지를 내려간 기억을 되살리며 갔는데 세월이 지나며 옛길을 공장이 가로막아 좌우로 가도 나갈곳이 없어 울타리 밑을 통과해 기계 부품공장 마당을 통과해 정문으로 나오니 87번 국도 SOL 주유소 앞이다. 무작정 공장을 통과하는데 다행히 일요일이라 사람이 없어 무사히 지나왔다. 3시 10분 (후임자들은 신우식품 앞에서 왼쪽이나 오른쪽으로 도로를 따라가

돌아오기 바란다)

좌표【N 37" 49" 08.2" E 127" 12" 48.5"】

　　마루금은 SOL 주유소 앞 87번 도로 분리대를 넘어 내천면 이정표에서 GS 칼텍스 주유소 못가서 등로 표지기가 있어 표지기를 따라 능선으로 들어서 오르막을 올라 5분후 능선 분기점에서 왼쪽으로 내리막을 내려 파평윤씨 묘 뒤로 잘나있는 능선길을 가다 이정표 국사봉 2.67km 죽엽산 4.32km를 3시 32분 지나고 오른쪽으로 마을 뒤 능선길을 가며 달성이씨 가족 납골묘를 지나 작은 넋재에 내려서니 3시 44분이다.

좌표【 N 37" 48" 55.8"   E 127" 12" 12.7"】

　　오늘 계획은 죽엽산을 넘어 비득재 까지 갈려고 했는데 시간이 촉박해 이르지만 이곳에서 마무리 한다. 작은 넋재는 내촌면 진목리에서 가산면 김현리을 넘는 고개로 소형차만 다닐 수 있는 길이다. 사진한판 찍고 초입을 확인하고 왼쪽 내촌면 진목리쪽으로 내려와 죽엽터널 입구 굴다리를 지나 마을로 내려오다 마침 내촌가는 승용차가 있어 차를 태워줘 내촌까지 내려와 버스로 광릉에서 동서울행 시내버스로 동서울터미널 앞에서 사워를 하고 버스로 부산도착 이로서 5구간도 무사히 마무리 한다.

제2차 한북정맥 단독종주 6구간

작은 넋고개-석축령삼거리

작은넋고개 : 경기도 포천시 내촌면 진목리 작은 넋고개
축석령삼거리 : 경기도 포천시 소홀읍 이동교리 축석고개
도상거리 : 작은 넋고개 22.6 km 축석고개
소요시간 : 작은 넋고개 9시간 31분. 축석고개
운동시간 : 작은 넋고개 7시간 20분. 축석고개
휴식시간 : 작은 넋고개 2시간 19분. 축석고개

작은넋고개 도착 7시 42분.   : 작은넋고개 출발 7시 46분.
통신탑248m 7시 54분.   : 257.7봉 1.2 km 8시 15분.
571봉 2.1 km 8시 39분.   : 무명 포지판 3.1 km 8시 59분.
600.6봉3.5 km 9시 12분.   : 죽엽산 622.0m 4.5 km 9시 32분.
고압 철탑 5.6 km 10시 07분.   : 비득재 6.5 km 10시 26분.
노고산 386m 7.3 km 10시 53분. : 노고산 출발 11시 09분.
이곡리고개 8.4 km 11시 32분.   : 공원묘지 10.4 km 12시 10분.
무림리고개 10.8 km 12시 27분. : 다람리고개 12.3 km 12시 53분.
중식 후 출발 13시 23분.   : 수락지맥분기점 13.0 km 13시 32분.
平澤林氏墓 14.2km 14시 16분.   : 축석령 삼거리 15.3 km 14시 58분.

　이번 6구간은 동서울에서 내촌가는 일반버스로 강변역 시내 버스정류장에서 6시 버스로 내촌삼거리에서 택시를 기다려도 오지않고 전화를 걸어도 통화가 안되어 10여분 기다리다 택시가 와 택시로 작은 넛재에서 산행에 들어간다.

2019년 11월 3일 맑음

　동서울 강변역에서 일반버스로 내촌에서 택시로 작은 넛재에 도착하니 7시 40분이다. 2009년 1 차때는 암자(卍)가 있었는데 지금은 농가로 변하고 하얀 진돗개와 집주인이 길가에 나와 있다. 이분에게 부탁해 사진한판 찍고 마루금은 집앞 전봇대 뒤로 올라간다. 산행 준비를 하고 7시 46분 능선에 올라가며 왼쪽에 내촌 공설자연장지 위 능선길로 올라서 통신 안테나를 7시 55분 지나고 능선 오르막을 오르며 8시 5분 이정표를 지나고 257.7봉을 8시 15분 지나 잘나있는 길을 따라 능선 오르막을 오르며 벌목지를 지나고 가파른 오르막을 한동안 올라 방카위 무명봉에 올라 허리쉼을 하고 능선 오르막을 오르며 571봉에 올라서니 8시 39분이다.

좌표【 N 37" 47" 48.6" E 127" 11" 23.2" 】

571봉을 넘어 내리막을 내려 안부에 내려서 내용이 지워저 있는 안내 간판을 8시 59분 지나면서 왼쪽에 잣나무 숲길을 따라 오르막을 오르며 무명봉을 9시 5분 넘어 다시 내리막을 내리며 계속해서 왼쪽에 잣나무 숲길을 지나며 오르막을 올라 600.6봉에 올라서니 9시 12분이다.

좌표【 N 37" 47" 30.0" E 127" 11" 08.1" 】

600.6봉 에는 국립건설연구소 小 삼각점이 있으며 오른쪽에서 올라오는 길이 있다. 마루금은 직진으로 능선 오르막을 한동안 올라 죽엽산 정상에 올라서니 9시 32분이다.

좌표【 N 37" 47" 30.0" E 127" 10" 57.1" 】

죽엽산 정상에는 이춘재가 증여한 정상석(죽엽산 601m 왕산 산악회)이 있고 전망이 좋아 사진도 찍고 갈증을 면하고 허리쉼을 하고 9시 37분 출발한다. 마루금은 직진(남쪽)으로 능선을 가다 2분후 오른쪽(서쪽)으로 가파른 내리막을 한동안 내려 임도를 9시 55분 지나고 내리막을 내리며 6분후 국립산림과학원에서 세운 경고문 간판을 지나고 첫번째 고압철탑 국가지점번호 다.사 7122-7624를 10시 6분 지나고 1분후 2번째 고압철탑 국가지점번호 다.사 7117-7624 를 지나며 산판길 임도를 따르며 묘 뒤를 올라 작은봉을 넘고 내리막을 내리며 세번째 고압철탑을 10시 15분 지나고 3분 후 안동권씨 묘(安東權公諱尙愼之墓)를 지나 안부에 내려서 다시 능선을 올라 전주이씨 묘(居士全州李公諱慶鎬 配位賢夫人密陽朴氏 家世葬之墓)뒤를 10시 21분 지나 능선을 올라 3분 후 고압철탑을 지나 갈림길 에서 오른쪽으로 내려가면 비득재 383번 지방도에 내려선다. 2009년 1차 때에는 비득재에 내려가 식당에서 점심을 먹었는데 언제 만들었는지 동물 통로를 만들어 놓아 도로에 내려서지 않고 동물 이동 통로 터널위에 내려서니 10시 26분이다.

좌표【 N 37° 47" 11.0" E 127° 09" 54.5" 】

비득재는 옛날에는 도로를 건너갔었는데 지금은 동물통로 터널을 지나 바로 능선 오르막을 오르며 10시 27분 철탑을 지나고 능선을 오르며 가파른 오르막을 올라 축대위에 올라서 2번째 철탑을 10시 36분 지나며 3분 후 이정표(이곡초등학교 2.6km

무림리 5.1km. 의정부시 소풍길 비득재 제 6 코스 죽엽산길 0.5 km. 고모 저수지) 이정목을 지나 가파른 오르막을 오르며 이정표 (죽엽산 3,62km 축석령 5.42km)를 10시 47분 지나 계속해서 가파른 오르막을 올라 노고산 정상석이 있고 무인 레이터 통신탑에 올라서니 10시 56분이다.

좌표【 N 37° 47" 18.2" E 127° 09" 28.8" 】

노고산 정상은 이곳에서 북쪽으로 150여m 위에 있으나 정상석은 무인레이저 철탑 있는 곳에 세워져 있으며 정상석 뒷면에 (증 주강원)앞면에 노고산 380m로 되어 있으나 지도에는 386m로 되어있으며 고모리산성 위치에 있다.

抱川古毛里山城   경기도 기념물 185호

고모리 산성은 고모리에서 직동리로 통하는 고개인 비득재 (하발254m)에 위치한 고모산(일명: 노고산 해발 380m)에 형성되어 있다. 산성은 고모산 정상부 와 계곡을 애워 싸고 있는 포곡식(包谷式)산성으로 현제 대부분 붕괴되어 정확한 성벽을 확인하는 것은 어려우나. 전체 둘래는 822m이고 대부분 흙으로 쌓은 토성이다.「일부는 토석혼축으로서 그 흔적이 남아 있음」성의 전체적인 형태는 남북으로 긴 변형된 장방형 형태로서 남쪽이 높고 북쪽이 낮은 형상을 하고 있어 남쪽「한강일대」에서 북쪽「포천, 철원」으로 침입하는 적을 방어하기 위한 산성으로 판단된다. 건물지 에서는 삼국시대 초기「백제초기」에 해당하는 연질 토기가 다수 출토되어 산성의 축조 시기를 밝히는데 단서를 제공해 주고 있다. 고모리 산성은 북으로 철원 포천 일대와 남으로 한강 일대를 연결하는 통로를 장악하기 편리한 비득재에 쌓은 고대의 군사상 요충지로 볼 수 있다. 옮긴글

노고산 정상은 북쪽으로 150여터 위에 있는데 정상석은 철탑 옆에 있는 것으로 보아 이곳이 성 중앙지점인 것 같다. 사진한 판 찍고 오른쪽으로 잘나있는 등로를 따라 2분후 고모리 산성 표지판(내용은 정상석 있는 것과 같음)이 있으며 이정표도 있고 마루금은 왼쪽(서쪽)으로 밧줄을 잡고 내리막을 내리며 11시 28분 전주이씨 묘(密山君六代支孫.全州李公 諱 養存 孺人陽城李氏之墓)를 지나고 3 분후 절개지를 내려 이곡고개 포장도로에 내려서니 11시 31분이다. 마루금은 도로를 건너 절개지 위에 올라 왼쪽에 유황수목원 요양원을 내려다 보며 능선을 따르며

이정표(축석령 4.63km 죽엽산 4.41km 어곡리)를 11시 36분 지나며 잘나있는 능선길을 가며 11시 51분 운동시설 있는 곳을 지나고 안부에 내려섰다. 왼쪽 사면길로 능선을 가며 이정표(축성령 3.86km 죽엽산 5.18km)를 지나 능선 오르막길을 가며 천안전씨 두평공파 가족유택(天安全氏 斗平君派 家族幽宅)가족묘를 지나 능선길을 가며 소흘읍 공설묘지를 지나고 군부대 철조망 왼쪽으로 내리막을 내려 마을위 안부에 내려서니 12시 27분이다. 오른쪽 군부대 초소 뒤로 급경사 오르막을 올라 무명봉에서 왼쪽으로 능선을 가며 줄지어 전주이씨 묘군을 지나 이정표(죽엽산 6.67km 축석령 2.37km)를 12시 41분 지나 능선길을 가며 오른쪽 농장 건물을 내려다 보며 능선길을 한동안 가다 무림고개에 내려서니 12시 50분이다.

좌표【 N 37" 46" 39.6" E 127" 07" 34.9" 】

오늘 마루금은 죽엽산을 지나고 낮은 능선으로 이어져 그리 힘들지 않은 산행이다. 능선에서 내려서면 무림고개 버스정류장이 있으며 왼쪽에 삐노꼴레 간판앞을 지나 도로를 따라 고개를 넘어 대연농원 커다란 표지석에 도착하니 12시 53분이다. 왼쪽에 대연농원 밥집 정문앞에서 마루금은 大然農園 표지석 뒤 전봇대 뒤로 올라간다. 도로 건너편에는 상가건물을 건축하느라 한창 공사중이다. 능선 뒤로 올라 자리를 잡고 점심을 먹고 1시 23분 출발해 능선 숲길을 가며 농원밥집 철조망 갓길을 따라

가다 철조망 울타리를 벗어나 왼쪽으로 작은봉을 넘어 내려서 공터 컨테이너 박스를 1시 28분 지나 임도를 버리고 쇠줄 가로막을 넘어 숲길로 들어서 오르막을 올라서 수락지맥 분기점에 올라서니 1시 32분이다. 수락지맥은 용암산 깃대봉 수락산 불암산 구릉산 망우산 아차산에서 마무리 하고 광나루 한강에서 끝을 맺는다. 남쪽으로 오던 마루금은 왼쪽은 포천시를 벗어나 의정부시와 포천시 경계로 오른쪽(서쪽)으로 이어지며 오른쪽에 커다란 물탱크를 보며 능선을 가며 오른쪽에 철망 울타리를 따라가며 희미한 길을 따라가며 철조망을 벗어나 세종포천 고속도로 축석령 터널위를 지나고 능선을 넘어 능선 내리막을 내려 귀락터널(동물 통로)를 지나 능선에 올라서 오른쪽으로 내려서 터널입구 에서 도로 갓길을 따라가다 平澤林氏 平城君波 監司公 門中墓域 入口 표지석을 2시 16분 지나간다. 표지석 뒤 절개지를 올라 도로 왼쪽 능선으로 올라 도로옆 능선길을 가며 도로 건너편 호텔 건물을 건너다보며 평택임씨 묘원(平澤林氏墓苑 宗慕堂)을 2시 45분 지나고 이정표 죽엽산 9.40km를 지나 축석령 삼거리에 내려서니 2시 58분이다.

좌표【 N 37" 46" 38.1" E 127" 06" 49.5" 】

축석고개 삼거리는 귀락터널에서 도로갓 능선을 따라오며 도로를 따라와도 무방하며 절개지를 내려 삼거리 횡단 도로를 건너 24시 편의점에서 왼쪽(의정부)방향으로 200여미터 가면 축

석교회 축대끝에 표지기가 있다. 오늘은 이르지만 여기서 마무리하고 버스로 의정부에 와서 의정부역 2번 출구로 내려와 신세계 불가마 사우나에서 목욕을 하고 의정부역에서 전철로 동서울로 동서울 에서 버스로 부산에 오니 집사람 고생했다며 격려해준다.

제2차 한북정맥 단독종주 7구간

축석령 삼거리-양주 작고개

축석령삼거리 : 경기도 포천시 소홀읍 이동교리 축성령
양주 작 고개 : 경기도 양주시 어둔동 작고개
도상거리 : 축성령 23.7km 작고개
소요시간 : 축성령 8시간 54분. 작고개
운동시간 : 축성령 8시간 23분. 작고개
휴식시간 : 축성령 31분. 작고개

축석삼거리도착 6시 20분.	: 축석령 출발 6시 30분.
왕방지맥분기점 1.2 km 6시 51분.	: 헬기장 285.7m 1.5 km 6시 57분.
백석고개 1.8 km 7시 07분.	: 전망바위 2.4 km 7시 22분.
천보산 갈림길 3.9 km 7시 50분.	: 임도 포장길 4.3 km 8시 08분.
고속도로굴다리 5.0 km 8시 18분.	: 고속도로 입구 6.0 km 8시 41분.
고속도로 터널 6.9 km 8시 51분.	: 36번 도로 7.2 km 8시 57분.
덕천초교 정문 8.2 km 9시 15분.	: 덕현 중학교 8.5 km 9시 23분.
막은고개 9.0 km 9시 30분.	: 탑마트 광장 9.4 km 9시 35분.
성황당 고개 10.0km 9시 48분.	: 콘데미산 정상 11.1km 10시 09분.
한승 아파트 12.4km 10시 30분.	: 지하통로 13.3km 10시 43분.
샘내고개도로 14.1km 10시 53분.	: 산북초교삼거리 14.7km 11시 07분.
도락산 쉼터 16.4km 11시 38분.	: 도락산갈림길 16.7km 11시 52분.
청엽굴고개 17.7km 12시 09분.	: 임꺽정봉 도착 19.1km 1시 14분.
임꺽정봉 출발 1시 20분.	: 군부대 갈림길 19.8km 1시 40분.
묘지 삼거리 20.6km 2시 23분.	: 360번도로 21.1km 2시 31분.
오산 삼거리 21.3km 2시 33분.	: 양주산성 22.3km 2시 54분.
고압 철탑 22.7km 3시 04분.	: 작고개 도착 23.1km 3시 18분.

　이번 7구간은 진입로가 의정부에서 포천을 넘는 4차선 도로 이기에 부산에서 저녁 7시 15분 ktx로 서울역에서 1호선 전철로 의정부에 도착해 역전 서쪽 3번 출구로 나와 24시 신세계 불가마 사우나 찜질방 에서 밤을 새우고 아침 일찍 일어나 24시 감자탕 집에서 해장국으로 아침을 먹고 2층 역사를 넘어 동부역으로 내려가 포천가는 버스로 축석령 삼거리에 내리니 아침 6시 20분이다. 여름 같으면 해가 중천에 떠있을 시간인데 주위는

어둠 컴컴하다. 버스에서 내려 도로를 건너 24시 편의점에 들여 생수 한병을 사고 잠시 날이 밝기를 기다리다 먼동이 트자 6시 30분 출발한다.

2019년 11월 10일 맑음

　의정부 동부역에서 포천행 버스로 축석령 삼거리 정류장에서 하차 도로를 건너 24시 편의점 앞에 도착하니 6시 20분이다. 날이 밝기를 기다리다 주위가 밝아져 6시 30분 출발해 의정부 쪽으로 약 150 여m 가면 축석교회 축대 아래에서 오른쪽으로 표지기가 걸려있다. 오른쪽 임도를 따라가면 축석교회 주차장 입구를 지나 산길로 들어서 능선길을 오르며 새벽길 오르막을 오르며 능선길을 좌로 우로 들락거리며 가다 가파른 오르막을 올라 왕방지맥 분기점에 올라서니 6시 51분이다. 이정표에 축석령고개 0.6km 어하고개 4.2km 3보루 0.2km 정상(마전동) 4.6km이며 왕방지맥 어하고개는 오른쪽이고 마루금은 왼쪽(서쪽)으로 이어지며 잘나있는 길을 따라가다 오르막을 올라 헬기장이 있는 285.7봉에 올라서니 6시 57분이다.

좌표【 N 37" 46" 46.8" E 127" 06" 15.0" 】

정상에는 헬기장에 삼각점이 있으며 천보산 3보루 안내판이 있다.

천보산 3보루

소재지 : 양주시 만송동 산 72/산 73. 의정부시 자일동 산 43/1
유적지 및 규모: 삼국시대 고구려 추정석축보루 해발(287m)
둘래 (107m) 면적(879m^2)

천보산 3부루는 의정부시 자일동과 경계를 이루는 작은 봉우리에 위치하는데 천보산맥 서쪽의 양주 도시와 동쪽의 포천시 소홀읍 일대가 잘 조망 된다. 남쪽의 천보산 2보루와 4km 북쪽의 천보산 4보루와는 약 6km정도의 거리를 두고 있으며 포천 분지와 양주 분지로 이어지는 백석이 고개와 축석령 고개를 통제하기에 유리한 위치이다. 유적의 평면 형태는 동서로 긴 타원형 이다. 현재 성벽의 대부분은 원형을 잃은 형상으로 정확한 개축은 하기 어려우며 부분적으로 확인되는 석축을 통해 대체적인 윤곽은 파악할 수 있는 정도이다. 유물은 삼국

시대 토기만이 소량 출토 되었다. 옮긴글

　마루금은 오른쪽으로 밧줄 설치길 암능을 내려 이정표가 있는 백석고개에 내려서니 7시 6분이다. 이정표에 탑고개 3.1km 정상(마전동) 4.0km, 3 보루 0.4km 어하고개 4.8km 이고 다시 오르막을 올라 작은 봉을 넘어 잠시 내려섰다. 오르막을 오르며 이정표(백석이고개 0.4km 어하고개 5.2km 탑고개 2.7km 정상(마전동)3.6km)을 지나 오른쪽으로 암능 오르막을 한동안 올라 쉼터가 있는 235.8봉에 올라서니 7시 22분이다. 235.8봉은 전망이 좋아 의정부 시내가 내려다보이며 사방을 관망하고 마루금은 잘나있는 능성길로 이어지며 길이 양호해 어려움 없이 능선을 오르내리며 10분후 쉼터가 있는 봉을 넘어 암능을 지나며 오른쪽에 로얄골프장과 양주터널 앞 도로와 만송동이 한눈에 들어오며 천보 능선은 길이 잘되어 어려움 없고 오르내림이 고도차가 별로 없어 그리 힘들지 않고 능선길을 가며 왼쪽 오른쪽으로 들락거리며 오르내리다 천보암 갈림길을 지나 능선을 가며 암능을 밧줄을 잡고 올라 정맥 분기봉에 올라서니 7시 50분이다.

좌표 【 N 37" 46" 26.0" E 127" 05" 07.1" **】**

　마루금은 쉼터가 있으며 오른쪽으로 표지기가 몇개 있으나 잘못보고 직진하기 쉬우니 자세히 보고 이곳부터는 마루금이 희미하며 험한길을 내려가는데 중간 중간에 리본이 걸려있어 잘보고 내려가면 된다. 급경사 험한 길을 한동안 내려 임도에 내려서니 8시 8분이다. 파란철망 울타리를 내려오면 오른쪽에 터널같은 문이 있으며 이곳부터 오른쪽에 로얄골프장이라 임도(농로)를 따라가다 골프장 안으로 들어가면 골프장안 휴게소를 지나 골프장 갓길을 따라가다 화담정사 뒤 능선을 넘어 오류동 고개에 내려서니 8시 28분이다. 마루금은 평강농장 뒷길로 능선으로 이어지나 길이 없어 도로를 따라가다 만송 1동 마을회관 앞을 지나 전주 모가리식당 옆 골목으로 들어서 소치는 아이 숯불갈비집 앞을 지나면 6 차선 고속도로 진입로가 나온다. 8시 27분 도로 건널목을 건어 임도를 따르며 죽산안씨 연창의 종가 문앞을 지나 나리공원을 지나면 고음남로 4 차선 도로 나리공원 버스 정류소가 나온다. 8시 39 분 도로를 건너 오른쪽으로 고음남로 4차선 도로 인도를 따라가며 양주국민 체육센타앞을 지나 계속해서 고음남로 를 따라가며 광사 초등학교를 지나 고음사거리 SK주유소앞 건널목을 건너 직진으로 계속 도로를 따라가 만송 초등학교를 지나고 덕현고등학교를 지나 사거리에서 직진으로 내려가면 덕고개 덕현사거리가 나온다.

 8시 15분 사거리 도로 건널목을 건너 덕현초등학교 뒷길 덕현중학교 정문을 지나고 도로를 따라가다 우남 어스트빌 앞 사거리에서 직진으로 도로를 따라가면 왼쪽에 애향교회 주차장

이 나오며 고가 도로가 나온다. 고가도로를 건너 내려가 오른쪽에 주내 순복음교회를 지나가면 막은고개 도로 신호대 건널목이다.

좌표 【N 37" 48" 01.8" E 127" 04" 23.5"】

 도로 건널목을 건너 농협 양주 농산물유통센터 건물을 지나 넓다란 주차장 끝에 가면 표지기가 있다. 9시 43분 주차장 끝에서 절개지를 올라서 등산로를 따라 왼쪽으로 숲길을 가며 잘나 있는 능선길을 따라가다 5 분후 군부대 철조망에서 오른쪽으로 철조망 갓길을 따라 능선을 오르내리며 가다 오토바이 금지(목 나무로 만든 가로막이)구역을 지나 잠시 내려섰다. 왼쪽으로 오르막을 한동안 올라 군부대 철조망을 따라 올라가다 왼쪽에 초소를 지나고 오른쪽으로 능선에 올라서 큰데미산 정상에 올라서니 10시 9분이다.

좌표【 N 37" 48" 04.9" E 127" 03" 27.8" 】

　큰데미산 정상에는 체육시설(운동기구)이 있고(한북정맥 큰데미산 291m 반바지)가 있으며, 이정표에 현진애버빌 아파트 0.6km 현승아파트 1.3km 샘내(산북동) 0.9km이며 마루금은 오른쪽(북쪽)으로 내려가며 현진애버빌라 아파트 삼거리를 10시 17분 지나간다. 이정표에 큰데미산 정상 1.0km 한승아파트 0.3km를 지나 왼쪽으로 능선을 넘어 이정표 큰데미산 정상 1.05km 한승아파트 0.25km를 지나 나무계단을 넘어 한승아파트 후문 입구에 내려서니 10시 30분이다. 이곳에서 길이 좀 헷갈린다. 필자는 아파트 왼쪽으로 임도를 따라 내려와 7분후 자전거 통

행로을 따라 오른쪽으로 현승아파트를 돌아 고가도로 아래 지하통로입구에 도착하니 10시 43분이다.

　서울 전철 1호선 지하통로 입구에는 선답자들 리본이 주렁주렁 달려있어 많은 종주자들이 이곳을 지나간 곳이다. 지하 통로를 통과해 왼쪽길로 들어서 포장길를 한동안 지나와 2번 국도가 지나는 샘내고개에 도착하니 10시 53분이다. 지하 통로를 지나 벌판길 포장길을 지나오는데 곳곳에 현수막(본길은 양주회천 택지개발 사업 2 단계현장으로 공사 진행에 따라 10월 11일부터 차단할 예정이오니 다른 우회길을 이용하여 주시기 바랍니다.)이 있어 다행히 10월 11일이 한달이 지났는데 통행할 수 있어 다행이다. 언젠가는 이 길이 없어질 것 같다.

좌표【 N 37" 48" 38.2" E 127" 02" 45.8" 】

　마루금은 건널목을 건너 M 중고차 매매단지앞 샘내고개 버스정류장을 지나 왼쪽으로 골목 포장길로 들어서 의천교회 못가서 왼쪽 숲길로 들어서 묘뒤로 오르막을 올라 삼거리에 올라서니 11시 17분이다. 이정표에 왼쪽으로 산북초등학교 입구 0.7km 작은산대 약수 1.4km 오른쪽으로 도락산 쉼터1.4km 옥천약수터 0.9km 이며 샘내고개(버스정류장) 0.4km에서 마루금은 오른쪽으로 능선 오르막을 올라 왼쪽에 철망 울타리를 따라 올라가 쉼터가 있고 작은 돌탑이 있는 삼거리에 올라서니 11시 23분이다. 이정표에 오른쪽에 리치마트 앞 (버스 타는 곳) 1.0km

약천약수터(샘내숲길구간) 0.3km 왼쪽으로 도락산 쉼터(샘내숲길구간) 0.5km 창엽골고개 2.0km 뒤편으로 산내초등학교입구 (샘내숲길구간) 1.6km 며 마루금은 왼쪽으로 오르막 능선을 오르며 때로는 나무계단길 밧줄 설치길을 오르고 가파른 오르막을 올라 성터아래 갈림길에 올라서니 11시 37분이다. 이정표에 왼쪽으로 도락산정상 2.2km 금광아파트 1.1km이며 국가지점번호 다.사 5883-7977번을 지나 왼쪽으로 성터를 돌아 올라서 체육시설이 있는 임도 삼거리에 올라서니 11시 38분이다. 임도 오른쪽은 금광아파트로 가는 길이고 마루금은 왼쪽으로 임도(산판길)을 따라간다.

우리몸이 좋아하는 삼림욕 (森林浴)이란 ?

울창한 숲속에 들어가 나무들이 뿜어내는 향기(피톤치드)가 직접 마시거나 피부에 접촉 시키고 자연경관과 어우러저 심신의 단력과 안정을 가지는 자연 건강법을 말합니다.

삼림욕의 효과

* 숲의 나무들이 발산하는 테르펜류(피톤치드)가 유해한 물질을 죽이고 재거해 줍니다.
* 스트레스를 완화하여 심신을 순화시켜 줍니다.
* 숲속에서의 산책은 신체리듬을 회복시키고 운동신경을 단련시켜 줍니다.

* 인체의 심폐기능 강화로 기관지 천식, 폐결핵 치료에 도움을 줍니다.

피톤치드란 ?

* 식물이라는 뜻의 '피톤(phyton)과 죽이다'라는 뜻의 사이드(cide)를 합쳐 만든 말로 식물 병원균. 해충. 곰팡이에 저항하려고 내품거나 분비하는 물질입니다. 이말은 1943년 러시아 생태의 미국 세균학자 왁스만(s.a. wakman)이 처음 만들었읍니다. 20세기 초기까지 사람들은 폐결핵을 치료 하려면 숲속에서 좋은 공기를 마시며 요양해야만 한다고 생각하였고 실로 많은 사람들이 효과를 볼 수 있었습니다. 왁스만은 숲속에서 풍기는 산림향이 피톤치드 때문이며 이것은 수목이 주위의 구균. 디프테리아 등의 미생물을 죽이는 방어용 휘발성 물질이라는 결론을 내렸습니다. 또한 삼림욕을 하면 이 피톤치드가 몸속으로 들어가 나쁜 병균과 해충. 곰팡이 등을 없애는 구실을 하며 사람들이 효과를 볼 수 있다고 믿었습니다. 실로 그는 스트렙토마이신을 발견해 결핵을 치료한 공로로 1952년 노벨의학상을 받기도 하였습니다. 피톤치드는 어느 한 물질을 가리키는 말은 아니며 테르펜을 비롯한 페놀 화합물, 알카로이드 성분. 배당체 등을 포함하는 휘발성 향균물질의 총칭입니다. 모든 식물은 향균성 물질을 가지고 있기에 어떤 형태로든 피톤치드를 함유하고 있습니다. {자료출처 : 산림청}

마루금은 왼쪽으로 산판길을 따라가며 도락산 갈림길에 도착

하니 11시 51분이다.

좌표【 N 37" 48" 54.6" E 127" 01" 36.0" 】

마침 지나가던 50대 등산객에게 부탁해 사진한판 찍어둔다. 삼거리에서 도락산은 오른쪽으로 한북정맥 마루금은 왼쪽으로 이어지며 등산객과 같이 임도(산판길)를 따라와 청엽굴 고개 군부대 앞에 내려서니 12시 9분이다. 마루금은 군부대로 인해 정확히 오를 수가 없고 왼쪽으로 내려가 하늘계단 수목장 재단법인 조안공원 입구를 지나 도로를 따라 내려가다 보면 오른쪽으로 등산로 입구가 나온다. 12시 15분 이정표(불곡산 상봉(정상) 2.1km 임꺽정봉 1.1 km)에서 마루금은 이정표를 따라 잘나있는 등로를 올라가다 12시 26분 삼거리를 지나며 오른쪽으로 오르막을 오르며 오른쪽에 군부대 철망울타리를 따라 오르며 12시 30분 고압철탑을 지나고 오르막을 오르며 군부대 철조망을 따르다 이정표를 따라 왼쪽으로 50여미터 가다 오른쪽으로 급경사 오르막을 한동안 올라 군부대 철조망끝 봉에서 철조망을 벗어나 밧줄 설치길 암능 오르막을 한동안 올라 전망봉에서 지나온 마루금을 감상해 보며 허리쉼을 하고 계속해서 암능 오르막을 올라 삼거리에 올라서니 1시 5분이다. 임꺽정봉은 왼쪽으로 100m에 있고 마루금은 오른쪽이다. 잠시 허리쉼을 하고 임꺽정봉 정상을 향해 왼쪽으로 암능을 넘어 왼쪽 사면길로 돌아 임꺽정봉에 올라서니 1시 13분이다.

좌표【 N 37" 48" 54.6" E 127" 01" 07.4" 】

　임꺽정봉은 불곡산에 속해있는 산으로 불곡산의 세번째 봉우리로 일명 '임꺽정봉'으로 부르고 있다. 양주 유양리는 임꺽정의 태생지 전설등 임꺽정과 관련된 많은 일화가 구전으로 전해오고 있는 지역이다. 이 주위의 골짜기는 靑松골(소나무가 많아 붙인 이름), 天然골(자연이 아름답다하여 붙여진 이름), 天골(골짜기가 많아 붙여진 이름)등 여러가지 이름이 남아 전해지는데 이곳 지명과 소설 속 임꺽정의 소굴인 '청석골'과 유사하여 이를 연관지어 말하는 주민도 있다. 이 지방에서 백정의 자식으로 태어난 임꺽정은 조선시대 홍길동. 장산길과 함께 3대 도적으로 조선왕조 명종때 약 3년간에 걸쳐 황해도를 중심으로 평안도 강원도 경기도 충청도 지방까지 활동했던 도적집단의 우두머리이다. 왕조실록에 등장하는 실존 인물인 그는 우리에게는 소설속의 인물. 괴력을 지닌 전설적인 인물로 더욱 익숙해 있으며. 천대받던 백성의 신분으로 당시 집군세력의 탄합 등 사회적 모순 속에 살아남기 위해 도적이 될 수밖에 없었던 그를 우리는 한낱 도적의 괴수로서가 아니라, 영국의 로빈훗과 같이 민중에게 대리 만족을 시켜준 의적으로 기억하고 있다. 임꺽정은 일반 도적 무리와는 달리 조직적인 집단을 형성하여 엄청난 세력을 갖추었으며 조정에서는 체제유지의 불안을 느껴 그를 체포하기 위해 온갖 노력을 다하였으나 신출귀몰한 그의 행적과 그를 옹호하는 민중의 도움 속에서 조정에서 파견한 토포사 남치근에 의해 채포되기까지 무려 3년이라는 긴 시간이 걸렸다.

불곡산(佛谷山)

경기도 양주시 유양동에 위치한 불곡산은 대동여지도에서 양주의 진산이라고 표현 되었던 산이다. 불곡산은 두개의 암봉이 마주보며 솟아있고 그 사이가 암능으로 연결된 듯한 느낌을 주며 산세가 빼어나고 정상과 군데군데 암벽 및 암능에서의 전망이 뛰어나다. 불곡산에는 신라시대 효공왕 2년(606년)에 도선국사가 창건하고 당시 불곡사(佛谷寺)라 이름 붙였던 백화암이라는 고찰이 있다. 규모면에서는 아담하지만 경내에서 바라보는 도봉산 연봉의 풍경은 실로 장관이다. 백화암

밑에 있는 약수터는 가뭄에도 물이 줄지 않고 혹한에도 얼지 않는다고 전한다. 전체적으로 불곡산은 밋밋하고 특징이 없어 보이지만 정상 부근의 암벽은 평범 속의 비범함을 드러내고 있는듯 하다. 또한 보는 사람에 따라 미묘가 다른 것이 특징이기도 하다. 더불어 양주시에는 양주목사가 4백 여년간 행정을 펴던 동현. 양주목사가 휴식을 취하던 금화정. 어사대비(경기도 유형문화제 제 82호),양주향교 (경기도 문화제 자료 제 2호), 양주 별산대 놀이(국가중요무형문화제 제 2호),전수회관, 양주산성(경기도 기념물 제143호),조선시대 의적 임꺽정의 생가터 등 많은 문화제가 있다.

임꺽정봉 정상에는 전망이 좋아 사방을 관망할 수 있고 커다란 정상석(불곡산 임꺽정봉 해발449.5m)이 있으며 동남쪽으로

불곡산(469m)이 있고 양주 시내가 보이며 남서쪽으로 백석읍이 내려다보이며 남동쪽으로 의정부 시내 남쪽으로 가야할 사패산 도봉산이 보인다. 마루금은 오던길로 다시 내려가야 하며 정상에는 일요일 이라 많은 등산객이 올라와 있다. 정상에서 사방을 관망하고 사진도 찍고 1시 20분 출발해 오던 길로 다시 내려가 갈림길에서 마루금은 서쪽으로 이어지며 불곡산 8 보루 간판이 있다.

불곡산 8 보루

 소재지 : 양주시 산북동 산 65-1

 유적 성격 및 규모 : 삼국시대(고구려) 성축보루(해발445.3m) 둘레 157m 면적 1.116㎡ 불곡산 8 보루는 불곡산 주 능선의 북서쪽에 치우친 봉우리 정상부에 위치한다. 이곳에서는 서쪽의 백석읍 일대가 한눈에 내려다보인다. 보루는 봉우리 정상부를 감싸듯 외곽을 따라 축조 되었는데 평면 형태는 가운데가 잘록한 장 타원형 이다. 서쪽 급경사면에는 별도의 석축시설을 하지 않았고 동쪽을 위주로 석축이 조성 되었으며 구간에 따라서는 3m정도 높이를 유지하는 성벽도 확인 되는데 잘 다듬어진 장방형 석재를 사용 하였다. 유물은 삼국시대에서 고려시대에 속하는 여러 시기의 토기편이 소량 확인된다.

이곳에도 등산객들이 점심을 먹고 있다. 마루금은 서쪽으로 급경사 계단길을 내려 능선길을 내리고 안부 삼거리에 내려서니 1시 36분이다. 마루금은 직진으로 작은봉을 넘어 건너편 군부대 철조망에서 왼쪽으로 내려가야 하는데 길을 가로막아 있어 다시 돌아와 등산로 길을 따라 한동안 내려와 불곡산 김승골 쉼터에 내려와 쉼터에서 점심을 먹고 2시 20분 출발해 묘지(孫溪洞天貞陵公園)를 2시 24분 지나간다. 이곳이 군부대 철조망을 통과하면 이곳에서 만난다. 이곳부터 마루금을 따라 산판길을 따르며 삼거리에서 오른쪽은 대교아파트로 내려가고 마루금은 왼쪽으로 내려가며 이정표(대교아파트(버스 타는 곳) 0.2km 덕삼 삼거리 0.6km 양주산성 1.4km. 불곡산 김슬골 쉼터 0.3km 불곡산 임꺽정봉 1.5km)를 2시 24분 지나 잘나있는 등로를 따라 내려와 4 분후 마을 포장길을 내려 오른쪽으로 도로를 따라 나와 360번 지방 도로에 나오니 2시 31분이다.

  도로 입구에는 금강산 예술원 커다란 간판이 있으며 이정표에 불곡산 김승골 쉼터 0.7km 임꺽정봉 1.9km 백석 삼거리

0.2km 대모산성 1.0km 이며 마루금은 360번 지방 도로 왼쪽으로 갓길을 따라오며 금강산 석재공장 앞을 지나 삼거리에서 건널목을 건너 대명중계사 건너편 철판 울타리 끝에서 왼쪽으로 농로를 따라간다. 이정표에 대모산성 0.7km 양주산성 숲길 순환구간 7.0km 이며 불곡산 숲길 등산로 안내도에서 마을길 임도를 따르다 콘테이너 박스를 지나고 오른쪽 골짜기에 사각정자 못가서 이정표를 따라 안부 삼거리에서 마루금은 오른쪽으로 등로를 따라 올라간다. 이정표에 양주별산대 놀이마당 2.9km 양주역 4.8km 백석삼거리 0.4km 불곡산 임꺽정봉 2.5km 이며 양주산성 0.4km 작고개 (양주산성방면)1.3km 에서 2시 44분 능선 오르막을 한동안 올라 양주대모산성에 올라서니 2시 55분이다.

좌표【 N 37" 47" 13.79" E 127" 00" 41.41" 】

양주 대모산성은 양주분지 중앙에 솟아있는 불곡산과 호명산 사이에 위치한 해발 213m의 구릉 정상부이며 사적 제526호 『신증동국여지승람: 新增東國輿地勝覽』에서는 석축이고 정상부는 남북으로 이어진 중앙 능선을 중심으로 둘레가 906척 이며 높이가 5척이라 하였는데 실제 둘레는 410m이다. 성벽은 정상부에서 급경사면이 시작되는 부분을 따라서 동쪽이 높고 남쪽으로 경사진 곳을 둘러싸고 축조 되었다. 성에는 북문지와 남문지가 있고 성안에 건물터가 있고 우물터가 있다. 성벽은 대부분 붕괴된 상태 이지만 하부 유구는 매몰되어 있어서 비교적 원형 상태로 남아있을 것으로 추정된다. 총 길이는 918m이며 이 중 성벽이 양호한 구간은 약 130m 가량 된다. 성벽은 바깥쪽의 아래가 보축된 형식으로 성벽의 외측 하단에 기울기가 느슨한 벽체를 바깥아래 사면부터 쌓아올려 성벽의 중간에 본 성벽이 닿도록 하였으며 전체적으로 경사면을 이루도록 축조되어 있다. 내부는 문지가 3개소 우물지 1개소 등이 있고 이중 문지는 3개소 및 일부 건물지에 대하여 발굴 조사가 이루어졌다. 이 밖에도 저장시설 등 유구가 존재하고 있는 것으로 추정 되지만 구체적인 상황은 미지수다. 대모산성 발굴조사는 문지와 산성내부 건물지에 대하여 실시되었다. 그 결과 문지 3개소 건물지 11개소 수혈유구 30개소 등 유구가 출토 되었고 약 1300여점의 유물이 출토 되었던 것으로 보고되었다.

『신증동국여지승람: 新增東國與地勝覽』,『만기요람 : 萬機要覽』,『경기지:京畿誌』,『경기읍지 : 京畿邑誌』,『여도비망 : 與圖備忘 』,『대동지지 : 大東地志』등에서 양주 대모성산{大母城山} 대모산성『大母山城』의 기록이 남아있다.

양주 대모산성을 지나 산성남쪽 끝에서 성벽을 내려 3시 3분 임도(산판길)을 건너 내려오며 1 분후 고압철탑 국가지점번호 다.사 5682-7632 번을 지나 능선 내리막을 한동안 내리며 이정표 양주산성 0.5km 백석삼거리 1.3km, 백석저수지 0.9km 소사

고개 9.3km를 3시 7분 지나고 내리막을 내리며 장흥고씨 묘(長興高公光厚.孺人彦陽金氏 之墓)를 3시 12분 지나 작고개 2차선 지방도로에 내려서니 3시 15분이다.

좌표【 N 37" 46" 58.9" E 127" 00" 24.6" 】

작고개는 양주시 남방동에서 백석읍 복지리를 넘는 2차선 도로가 지나며 이정표에 양주산성 0.8km 백석삼거리(불곡산 숲길)1.6km이며 어둔동고개 버스 정류장이 있으며 전봇대에(한북정맥 작고개 110m 반바지)가 있으며 마루금은 전북대 쪽으로 임도를 따른다. 오늘은 시간이 이르지만 이곳 작고개 에서 마무리 하고 마침 택시가 지나가 택시로 녹양역에 와서 목욕을 하고 녹양역에서 서울1호선 전철로 서울역에서 ktx편으로 부산으로 오늘 산행을 마무리 한다.

제2차 한북정맥 단독종주 8구간

작고개-한강봉-울대고개

작 고 개 : 경기도 양주시 어둔동 작고개
울대고개 : 경기도 양주시 장흥면 울대리 울대고개
도상거리 : 작고개 11.6km 울대고개
소요시간 : 작고개 4시간 25분. 울대고개
운동시간 : 작고개 4시간 5분. 울대고개
휴식시간 : 작고개 20분. 울대고개

작고개 출발 6시 45분.   : 고압 철탑 1.0 km 7시 26분.
이정표 1.3 km 7시 33분.   : 호명산 423m 1.7 km 7시 42분.
안부 2.0 km 7시51분.   : 흥복산 갈림길 2.2 km 7시 56분.
신주고개 도로 2.9 km 8시 12분.   : 연지리 다른가지 3.3 km 8시 20분.
한강봉 489m 4.2 km 8시 42분.   : 한강봉 출발 8시 50분.
오도지맥분기점 5.1 km 9시 06분.   : 첼봉(제일봉) 6.0 km 9시 28분.
밤고개 6.8 km 9시 48분.   : 항공무선 정문 8.0 km 10시 17분.
삼각점 8.4 km 10시 27분.   : 공원묘지 9.2 km 10시 42분.
천주교묘원입구9.8 km 11시 10분.   : 울대고개 도로 11.6km 11시 29분.

 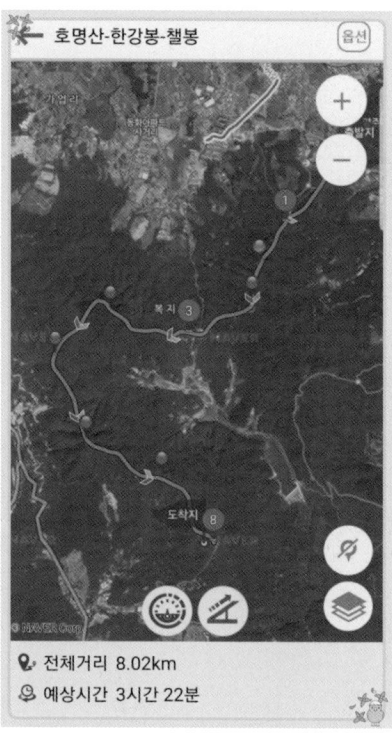

　이번 8 구간은 서울 외사촌 동생 장남 결혼식이 있어 11월 16일 아침 KTX로 서울에 도착 송파 결혼식에 참석하고 서울 노원구 동생집에서 저녁 먹고 의정부 24시 사우나(찜질방)에서 자고 아침 일찍 일어나 작고개로 행차한다. 오늘은 오후에 비가 온다는 일기예보가 있어 오전 산행을 하기로 한다. 이번 구간은 작고개를 출발해 호명산 한강봉 첼봉(제일봉) 울대고개까지로 오전 산행만 하고 오후에는 비가 와서 일찍 마무리 한다.

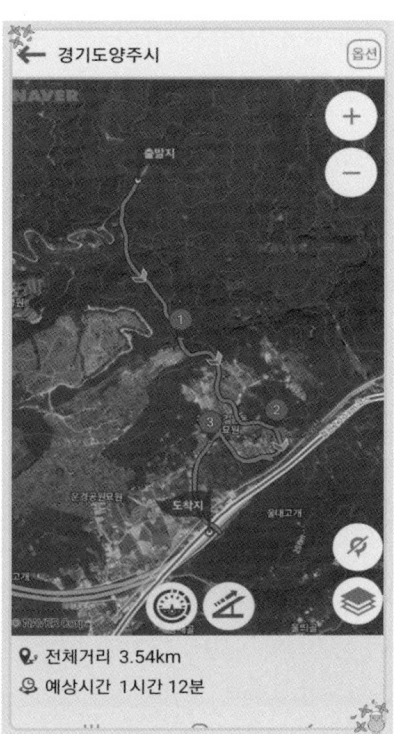

2019년 11월 17일 오전 흐리고 오후에 비

　의정부시 의정부1동 보석사우나 찜질방에서 아침 일찍나와 청기와 한우쇠머리 국밥집(843-8892)에서 쇠머리 국밥으로 아침을 먹고 의정부 동부역 버스정류장 에서 버스로 녹양역에 내려 전철역 앞에 택시 타는 곳에 가니 택시가 없어 큰 도로가에 나가서 기다리다 택시(6,000)로 작고개에 도착하니 6시 30분이다. 산행 준비를 하고 날이 밝기를 기다리다 6시 50분 출발해 전봇대에서 임도를 따라가며 농장같은 건물 앞을 지나는데 개떼들이 여러마리 따라오며 겁을 준다. 초입을 찾느라 이리저리 찾아봐도 날이 어두워 정확히 확인이 안되어 등로를 찾아 해매다 농장건물 오른쪽에 희미한 길이 있으며 리본을 발견하고 희미한 길를 따라 올라 가다보니 왼쪽에서 올라오는 길을 만난다. 진입로는 농장건물 왼쪽으로 가다 등로를 따라야 하는데 왼쪽으로 묘 있는데 까지 갔다 돌아와 희미한 길로 올라 온게 화근이다. 잘나있는 길을 따르며 날이 밝아 오르막을 오르며 참호 있는 봉을 지나 가파른 오르막을 오르며 낙엽이 발목까지 빠지는 능선을 올라 고압 철탑에 올라서니 7시 26분이다. (국가지점번호 다.사 5595-7537) 철탑봉을 지나 능선 오르막을 오르며 5분후 쉼터를 지나고 2 분후 이정표 호명산 정상 0.3km 한강봉 등산로 입구 1.6km 승산약수터 1.1km 가야 3차 아파트 1.4km 를 지나고 3 분후 쉼터를 지나며 왼쪽에 잘자란 잣나무 조림지를 지나 호명산(423m)정상에 올라서니 7시 42분이다.

좌표【 N 37° 46" 23.1" E 126° 59" 48.8" 】

호명산은 양주시 어둔동과 백석읍 복지리에 걸쳐 있는 산으로 전설에 (호명산: 虎鳴山)은 범이 울어대던 산이라 하여 붙여진 이름이며, 이곳은 산세가 좋고 "상살미"라는 12골의 험한 산골짜기가 있어, 옛날에는 각종 산짐승이 살았고 특히 호랑이가 밤마다 슬피 울어대서 사람들이 잠을 못 이룰 정도였다고 전한다.

정상 이정표에 승선 약수터 1.4km 가야 3차아파트 1.7km, 한강봉 등산로 입구 1.3km 홍복약수터 1.4km이며(호명산 423m 수도권 55종주)가 있으며 양주 은봉 호명산 등산로 숲길 안내 간판이 있다. 정상은 전망이 좋아 사방을 관망할 수 있고 쉼터도 있다. 마루금은 직진으로 내리막을 밧줄을 잡아가며 내려 자그마한 돌탑(돌무덤)이 있는 안부에 내려서 7시 51분 다시 오르막을 한동안 올라 홍복산 갈림길 삼거리에 올라서니 7시 56분이다.

좌표【 N 37" 46" 07.9" E 126" 59" 47.0" 】

　삼거리 이정표에 호명산 정상 0.5km 가야 3차아파트 2.2km 한강봉 등산로 입구 0.8km 홍복약수터 0.9km이며 남쪽으로 오던 마루금은 오른쪽(서쪽)으로 능선을 내려간다. 3분후 이정표 호명산 정상 0.7km 가야 3차 아파트 2.4km 한강봉 등산로 입구 0.6km 홍복약수터 0.7km를 지나 오르막을 올라 구 헬기장에 올라서니 8시 1분이다. 이정표에 호명산 정산 0.8km 가야 3차아파트 2.5km 한강봉 등산로 입구 0.5km 홍복약수터 0.6km이며 호명산을 지나면서 이정표가 많이 있다. 마루금은 오른쪽으로 내리며 잘나있는 능선을 따라 좌로 우로 들락거리며 능선을 내려가다 이정표 호명산 정상 1.0km 가야 3차 아파트 2.7km 한강봉 등산로입구 0.3km 홍복약수터 0.4km를 지나며 왼쪽으로 내리막을 내리며 신주고개 2차선 도로에 내려서니 8시 10분이다.

좌표【 N 37" 46" 0.10" E 126" 59" 24.11" 】

마루금은 도로를 따르다 등산로 입구에서 도로는 왼쪽으로 내려가고 마루금은 직진으로 이어지며 상수도 보호구역 안내간 판 이 있으며 반바지가 걸어놓은 한북정맥 신주고개 275m가 있고 이정표에 호명산 정상 1.3km 한강봉정상 1.3km 흥복약수터 0.1km이며 마루금은 직진으로 임도(산판길)길을 따르다 8시 15분 오른쪽으로 숲길 등산로를 따라 오르막을 오르며 연리지(連理枝) {가지가 다른 나뭇가지가 서로 엉켜 마치 한나무처럼 자라는 현상이다. 매우 희귀한 현상으로 남녀사이 혹은 부부애가 진한 것을 비유하며, 예전에는 효성이 지극한 부모와 자식을 비유하기도 하였다.}를 8시 20분 지나고 오르막을 올라 쉼터를 지나며 오르막을 한동안 오르며 넓은 공터를 지나 이정표 호명산

등산로 입구 1.1km 흥복약수터 1.2km 한강봉 0.2km 은봉산 약수터 1.7km를 지나 나무계단 오르막을 밧줄 설치길을 올라 오토바이 가로막을 지나 한강봉 정상에 올라서니 8시 42분이다.

좌표【 N 37"46" 11.0" E 126" 58" 42.8" 】

한강봉 정상에는 팔각정자(한강정)가 있으며 전망이 좋아 사방을 관망할 수 있으며 삼각점(문산 470 1992.재설)이 있고 양주은봉 호명산 등산로 숲길 안내 간판이 있으며 은봉산 한강봉 전설이 있다.

은봉산(隱鳳山) 한강봉(漢江奉)

은봉산은 은(銀)이 나는 산, 혹은 부엉이가 숨어있던 산이라 하여 붙여진 이름 이라고 한다. 은봉산은 19세기 중반의 문헌인 양주목 읍지(1842)에서 부터 확인 되는데 한자로는 은봉산(隱鳳山)이라고 하였다. 양주목 읍지(1871) 양주군 읍지(1899)도 마찬가지이다. 땅 이름 유래에 대해선 다음과 같은 이야기도 전해진다. 남씨 일가에서 장사를 치르는데 지관이 말하기를 이곳을 파고 바위돌이 나오면 시신을 그 위에 올려놓고 묻으라고 하였다. 그러나 자손들은 시신을 돌 위에 올려놓고 묻을 수 없어 바윗돌을 들어내었더니 마침 부엉이 3마리가 이곳에서 날아갔다고 하여 은봉산이라고도 한다는 것이다.

한강봉(漢江奉)은 산 정상에 오르면 한강이 한눈에 보인다고 하여 붙여진 이름이다. 실제 맑은날 산 정상에 올라서면 한강이 보인다고 한다. 한편 이 봉우리에 비가 와서 남쪽으로 흐르면 한강으로 흘러가고 북쪽으로 흐르면 임진강이 된다. 정상 이정표에 호명산 등산로 입구 1.3km 홍보약수터 1.4km 은봉산 약수터 1.5km 은봉산 정상 2.4km 쳴봉 1.7km 울대고개 6.2km 이다. 서쪽으로 오던 마루금은 왼쪽 남쪽으로 이어지며 직진은 은봉산이며 왼쪽 오토바이 가로막이를 지나 내리막을 내리며 잘나있는 능선을 가며 오두지맥 분기점에 올라서니 9시 5분이다.

좌표 【 N 37" 45" 51.9" E 126" 58" 24.1" 】

오두지맥은 오른쪽 이고 마루금은 직진이며 반바지가 걸어놓은(오두.한북 정맥 오두지맥 분기점 440m) 표찰이 있고 양주 한북정맥 등산안내도가 있다. 잘나있는 능선을 오르다 가파른 오르막을 힘들여 올라 참호를 지나 헬기장이 있는 쳴봉에 올라서니 9시 28분이다.

좌표 【 N 37" 45" 24.1" E 126" 58" 38.1" 】

쳴봉 정상에는 넓은 헬기장 끝에 돌무덤 위에 자그마한 정상석(제일봉 526m CRUN 해태 아트벨리)이 있으며 통신 안테나가 있다. 지도에는 쳴봉으로 되어 있는데 정상석에는 제일봉으로 쳴봉을 느리게 발음하여 제일봉이라 한 것 같다. 정상에서 인증샷을 하고 내리막을 내려서 능선을 가며 안부에 내려서니 9시 46분이다. 안부를 지나 언덕을 넘으니 반바지가 걸어놓은 한북정맥 밤고개 315m 표찰이 있고 나무 조각작품이 있다.

작품명 비상(飛上)

『진취적 기상과 개척자의 정신으로 산과 바다의 경계를 넘어 모든 위치 모든 분야 에서 예술가적 생각으로 고객 감동이 이루어 질수 있도록 안정적 비상(飛上)을 시작하며 : 제과 전문그룹 크라운 해태 경인2 지역부.』

위 글은 작품 설명이며 작품이 아주 잘 만들었으나 훼손된 곳이 있다. 밤고개를 지나 능선 오르막을 오르며 작은봉은 오른쪽으로 사면길로 돌아가 오른쪽으로 내려 능선을 가며 밧줄설치 오르막을 한동안 올라 연리송(連理松)을 10시 9분 지나고 2분 후 통신 안테나를 지나 오른쪽 항공무선표지소 철망 울타리를 따라 오르락 내리락 항공무선 표지소 입구 도로에 내려서니 10시 17분이다.

좌표【 N 37" 44" 54.6" E 126" 59" 27.5" 】

도로에 내려 트렝글을 조작하다 잘못하며 트렝글이 종료되어 이곳에서 부터 다시 트렝글을 시작하여 도로를 따라 200m가량 가다 3분후 도로를 버리고 왼쪽으로 능선 오르막을 올라 삼각점 봉에 올라서니 10시 30분이다. 삼각점(서울 421 1992.재설)이 있으며 내리막을 내려 공원묘지 능선에 내려서니 10시 42분이다. 마루금은 공동묘지 왼쪽 능선을 내리며 공동묘지 능선을 한동안 내려 도로에 내려서 오른쪽으로 도로를 따라가면 천주교 길음동 교회 묘지 입구가 나오는데 왼쪽으로 능선을 따라가다 보니 잘못 내려가 다시도로를 따라 올라와 천주교 길음교회 묘지 입구에 도착하니 11시 10분이다. 천주교 길음교회 묘지 문 입구에서 도로를 따라 내려와 울대마을 향우회 꽃 구판장 앞을 지나 고가도로 아래 울대상회 앞 버스정류장에서 고속도로 아래 통로를 지나 의정부방향 울대고개 버스정류장에 11시 29분 도착한다.

좌표【 N 37" 43" 49.2" E 126" 59" 45.0" 】

오늘 일기예보에 오후에 비가 온다고 하였는데 비방울이 떨어지기 시작하여 이르지만 이곳에서 마무리 하고 대충 정리를 하고 있는데 비가오기 시작한다. 오늘 계획은 도봉산을 넘어 우이령에서 마무리하려고 했는데 일찍 마무리 하고 조금 있으니 의정부행 버스가 와 버스로 의정부 와서 사워를 하고 의정부역에서 1호선 전철로 서울역에 오니 바로 부산행 차가 없어 저녁 8시 20분 KTX로 부산에 오니 10시 47분이다. 오늘 산행은 오

전 산행이었으나 서울역에서 열차표가 없어 어제 부산에서 오는 차표 오후 8시 20분 표를 사 가지고 와 시간여유가 있어 남대문 시장에 들려 구경하고 시장에서 저녁 먹고 8시 20분 차로 부산에 와 집에 오니 11시가 넘었다. 이제 남은 구간은 도봉산과 삼장봉만 넘으면 높은 산은 없다. 이젠 세구간이면 한북정맥도 끝난다.

제2차 한북정맥 단독정맥 9구간

울대고개 도봉산 솔치고개

울대고개 : 경기도 양주시 장흥면 울대리 울대고개
솔치고개 : 경기도 양주시 장흥면 교현리 솔치고개
도상거리 : 울대고개 15.7km 솔치고개
소요시간 : 울대고개 9시간 31분. 솔치고개
운동시간 : 울대고개 8시간 48분. 솔치고개
휴식시간 : 울대고개 43분. 솔치고개

울대고개 도착 7시 25분.   : 울대고개 출발 7시 30분.
철탑 460 m 7시 38분.   : 329봉 1.1 km 7시 55분.
원각사둘레길 1.6 km 8시 06분.   : 영각사삼거리 1.9 km 8시 18분.
사패산 삼거리 2.4 km 8시 33분.   : 사패산 정상 2.5 km 8시 39분.
사패산정상 출 발 8시 44분.   : 원각사 삼거리 2.7 km 8시 52분.
범골 삼거리 3.0 km 8시 57분.   : 회동.송추사거리 3.7 km 9시 9분.
산불감시초소 4.6 km 9시 40분.   : 포대능선 4.7 km 9시 42분.
헬기장 5.0 km 10시 07분.   : 721 봉 5.9 km 10시 24분.
도봉산 자운봉 6.0 km 10시 35분. : 도봉산 출발 10시 39분.
쉼터점심식사 6.9 km 11시 12분.   : 식사후 출발 11시 37분.
오봉산갈림길 7.0 km 11시 39분.   : 헬기장 8.1 km 12시 08분.
우이동 삼거리 8.2 km 12시 14분. : 540봉 8.4 km 12시 30분.
우이암 갈림길 8.5 km 12시 33분. : 우이령쇠귀고개 9.7 km 1시 15분.
우이령등로입구 10.0km 1시 24분. : 암능 갈림길 10.5km 1시 48분.
북한산갈림길 10.9km 2시 14분.   : 562봉 11.5km 2시 38분.
상장봉 갈림길 12.4km 3시 10분.   : 알바 1.8km 1시간 4시10분. 14.2km
상장봉 삼거리 14.3km 4시 18분.   : 둘레길 이정표 15.2km 4시 43분.
솔고개 건널목 15.7k 5시 10분.   : 솔고개 부대앞 16.1km 5시 25분.

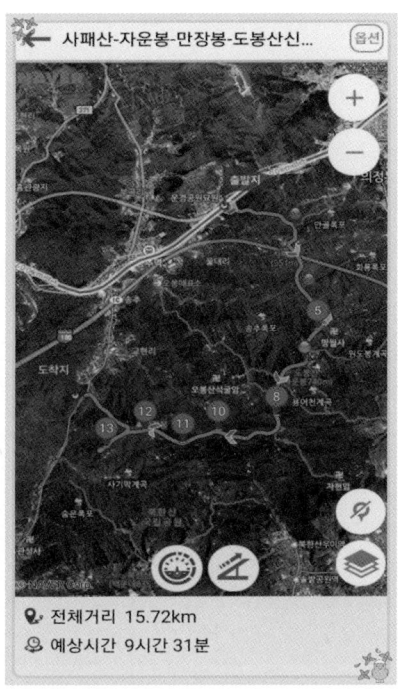

 이번 종주는 사패산 도봉산(자운봉) 우이령 상장봉 솔재고개까지 종주하려고 노포동 고속버스 심야 버스로 동서울터미널에 도착하니 새벽 4시다. 노점 식당에서 우동 김밥으로 아침밥을 먹고 5시 40분 4호선 전철로 구이역 에서 1 호선으로 갈아타고 의정부역에서 내려 택시(7000)로 울대고개에 도착해 7시 30분 산행에 들어가 사패산 도봉산(자운봉) 우이령에 내려서니 비가 와 비를 맞으며 북한산 갈림길 상장봉 뒷길 솔재까지 우중 산행을 했으며 상장봉 뒷길 사면길은 길이 험해 고생을 했으며 그래도 날씨가 포근해 무사히 마쳤다.

2019년 11월 24일 맑음

  이번 구간은 험한 암산으로 단단히 준비를 하고 의정부에서 택시로 울태고개에 도착하니 7시 23분이다. 산행 준비를 하고 버스정류장 왼쪽(송치쪽)으로 절개지위 오르막으로 올라가니 길이 없어져 왼쪽으로 무작정 치고 올라가니 길이 나온다. 초입은 의정부 쪽으로 고개마루에 있는 것을 잘못보고 오른 것이다. 등로를 따라 오르막을 한동안 올라 고압철탑에 올라서니 8시 38분이다. 국가지점번호(다.사. 5589-6997)철탑을 지나 왼쪽으로 방향을 틀어 오르막을 오르며 4 분후 전망바위를 지나 잘나있는 능선을 올라 참호를 7시 55분 지나고 잠시 내려 급경사 오르막을 올라 329봉에 올라서니 8시 1분이다.

좌표【 N 37° 43" 42.1" E 127° 00" 16.1" 】

329봉을 지나 내리막을 내리며 군사시설 보호구역 왼쪽에 통신 안테나를 지나 내리막을 내려서 북한산 둘레길 (산내미길 구간)에 내려서니 8시 6분이다. 산내미길 구간 이정표 북한산 둘레길 왼쪽(가능동) 안골계곡 0.7km 오른쪽 북한산 둘레길 (교현리) 원각사 입구 1.6km 이며 마루금은 직진으로 로프로 길을 가로막아 놓고 출입금지 표시가 있다. 이 구간은 종주자들만 가는 길로 로프를 넘어 능선 오르막길을 한동안 올라 안골에서 올라오는 길에 올라서니 8시 18분이다.

이곳에도 출입금지로 되어있고 로프를 넘어 잘나있는 등로를 따라 오르막을 올라 이정목(원도봉40-02 국가지점번호 다.사 5703-6960)을 지나 통나무 가로막이 길을 한동안 오르고 이정표 사폐산 0.4km 안골입구 1.7km를 8시 23분 지나 암능 오르막을 올라 1분후 나무 계단길이 시작되며 가파른 나무계단을 한동안 올라 능선에서 오른쪽으로 암능을 올라 갓바위에 올라서니 8시 31분이다. 갓바위를 지나 능선 오르막을 올라 도봉산 갈림길에 올라서니 8시 33분이며 마루금은 왼쪽이고 사폐산은 오른쪽으로 0.15km이다. 삼거리 이정표에 안골입구 1.4km 자운봉 3.5km이며 오른쪽으로 암능 오르막길로 올라 사패산 정상에 올라서니 8시 39분이다.

좌표【 N 37° 43" 20.2" E 127° 00" 37.5" 】

　사패산 정상은 암봉으로 전망이 뛰어나며 도봉산 주능선과 오봉 능선 너머로 북한산 인왕산이 보이며 가야할 상장산 능선 오른쪽에 노고산 까지 보이며 지나온 능선과 의정부 시가지가 보이며 오늘은 날씨가 좋아 사방을 관망해 본다. 사패산의 높이는 552m이며, 양주시와 의정부시의 경계에 걸쳐있으며 북한산 국립공원 북단의 한 봉우리 이다. 연중 등산객들이 많이 찾고 있으며 사패산은 서울 근교에서 조건에 맞춰 다양한 산행 코스로 등산할 수 있으므로 사철 인기가 있고, 안골. 범골. 송추계곡. 원각사(圓覺寺) 계곡에서 오를 수 있으며. 의정부시 가릉동, 회

룡동, 호원동 등지 에서도 오를 수 있다. 마을 사람들에 따르면 원래 이름은 사패산(賜牌山)이 아니었다.

산의 전체적인 모양, 혹은 큰 봉우리의 바위 모양이 삿갓처럼 생겨서 갓바위산 또는 삿갓산 이라고 불렀다며 그러다가 조개 껍질처럼 생겼다 해서 일부에서 사패산 이라 부르기 시작 하였고 대부분의 지도에 이것을 따라 쓰는 바람에 사패산이 되었다고 한다. 혹은 조선시대 선조(宣祖)가 딸 정휘옹주(貞徽翁主)에게 하사한 산이어서 사패산이라고 부르게 되었다고도 한다. 사패산이라는 이름으로 알려지면서 옛 이름을 밀어내 버렸지만 원래의 이름을 사용해야 한다고 생각하는 사람들도 있다. 사패산은 북한산 국립공원 북쪽에 위치하며 양주시 장흥면 울대리 동남단에 있으며 양주시 장흥면 교현리의 오봉산 및 서울특별시 도봉구의 도봉산, 선인봉, 만장봉 줄기가 북쪽으로 이어 지면서 그 연봉의 하나로 사패산이 있다.

사패산 봉우리 남쪽에 동서 방향으로 서울외곽순환고속국도 사패산 터널이 지나가고 있으며 서남 방향에는 상장봉과 노고산등 북한산 국립공원 내의 연봉들이 즐비하게 흩어져 있다. 정상에 아침 일찍 올라온 등산객에게 부탁해 사진 한판 찍고 오던 길로 다시 돌아와 삼거리를 8시 48분 지나 가파른 내리막을 내려 원각사 삼거리에 내려서니 8시 52분이다. 이정표에 사패산 0.25km 자운봉 3.1km 오른쪽으로 원각사 1.0km를 지나 나무계단 오르막을 올라 잘나있는 능선길 오르막을 오르며 범골입구 삼거리를 8시 57분 지나며 이정표 자운봉 2.9km 사패산 0.6km 범골입구 2.5km를 지나 오르막을 올라 무명봉을 넘어 송추계곡 사거리에 내려서니 9시 9분이다.

좌표【 N 37" 42" 51.5" E 127" 00" 48.2" 】

　이정표에 오른쪽 송추주차장 3.4km 왼쪽은 회룡탐방지원센타 2.4km 가야할 자운봉 2.3km 지나온 사패산 1.2km를 지나면 심폐소생술 안내문이 있다. 사거리를 지나 암능 오르막을 쇠파이프를 잡아가며 올라 능선을 넘어 약간에 내리막을 내려 나무계단 오르막을 한동안 오르고 산불 감시초소봉에 올라서니 9시 40분이다.

좌표【 N 37" 42" 29.8" E 127" 01" 10.1" 】

　초소봉은 암봉으로 전망이 좋아 자운봉이 올려다 보이며 가야할 오르막을 감상하며 잠시 내리막을 내려 망월사 삼거리에 내려서니 9시 43분이다. 이정표에 왼쪽 망월사 0.5km 원도봉 탐방지원센타 2.4km 사패산 2.3km 자운봉 1.4km를 지나 포대능선으로 들어선다.

　포대능선(砲隊陵線)은 도봉산의 주봉인 자운봉(해발739.5m)에서 뻗은 이 능선은 능선 중간에 대공포 진지인 포대(砲臺)가 있었다고 해서 불려진 이름이다. 이 능선 길이는 약 1.4km 이며 북쪽 사패산 방향으로 원도봉 계곡 회룡계곡 안골계곡 송추계곡으로 산행이 가능하다. 남쪽 도봉산 방향으로 도봉계곡 오봉 능선으로 산행이 가능하며 우이암을 경유하여 우이동 계곡 등으로 산행할 수 있는 북한산 국립공원의 주 탐방로이다. 이곳부터 계속해서 암능을 오르며 돌계단을 올라 헬기장에 올라서니 10시 7분이다.

좌표【 N 37" 42" 11.5" E 127" 00" 56.8" 】

이정표에 왼쪽으로 민초샘 0.1km 원도봉 탐방지원센타 2.4km 사패산 3.0km 자운봉 0.7km를 지나면서 능선을 오르지 않고 오른쪽 우회길로 들어서 비탈길로 한동안 돌아올라 우회길 합류지점에 올라서니 10시 17분이다. 우회길 능선에 올라서 오른쪽으로 암능을 내려서 삼거리에서 왼쪽길 계단길로 올라서 10시 30분 도봉산 안내간판에서 오른쪽 암능 오르막을 철파이프 손잡이를 잡아가며 한동안 올라 도봉산 신선대에 올라서니 10시 35분이다.

좌표【 N 37" 42" 03.4" E 127" 00" 57.1" 】

정상은 암봉으로 장소가 그리 넓지 않아 사람들이 사진만 찍고 바로 내려간다. 정상에는 아무 표시도 없고 안내문에 신선대 정상 표시목 보수중이란 안내문만 있고 전망이 좋지만 사진만 찍고 다음 사람을 위해 바로 내려간다. 정상 건너봉은 올라갈 수가 없고 암능을 조심조심 내려 삼거리 갈림길 에서 마루금은 왼쪽 우이암 오봉쪽으로 가파른 내리막 계단길을 내려 암능을 이리저리 내려가다 오르막을 올라 쉼터에서 이르지만 점심을 먹고 11시 38분 출발해 오봉 갈림길에 올라서니 11시 40분이다. 이정표에 여성봉 2.2km 오봉 1.0km 자운봉 0.9km 우이암 1.7km 이며 오봉산은 오른쪽으로 올라가고 마루금은 우이암 쪽으로 내리막 계단길을 내려가며 이정표 오봉 1.1km 탐방지원센타 3.5km 자운봉 1.0km 우이암 1.6km를 지나며 오른쪽으로 내리막을 내리며 암능을 오르락내리락 오봉 갈림길에 내려서니 12시 1분이다. 이정표에 자운봉 2.0km 우이암 0,5km 도봉 탐방지원센타 2.9km 오봉1.3km를 지나 오르막을 오르며 헬기장에 올라서니 12시 8분이며 2분후 삼각점에 올라선다.

좌표【 N 37" 41" 17.1" E 127" 00" 31.4" 】

삼각점을 지나며 내리막을 내려 4분후 삼거리에 내려서 이정표 우이암 0.4km 도봉 탐방지원센타 2.8km 휴식처 0.8km 를 지나고 능선을 넘어 12시 19분 다시 삼거리를 지나며 이정표 도봉 탐방지원센타 2.7km 자운봉 2.3km 우이암 0.25km를 지나 가파른 오르막 나무계단을 한동안 올라 전망봉에 올라서니 12시 30분이다. 암봉은 전망이 좋아 우이암이 건너다보이고 도봉구 일대가 내려다보이고 북한산 인왕산 상장봉 능선이 줄지어 보인다. 마루금은 암봉을 내려 출입금지 안내간판 뒤 오른쪽으로 잘 나있는 등로를 벗어나 마루금을 따라 가파른 내리막을 내려 능선을 오르내리며 방카봉(참호봉)을 넘어 가파른 내리막을 내려 우이령(소귀고개) 임도에 내려서니 1시 15분이다.

좌표【 N 37" 41" 04.8" E 126" 59" 49.3" 】

마루금은 지도에는 직진으로 되어 있으나 군부대가 주둔하고 있어 길이 폐쇄되고 오른쪽으로 도로를 따르며 화장실을 지나고 쉼터를 지나 왼쪽으로 도로를 따르다 골짜기에서 도로를 버리고 능선으로 올라서며 이곳은 2009년도 1차 때 올라간 기억이 나며 오늘은 우이령에서 정맥팀을 만나 같이 산행에 들어서 이야기를 나누며 가파른 오르막을 한동안 올라 위험지구 암능에 올라서니 1시 48분이다. 오후 늦게 비가 온다고 했는데 이슬비가 내리기 시작한다. 미끄러운 암능에 올라서 왼쪽으로 내리막을 내려 다시 오르막을 올라 북한산 갈림길 에서 2시 4분 오

른쪽으로 능선을 가며 562봉을 2시 26분 지나 간다.

좌표【 N 37" 41" 00.4" E 126" 59" 05.9" 】

　날씨는 계속해서 가랑비가 내리며 암능 오른쪽 사면길로 가다 8분후 상장능선 암능 왼쪽으로 길이 희미한 비탈길을 정맥팀과 같이 오르락내리락 길을 찾아가며 능선 분기점 까지 위험지구를 무사히 통과한다. 이곳 상장능선 길이 한북정맥 중 가장 험한 길이다. 3시 31분 마루금은 삼거리에 올라서 오른쪽으로 올라가야 하는데 정맥팀 선두가 잘나있는 길을 따라 사기막골 내려가는 길을 따라가는데 우중이라 주위를 볼 수 없어 무작정 따라가다 보니 선두가 사기막골로 내려간다기에 지도를 꺼내보니 잘못 내려온 것을 확인하고 정맥팀들은 할 수 없이 사기막길로 내려간다기에 혼자서 다시 빽으로 내려간 곳을 올라오는데 힘이 쭉빠진다. 다시 돌아오는데 왕복 1.8km 를 55분 소모하고 상장봉 갈림길에 올라서니 4시 1분이다.

　　　　　　　좌표【 N 37" 41" 10.3" E 126" 58" 31.9" 】

　바로 내려갔으면 솔고개에 도착할 시간이다. 삼거리에서 왼쪽으로 능선을 한동안 내려오다 능선 왼쪽으로 오랜만에 표지기가 있어 능선을 버리고 비탈길로 한동안 내려 능선길로 들어서 내려오다 통나무 가로막이를 넘는데 갑자기 스피커에서 입산하지 말라는 소리가 들린다. 이곳부터는 통행금지 구역이며 여기서 부터는 북한산 둘레길(충의길구간)이다. 이정표에 왼쪽은 북한산둘레길(진관동) 밤골 공원지킴이 3.4km 직진은 북한산 둘레길(교현리)우이령 입구 1.2km 이며 마루금은 직진으로 내리막을 내려 마을입구 산불감시 안내 간판을 지나 마을 도로를 따라 나와 섬진강 매기매운탕집을 지나 도로에서 오른쪽으로 50여미터 가니 솔고개 버스정류장이다.

　　　　　　　좌표【 N 37" 41" 32.4" E 126" 57" 55.0" 】

　오늘 산행은 오후에 우중 산행이라 가랑비에 옷 젖는다고 옷이 젖었으며 4시 55분 버스정류장에서 트랭글을 마무리 하고 대충 정리를 하고 도로를 건너 군부대 정문앞을 지나 노고산 등산로 입구를 확인하고 버스정류장에서 조금 있으니 34번 버스가 와 버스로 연시내에서 내려 연서시장옆에 24시 사우나에서

목욕을 하고 버스로 서울역에 와서 차표가 없어 9시 입석으로 부산에 도착하니 새벽 0시 10분 집에 오니 0시 30분이다. 집사람 비오는 데 고생했다며 격려해 준다.

제2차 한북정맥 단독종주 10구간

솔고개 – 원당리 수역삼거리

솔치고개 : 경기도 양주시 장흥면 교현리 솔치고개
수역삼거리 : 경기도 고양시 덕양구 원당동 수역삼거리
도상거리 : 솔치고개 22.1 km 수역삼거리
소요시간 : 솔치고개 10시간 12분 수역삼거리
운동시간 : 솔치고개 9시간 1분 수역삼거리
휴식시간 : 솔치고개 1시간 11분 수역삼거리

솔치고개 도착 6시 57분.   : 버스정류장 출발 7시 02분
군부대 입구 0.2km 7시 08분.   : 노고산등산입구 0.9 km 7시 21분.
쉼터 1.2 km 7시 34분.   : 삼각점 이정표 1.3 km 7시 45분.
군부대 후문 1.9 km 7시 54분.   : 354봉 2.4 km 8시 15분.
임도 산판길 2.9 km 8시 30분.   : 군부대 정문 3.8 km 8시 50분.
노고산 정상 4.1 km 8시 55분.   : 헬기장 4.9 km 9시 11분.
336봉 6.2 km 9시 41분.   : 첫번째 철탑 6.8 km 9시 44분.
두번째 철탑 7.5 km 10시 20분.   : 안부 사거리 7.7 km 10시 33분.
옥녀봉 정상 8.1 km 10시 47분.   : 헬기장 8.5 km 11시 02분.
삼막골고개 8.9 km 11시 14분.   : 오등산 9.7 km 11시 39분.
여석정 정자 10.9km 11시 58분.   : 숫돌고개 12.0km 12시 25분.
권율 대로 터널 13.6km 1시 20분.   : 홍익 교회입구 14.8km 1시 38분.
농협대 정문 15.2km 1시 52분.   : 서삼능 삼거리 15.7km 2시 21분.
보리밥집 점심 16.8km 2시 46분.   : 보리밥집 출발 3시 08분.
스카우트입구 17.0km 3시 13분.   : 수역마을 입구 17.3km 3시 20분.

　이번구간은 지난번 도봉산구간에 이어 노고산(487m)구간은 노고산이 최고봉으로 차츰 저지대로 내려서며 336봉 옥녀봉 (204.6m)을 지나고 371번 도로에 내려서 2009년 1차때 기억을 되살리며 오금사거리 건널목을 건너 왼쪽으로 확실한 등로를 확인한다. 이곳부터는 등로(길)이 확실하며 약간에 오르막을 올라 능선을 가며 산판길이 양호하며 숫돌고개 군부대 정문앞을 지나면서 철조망 갓길을 한동안 가며 1차때 기록을 보면 농협대학교 뒤편으로 갔다고 되어 있는데 길이 없고 왼쪽으로 내려와 홍익

교회 입구에서 오른쪽으로 도로를 따라가다 농협대학 정문을 지나고 서삼릉 종마 목장입구 버스정류장 삼거리에서 왼쪽길로 도로를 따르며 정맥은 한양 컨트리클럽으로 본의 아니게 물을 건내며 서삼릉길 삼거리 수역마을 입구에서 기록은 마무리 하고 다음 산행때 이곳에서 출발하기로 하고 마무리 한다.

2019년 12월 1일 오전 흐리고 비 오후에도 계속 비

이번구간은 서울시 은평구와 가까운 양주군 장흥면과 고양시 덕흥구 효자동 경계인 솔고개가 초입이라 11월 30일 저녁 8시 수서행 STX 편으로 수서에서 3호선 전철로 연시내 24시 사우

나(찜질방)에서 잠을 자고 24시 해장국집에서 아침식사를 하고 버스로 솔고개에 도착하니 6시 57분이다. 아직도 날이 밝지 않아 버스정류장에서 산행 준비를 하고 7시 6분 버스정류장을 출발해 도로 건널목을 건너 노고산 등산로 입구를 7시 8분 지나며 군부대옆 도로를 따라가며 마을길 포장길를 따라가다 등산로 입구를 지나가는데 개들이 짖어대 조심하며 지나 등산로 입구에서 이정표를 따라 7시 21분 산길로 들어선다. 초입부터 오르막을 오르며 가파른 오르막을 한동안 올라 쉼터에 올라서니 7시 34분이다. 쉼터를 지나 능선으로 올라서 왼쪽으로 잘나있는 능선길을 가며 가파른 오르막을 올라 방카에 올라서 삼각점이 있는 무명봉에 올라서니 7시 43분이다. 이정표에 솔고개(교현리) 1.3km 노고산 정상 2.6km 청룡사 0.9km 이며 마루금은 군부대 철조망을 따라 오른쪽으로 내리막을 내려 군부대 후문에 내려서니 7시 54분이다. 이정표에 노고산 정상 2.1km 솔고개(교현리) 1.8km 청룡사 0.4km 영일유원지 1.7km이고 군사제한구역 출입금지 안내 간판이 있다. 다시 오르막을 오르며 계속해서 군부대 철조망을 따라 오르며 정맥 분기봉 을 지나며 이곳부터 정상적인 마루금을 따르며 군부대 철조망을 벗어나 오르막을 올라 354봉에 올라서니 8시 8분이다.

　　　　　　　　　　좌표【 N 37" 41" 33.5"　E 126" 57" 14.3" **】**

　354봉을 지나 오른쪽으로 내리며 군사도로 산판길에 내려서

니 8시 28분이다. 이곳부터는 포장 임도를 따라 오르며 오늘은 오후에 비가 온다는 일기예보가 빗나가 아침부터 날씨가 흐리고 비가 내리기 시작하여 비닐우의를 꺼내입고 포장길 오르막을 올라 노고산 정상은 군부대가 주둔하고 있고 마루금은 군부대 정문에서 왼쪽으로 비탈길로 이어진다. 8시 50분 정문 앞에서 군부대 철조망 왼쪽으로 모퉁이를 돌아 노고산 정상석이 있는 헬기장에 내려서니 8시 55분이다.

좌표【 N 37° 40' 57.0" E 126° 56' 49.1" 】

　노고산 정상에는(양주시) 노고산 487m 사람산 산악회 정상석이 있고 이정표 교현리(솔고개) : 삼하리 2.4km 국가지점번호 다.사 5105-6491이 있으며 헬기장에 비박팀 텐트가 여러개 있으며 이곳은 전망이 좋아 북한산이 건너다보이는데 날씨가 흐려 운무에 가려 윤곽만 보인다. 비박 등산객에게 부탁해 사진한판 찍고 내리막을 내려 9시 7분 능선 오르막을 올라 3분후 삼거리 이정표(삼하리 2.0km 노고산 정상 420m 금바위 저수지 2.7km 를 지나고 헬기장에 올라서니 9시 11분이다.

좌표【 N 37" 40" 45.1" E 126" 56" 35.5" 】

정상에는 국가지점번호 다.사 5090-6455가 있고 능선을 오르내리며 국가지점번호 다.사 5084-6375를 9시 35분 지나고 이정표 노고산 정상 1.3km 금바위 저수지 1.8km를 지나 능선 오르막을 오르며 자그마한 돌무덤을 지나 336봉에 올라서니 9시 41분이다.

좌표【 N 37" 40" 19.4" E 126" 56" 33.2" 】

336봉을 지나 전망바위에서 북한산을 배경으로 사진 몇판찍는데 날씨가 흐려 줌으로 당겨도 윤곽만 보이고 잘보이지 않는다. 내리막 능선을 가며 송전 철탑 국가지점번호 다.사 5052-6331를 9시 44분 지나고 내리막을 내리며 삼거리 이정표 노고산 정상 1.8km 금바위 저수지 1.3km 를 지나며 잘나있는 등산로를 벗어나 왼쪽으로 희미한 마루금을 따라 내리막을 한동안 내려가다 무인 카메라를 지나 잘나있는 등산로를 만나 능선을 가며 쇠(철물) 로프줄 가로막이를 10시 14분 지나 잘나있는 등산로를 따라 오르막을 올라 송전철탑(국가지점번호 다.사 4966-3606)을 10시 20분 지나며 오르막을 올라 5분후 삼각점을 지나간다. 마루금은 왼쪽으로 내리막을 내려 중고개에 내려서니 10시 33분이다. 중고개는 고양시 덕양구 지축동과 오금동 사이에 위치한 고개의 이름이다. 주로 고개 아래의 오금동 삼막골 주민들과 지축동 중고개 마을 주민들이 이용 하였으며 중고개 란 이름은 이곳을 통해 스님(중)들이 많이 왕래 했다고 하여 붙 여진 이름이라 한다. 고개 정상에는 예전 성황당 에서 쉽게 볼 수 있는 돌무지가 남아 있으며 북쪽으로는 노고산이 있고 남쪽 으로는 옥녀봉이 있다. 중고개 사거리 에서 직진으로 나무계단 을 한동안 오르고 가파른 오르막을 올라 옥녀봉 정상에 올라서 니 10시 47분이다.

좌표【 N 37" 39" 39.2" E 126" 55" 38.2" **】**

옥녀봉 정상에는 군부대 초소가 있으며 반바지가 걸어놓은 한북정맥 옥녀봉 205m가 있고 마루금은 오른쪽으로 군부대 철 조망 울타리를 따라 내려가 안부 사거리에서 직진(북서쪽)으로 오르막을 한동안 올라 헬기장에 올라서니 11시 2분이다. 정상 에는 작은 삼각점이 있으며 특별한게 없어 마루금을 따라 가파 른 내리막을 내려 절개지 에서 수로를 따라 내려 삼박골 371번 지방도로에 내려서니 11시 13분이다.

좌표【 N 37" 39" 48.6" E 126" 55" 11.4" **】**

마루금은 도로 신호등 건널목을 건너 사거리에서 왼쪽으로 이어지며 고양 한북 누리길 뒤 이정목 삼송역 3.29km 북한산 3.21km 에서 이곳부터는 잘나있는 등로를 따라가며 오르막을 올라 방카를 지나 11시 20분 고양 한북누리길 안내간판을 지나며 오른쪽(서쪽)으로 산판길을 따라 3분후 체육시설을 지나며 이정표 북한산 3.8km 송삼역 2.66km를 지나고 잘나있는 임도 능선길을 따라가며 운동 시설과 사각 정자를 11시 33분 지나며 왼쪽으로 능선을 가다 나무계단을 올라 오송산 전망대에 올라서니 11시 39분이다. 이곳은 오금동과 지축동의 경계 지점으로 동서로 길게 늘어진 고양 한북 누리길 중 전망이 가장 좋은 곳으로 동부에서 남부와 서남 방향에는 좌측부터 북한산 주요 봉우리인 인수봉을 시작으로 백운대를 비롯하여 의상봉 향로봉 비로봉으로 연결되는 15개의 봉우리를 볼 수 있다. 오송산을 지나면서 오른쪽(서쪽)으로 산판길을 이어가며 11시 46분 사각 정자를 지나고 좌로 우로 들락거리며 다시 쉼터를 지나며 왼쪽

으로 내려가 연석정 전망대에 내려서니 11시 58분이다.

여석정 전망대(이야기와 함께하는 한북 누리길) 일명 여석정(숫돌고개정자)에서 바라보이는 가장 전망 좋은 곳이다. 북한산 응봉(매봉) 망월산 대덕산 창릉천(덕수천)을 모두 조망해 볼수 있다. 현재 창릉천을 따라 삼송택지개발지구, 원흥보금자리 주택개발이 진행되고 있다. 옛 남북을 연결하던 중심 도로인 의주대로 일부 구간과 현재의 통일로도 모두 조망해 볼 수 있다. 이곳을 여석정(礪石亭)이라 한것은 숫돌고개를 한자로 사용한 것이며 이곳에 숫돌고개의 입구에 해당하여 붙여진 이름이다. (고양한북누리길) 마루금은 나무계단 내리막을 내려 도로에 내려서 오른쪽으로 올라가 보니 길이 없어 내려와 삼송주택단지입구 삼송주택 표지석에서 주택 입구 도로를 따르다 1번국도 삼송주택 버스 정류장을 지나 삼거리에서 건널목 신호대를 건너 구 도로를 따라 돌아가 군부대(恒右戰場) 정문앞 일명 숫돌고개에 도착하니 12시 25분이다.

좌표【 N 37" 39" 31.1" E 126" 53" 38.2" 】

마루금은 부대정문에서 왼쪽으로 철망 울타리를 따라가야 하는데 오르는 길이 없어 마을 도로를 따라가다 오른쪽으로 임도를 따르다 동래 집 뒤에서 채소밭을 올라 군부대 철조망에 올라서니 12시 35분이다. 이곳부터 철망 울타리 갓길을 따라가다 군부대 초소에서 12시 50분 철망 울타리를 벗어나 왼쪽으로 내려서 왼쪽에서 올라오는 등산로를 따라 오른쪽으로 능선을 오르내리다 거북바위를 1시 8분 지나간다. 서삼능 누리길 거북바위(龜岩)이야기 : 북한산에서 서삼능 방향으로 이어진 한북정맥 삼능 누리길에 있는 바위 이름이다. 화강암 계의 바위로 일부는 자연적인 현상에 따라 땅에 묻혀있다. 거북은 서쪽에 몸이 있고 동쪽으로는 머리를 들어 오른쪽을 보고 있는 모습이다. 오래전 북한산에서 살다가 창릉천을 따라 내려 왔다가 돌아가지 못한 거북이라 알려져 있으며 묻힌 다리가 땅위로 들어나면 창릉천 개울이 마른다는 이야기가 전해진다. 거북바위를 지나 오르막을 올라 돌무덤 봉을 지나며 이정표 서삼릉 2.05km 송삼역 1.70km를 1시 13분 지나고 3분후 이정표 서삼릉 1.99km 삼송역 1.76km를 지나 터널 윗길을 지나 오른쪽으로 내려가다 능주주씨 묘까지 가다 다시 돌아와 왼쪽으로 등로를 따르며 10분간 허비하고 마루금을 따르다 1시 35분 파랑 철조망 문 안쪽으로 들어가 능선을 가다 오른쪽에 농협대학 철망 울타리를 따라 내려가 홍덕교회 입구에서 오른쪽으로 농협대학 정문앞 버스 정류장을 2시 9분 지나간다. 2009년 1차 때는 농협대학 뒤를 지났는데 길이 막혀 일부 돌아 내려온 것이다. 한북정맥은 군부대 도시 시가지 또는 골프장 등으로 정상적인 마루금을 따르지 못하고 우회길이 많은 편이다. 가랑비에 옷 젖는 다고 우의는 입었어도 옷은 젖어 있고 내가 봐도 꼴이 아니다. 마루금을 벗어나 도로를 따르며 서삼릉 삼거리에 도착하니 2시 20분이다.

좌표【 N 37° 38" 25.0" E 126° 52" 06.5" 】

　서삼릉 삼거리 종마목장입구 버스정류장에서 마루금은 왼쪽으로 도로를 따른다. 정상적인 정맥은 한양 컨트리클럽 골프장이 점유하고 있어 도로를 따르며 허부랜드를 지나는데 지금은 폐건물만 있으며 주로 오른쪽은 농장 비닐하우스를 많이 지나가며 서삼릉 버섯농장앞을 2시 37분 지나 이정표 서삼릉 1.4km를 지난다. 마루금은 본의 아닌 물길 다리를 건너 서삼릉 보리밥집앞을 2시 42분 지나가다 우중이라 점심을 못먹고 늦었지만 보리밥집에 들려 보리 비빔밥으로 점심을 먹고 3시 2분 출발해 도로를 따르며 오른쪽에 서삼릉 울타리를 따라가며 3시 13분 한국스카우트연맹 중앙훈련원 입구 표지석을 지나간다.

{서삼릉(西三陵)은 희릉(禧陵), 효릉(孝陵), 예릉(睿陵)의 3기의 능으로 구성되어 있다. 중종 계비 장경왕후의 무덤인 희릉이 처음 들어선 이후 인종과 인종비 인성왕후의 무덤 효릉, 철종과 철종비 철인왕후의 무덤인 예릉이 조성되면서 3릉이 한양의 서쪽에 있다하여 '서삼릉'이란 명칭으로 불리게 되었다. 서삼릉에는 3기의 왕릉 이외에도 3기의 원과 1묘, 왕자 · 공주 · 후궁 등의 묘 47기, 태실 54기 가 자리 잡고 있다. 1665년(인조 23) 소현 세자가 죽자 소현 세자를 이곳에 안장하고 소현묘(昭顯廟)라고 칭하였으나 1870년(고종 7년)에는 소경원(昭慶園)으로 개호 하였다. 일제강점기에는 일제에 의해 조선왕실의 태실, 왕자묘, 후궁묘, 공.옹주묘가 현재의 위치로 집결 되었으며, 해방 이후에 명종후궁 경빈이씨의 묘 외 6기의 묘를 옮겨왔다. 1944년에는 정조의 장남 문효세자의 묘인 효창원(孝昌園)이, 1949년에는 영조의 손자이자 사도세자의 장남 의소 세손의 묘 의령원(懿寧園)이 이곳으로 옮겨왔으며, 1969년에는 성종 폐비 윤씨의 회묘(懷墓)가 서삼릉으로 옮겨왔다.}

마루금은 도로를 따르며 다시 물길(다리)을 건너 송전 철탑을 지나고 삼거리에 도착하니 3시 17분이다. 마루금은 삼거리에서 오른쪽 길로 가야하며 1차때는 산길 능선으로 길이 있었는데 길이 없어 왼쪽길로 들어서 가다보니 도로 공사로 길이 없어져 이리저리 해매다 수역이 마을을 지나 마루금을 벗어나 기록은 삼거리에서 마무리 하고 다음 이곳에서 시작하기로 마음 먹고

10구간 기록은 이곳에서 마무리 한다. 삼거리에는 오른쪽에 뚱쓰 바베큐 음식점 건물이 있으며 오른쪽 길로 가야 하는데 왼쪽 고개를 넘어 수역이 마을로 들어서 도로공사로 능선이 없어져 수역마를 교차로에서 마무리 하고 다음에 삼거리에서 길을 찾아 가기로 하고 버스로 원당에 와서 시장 5 거리 24시 사우나에서 목욕을 하고 원당역에서 전철로 서울역에서 ktx편으로 부산에 도착하니 10시 30분이다. 이제 1구간 남겨놓고 10구간을 마무리 한다.

제2차 한북정맥 단독종주 11구간

수역삼거리-파주 장명산

　이번구간은 제2차 백두대간 9정맥을 마무리하는 한북정맥 마지막 구간이다. 2011년 5월 14일 2차 백두대간을 시작으로 금호남정맥. 금남정맥. 호남정맥. 남남정맥. 낙동정맥. 한남금북정맥. 한남정맥. 금북정맥. 한북정맥 중 오늘이 마지막 구간이다. 이번 종주로 제2차 백두대간 9정맥을 완주하며 제1차 백두대간 9정맥을 10년 제2차 백두대간 9정맥을 8년 도합 18년 동안 긴 세월을 지나며 61세에 1차 백두대간을 시작으로 9정맥을 완주하고 70세에 제 2차 백두대간을 시작으로 금년 78세로 제2차 1대간 9정맥을 마무리 하는 날이다. 제1차 한북정맥은 여름 산행이라 7차에 마무리 했는데 요즘은 해가 짧아 많이 걷지 못하고 비가 오는 날이 많아 11차에 마무리 한다. 물론 10년이란 세월이 지나면서 기력도 조금은 영향이 있지만 그래도 여기까지 한번도 사고 없이 마무리 하게 되어 신령님께 감사드린다. 오늘 마지막 구간 종주차 12월 14일 저녁 8시 Srt 편으로 수서역에서 3호선 전철로 원당에서 잠을 자고 아침 수역삼거리를 출발해 견달산 고봉산 운정 신시가지를 거쳐 한북정맥 마지막봉 파주 장명산(102m)에서 마무리 한다.

수역삼거리 : 경기도 고양시 덕양구 원당동 수역삼거리
파주장명산 : 경기도 파주시 오동동 장명산 공룡천
도상거리 : 수역삼거리 27.7 km 장명산 공룡천
소요시간 : 수역삼거리 10시간 23분. 장명산 공룡천
운동시간 : 수역삼거리 9시간 20분. 장명산 공룡천
휴식시간 : 수역삼거리 1시간 03분. 장명산 공룡천

수역 삼거리 도착 6시 08분   : 수역 삼거리 도착 6시 14분
고속도로 굴다리 550m 6시 22분.   : 31번 국도 1.0km 6시 28분.
부대입구 삼거리 1.3km 6시 42분.   : 군부대 후문 1.8km 6시 49분.
부대정문 진입로 3.0km 7시 12분.   : 군부대 후문 4.5km 7시 38분.
엄흥고개 지방도 4.8km 7시 44분.   : 견달산 정상 6. km 8시 22분.
견달산 출발 8시 44분.   : 문봉고개 6.4km 8시 53분.
예수향교회삼거리 8.2km 9시 24분.   : 조계종 원각사 8.7km 9시 34분.
군 부대 후문 9.5km 9시 50분.   : 군 부대 초소 9.9km 10시 07분.
만경사 10.7km 10시 22분.   : 영천사삼거리 10.9km 10시 28분.
운동시설 11.4km 10시 48분.   : 헬기장 11.9km 10시 51분.
고봉정팔각정자 12.4km 11시 03분.   : 고봉산 삼거리 12.6km 11시 07분.
금정굴 12.8km 11시 13분.   : 황룡산 갈림길 13.5km 11시 29분.
아파트입구도로 14.1km 11시 38분.   : 대림아파트입구 14.6km 11시 48분.
가구거리 입구 15.0km 11시 55분.   : 체육공원 15.4km 12시 04분.
한소망 교회 16.9km 12시 35분.   : 야당리외식식당17.2km 12시 43분.
야당리 식당 출발 1시 25분.   : 새암공원입구 18.4km 1시 43분.
한빛공원 19.1km 1시 54분.   : 전망태크 19.8km 2시 14분.
중앙광장 20.1km 2시 20분.   : 운정건강공원 20.3km 2시 24분.
인공폭포 21.1km 2시 40분.   : 가재울 공원 21.6km 2시 28분.
들꽃 어린이집 22.3km 2시 56분.   : 성재암 입구 23.2km 3시 15분.
고인돌1기념비 24.9km 3시 29분.   : 핑고개.정류장 15.7km 3시 38분.
장명산 정상 27.4km 4시 14분.   : 장명산 출발 4시 27분.
공룡천 도로 27.75km 4시 38분.   :

03 제2차 한북정맥

2019년 12월 15일 맑음

  이번 구간은 산보다 도로를 많이 따르며 초입도 도로를 가기 때문에 아침 일찍 나선다. 어제 저녁차로 수서역에서 전철로 원당에 와서 24시 사우나 찜질방에서 잠을 자고 아침 일찍 일어나 24시 식당에서 아침을 먹고 일찍 택시로 지난번 마무리한 수역마을 삼거리에 도착하니 6시 8분이다. 지난번에 이곳에서 길을 잘못들어 여기서 다시 마루금을 따라간다. 아직 날이 어두운데 산길이 아니고 도로를 가기에 어두워도 무리는 아니다. 삼거리 이정표에 왼쪽은 원당 수역 마을 이고 마루금은 오른쪽으로 도로를 따른다. 산행 준비를 하고 6시 13분 출발해 도로를 따르며 6시 23분 고속도로 굴다리를 지나 2분후 39번 호국로 도로에 도착하니 도로 건너편에 경찰차가 있어 분리대를 넘어야 하는데 넘어가지 못하고 오른쪽으로 GS칼텍스주유소를 지나도 건널목이 없어 할 수 없이 분리대를 넘어 지름길을 찾아봐도 길이 없어 도로를 따라 골동품 가게에 오니 마침 경찰차가 가고 없다. 마루금은 골동품 가게 뒤로 들어서 가다 철로를 건너 올라서니 6시 42분이다. 마루금은 군부대 입구 부대앞 버스정류장 삼거리에서 부대쪽으로 도로를 따르며 아직도 어둠이 깔려 있어도 도로를 가기 때문에 어려움 없이 가며 부대 정문앞을 6시 49분 지나고 계속해서 도로를 따르며 오른쪽 아래에서 기계소리가 요란히 들려 어둠속이라 불빛만 보여 확인을 못하고 도로를 따라가다 보니 원당 관산간 국도대체 우회도로 터널공사장이 날이 밝으면서 확인이 된다. 터널 공사장을 6시 57분 지나고 계속해서 도로를 따르다 오른쪽에 표지기가 걸려있어 능선으로 들어서 가다 오른쪽으로 내려서 전주이씨 가족묘 앞을 돌아 왼쪽으로 임도를 따라 나가니 군부대 정문앞이 나온다.

좌표【 N 37" 40" 37.7" E 126" 50" 06.1" 】

　　마루금은 부대 정문앞에서 오른쪽으로 들어서 부대 철조망을 따라 내려가는데 야자메트를 깔아놓은 길을 내려가 서리가 내려 미끄러워 조심조심 내려가 왼쪽으로 돌아서며 농장 파란망 울타리를 따라가다 오르막을 오르며 7시19분 전주이씨 묘군을 넘어 철조망 갓길을 오르락내리락 가다 오르막을 올라서 군부대 후문에 올라서니 7시 38분이다. 부대 후문에서 오른쪽으로 도로를 따르며 페 벌통이 쌓여있는 곳을 지나며 1차때 이곳을 지날때 벌때에 놀난 기억을 하며 도로를 따라 내려가 엉흥고개에 내려서니 7시 44분이다.

좌표【 N 37" 41" 24.3" E 126" 49" 56.2" 】

　엉흥고개는 2차선 도로가 지나며 송갈 누리길 이정목이 있으며 반바지가 걸어놓은 한북정맥 엉흥고개 65m가 나무에 걸려있으며 능선 오름길은 표지기 몇개가 걸려있어 오르다 보니 길이 희미해 올라서 보니 오른쪽에 서울 문산간 고속도로 공사장이 나와 길이 없어지고 이리저리 해매다 공장뒤로 나오니 다시 2차선 도로가 나온다. 언흥고개에서 많은 종주자 들이 도로를 따르는게 편한길이며 도로에서 GS물류센타 입구에서 도로를 따라간다. GS물류센타 정문앞을 8시 2분 지나 왼쪽으로 물류센타 철망 울타리 샛길을 지나 나가면 나무에 표지기가 걸려 있으며 오른쪽에 서울 문산간 고속도로 터널 공사가 한창이며 터널 공사가 끝나야 올바른 길이 생길 것 같다. 고속도로 터널공사 왼쪽으로 이곳부터는 길이 확실한 오르막을 오르며 강릉김씨 묘을 지나 가파른 오르막을 오르며 돌탑(돌무덤)을 지나 체육시설이 있는 삼거리에 올라서니 8시 19분이다. 삼거리 이정표에 견달산 발원지 480m 식사동 풋살구장 920m 견달산 정상10m 이며 마루금은 견달산 정상에 올라갔다 다시 내려와야 한다. 삼거리를 지나 견달산 정상에 올라서니 8시 22분이다.

좌표【 N 37" 41" 35.3" E 126" 49" 24.7" 】

견달산(132m)정상에는 무인 산불 감시카메라가 있고 정상목에 견달산 132m 가 있고 삼각점(서울 407.1984) (331 FOR H 0206)이 두개 있으며 전망이 좋아 사방을 관망해 본다.

견달산의 이야기

▶ 위치 : 고양시 일산동구 식사동 산1-3번지 및 문봉동 해발

▶ 높이: 132m

견달산은 고양시 식사동의 주산(主山)이 되는 유명한 산으로 북한산(삼각산)에서 이어져온 한북정맥에 속한다. 서북쪽의 고봉산(高峰山)과 북쪽의 독산(禿山)남쪽의 영글이산 과

함께 인근 주민들에게 널리 알려진 산이다. 견달산은 현달산 번달산 등으로도 불리는데 고양시에서 공식적으로 견달산으로 정하였다. 견달산이란 이름은 조선왕조 31년(1755년)고양군지 구이동면(九耳洞面)기록에 자세히 표기되어 있다. '명나라 태조의 세숫대야 물에 신비스러운 기운(서기.瑞氣)이 비추자 신하들을 보내 그 기운을 찾게 하였다. 신하가 기운을 따라 도달한 곳이 이곳 견달산 이었다. 산 정상에 신비스러운 샘이 하나있고 그옆에 한그루의 감나무가 있었는데 쟁반만한 감이 열려있어 명나라 신하가 귀국하여 명나라 태조에게 감을 바치니 산의 이름을 견달이라 하였다.'라는 내용이다. 산의 생김새가 장엄하고 옛부터 신비스러운 기운이 많다고 하여 큰 가뭄이 들면 산 정상에서 기우제(祈雨祭)를 지내오고 있다. 고양시의 주요 하천인 도존천과 장진천이 나누어지는 분수령(分水嶺)으로 옛부터 이어져 오고 있는 견달산의 무한한 정기를 통해 인근 주민들이 행복하기를 간절히 바라며 후대에 그 뜻을 전하고자 이 안내문을 세운다.

『식사동 주민 자치센터 주민참여예산 시행사업』

식사동 주민들의 뜻을 모아 세운다.

(글 정동일 : 고양시 역사 문화제 전문 위원: 서기 2015년 10월)

정상에서 사진도 찍고 쉬면서 사방을 관망하고 8시 42분 출발해 다시 내려와 삼거리에서 문봉동 방향으로 경사진 내리막을 한동안 내려 서울 문산간 터널공사 입구에 내려서니 8시 52

분이다. 고속도로 터널이 견달산 정상을 정통으로 뚫어 산이 망가져 있으며 아직은 공사현장을 내려와 삼거리에 내려서니 8시 52분이다. 이곳부터 마루금은 도로를 따르며 첨단 종합 물류앞을 8시 55분 지나고 2 분후 타워 골드클럽 입구를 지나고 계속해서 도로를 따르며 한솔무역 삼아금속을 지나 9시 10분 경주 최씨 화숙공파 표지석 입구 갈림길을 9시 10분 지나간다. 이곳은 한북정맥 방아고개 표찰이 나무에 걸려있고 마루금은 계속해서 도로를 따르며 2분후 환경 우수기업앞을 지나고 9시 16분 동부현대 자동차 서비스를 지나 예수향 교회앞 삼거리를 9시 24분 지나고 도로를 따르다 9시 30분 오른쪽으로 원각사 표지판을 따라 올라가 원각사를 지나 9시 34분 아파트 사잇길로 들어서 능선을 넘어 임도에 내려서 군부대 철조망을 따르며 마을 고샃길을 가다 군부대 후문앞을 9시 49분 지나 부대 담벼락을 따르다 왼쪽으로 철조망을 따라 숲길로 올라서 철조망 갓길을 따라 오르막을 올라 10시 7분 철조망끝 초소를 지나면서 오른쪽으로 능선을 따라 내려 중산고개에 내려서니 10시 13분이다.

좌표【 N 37" 41" 13.7" E 126" 47" 35.1" 】

중산고개는 성동마을에서 소개울를 넘는 2차선 도로가 지나며 마루금은 삼거리에서 직진으로 만경사 오르는 포장도로를 따라 올라가며 마침 올라가는 등산객에게 부탁해 사진한판 찍고 도로를 따라 오르막을 오르며 3분후 잘 정돈된 탐진최씨 묘원(耽津崔氏 貞愨公(諱潔)派 墓園)을 지나 포장길 오르막을 한 동안 올라 만경사에 올라서니 10시 22분이다. 고봉산 만경사는 아미타불 산신기도 도량으로 오늘도 목탁소리가 처량하게 들린다. 도로를 따라 4분후 영천사 갈림길에서 왼쪽은 영천사 내려가는 길이고 마루금은 고봉산 정상가는 도로를 따르다 군부대 입구에서 도로는 민간인 출입이 금지되어 있고 왼쪽 사면 길로 들어서 간다. 삼거리에는 고양팔현 모당 홍이상 선생 묘역 내용이 있다.

고양팔현 高陽八賢
(모당 慕堂) (홍이상 洪履祥) 선생

홍이상(洪履祥)선생(先生)은 조선시대 중기의 문신으로 명종 4년(1549)에 출생하였고 처음 이름은 인상(璘祥)이며 자는 원례(元禮)또는 군서(君瑞)로, 호(號)는 모당(慕堂)이고 행촌(杏村) 민순(閔純)의 문인(門人)이다. 본관은 풍산(豊山: 安東 豊山)이고 시조(始祖)가 홍지경(洪之慶)으로 고려조(高麗朝)고종(高宗) 29년 (1242) 문과에 장원급제하여 벼슬이 국학직학(國學直學)이다. 이때부터 대대로 문맥(門脈)이 이어졌으며 구세조(九世祖) 증(贈) 좌찬성(左贊成) 수(蕣)의 아들이다. 고양팔현(高陽八賢)의 한사람으로 선조 6년(1573) 정시(庭試)에 장원(壯元)으로 급제하고 선조 12년(1579)殿試)에도 장원급제(壯元及第)하였다. 정언(正言) 수찬(修撰) 이조좌랑(吏曹佐郎)을 역임하고 독서당(讀書堂)에서 사가독서(賜暇讀書)를 하였으며 교리(校理), 집의(執義), 응교(應敎), 사간(司諫), 사인(舍人), 직제학(直提學)에서 동부승지(同副承旨)가 되었고 독서당에서 사가독서(賜暇讀書)하는 것을 겸하고, 특별히 이조참의(吏曹參議)가 되었다. 선조 25년(1592) 임진왜란(壬辰倭亂)때 예조참의(禮曹參議)로서 임금을 호종(扈從)하였으므로 병조참의(兵曹參議)가 되었다. 선조 27년(1594) 성절사(聖節使)로 명(明)나라에 다녀온 뒤 선조 28년(1595)까지 경상도관찰사(慶尙道觀察使)로서 왜구(倭寇)와 싸웠으며 선조 29년(1596) 첨지중추부사(僉知中樞府事), 선조 30년(1597) 경기도관찰사(京畿道觀察使)로 임무를 마치고 전란(戰亂) 후 부제학(副提學), 대사간(大司諫)이 되었다가 특별히 가선대부(嘉善大夫)가 되었고 대사성(大司成), 대사헌(大司憲)을 거쳐 앞 뒤로 지낸 벼슬이 세번 혹은 네 번 이었다. 광해군(光海君) 즉위년(1609)에 시사(時事)가 그릇됨을 보고 힘써 외직(外職)을 구하여, 개성유수(開城留守)가 되었고, 광해군 6년(1614) 임기(任期)를 마치고 송도(松都)에서 곧바로 선영(先塋)과 옛 집이 있는 한성(漢城) 서쪽의 백암포(白巖浦 ; 지금의 고양시 대화 2리)로 돌아와 물가에 조그만 정자(亭子)를 지어 『낙양 樂洋』이라고 편액(遍額)을 달았다. 광해군 7년(1615) 4월부터 신환(身患)이 깊어져서 동년 9월 19일에 춘추 67세로 서거(逝去)하였다. 후(後)에 영의정(領議政)에 추증(追贈)되었고 시호(諡號)가 문경(文敬)이고 문집(文集)으로 『모당유고(慕堂遺稿)』가 있다. 고양시(高陽市)의 문봉서원(文峰書院)에 배향(配享)되어 있고 충주시(忠州市) 금가면(金加面) 하담리(河潭里)에는 정조 10년(1786)에 창건하여 모당(慕堂)선생만을 배향(配享)하는 하강서원(荷江書院)이 있다. 고양시(高陽市) 성석동(城石洞) 고봉산(高峯山)기슭 정강(正岡)에 이준(李埈)이 찬(撰)한 묘비(墓碑)와 인조 9년(1631)에 이정구(李廷龜)가 찬(撰)한 신도비(神道碑)등이 있고 모당(慕堂) 선생과 증(贈) 정경부인(貞敬夫人), 안동김씨(安東金氏)와 합폄(合窆)으로 된 묘역(墓域)이 있다. 옮긴글

군부대 입구에서 왼쪽으로 사면길로 돌아가다 왼쪽으로 내려가야 하는데 무심코 돌아가니 체육시설이 나온다. 2009년 일차 때 생각이나 지도를 보니 마루금을 벗어난 것을 확인하고 10시 41분 다시 지름길로 간다.

고봉산 : 춘향전 이야기가 있다.

"여러분 춘향전 이야기를 잘 아시지요? 그러면 고봉상에 더 오래된 춘향전의 뿌리가 있다는 것도 아시나요? 아주 오랜 옛날 백제땅 고봉(현제일산지역)에 절세에 미녀 한 구슬이라는 처녀가 살았답니다. 당시 국경을 넘어 염탐하러온 고구려 홍인 왕자와 사랑에 빠졌답니다. 그런데 마을의 태수가 예쁜 한구슬에게 결혼을 요구하자 청혼자가 있다" 며 거절하였죠, 이에 화가 난 태수는 한구슬을 사형하라 했답니다. 이때 고구려 홍인왕자는 왕이 되었고 왕은 군사들을 시켜 한구슬을 구출 후 산에서 봉화를 올리게 했는데 바로 이곳이 봉화를 올린 고봉산(高峯山)이요, 한구슬과 안장왕이 다시만난 곳이 덕양구

의 왕봉(王蜂)이라 합니다. 어때요? 과히 춘향전 스토리와 거의 비슷하죠? (전해오는 이야기~)

지름길로 들어서 2분후 마루금을 따라 능선을 내려가며 운동시설을 10시 48분 지나고 잘나있는 길을 따라 영천사 갈림길을 10시 52분 지나고 3 분후 헬기장을 지나 삼각점 봉을 10시 57분 지나 왼쪽으로 나무계단을 내려서 고봉정 정자에 도착하니 11시 2분이다. 고봉정에서 사진한판 찍고 내리막을 내려 도로에 내려서니 11시 6분이다. 도로를 따라가 고봉삼거리 순두부 명가 쌈밥집을 지나 고봉삼거리 98번 지방도로

건널목을 11시 8분 건너간다. 건널목 건너 왼쪽에 금정굴 장승목이 있으며 인권과 평화의성지 금정굴 간판에는 『부족한 전쟁비용을 수탈하기 위해 일본 제국주의는 고양 덕이리 한산마을 뒷산인 황룡산 자락 끝까지 금광을 개발했다. 당시 금 구덩이로 불리던 금정굴은 한국전쟁 국군수복후인 1950년 10월 6일 부

터 25일까지 고양경찰서에 의해 200여명의 주민들이 학살당하는 참극의 현장이 되었다. 1995년 9월 반백년동안 숨죽이며 살아왔던 유족들이 부모 형제의 유골 이나마 찾고자 용기를 내어 발굴을 시작했다. 암흑 속에 있던 153구의 유골을 비롯하여 희생자들의 손발을 묶었던 통신선, 심장을 뚫었던 총탄, 죽음을 예감하지 못하고 지녀온 비녀, 빗, 곰방대 등 1천 여점의 유품이 빛을 보게 되었다. 2007년에 와서야 대한민국은 이들의 억울한 죽음을 인정 했으며 2012년 사법부 역시 국가의 불법 행위에 의한 배상 책임을 받아들였다.』그런데 1950년 10월 에는 6.25 사변으로 잠시 공산군들이 점령했고 인민 공화국 시절 공산당에 합세해 우리 국민들이 많이 희생당한 일들이 있었는데 6.25 사변으로 인해 많은 국민들이 희생당했으므로 이곳을 지나면서 앞으로는 6.25와 같은 전쟁은 이 나라에서 사라지기를 기원할 따름이다. 마루금은 오른쪽으로 오르막을 올라 왼쪽으로 능선을 올라서 금정굴 현장에 올라서니 11시 13분이다.

좌표【 N 37" 41" 58.7" E 126" 46" 47.7" 】

여기에는 다음과 같은 간판이 있다.

≪이곳에 위치한 금정굴은 1950년 6.25 전쟁중 9.28 수복으로 점령중인 북한군이 후퇴하자 부역자를 색출한다는 명분으로 부역자 가족들 남녀노소를 비롯 억울한 사람들이 반공 단

체와 경찰에 의해 대량으로 집단 학살된 곳이다. 수복 후 에는 실제 좌익 활동자는 월북한 후여서 남아있던 사람들은 죄가 없어 피신할 필요가 없다고 자부하던 사람들이었는데 그중에는 개인감정을 가진 사람들도 포함되었다고 한다. 당시 학살당한 고양경찰서장 '이무영'은 불법학살에 대한 책임으로 파면되었다고 한다. 그러나 유가족들은 그 후로도 빨갱이 가족이라는 누명을 쓰고 재산도 잃고 사회적 활동도 마음대로 하지 못하며 온갖 어려움을 겪고 살아오고 있고 44년이 지난 지금도 이곳에 와서 떳떳하게 성묘한번 제대로 못하고 있다. 이에 일부나마 유가족들이 모여 일산 금정굴 가족회를 결성하고 왜곡된 역사의 진실을 규명하고 명예회복 및 유골의 발굴 안장을 추진하고 대통령과 국회등 각계 요로에 청원서를 보내는 등 활발한 활동을 전개하고 있다. 따라서 언젠가는 역사의 진실을 규명하고 억울하게 돌아가신 영정들을 위로하며 후손들의 명예회복과 나아가 용서와 화해로서 정의로운 사회를 건설하고 민족의 숙원인 조국의 평화 통일에 미력이나마 기여하고자 안내문을 세우게 되었다.≫

이 글을 보면 6.25 당시 북한에 동조하고 선량한 국민들을 학살에 동조한 지역주민들이 많았는데 수복 후 이자들이 북한으로 월북 한자가 많았으며 월북하지 못한 사람들을 색출해 처형하는 과정에서 억울하게 처형당한 자들도 있다고 본다. 유가족들의 글에 용서와 화해로서 정의로운 사회를 건설하고 민족의 숙원인 평화 통일에 미력이나마 기여한다는 말이 마음에 와 닿는다. 금정굴 안에는 그 현장을 보존하고 있다. 마루금은 금정굴을 지나 능선 오르막을 오르며 황룡산 등산로를 따라 오르막을 한동안 올라 체육시설이 있고 쉼터가 있는 분기점에 올라서니 11시 27분이다.

좌표【 N 37" 42" 13.3" E 126" 46" 24.6" 】

 이곳에서 황룡산은 직진이고 북쪽으로 오던 마루금은 왼쪽(서쪽)으로 내리막을 내려가며 돌무덤을 지나고 능선길을 한동안 내려 호국중학교 뒤를 지나 (EMT)이마트 앞 건널목을 11시 38분 건너 이마트 옆 호국초등학교 뒤를 지나 큰마을 대림현대아파트 중간길을 지나 큰마을 아파트 버스정류장앞 한국유통가게 앞에서 왼쪽으로 도로를 따라 내려와 큰마을 대림아파트 입구에서 11시 48분 큰 도로를 따라 오른쪽에 탄현 큰마을 쌍용아파트 버스정류장을 지나 철길위 탄현 큰마을 다리를 지나 일산 가구단지 사거리를 건너 마루금은 오른쪽 가구단지로 이어간다.

좌표【 N 37" 41" 58.1" E 126" 45" 34.0" 】

 마루금은 오른쪽 일산 가구단지 길을 따라가며 삼익가구 다우닝가구 보르네오 가구등 각종 가구점을 지나 도로를 건너 덕이근린 공원길을 따라 북쪽으로 도로 갓길을 가다 건널목을 건너 직진으로 12시 5분 일산 하이파크 1단지 정문에서 아파트 안으로 들어가 나가는 곳을 찾아봐도 나가는 길이 없어 다시 정문으로 나와 (아파트 안에서 25분 허비) 아파트 오른쪽으로 울타리를 벗어나 북쪽으로 한소망 교회를 12시 35분 지나며 고양군 일산 서구 독이동을 벗어나 한북정맥 마지막 지역 파주시 야당동 으로 들어서 5 분후 왼쪽에 연못성당앞을 지나 오른쪽 야당리 골프 연습장 삼거리에서 왼쪽 야당리 외식공간(축산물 도매 공판장)건물 뒤로 올라가다 시장기가 들어 12시 50분 축산 식당에 들려 쇠머리 국밥(7000원 공기밥한개 1000원)한그릇을 먹고 1시 25분 출발해 도로를 따르다 삼거리에서 오른쪽으로 도로를 따르며 일산 칼국수집에서 오른쪽으로 가다 훈장골집 명륜진사 갈비집을 지나고 도로 갓 언덕길을 따라가다 예향정 음식점 앞 사거리에서 오른쪽으로 건널목을 건너 운정 세암공원 입구 계단을 올라선다. 1시 43분 새암공원 입구 계단을 올라서 공원길을 가며 곳곳에 시(詩) 간판을 지나며 세암공원을 지나 도로위 육교를 1시 54분 건너 한빛공원을 지나면서 아파트 왼쪽으로 한빛 한의원을 지나고 공원길을 가다 오른쪽으로 도로갓길 오르막을 올라 도로위 공원로를 건너 운정 다목적 체육관을 지나고 다목적 구장을 돌아 운정 건강공원과 한울도서관 앞을 2시 17분 지나 오른쪽으로 가면 팔각정이 나온다. 운정지역을 지나면서 마루금은 대략 공원을 통과하여 길찾기가 어려움 없이 진행한다. 팔각정을 지나 육교를 건너 내려서면 공원길을 가며 교하 운정태니스 연합회. 가온 B구장 갓길을 2시 25분 지나 산판길 인도를 따라 공원길 능선을 가며 삼거리에서 직진으로 가며 공원길 오른쪽 해솔 삼부르네상스 아파트 단지를 지나며 운정 건강공원 길을 가며 가은동 사거리 왼쪽 공원길 육교를 2시 37분 건너가 가재공원 길을 가며 오른쪽 도로건너 해솔마을 2 단지 월드메드리양 아파트단지 상가 목동 삼거리를 지나간다.

좌표【 N 37" 43" 22.1" E 126" 44" 45.5" 】

목동 삼거리를 지나 계속해서 인공 물길(개울)을 따라가며 삼거리에서 오른쪽으로 가며 화산 인공폭포를 2시 46분 지나 책향기로 공원 산책길 육교를 건너 2 분후 가재울 공원 안내간판을 지나 가재울 공원길을 가며 2 차선 도로 신호대 건널목을 2시 52분 건너간다.

좌표【 N 37" 43" 49.5" E 126" 44" 27.7" 】

2차선 도로는 왼쪽에 청암초등학교와 산내마을 8 단지 월드메르디양 아파트 803동 804동 805동 806동 뒤로 임도를 따르며 이곳부터는 가재울 공원을 벗어나 2분후 임도 삼거리를 지나며 왼쪽은 두레공원 가는 길이며 오른쪽 고인돌 방향 산책로를 따르며 교하 고인돌 산림공원 안내간판을 지나 2 분후 坡平尹氏貞靖公波 墓域入口 표지석을 지나고 삼거리에서 왼쪽길로 산판길 산책로를 따라가며 산책로 사거리를 지나 들꽃 어린이

집 앞을 2시 57분 지나간다. 마루금은 들꽃 어린이 집을 지나며 오른쪽으로 산길을 따르며 능선을 넘어 56번 지방도로 동물통로 육교를 3시 7분 건너간다.

좌표【 N 37° 44" 10.5" E 126° 44" 20.9" 】

2009년 1차때는 왼쪽 아래 굴다리를 통과해 이곳에 올라 왔었는데 동물 통로육교를 건너오니 시간이 많이 단축된다. 포장임도에서 직진으로 파평윤씨묘(坡平尹公諱英秀之墓)뒤로 임도 산책길을 가며 길가에 곳곳에 파평윤씨 묘를 지나 성재암 삼거리에 내려서니 3시 15분이다.

좌표【 N 37° 44" 26.8" E 126° 44" 28.5" 】

대한불교조계종 25교구 봉선사 말사인 성재암은 550여년 전에 창건 하였으며 창건당시 개발된 성재정(井)은 성재암의 대중과 인근 주민들이 식수로 사용하여도 충분 하였고 아무리 가물어도 일년내내 마르지 않았었는데 가람 중건당시 매몰한 체 방치 하다가 2004년 4월 10일 복원하여 인근 주민들의 성원을 받

고 있다고 한다. 성재암은 삼거리에서 오른쪽 아래에 있으며 성재암 표지석이 있고 이 부근 전체가 파평윤씨 종종 묘역이며 경기도 기념물 제182호 로 지정된 곳이다.

경기도 기념물 182호

　소재지 : 경기도 파주시 당하동 산4-20외.

　이곳 파주시 당하동. 와동동. 다율동 일대의 파평윤씨 정정공파 교하 종중의 선산에는 정정공 윤번을 중시조(中始祖) 로 하는 정정공파의 묘역 약 600여기가 조성되어 있다. 이 묘역은 조선시대의 묘역이 한 종중에 의해 연대별로 집중되어 있는 곳으로 묘역의 역사적 계기성을 살펴볼 수 있다는 점에서 매우 중요한 유적지라 할 수 있다. 최근 이곳 일대가 택지개발지구로 지정 되어 문화재 훼손의 위기가 있자 정정공파 교하 종중에서 묘역을 보존하기 위해 경기도 문화재로 지정 신청해 이것이 받아들여져 보존할수 있게 되었다. 이곳 묘역에 조성되어 있는 묘제 및 식물.각종 묘비등은 조선 초기에서 후기까지의 시대별 특징과 함께 역사적. 묘제적. 미술사적. 복식사적인 측면에서 다양한 형태를 갖추고 있어 조선시대 분묘의 특징을 한곳에서 관찰할 수 있는 국내 유일의 유적으로 평가 받고 있다. 이곳에는 조선전기 세조의 비인 정희왕후의 아버지 파평부원군 정정공 윤번(尹璠1384-1448)과 조선중기 종중의 계비인 장경왕후의 아버지 파원부원군 정헌공 윤여필(尹汝弼1466-1555)

정종의 둘째 계비인 문정 왕후의 아버지 파산부원군 정평공 유지임(尹之任1475-1534) 묘 등 부원군 묘 3기와 정승묘소 7기. 판서묘소 8기. 승지묘소 12기. 참판묘소 30기 등이 이곳 일대에 산재하고 있다. 이외에도 여러 관직의 벼슬을 지낸 인물의 묘역이 수백기에 달해 조선시대 관직의 일면을 살펴보는 데도 좋은 자료다.

성재암은 오른쪽 아래에 있고 마루금은 왼쪽길로 간다. 마루금은 성재암 삼거리를 지나 산책길을 가며 넓은 평상을 지나고 파평윤씨 교하 종중 묘역 입구 표지석을 3시 22분 지나고 계속해서 교하 고인돌 산책로 이정표를 3시 27분 파주 당하리 지석묘군 1 호 묘역을 지나간다.

좌표【 N 37" 44" 48.6" E 126" 44" 22.9" 】

지석묘 1호는 산책로에서 오른쪽 20여미터 안에 있고 경기도 기념물 제129호 표지석이 있다.

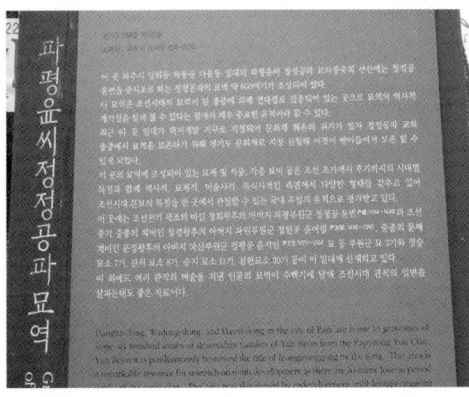 

고인돌 묘역은(파주 다율리.당하리지석묘군 1호)
坡州 多栗里 堂下里 支石墓群 경기도 기념물 제 129호

파주 다율리, 당하리 지석 묘군중 1호인 이 지석묘는 북방식 고인돌로 받침돌은 보이지 않으나 원래 상태인듯 하고 보존 상태가 양호하다. 서쪽으로 10도 기울어져 남북으로 긴 지름인 형태로 1.960mm×1.430mm 크기이다.

지석 묘역은 파란철망 울타리 안에 보통 산에서 많이 볼 수 있는 형태로 그리 크지 않고 타원형으로 되어 있다. 지석묘에서 사진한판 찍고 돌아 나와 파주특수 교육원센타 뒤를 지나 마을 민가를 지나고 삼거리에서 마루금은 왼쪽 임도를 따르며 삼거리 오른쪽에는 파주시 지석묘군 2호에서 6호까지 현황표와 안내문이 있다.

파주시 다율리 당하리 지석묘군 坡州 多栗里 堂下里 支石墓群 : 파주 다율리, 당하리 지석묘군은 1965년 파주시 교하중학교 근처 다율리와 당하리. 교하리가 인접한 구릉지대에서 발굴된 100여기가 넘는 고인돌 무리를 말한다. 지석묘 즉 고인돌은 청동기 시대의 대표적인 무덤으로서, 경제력이 있거나 정치권력을 가진 지배층의 무덤으로 알려져 있다. 거대한 바위가 지상에 드러나 있고 그 밑에 고인돌(굄돌지석) 무덤방(널방묘실)등이 있는 구조로 되어있는 고인돌은 큰 돌을 괴고 있다는 뜻의 '굄돌'에서 유래된 말이다. 고인돌은 전 세계적으로 약 6만여기가 분포해 있는데 우리나라 에는 남북한 합쳐 3만~4만여기 정도가 있는 것으로 보고되어 세계에서 가장 조밀한 분포 양상을 보이고 있다. 고인돌은 외형에 따라 널돌로 지상에 무덤방을 만들고 그 위에 덮개돌을 올려놓은 탁자식 고인돌과 무덤방을 지하에 만들고 작은 굄돌을 놓은 뒤 그 위에 덮개돌을 올려놓은 기반식 고인돌, 그리고 지하에 만든 무덤방 위에 바로 덮개를 올려놓은 개석식 고인돌로 분류된다. 파주시 다율리 당하리 지석묘군은 군부대 시설물 공사 과정에서 대부분 파괴되었다. 파괴된 고인돌 중 일부는 온양 민속 박물관 등으로 옮겨 복원 되었고 현재는 20여기 만이 남아 있으며 그 가운데 상태가 양호한 6 기가 기념물(경기도 지정 문화제)로 지정되어 있다. 다율리 고인돌은 훼손되어 원래의 모습을 정확하게 알기 어려우나 탁자식 고인돌이었던 것으로 추정되며, 주변에서 작은 토기 조각들이 발굴 되었다. 당하리 고인돌 역시 훼손이 심하고 대부분 제자리를 벗어나 있으며 개석식 고인돌이다. 주변에서는 간돌검 화살촉 숫돌등과 청동기 시대의 집터가 발굴 되었다. 집터 안에서 구멍무늬 토기, 민무늬 토기, 간돌검, 가락바퀴 등이 나왔는데, 발견된 유물과 집터는 고인돌을 만든 청동기 시대의 사람들의 생활양식을 연구하는데 좋은 자료가 된다.

3시 32분 지석묘 삼거리에서 왼쪽으로 포장길 임도를 따르며 3분후 삼거리를 지나며 왼쪽에 파주특수 교육원센타 정문을 보며 파평윤씨 정정공파 묘역 입구 표지석을 지나 도로를 따라 내려가 핑고개 지방도로 오동동 버스정류장에 도착하니 3시 38분 이다.

좌표 【 N 37° 44' 56.4" E 126° 44' 11.7" 】

핑고개는 삼거리에 2차선 도로가 지나가며 마루금은 도로를 건너 버스 정류장 오른쪽에 종주자들 리본이 많이 걸려 있다. 마루금은 오른쪽 도로를 따라가며 쌍림문화 주식회사 정문앞을 지나 공장 끝 사운드 로직 스피커(오무사) 앞마당을 지나면 숲길로 들어서 가는데 갑자기 트렌글 빼지가 들어온다. 1차 때는 쌍림문화 건물 안으로 들어가 능선을 넘어 폐기물 처리장 마당을 통과했는데 길이 없으며 오무사 앞마당을 지나 숲길로 들어서 가면 아래 마을에서 올라오는 길을 따라 20~30m 가면 오른쪽으로 올라가는 길이 있으며 언덕을 올라서면 오른쪽 아래 환경 폐기물 처리장을 내려다 보며 능선길을 가다 안부에 내려면 리본이 많이 걸려있다. 1차 때는 쌍림문화 건물 뒤로 올라가 환경폐기물 처리장길을 지나 길도없는 가파

른 오르막을 올라오는데 힘들여 왔었는데 이길이 정상적인 길이며 편히 올 수 있는 길이다. 안부에서 가파른 오르막을 올라 장명산 정상에 올라서니 4시 16분이다.

좌표【 N 37° 45" 14.4" E 126° 44" 02.2" 】

장명산(102m)정상에는 2030 아띠산악회에서 새운 표지석이 있으며 2009년 6월 7일 1차 때는 정상석이 없었으며 종대와 깃대는 옛날 그대로 이며 꼭 10년 6개월 만에 다시 정상에 올라와 보니 감회가 새롭다. 이로서 제 2차 백두대간을 70세에 시작으로 9정맥을 78세에 완전히 마무리 한다.

십년이란 세월이 지났지만 산(山)과 천(川)은 옛날 그대로 인데 주위 환경은 많이 변해 있으며 이번 종주를 끝으로 정맥은 끝을 맺고 다가오는 2020년에는 지맥 산행과 일반 산행을 기약하며 마무리하고 가파른 내리막을 내려 공릉천에서 4시 38분 마무리 하고 도로를 따라 파주시 택시에 전화를 걸어 택시를 불

러놓고 조금 있으니 택시가 온다.

　오늘 부산가는 차표를 저녁 8시차로 표를 사놓아 시간이 촉박해 택시로 대화역 까지 와서 3호선 전철로 수서역에서 SRT 열차 편으로 부산에 도착하니 10시 50분이다.

　그동안 저를 지켜보며 도와주시며 성원해주신 모든 분들께 감사드리며 앞으로도 건강이 허락되는 때까지 산행에 열중할 것을 약속드리며 한북정맥을 끝으로 제 2차 1 대간 9정맥을 마무리 합니다.

| 제2차 백두대간 9정맥을 마치며 |

• 『산경표:山徑表』와 大幹 正幹 正脈 •

　조선 후기의 실학자 여암 신경준이 저자로 알려져 있다. 1개의 대간과 1개의 정간, 13개의 정맥 등으로 조선의 산줄기를 분류 했는데, 해방전, 해방후 우리가 배운 산맥과는 다르다. 태백산맥 소백산맥 노령산맥 등은 존재하지 않는다. 산은 물을 가르며 맥이 이어지고 물은 산을 넘지 못하며 줄기(맥)끝에서 합류한다. 그렇다면 우리가 해방 전 후에 배워온 태백산맥 소백산맥 노령산맥 등은 무엇이며 어떻게 다른가? 이 산맥 개념의 명칭은 일제가 조선 강점을 기정사실화 해가던 무렵인 1903년, 일본인 지리학자 고또분지로(小藤文次郎)가 발표한 『조선의 산악론』에 기초하여 일본인 지리학자 야쓰쇼에이(失洋昌永)가 집필한 『한국지리』에서 기인된 것이다. 고또분지로(小藤文次郎)가 우리나라 땅을 조사한 것은 1900년~1902년 세 차례에 한나라의 지질구조를 당시의 기술 수준으로 그만한 기간에 완전하게 조사했다고는 상상할 수 없는 일이다. 그럼에도 불구하고 1903년에 발표된 한 개인의 이 지질학적 연구 성과는, 향후 우리나라 지리학의 기초로 자리잡아 산경표를 대신하여 지리교과서에 들어앉게 되었다. 그는 조선의 지질을 연구하여 [한반도의 지질구조도]라는 것을 발표 하였고, 거기에 기초하여 태백산맥, 소백산맥 노령산맥 따위의 산맥 이름이 생겨나게 되었다. 산맥은 산을 지질구조에 의해 분류한 것으로 실제 지형과는 달리 땅속의 구조를 지도에 표기한 것이기 때문에 이것으로는 우리나라 산줄기의 모습을 제대로 파악할 수 없다 산맥(山脈)과 정맥)正脈은 그 개념부터가 다르다. 山脈은 지질학적 조사를 바탕으로 만든 지질 구조선 ≪동일한 광물의 분포를 선적 <線的>개념으로 배열한 것≫ 위에 그 선을 따라 산이 분포 한다고 주장한 것이며. 정간(正幹) 정맥(正脈)은 우리나라 산의 외형적 구조 즉 생긴 모습 그대로 반영한 것이다. 이러한 산줄기 체계는 1770년 신경준의 『동국문헌비고』의 『여지고 산천 총설』에 대간(大幹) 정간(正幹) 정맥(正脈) 체계를 확립해 두었고 1800년경 이를 바탕으로 우리 선조가 『산경표』를 만들고 산줄기 이름을 지어 붙였다.

  우리나라 15개의 산줄기는 백두대간(白頭大幹), 장백정간(長白正幹), 청북정맥(淸北正脈), 청남정맥(淸南正脈), 해서정맥(海西正脈), 임진북예성남정맥(臨津北禮成南正脈), 한북정맥(漢北正脈), 낙동정맥(洛東正脈), 한남금북정맥(漢南錦北正脈), 한남정맥(漢南正脈), 금북정맥(錦北正脈), 금남호남정맥(錦南湖南正脈), 금남정맥(錦南正脈), 호남정맥 (湖南正脈), 낙남정맥(洛南正脈) 등이다.

산지 분류가 강의 수계를 기준으로 되어 있고 국토 전체가 산맥으로 연결되어 있으며, 백두산을 출발점으로 하고 있는 점 등 선조들의 자연에 대한 인식 체계를 보여준다. 한개의 산줄기가 있으면 좌우로 물이 흐르고 산이 끝나는 지점에서 물이 합류하는 게 산맥이다. 또한 한개의 물줄기에는 좌우로 산맥이 있다.

 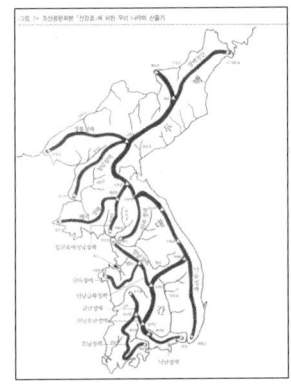

- 백두대간(白頭大幹) : 백두산에서 시작해 북한에 원산 낙림산 금강산까지 북한에 속해 있다.
- 장백정간(長白正幹) : 북한에 속해있으며 백두대간의 원산에서 분리되어 장백산을 거처 동북쪽으로 거문령 백악산을 지나 두만강 하구의 서수라곶에서 멈춘다.
- 청북정맥(淸北整脈) : 북한에 속해있으며 백두대간의 낙림산에서 북한의 태백산을 거처 서쪽으로 뻗어 자연 장성을 이루고 있는 적유령 천마산을 거친 후 신의주 앞바다 미진곳에서

멈춘다.
- 청남종맥(淸南正脈) : 북한에 속해있으며 백두대간 낙림산에서 시작해 자막산을 거처 서남쪽으로 흘러 묘향산에 이른후 계속 서남쪽으로 이어져 월봉산 도회령을 거처 삼화의 증악산까지 뻗은 산줄기이다
- 해서정맥(海西正脈) : 북한에 속해있으며 백두대간 두류산에서 시작해 서남쪽 개련산 까지 이어지고 이곳에서 덕업산을 거처 북상하다가 언진산에서 남쪽으로 고정산 멸악산을 지나 장연의 장산까지 뻗은 산줄기이다.
- 임진북예성남정맥(臨津北禮成南正脈) : 북한에 속해 있는 산이며 임진강 북쪽과 예성강 남쪽의 산줄기다. 해서정맥 개련산에서 남쪽 기달산으로 갈라저 나와 학봉산 수룡산 성거산을 거처 개성의 송악산을 지나 백용산까지 이어진다.

우리나라 1대간 1정간 13개 정맥중 위의 1정간 4개정맥은 북한에 위치하고 백두대간은 백두산을 시작해 강원도 향로봉 까지는 북한에 속해있고 한북정맥은 백두대간의 분수령에서 서남쪽으로 백병산으로 적근산까지 북한에 속해있고 대성산부터 남한에 속해있다.

• 남한 백두대간(南韓 白頭大幹) •

백두대간(白頭大幹)은 강원도 고성군 향로봉에서 시작하나 군부대라 대부분 대관령에서 지리산 천왕봉까지 이고 남한의 한북정맥은 강원도 철원군 대성산부터이나 군부대라 수피령에서 시작한다. 우리나라 1대간 1정간 13개 정맥 중 남한에 있는 1대간 9 정맥을 소개한다.

백두대간(白頭大幹). 강원도 고성군 대관령에서 마산 대간령 신선봉 미시령 황철봉 저항령 마등령 공룡능선 회원각 중청봉 설악산 대청봉 한계령 점봉산 단목령 조침령 간절곶산 구룡령 약수산 오대산(응복산) 동대산 진고개 노인봉 곤신봉 대관령 고루포기산 닭목재 화란봉 석두봉 삽답령 두리봉 석병산 삼계령 자명산 백봉령 이기령 갈미봉 고석대 청옥산 박달령 두타산 덧재 황장산 자암재 덕항산 건의령 피재(삼수령) 매봉산 비단봉 금대봉 문둥이재 은대봉 함백산 만항재 수리봉 화방재 장군봉 태백산 신선봉 구룡산 도래기재 옥돌봉 박달령 갈곶산 마구령 고치령 상월봉 국망봉 소백산(비로봉) 연하봉 죽령 도솔봉 묘적봉 묘적령 시루봉 투구봉 저수령 옥녀봉 문복대 벌재 황장재 황장산 찻갓재 대미산 포암산 하늘재 탄항산 평천재 부봉 동안문 마페봉 조령 삼관문 깃대봉 조령산 이화령 조봉 황학산 백화산 이만봉 회양산 구왕산 은티재 악희봉 장성봉 버거머리재 촛대봉 대아산 밀재 조항산 청화산 늘재 밤티재 문장대 문수봉 신선대 속리산(천왕봉) 형재봉 갈령삼거리 비재 봉황산 화령재 윤지미산 무지개산 신의터재 백화산 회룡재 큰재 국수봉 용문산 작점고개 묘함산 금산 추풍령 눌의산 가성산 쾌방령 황악산 형재봉 바람재 우두령 화주봉 삼도봉 부항령 덕산재 대덕산 삼도봉 소사 고개 삼봉산 신풍령 갈미봉 대봉 월음령 지봉 횡경재 귀봉 덕유산(백암봉) 동엽령 무룡산 삿갓재 삿갓봉 월성재 남덕유산 서봉 할미봉 육십령 깃대봉 덕운봉 영취산 백운산 중재 봉화산 복성이재 사치재 매요리 통안재 고남산 여원재 수정봉 가재마을 큰고리봉 정령치 만복대 묘치봉(고리봉) 성삼재 노고단 지리산(반야봉) 삼도봉 화개재 토끼봉 명성봉 연하천대피소 형재봉 벽소령대피소 칠선봉 영신봉 세석대피소 촛대봉 연하봉 장터목대피소 재석봉 천왕봉 까지를 말한다.

한북정맥(漢北正脈). 강원도 철원군 수피령에서 복계산 복주산 광덕산 백운산 국망봉 민둥산 청계산 원통산 운악산 아치산 수원산 죽엽산 큰대미산 임꺽정봉 호명산 한강봉 사페산 도봉산 상장봉 노고산 견달산 고봉산 파주 장명산까지를 말한다.

한남금북쟁맥(漢南錦北正脈). 백두대간 속리산에서 시작해 광대수산 구봉산 대항산 선두산 선도산 것대산 상당산 구녀산 좌구간 칠보산 보광산 보덕산 보현산 소속리산 마이산 황색골산 칠장산까지를 말한다.

한남정맥(漢南正脈). 안성에 칠장산에서 도덕산 구봉산 문수봉 함박산 부이산 석성산 광교산 백운산 오봉산 수리산 수리봉 운흥산 양지산 성주산 검마산 함박봉 원적산 천마산 계양산 할미산 가현산 성주산 수안산 문수산 보구곶리까지를 말한다.

금북정맥(錦北正脈). 안성에 칠현산 덕성산 서운산 위레산 성거산 태조산 고려산 봉수산 천방산 부영산 장학산 천종산 문박산 오봉산 백월산 대정산 오서산 남산 일월산 홍동산 덕숭산 가야산 석기봉 일락산 상왕산 동암산 건대산 비룡산 금강산 오석산 백화산 퇴비산 부흥산 안홍에 지령산까지를 말한다.

낙동정맥(洛東正脈). 백두대간 매봉산 천의봉 삼수령에서 시작 구봉산 우보산 백병산 구랄산 면산 진조산 통고산 칠보산 갈미산 검마산 백암산 독경산 명동산 대둔산 침곡산 운주산 도덕산 어림산 관산 만불산 사룡산 석두산 단석산 백운산 고현산 상운산 가지산 능동산 간월산 신불산 영취산 정족산 천성산 응봉산 계명봉 금정산 백양산 엄광산 구덕산 시약산 봉화산 아미산 다대포 몰운대까지를 말한다.

금남호남쟁맥(錦南湖南正). 백두대간 영취산에서 시작 무령고개 장안산 시무산 팔공산 성수산 마이산 부귀산 진안 주화산까지를 말한다.

금남정맥(錦南正脈). 진안 주화산에서 출발해 연석산 운장산 장군봉 금만봉 인대산 대둔산 바랑산 천호산 계룡산 팔재산 성황산 조석산 청마산 부여 부소산 낙화암까지를 말한다.

호남정맥(湖南正脈). 진안 주화산에서 시작 만덕산 경각산 오봉산 묵방산 고당산 내장산 백암산 대각산 추월산 강천산 광덕산 봉황산 쾌일산 연산 무등산 안양산 천운산 계당산 고비산 봉미산 가지산 용두산 제암산 사자산 일림산 봉화산 방장산 존제산 백이산 고동산 승주 조계산 오성산 바랑산 도솔봉 광양 백운산 불암산 천왕산 망덕산 외항나루까지를 말한다.

낙남정맥(洛南正脈). 백두대간의 지리산 영신봉에서 시작해 삼신봉 외삼신봉 천황산 태봉산 실봉산 봉대산 양정산 무량산 백운산 성지산 보광산 필두산 준봉산 여항산 서북산 광려산 대곡산 무학산 천주산 정병산 대암산 용지봉 금음산 수로봉 신우산 장척산 동신우산 낙동강 고암나루까지를 말한다.

산은 물을 건너지 못하고 물은 산을 넘지 못한다. 우리가 배워온 태백산맥 소백산맥 노령산맥은 산줄기(산맥)이 아니다. 한개의 산줄기가 있으면 좌우로 물이 흐르고 산이 끝나는 지점에서 물이 합류하는게 산맥이다. 또한 한개의 물줄기에는 좌우로 산줄기(산맥)가 있다.

● 南韓의 1 大幹 9 正脈 分水 ●

백두대간(白頭大幹)은 백두산에서 시작해 지리산 까지 동 서로 물이 갈라져 흐른다.

- 한북정맥(漢北正脈). 임진강과 한강을 가르며 임진강과 한강 합류에서 끝난다.
- 한남금북정맥(漢南錦北正脈). 한강과 금강을 가르며 칠장산에서 끝난다.
- 한남정맥(漢南正脈). 오른쪽은 한강 왼쪽은 서해바다로 흐른다.

※『굴포천』경인 아라뱃길 또는 경인운하 : 경인운하는 한강 하류의 행주대교에서 인천광역시 서구 검암동과 시천동을 연결하는 운하로 길이 18km 폭 80m 의 대수로(大水路)로 구성 되었으며 2009년 1월부터 2011년 말까지 완공하고 2012년 5월 25일 개통되면서 남강의 가화천에 이어 정맥이 끊어진 곳으로 인

천시 계양구 계양산에서 인천광역시 서구 골막산을 연결하는 목상교를 건너야 한다.

- 금북정맥(錦北正脈). 오른쪽은 서해바다로 왼쪽은 금강으로 흐르다 청양 백월산부터는 왼쪽도 서천 앞바다 서해로 흐른다.
- 낙동정맥(洛東正脈). 오른쪽은 낙동강 왼쪽은 동해바다로 흐른다.
- 금남호남정맥(錦南湖南正脈). 오른쪽은 금강으로 흐르고 왼쪽은 섬진강으로 흐른다.
- 금남정맥(錦南正脈). 오른쪽은 금강으로 왼쪽은 만경강 으로 흐른다.
- 호남정맥(湖南正脈). 왼쪽은 섬진강으로 흐르고 오른쪽은 순창 새재까지는 만경강 또는 서해바다로 흐르다 장성 백암산부터는 오른쪽은 영산강으로 흐르고 장흥에 노적봉부터는 오른쪽은 탐진강으로 흐르고 왼쪽은 보성강으로 흐르며 장흥 사자산을 지나며 오른쪽 물은 남해바다로 흐르고 왼쪽 물은 보성강 물로 흐르다 곡성을 지나 구례에서 섬진강과 합류하여 섬진강 하구로 흐르며 광양 외항나루에서 남해바다로 흐른다.
- 낙남정맥(洛南正脈). 왼쪽은 남강을 거처 남지에서 낙동강과 합류하고 오른쪽은 섬진강으로 흐르다 546m 금오산 분기봉부터는 오른쪽은 남해바다로 흐른다.

※『가화천』낙남정맥의 태봉산과 실봉산 중간 진주시 내동면 유수리 유수교 아래서 낙남정맥은 인위적으로 1969년 진양호가 완공되고 진양호에 물이 차면서 지대가 얕은 유수리에서 인위적으로 진양호 물을 사천으로 넘기며 맥이 끊어진 유일한 곳이다. 이로 인해 종주자들은 맥이 아닌 유수교를 건너 정맥 종주를 한다.

• 제2차 대간(大幹)정맥(正脈) 종주 •

제2차 1대간 9정맥 나의 단독종주 기록이다.

(이하는 부산山사람 진상귀의 기록이다)

2002년 1월 11일 61세에 백두대간 종주에 들어가 2010년까지 9정맥을 1차로 마치고 2011년 5월 14일 70세(칠순)에 제2차 백두대간 단독종주를 시작으로 9정맥 단독종주에 들어간다.

- 제2차 백두대간(白頭大幹). 2011년 5월 14일 단독 종주로 강원도 고성군 진부령을 출발해 지리산 천왕봉까지 32차에 2011년 12월 11일 지리산 천왕봉에 도착

- 제2차 금남호남정맥(錦南湖南正脈). 2012년 10월 5일 함양 영취

산을 출발해 10월 7일까지 3일간 단독 산행으로 진안에 주화산 까지 완주 마무리 한다.

- 제2차 금남정맥(錦南正脈). 2012년 10월 28일 진안 주화산을 출발해 12월 2일 까지 7차에 부여 부소산 낙화암에서 단독산행으로 완주 마무리 한다.

- 제2차 호남정맥(湖南正脈). 2013년 9월 28일 진안 주화산을 출발 2014년 5월 18일 까지 23차에 광양 망덕산 외항나루에서 완주 마무리 한다.

- 제2차 낙남정맥(洛南正脈). 2015년 5월 5일 지리산 영신봉 출발 2015년 8월 7일 까지 16차에 김해 생명고개 동 신우산을 거쳐 고암나루에서 완주 마무리 한다.

- 제2차 낙동정맥(洛東正脈). 2016년 3월 6일 태백 매봉산 천의봉 출발 2016년 7월 3일 까지 21차에 다대포 몰운대에서 완주 마무리 한다.

- 제2차 한남금북정맥(漢南錦北正脈). 2018년 4월 8일 속리산 천왕봉 출발 2018년 6월 17일 8차에 안성 칠장산에서 완주 마무

리 한다.

- 제2차 한남정맥(漢南正脈). 2018년 6월 17일 안성 칠장산에서 출발 8차에 10월 14일 김포 문수산 보구곶리에서 마무리한다.

- 제2차 금북정맥(錦北正脈). 2019년 3월 16일 안성 칠현산에서 출발 13차에 6월 24일 태안 지령산 안흥만에서 마무리 한다.

- 제2차 한북정맥(漢北正脈). 2019년 9월 17일 철원 수피령에서 출발 11차에 12월 15일 파주 장명산에서 마무리 한다.

- 분수계(分水界). 비가 내려 물이 흘러가는 방향이 각각 다른 방향일 경우 그 경계를 표시하는 선으로 하천의 유역을 나누는 경계가 되며 일반적으로 산맥의 봉우리를 이은 선에 해당함.

　간(幹)은 줄기이고, 맥은 줄기에서 뻗어나간 갈래를 지칭한다. 위와 같은 산지 분류 체계는 강의 수계(水系)를 기준으로 하고 있는 점, 국토 전체가 산줄기의 맥으로 연결되어 있는 점, 백두산을 출발점으로 하고 있는 점 등 조선시대 우리 선조들의 자연에 대한 인식 체계를 보여주고, 지금과 다른 과거의 산줄기 이름 등을 알려주는 등 중요한 의미를 지니고 있다.